法律学术经典读物

国际法规则
与中国适用

杨 勉·主 编
彭 珂·副主编

时事出版社

图书在版编目（CIP）数据

国际法规则与中国适用/杨勉主编．—北京：时事出版社，2015.7
ISBN 978-7-80232-795-5

Ⅰ．①国…　Ⅱ．①杨…　Ⅲ．①国际法—法律适用—研究—中国　Ⅳ．①D99

中国版本图书馆 CIP 数据核字（2014）第 303203 号

出版发行：时事出版社
地　　址：北京市海淀区万寿寺甲 2 号
邮　　编：100081
发行热线：(010) 88547590　88547591
读者服务部：(010) 88547595
传　　真：(010) 88547592
电子邮箱：shishichubanshe@sina.com
网　　址：www.shishishe.com
印　　刷：北京市昌平百善印刷厂

开本：787×1092　1/16　印张：28.75　字数：525 千字
2015 年 7 月第 1 版　2015 年 7 月第 1 次印刷
定价：115.00 元

（如有印装质量问题，请与本社发行部联系调换）

目 录

第一章 国际法绪论 ……………………………………………… (1)
 第一节 国际法的概念与主体 ………………………………… (1)
 第二节 国际法的渊源和基本原则 …………………………… (21)
 第三节 中国与国际法 ………………………………………… (30)

第二章 国际法上的国家 ………………………………………… (33)
 第一节 国际法上的国家概论 ………………………………… (33)
 第二节 国家的国际法律责任 ………………………………… (43)
 第三节 国际法上的承认 ……………………………………… (51)
 第四节 国际法上的继承 ……………………………………… (59)
 第五节 中国与国际法上的承认与继承 ……………………… (67)

第三章 国际法上的居民 ………………………………………… (70)
 第一节 国籍 …………………………………………………… (70)
 第二节 外国人的法律地位和本国人的外交保护 …………… (77)
 第三节 引渡与庇护 …………………………………………… (82)
 第四节 国际难民保护 ………………………………………… (90)
 第五节 中国与国际法上的居民 ……………………………… (92)

第四章 国际组织法 ……………………………………………… (98)
 第一节 国际组织与国际组织法概念 ………………………… (98)
 第二节 国际组织的法律制度 ………………………………… (105)
 第三节 中国与国际组织 ……………………………………… (115)

第五章 国际条约法 ……………………………………………… (124)
 第一节 条约和条约法 ………………………………………… (124)

第二节 条约的缔结和公布、加入和保留 (131)
第三节 条约的效力、适用、拘束力和条约与第三国 (138)
第四节 条约的失效和无效、冲突和实施、解释和修订 (143)
第五节 中国关于缔结条约和适用条约的相关法律法规 (152)

第六章 国际人权法 (162)
第一节 人权与人权法 (162)
第二节 国际人权保护机制与内容 (177)
第三节 中国与国际人权法 (184)

第七章 边界领土法 (192)
第一节 领土概述 (192)
第二节 河流与湖泊 (196)
第三节 领土的取得与变更 (199)
第四节 国界与边境 (205)
第五节 两极地区的国际法律地位 (209)
第六节 中国的边界领土问题 (215)

第八章 海洋法 (218)
第一节 海洋法概述 (218)
第二节 基线、领海、毗连区 (224)
第三节 内水（内海）、港口、海湾 (235)
第四节 专属经济区、大陆架、岛屿制度 (239)
第五节 用于国际航行的海峡、群岛国 (257)
第六节 公海、国际海底区域 (267)
第七节 海洋争端的解决 (277)
第八节 中国的海洋法规与实践 (285)

第九章 国际空间法 (296)
第一节 空间与空间法 (296)
第二节 国际航空法 (298)
第三节 外层空间法 (321)

第四节　中国航空航天法律法规 ……………………………………（330）

第十章　外交关系和领事关系法 ………………………………………（341）
　　第一节　外交关系法概述 ……………………………………………（341）
　　第二节　外交特权与豁免 ……………………………………………（351）
　　第三节　领事关系法概述 ……………………………………………（360）
　　第四节　领事特权与豁免 ……………………………………………（365）
　　第五节　中国与外交和领事关系法 …………………………………（371）

第十一章　战争法和国际人道法 ………………………………………（376）
　　第一节　战争法与国际人道法的基本概念 …………………………（376）
　　第二节　战争与武装冲突的法律规范 ………………………………（383）
　　第三节　对战争武器和手段方法的限制 ……………………………（387）
　　第四节　国际人道法 …………………………………………………（392）
　　第五节　大规模杀伤性武器的法律问题 ……………………………（404）
　　第六节　中国与战争法和国际人道法 ………………………………（408）

第十二章　国际争端解决法 ……………………………………………（413）
　　第一节　国际争端概论 ………………………………………………（413）
　　第二节　国际争端的解决方法 ………………………………………（414）
　　第三节　主要国际司法与仲裁机构 …………………………………（422）
　　第四节　国际组织在解决国际争端中的作用 ………………………（428）
　　第五节　中国与国际争端解决法 ……………………………………（436）

参考文献 …………………………………………………………………（447）

后记 ………………………………………………………………………（452）

第一章 国际法绪论

第一节 国际法的概念与主体

一、国际法的特征和性质
（一）国际法的定义
1. 国际法的定义

什么是国际法？不同时代、不同国家、不同学派的国际法学者都给出了定义，以概括国际法的基本含义和本质特征。这些定义各有侧重。

英国国际法学家劳特派特修订的《奥本海国际法》指出："国际法是一个名称，用以指各国认为在它们彼此交往中有法律约束力的习惯和条约规则的总体。"苏联法学家和外交家童金认为："现代国际法是从资本主义社会经济形态向共产主义社会经济形态（其第一阶段为社会主义）过渡的时期的国际法，它是调整包括阶级性质不同的国家在内的各国间以及国际法其他主体间的关系，通过这些关系的参加者的协调意志制定的、并在必要时由各国单独地或集体地（包括国际组织在内）实施的强制加以保证的法律规范的总和。"[①] 中国国际法学者周鲠生将国际法定义为："国际法是在国际交往过程中形成出来的，各国公认的，表现这些国家统治阶级的意志，在国际关系上对国家具有法律约束力的行为规范，包括原则、规则和制度的总体。"[②] 中国国际法学者王铁崖则认为："把国际法看作主要调整国家之间的关系的有法律拘束力的原则、规则和制度的总体，也就够了。"[③]

综合以上观点的相同部分，考虑到国际法是国际关系中不同社会制度和不同发展程度国家之间协调意志的反映，可以这样定义：国际法主要是国家之间的法，它是国家在国际交往中通过协议或认可形成的，协调国际法主体

[①] ［苏］童金著，邵天任等译：《国际法》，法律出版社1988年版，第43页。
[②] 周鲠生：《国际法》（上册），武汉大学出版社2007年版，第3页。
[③] 王铁崖：《国际法》，法律出版社1995年版，第2页。

之间意志,规范国际关系,有法律约束力的各种原则、规则和制度的总称。

2. 国际法名称的演变与确定

国际法是法律科学体系中的一个独立的部门。国际法的名称从产生到确立,经历了一个漫长的演变过程。

古代罗马有市民法(Jus Civile)和万民法(Jus Gentium),前者用于调整罗马市民之间的关系,后者用于调整罗马市民与外国人之间以及外国人与外国人之间的关系。万民法不是国际法,它与市民法一样属于罗马的国内法,只是具有涉外因素,而且属于私法性质。经西塞罗(Cicero,公元前105—前43年)开创之后,万民法逐渐被理解为所有与罗马有交往关系的国家所一致同意的正义原则。

国际法的奠基人格劳秀斯(Hugo Grotius,1583—1645),1625年出版了其经典著作《战争与和平法》,书中将"万民法"解释为拘束效力来自所有国家或许多国家意志的法律。这一全新注解使"万民法"摆脱了国内法性质,奠定了近代意义上的国际法概念的基础。

1650年,英国学者苏支(Richard Zouche)用"万国法"(Laws of Nations)取代"万民法"来表达国际法的概念。"然而这一名称亦不能准确表达调整国家之间关系的法律的特征,且很容易被误解为是凌驾国家之上的法律。"[①]

1789年,英国法学家边沁(Jeremy Bentham,1748—1832)在其著作《道德与立法原理绪论》中,创造了"国际法"(International law)这一概念,更准确地表达出"国家间的法律"这一含义,更为科学地反映出这门法律的本质特征,为国际社会普遍接受,沿用至今。

另外,还出现过"超国家法"(Super-National Law)、"人类法"(Law of Humanity)、"世界法"(World Law)等名称,这些名称有将国际法定位为超越国家之上的法律之虞,不能反映国际法作为国家间法律的实质,因此没有得到国际社会的广泛使用。

19世纪中叶,国际法最早传入中国时,被称为"万国公法"。1864年,时任北京同文馆总教习的美国传教士丁韪良(William M. P. Matin),将美国国际法学者惠顿(Henry Wheaton)的著作 Elements of International Law 翻译为《万国公法》。作为中国历史上翻译和引进的第一部西方国际法著作,它从框

[①] 周洪钧:《国际法》,中国政法大学出版社2007年版,第1页。

架体系、内容结构、原则制度、概念术语乃至思想观念等各个方面，将西方国际法移植到中国。① 1908 年，中国留日学生尹献章将日本学者有贺长雄所著的《战时国际公法》翻译成中文，"国际公法"一词传入中国，"国际公法"和"国际法"成为中国国际法学界普遍使用的名称。

（二）国际法与国内法的基本特征对比

国际法是国家之间的法，是不同于国内法的特殊的法律体系，这种特殊性可以从二者的对比中体现出来。

1. 主体不同

国际法的主体是国家以及由国家派生出的国际组织或争取独立的民族；国内法的主体是自然人和法人。

2. 调整对象不同

国际法调整的主要是国家间的关系；国内法调整的是个人、法人以及作为法人的国家机关之间的关系。

3. 法律渊源不同

国际法的渊源是经协调形成的"各国的共同意志"，这种"意志的合一"（Vereinbarung）明示地表现于条约，默示地表现于惯例；② 国内法的渊源是体现国家意志的"各项国内立法及其判例"。③

4. 制定方式不同

国际法由两个国家或更多的国家通过协议或认可共同制定，国家拥有主权，国际法是"平等者之间的法"；国内法是由一国的立法机关自上而下制定的。

5. 保证实施的方式不同

国际法是由国家单独或集体地采取强制措施来保证其实施的，联合国也可以通过决议对施害国进行集体制裁。国内法通过军队、警察、法庭、监狱等国家强制机关来实现其法律的强制力。

（三）国际法的法律属性与强制力

1. 国际道德和国际礼让说

当今国际社会普遍承认国际法是法律，具有法律拘束力。但"国际法否定论"始终存在，19 世纪英国法学家奥斯汀（John Austin，1790—1859）认

---

① 何群：《国际法学》，厦门大学出版社 2012 年版，第 2—3 页。
② 万鄂湘：《国际法与国内法关系研究》，北京大学出版社 2011 年版，第 5 页。
③ 周洪钧：《国际法》，中国政法大学出版社 1999 年版，第 3 页。

为，法律是"主权政治权威所制定和执行的人类行为规则的总体"①。但国际社会并不存在一个主权国家之上的权威，通过立法和执法机关来制定和保障规则的执行，因此国际法不是法律，而是"实在的国际道德"（positive international morality）②。还有一种否认国际法是法律的观点则主张，国际法不过是一种国际礼让（international comity）。

2. 国际法与国际道德和国际礼让的联系与区别

国际道德说和国际礼让说混淆了道德、礼让与法律的界限，无视国际法是国家间法律的基本特质。国际道德是国际行为标准的价值指南，国际礼让"是指国家在彼此交往中所遵守的礼貌、便利和善意的规则"③。无论是道德还是礼让都是自愿行为，没有法律约束力，而国际法具有确定的法律性质和特征。国际法具有法律性质的关键在于国际法被各国作为法律所承认，不得违反，如果违反了，就构成国际不法行为，并应承担相应的国际法律责任。《联合国宪章》、《维也纳条约法公约》等重要的国际条约，都明确规定了国际法的法律属性。当今世界，所有的主权国家都承认《联合国宪章》，承认受其规则的约束；各国政府毫无例外地承认国际法是对国际关系行为有约束力的法律，没有一个国家公然宣布不受国际法的拘束。在发生国际矛盾和冲突时，都会引用国际法法理和条文证明对方行为如何违法，己方行为如何合法；联合国和国际条约都有对违反国际法的行为采取多种手段进行制裁和惩戒的规定。联合国组织和许多多边国际条约还建立了相应的国际司法和仲裁机构。

在理论和实践中，国际道德和国际礼让与国际法有着密切的联系。国际法与国际道德的关系表现为："国际道德是国际法的基础，而国际法是国际交往和基本道德的法律化。……国际道德既能在人们心理上内化成某种'法律确信'，还通过诉诸舆论深刻地影响着国际法的构成和发展。国际社会的分散结构使国际法的作用显示出了某种不完备性，特别需要发挥国际道德的价值指引和保障作用。"④ 国际礼让也有演变为国际法规则的可能。例如，外交官的关税豁免本来是国际礼让，1961年的《维也纳外交关系公约》将其确立为国际法规则。

---

① [英]劳特派特修订：《奥本海国际法》（上卷，第一分册）中译本，商务印书馆1981年版，第4页。
② [英]J. G. 斯塔克：《国际法导论》中译本，法律出版社1984年版，第19页。
③ 苏义雄：《平时国际法》，台湾三民书局1996年版，第6—7页。
④ 李杰豪：《国际法道德：渊源与价值》，《求索》，2008年第4期，第127页。

3. 国际法的强制力

国家之上不存在更高权威，没有一个超国家的统一执法机关强制执行国际法，特别是某些国家或国家集团的霸权主义和强权政治行径有时没能得到有效制止和惩罚，因此一些学者认为国际法是"弱法"（weak law）。然而，"法律本身的强制性与法律的强制执行是两个问题，前者是法律的内在属性，后者是为保证实施法律的外力采取的强制措施。因此在某些场合下对违反国际法行为未能有效实施制裁，不应归因于国际法本身，而是因为制裁力量的不足或者强制执行制度的不完善，这种'不足'和'不完善'的情况在国内法也存在"[①]。

对于违反和破坏国际法、侵害别国利益的国家，可以由被侵害国单独或者集体实施相应制裁，《联合国宪章》第7章规定了对侵略行为的制裁，经济制裁、冻结银行资产以及使用武力等强制措施体现了国际法的强制力。

（四）国际法效力的根据

"国际法效力的根据"（basis of international law），是指国际法何以对国家和其他国际法主体具有拘束力。对于这一国际法的基本理论问题，国际法学界形成了不同的理论和学派，主要有自然法学派、实在法学派，以及介于两派之间的折衷学派。一战后，自然法学派和实在法学派呈现复兴态势，出现了新自然法学派和新实在法学派。

1. 自然法学派

自然法学派（Naturalists）盛行于17—18世纪的欧洲，代表人物有德国法学家普芬道夫（Samuel Pufendorf，1632—1694）。该学派认为法是人类理性（公平、正义）的体现，国际法是由自然法派生而来的，人类良知、人类理性、人类法律意识是国际法效力的根据。

2. 实在法学派

实在法学派（Positivists）产生于18世纪，兴起于19世纪。代表人物有荷兰法学家宾刻舒克（Bynkershoek，1673—1743）、英国法学家边沁（Jeremy Bentham，1748—1832）和奥本海（Lassa Francis Lawrence Oppenheim，1858—1919）等。该学派站在自然法学派的对立面，否定从自然法中抽象出来的概念作为国际法效力的根据，认为法是国家意志的作用，各国的意志可以合成为"共同意志"（common consent），这种"共同意志"才是国际法效力的决定因素。在具体形式上，国家间的共同意志可以是明示的，表现为国家之间

[①] 王献枢：《国际法》，中国政法大学出版社2007年版，第5页。

的条约；也可以是默示的，表现为国家对国际习惯的默认。

3. 格劳秀斯学派

格劳秀斯学派（Grotians）又称折衷学派，产生于18世纪，代表人物有德国的沃尔夫（Christial Wolff，1679—1754）和瑞士的瓦特尔（Emmerich de Vattel，1714—1767）。该学派秉承格劳秀斯的主张，认为国际法效力的根据主要是自然法，是理性；其次是协定，是国家的共同同意。① 国际社会是由彼此主权平等的国家所组成的，国家应该是独立于其他国家的控制之外的；作为国际社会的一员，国家应该遵守国际法；国家主权不是绝对的，国家主权权力必须在国际法的框架内运作。② 该学派兼采自然法学派和实在法学派的观点，因而称为折衷学派。

4. 新自然法学派

新自然法学派（Neo-naturalists）又称"复兴自然法学派"，分为社会连带法学派和规范法学派两个分支。

（1）社会连带学派（Solidarists），又称社会自然法学派（Social Naturalist School）。该学派思想可以追溯到法国公法学家狄骥③（Leon Duguit，1859—1928），希腊法学家波利蒂斯（Politis，1872—1942）和巴黎大学教授赛尔（Scelle）也为代表人物。狄骥否定国家主权、国家意志是法律效力的根据，认为一切法律的根据在于社会连带④（Solidarite Sociale）这一客观事实，社会连带关系是一切社会规范的基础。社会规范分三种，即经济规范、道德规范和法律规范，其中法律规范是最高的。国际法的主体不是国家而是个人，国际法同样是以不同集团成员之间的连带关系为基础的。通过人类的法律良知（conscience juridique），社会规范实现为法律规则，而对社会的个人具有强制性。波利蒂斯认为法律既不是出自什么命令，也不是什么意志的表现，它是纯然一种社会的产物，为社会成员所自觉的一种纯粹事实，有关社会的统治者只是把它制成法律或条约的形式。在这个观念上，国际法只有单一的根源，即各民族的法律良知，它给予连带关系所产生的经济的、道德的规则以约束性。惯例和条约已不是国际法的根源，而只是确认它的两种方式，而且也不

---

① 王献枢：《国际法》，中国政法大学出版社2007年版，第7页。
② 邵沙平：《国际法》，中国人民大学出版社2007年版，第23页。
③ 狄骥代表作有《国家客观法和实在法》、《宪法论》等。
④ 该学派认为，使人类相互依存的社会连带关系分为"求同"与"分工"两个方面——由于"共同需求"而产生同类相聚，由于"分工不同"而产生群体交流。

是仅有的方式。①

(2) 规范法学派（Normativists）又称维也纳学派（Vienna School）。代表人物有美籍奥地利法学家凯尔逊（Hans Kelsen，1881—1973），奥地利国际法学者费德罗斯（Alfred Verdross，1890—1980）和美国学者孔慈（J. Kunz，1890—1970）等。他们像狄骥一样否定国家主权和国家意志创造法律之说，认为一切法律不论是国内法还是国际法，都属于同一法律体系。在这一体系中，法律分成各种不同的等级，国际法位于体系的顶端，其下不同等级的国内法，依次为宪法、普通法、行政命令等。每一级法律的效力都来源于上一级法律，而国际法的效力来源于一个"最高规范"，即"约定必须遵守"（Pacta Sunt Servanda）的原则。费德罗斯认为最高规范不只是法律规范，同时还是伦理规则，把最高规范的效力依据归结到人类的"正义情感"（Sentiment de justice）或者"法律良知"（conscience juridique）。

5. 新实在法学派

新实在法学派（Neo-positivists）又称为新现实主义学派，主张从权力和国际政治的角度研究国际法。主要包括权力政治学说和政策定向学说。

(1) 权力政治学说（Theory of Power Politics）的代表人物汉斯·摩根索（Hans Morgethau，1904—1980）强调国际关系中的权力、影响力和支配力，认为政治是国际关系的核心，法律是次要的东西，国际政治支配国际法。国际法效力的依据是各国权力的均衡，即"势力均衡"。另一代表人物施瓦曾伯格（Schwarzenberger）则直言不讳地说，国际法就是权力法，是强权政治的直接工具，大国通过战争胜利而签订和平条约，使它们的强权地位得到法定化，就是这种情形。国际法中的报复制度也说明了这一点，因为军事报复一般只适用于强国反对弱国。②

(2) 政策定向学说（Policy-oriented Approach），代表人物是美国学者麦克杜格尔教授（Pro. Myres S. Mcdougal）和拉斯韦尔教授（Pro. Harold D. Lasswell）。政策定向学说认为"法律不仅仅是规则，还包括政策决策和一切有关的活动的全过程，并把这一理论运用到国际法，他们认为国际法不仅仅是表现为调整国家关系的国家行为的规则的总和，它必须是包括这些规则在内的

---

① 周鲠生：《国际法》（上册），武汉大学出版社2007年版，第21—22页。
② 程晓霞：《国际法的理论问题》，天津教育出版社1989年版，第27页。

国际权威决策的全部过程"。① 政策定向学说认为政策是权力的核心；权力表现为政策，国际法是国家对外政策的表现，所以国际法的效力取决于国家的对外政策。

6. 国际法效力的根据，应该是国家之间的协调意志

上述理论都存在缺陷，不能全面说明国际法效力根据的实质。因为"国际法是国家之间的法律，国家受国际法拘束，同时又是国际法的制定者"。② 所以，国际法效力的根据在于国家本身，在于国家协调意志的协议。因为，第一，只有得到主权国家同意的国际法规则，才对该国具有约束力；第二，国际法规则是各国通过协调意志共同制定的法律文件，从而成为各国都予以遵从的法律规范；第三，国家间的协议是国家单独或集体强制实施和维护国际法的依据；第四，实践证明，出于维护国家间正常关系的需要，不同制度和价值观的国家可以达成规范国际关系行为规则的协调意志。

二、国际法的主体

（一）国际法主体的概念

1. 国际法主体的定义

国际法主体（subject of international law）即国际人格者（international person），指能够独立参加国际关系并具有直接享受国际法上的权利和承担国际法上的义务的能力的实体。③

2. 国际法主体必须具备的条件

作为国际法主体，必须同时具备以下三个条件：

（1）独立参加国际关系的能力。国际法是以国际关系为调整对象的，国际法的主体必须具有这一能力。例如，在平等的基础上参加国际谈判，缔结国际条约，建立外交关系，对违反国际法行为提出申诉等。（2）直接享受国际法上的权利的能力。比如独立权、平等权、自卫权、管辖权、外交权、缔约权、求偿权和国际诉讼权等。（3）直接承担国际法上的义务的能力。国际法上的权利和义务关系是对立统一的，国际法主体在享受权利的同时，也必须承担国际法产生的义务，例如条约履行义务。

---

① 刘筱萌：《超越规则：政策定向国际法学说之理念批评》，《暨南学报（哲学社会科学版）》，2012年第5期，第30页。
② 王铁崖：《国际法》，法律出版社1995年版，第406页。
③ 周洪钧：《国际法》，中国政法大学出版社2007年版，第21页。

（二）国际法主体的范围

在国际社会中，谁具有国际法主体的资格？传统观点认为，国家是国际法的唯一的主体。现代国际关系由以往的单一国家之间的关系向多主体多层次结构发展，政府间的国际组织和正在争取独立的民族，部分地具有了国际法主体的资格。但对个人是否也具有国际法主体资格的问题，国际法学界一直存在争议。

1. 主权国家

主权国家（sovereign state）是国际法的基本主体，在国际法律关系中处于最主要的地位。这是由以下几点决定的：

（1）国际法的特征决定了国家的基本主体地位。国际法调整的对象主要是国家间的关系，主要是规定国家间交往的原则、规则和制度，是国家间通过协议或认可的方式制定的，其实施也需要国家采取单独或集体的措施予以保证。（2）国家是现代国际关系的基本构成要素。现代国际关系包括国家之间的关系，国家与其他国际法主体间的关系，以及其他主体相互之间的关系，但国家仍然处于最主要的地位，起着最重要的作用。（3）国家的根本属性决定它的国际法基本主体地位。国家拥有主权，即独立自主地处理内外事务的权利，因此在国际法上具有完全的权利能力和行为能力，具有直接享受国际法上的权利和承担国际法上的义务的资格。这是其他国际法主体所不具备的。

2. 国际组织

国际组织（international organization），主要是政府间国际组织的国际法主体资格问题，是随着国际组织的产生和发展而出现的。一战之前国际组织的数量很少，当时国际法一般不涉及其国际法主体资格问题。一战后世界上第一个普遍性的国际政治组织——国际联盟成立。二战后国际组织迎来了大发展时期，以联合国的诞生为标志，一大批全球性、区域性政府间国际组织涌现。特别是联合国及其专门机构在政治、经济、文化、教育、科技和社会等各方面发挥着越来越重要的作用。政府间国际组织的国际法主体资格得到了国际法学界的承认。

《联合国宪章》第104条规定："本组织于每一会员国之领土内，应享受于执行其职务及达成其宗旨所必需之法律行为能力。"1946年《联合国特权及豁免公约》第1条确认联合国具有法律人格以及签订契约和从事法律诉讼的行为能力。1949年联合国国际法院发表咨询意见认为："联合国拥有能力享受国际权利和承担国际义务，并有能力对它所遭受的损害提出国际索赔和要求以维护自己的权利。"1986年签订的《关于国家和国际组织间或国际组织相互间的维也纳条约法公约》,实际上承认了国际组织的国际法主体资格。

必须指出,与国家相比,国际组织的国际法主体资格是有限的、派生的。国际组织为一定目的而建立,它的权利和义务是有一定范围和局限的;它的权利能力和行为能力是通过成员国签订协定而赋予的,具有派生性。所以,国际组织既不是国家,也不是超国家的,它们有着特定的目的和职能,享受国际法上特定的权利并承担国际法上特定的义务。

3. 争取独立的民族

争取独立的民族(national liberation movement)的国际法主体资格,是在二战后随着民族独立运动的蓬勃发展而逐步得到确认的,民族自决权是其获得国际法主体资格的法律基础。

争取独立的民族虽然还没有建立起独立国家和对全国实行有效统治的政府,但是它们建立了代表和领导本民族为争取独立而斗争的政治实体,具有一定参与国际关系、享受国际法权利和承担国际法义务的能力。例如,参与国际交往、派遣外交代表、出席国际会议、缔结国际协定等。在民族解放斗争中,争取独立的民族享有战争法上的权利,并有权请求和接受外国和国际组织的援助。争取独立的民族具有国际法主体资格,虽然它的国际法主体资格同国家相比有一定的差距,能够履行的国际法义务和享受的国际法权利都具有不完全性,但其国际法主体资格已为国际社会所承认,也为国际实践所证明。

4. 关于个人是否具有国际法主体地位的争论

个人是否具有国际法主体地位,是国际法学界争论不断的一个问题。国际法学界存在几种不同的观点,有人主张"个人是国际法的唯一主体";有人坚持"个人绝对不拥有国际法主体资格",也有人认为"个人同国家一样都具有国际法主体资格"。

"个人是国际法唯一主体"的观点认为:国家行为总是通过个人行为表现出来,国际法所调整的国家行为实际上是以国家机关代表身份活动的个人的行为;国家在国际法上的权利和义务的最终承受者都是个人。"个人是国际法唯一主体"的观点无视国际法是为调整国家间关系而产生这一基本事实,混淆了国家、个人及其各自的权利义务概念,否定了国家的国际法主体资格,在法理上是站不住脚的。

"个人绝对不拥有国际法主体资格"的观点认为:国际法主要是规范国家之间关系的法律。个人不具有独立参加国际关系的资格,也不具有直接承受国际法律关系中权利和义务的能力，因而不能也不可能是国际法的主体。"个人绝对不拥有国际法主体资格"的观点没有用发展的眼光观察国际法的发展变化，拘泥于传统定论，落后于现实。

"个人与国家一样都具有国际法主体资格"的观点认为：国家虽然是国际法的基本主体，但同时个人也具有国际法主体资格。"国家可以授予而且有时也的确授予个人——不论是本国人还是外国人——以严格意义的国际权利，即个人不须国内立法的干预，即可取得并且可以用他们自己的名义在国际法庭上请求执行的权力，而且，在某些领域，从个人（和私营公司及其他法人）在国际上直接与国家建立法律关系，而且作为个人直接具有来自国际法的权利和义务的事实来看，个人作为国际法主体的资格是明显的。所以，认为国家是国际法的唯一主体的看法已经不可能再维持了，人们愈加倾向于认为个人在有限的范围内也是国际法的主体。"①

事实求是地看，随着国际关系实践的发展，在国际法的个别领域，个人实际上已经直接承受了国际法上的个别权利、义务和责任。例如：（1）外交代表、国家元首在国际法上享有特权和豁免；（2）有关战争罪、海盗罪、反人类罪、种族灭绝罪、贩卖奴隶罪、破坏和平罪等国际犯罪的公约，除了规定缔约国要承担惩处国际犯罪的义务，还规定个人直接承担国际法义务，一旦触犯这些罪行就会受到国际法的惩处；（3）《世界人权宣言》、《关于难民地位公约》等国际人权公约对人的权利的规定，个人是公约的直接受益者，个人依公约所享有的权利无疑是国际法上的权利；（4）有些国际法庭承认个人的诉讼权，如根据欧盟相关条约，自然人和法人都在一定范围内享有在欧洲法院的出庭权和诉讼权。因此在特定的情况下，在有限的范围内，个人可能成为国际法部分领域的主体。但是应该特别指出，个人在这些领域的主体资格也是主权国家以缔结协议的特殊形式给予的，个人一般不会直接享受国际法上的权利或承担国际法上的义务，更多时候是国际法转化为国内法，再由国内法贯彻到个人。所以，国际法的主要主体仍然是国家。

三、国际法与国内法关系的理论

国际法与国内法的关系涉及到国际法的性质、渊源和效力依据，是国际

---

① ［英］詹宁斯、瓦茨修订，王铁崖等译：《奥本海国际法》（第9版），中国大百科全书出版社1998年版，第292—293页。

法的基本理论问题。关于国际法与国内法关系的理论,西方学者形成两大派别:一派为一元论,主张国际法和国内法同属一个法律体系;一派为二元论,认为国际法和国内法是两个不同的法律体系。中国学者辩证地看待国际法和国内法的区别与联系,主张"自然调整论"。

(一) 一元论

一元论(Monism)盛行于19世纪末20世纪初,主张国际法与国内法属于同一个法律体系,且都从属于自然法,至于二者关系、地位如何,有国内法优先说和国际法优先说两种不同的主张。

1. 国内法优先说

19世纪末,德国的一些公法学家提出国内法优先说(The Supremacy of National Law)。代表人物有耶里内克(Jelinek)、佐恩(Zorn)、伯格霍姆(Bergholm)和奥康奈尔(O'Connell)。他们认为国际法的效力来源于国内法,相当于国家的"对外公法"。耶利内克在其1880年发表的《论条约的法律性质》一文中认为,国际法是国家的主权意志"自我限制"的表现,因为每个国家享有绝对的主权,有权决定在什么条件下以及如何受国际法的约束。这种决定完全是主权国家自己的事情,完全以自己的法律为转移,国家在任何时候都有权以与国家利益不符为由解除其承担的国际义务。[①] "此学说源自黑格尔的绝对主权观念,意味着无限地扩大国家主权,反映了当时德国国家主义的政治动向,为了对外争夺和扩张,不惜粗暴地破坏国际法的准则。"[②] 由于这一理论完全否定了国际法的拘束力,也不符合国际法和国内法关系的普遍实践,二战之后基本上被国际社会所摒弃。

2. 国际法优先说

国际法优先说(The Supremacy of International Law)出现于一战之后,反对国内法优先说,主张国际法与国内法同属一个法律体系,国际法地位高于国内法,国内法在效力上依靠国际法,国际法有权要求将违反国际法的国内法废除。代表人物有社会连带学派的狄骥(Duguit)、波利蒂斯(Politis)和规范学派的费德罗斯(Verdross)、孔兹(Kunz)、凯尔逊(Kelsen)等。凯尔逊认为国际法与国内法的关系是较高规范和较低规范之间的关系,认为一个较高规范可以授权一个权威来创造较低规范,国际法是在这种方式上成为国

---

① 赵建文:《国际法新论》,法律出版社2000年版,第39页。
② 周洪钧:《国际法》,中国政法大学出版社2007年版,第12页。

内法的根据的。① 因此国内法的法律效力来自于国际法，至于国际法的效力来源，凯尔逊认为是"约定必须遵守"（pacta sunt servanda）这一"基础规范"。② 该理论抹杀了国内法的作用，否定了国家制定和实施国内法的权力，从而会产生贬低、无视国家主权的后果，使国际法蜕变为"超国家法"。③

（二）二元论

二元论（Dualism）的提倡者有特里佩尔（Triepel）、安吉洛蒂（Anzilotti）、沃尔兹（Walz）、奥本海（Oppenheim）、卢梭（Rousseau）等。他们认为国际法与国内法的调整对象和适用范围不同，法律性质、渊源和效力的根据也不同，是两个不同的、各自平行运作的法律体系。卢梭认为，国际法是一种协调法（law of coordination），只在它自己特定的领域占据优先地位，不会使与国际义务发生冲突的国内法规自动废止。④

二元论正确地指出了国际法和国内法的体系差异，但割裂了国际法和国内法的内在联系。国际交往越频繁，国际法与国内法就越发生交叉，国家是国内法的制定者，同时也参与制定国际法，国内立法需要考虑到国际法的规范和要求，参与制定国际条约时也要注意国内法的原则和立场。

（三）自然调整论

鉴于一元论和二元论无论在法理上还是实践上都不能全面认识和指导国际法与国内法二者之间的联系。中国学者提出了自然调整论（Natural Coordination Theory）。

1. 自然调整论的主要观点

中国国际法学者周鲠生认为："国际法和国内法按其实质来看，不应该有谁属优先的问题，也不能说是彼此对立。作为一个实际问题看，国际法和国内法的关系问题，归根到底，是国家如何在国内执行国际法的问题，也就是国家履行国际法承担的义务的问题。国际法，按其性质，约束国家而不直接约束它的机关和人民，尽管国内法违反国际法，法庭仍需执行，但国家要因此负违反国际义务的责任。所以国家既然承认了国际法规范，就有义务使它的国内法符合于它依国际法所承担的义务。至于采用什么方式来满足这一要求，则是各国可以自由决定的事。……以法律和政策一致性的观点来看，只

---

① ［美］汉斯·凯尔逊：《国际法原理》，第345—346页。
② Lachs, Manfred, The Teacher in International Law, 2nd edition, Martinus Nijhoff Publishers, 1987, p. 94.
③ 周洪钧：《国际法》，中国政法大学出版社2007年版，第12页。
④ 万鄂湘：《国际法与国内法关系研究》，北京大学出版社2011年版，第19页。

要国家自己认真履行国际义务，国际法和国内法的关系总是可以自然调整的。"①

2. 调整方法

国内法与国际法在法律主体、调整对象、适用范围、法律渊源、效力根据以及实施方式等多方面都有着显著区别，但它们也存在着诸多共性，互相渗透、互相补充。这就要求：(1) 国家在制定国内法时，不应违背国际法的原则以及国家承诺的各项国际义务。国家在参与制定国际法时，则应考虑到本国的国内法立场，并尊重他国主权和他国国内法律制度，尽可能避免国际法与国内法发生冲突。(2) 国际法为国家的对外政策服务，国内法为一国的对内政策服务，两者既有分工，又须保持一致。一旦发生国际法与国内法之间的矛盾和冲突，也是可以由国家予以协调的。(3) 国际法与国内法在一定条件下可以互相转化。国内法转化为国际法的条件是得到国际公认，而国际法转化为国内法的条件则是经过各国立法机关的法定程序。②

四、国际法与国内法关系的实践

国际法和国内法关系的实践问题，本质上是国家如何在国内执行国际法，也就是国家如何履行国际法义务的问题，除了少数条约会做出明确规定，一般由各国国内法自行规定。国际法有成文的条约规则和不成文的习惯规则之分，国内法也有成文法和判例法之分，各国的法律传统、立法体制也存在差异，因此各国对国际习惯法规则和国际条约规则的适用情况有所不同。

（一）对国际习惯法的适用

对于国际习惯法规则，各国的做法基本一致：只要国际习惯法规则不与现行国内法相抵触，即可作为国内法的一部分来适用。③ 以英国为例，国际习惯法是国内法的一部分，但英国法院在适用这些规则时要受到两方面的限制：一是习惯法规则不能与现有的或以后的国内成文法相冲突；二是习惯法规则的适用范围一旦被有终审权的英国法院所确定，所有英国法院均受该项规则的约束。④

---

① 周鲠生：《国际法》（上册），武汉大学出版社2007年版，第17—18页。
② 周洪钧：《国际法》，中国政法大学出版社2007年版，第13页。
③ 王献枢：《国际法》，中国政法大学出版社2007年版，第29页。
④ [英] J. G. 斯塔克：《国际法导论》中译本，法律出版社1984年版，第71—72页。

（二）对国际条约的适用

各国对国际条约的适用，归纳起来主要有以下两种实践方式：自动纳入和立法转化。

1. 自动纳入

自动纳入即指一国宪法中或其他的法律（包括判例法）明确规定国际法作为一个整体适用于该国。在这种机制下，国家机构和国内法体系就可以根据情况不断地自动适应国际规则的要求。① 一些国家对国际条约选择了自动、长期的纳入机制，赋予国际条约以高于国内法的地位。这种国家较为罕见。在希腊，国际条约优先于国内立法。在荷兰，国际条约不仅优先于国内立法还优先于本国宪法。但是，其宪法第91条又规定："任何违反本宪法或导致违反本宪法结果的条约条款，只有经国会两院至少三分之二多数表决通过，国会才可予以认可。"不过，荷兰并不承认国际习惯法规则优先于国内法。日本二战后的宪法规定，国际习惯和条约都具有国内法上的效力。

2. 立法转化

立法转化即指国际条约只有经国内立法转变为具体条款或者被规定可适用性后，才能在国内法体系中适用。在英国，条约只有经过议会立法程序才能在国内法院适用。在美国，宪法第6条规定："本宪法与依本宪法制定之合众国法律，及以合众国之权利缔结之条约，均为全国的最高法律，即使与任何州之宪法或者法律有抵触，各州法院之法官均应遵守而受其约束。"但美国法院的判例将此处的"条约"解释为"自动执行条约"（self-executing treaty），指那些条款明确、不需经国内立法就可以自动生效的条约或条款。至于那些只规定一般性义务、缺乏命令性和确定性的"非自动执行条约"（non self-executing treaty），必须经过国会立法补充，才能在国内法院适用。

（三）国际法与国内法冲突的解决

国际法适用于国内法体系，不论是国际习惯还是条约，也不论是以上哪种方式，都可能会发生国际法与国内法冲突的情况。各国实践中，解决国际法与国内法冲突问题，大体上有以下几种方法：

第一，选择优先适用国内法。但这就构成了违反"约定必须遵守"原则的国际不法行为，国家就需要承担相应的国际责任。第二，选择优先适用国际条约。不过这些国家一般都会在法律中规定，当国际条约和国内法发生冲

---

① 何群：《国际法学》，厦门大学出版社2012年版，第18页。

突时，适用国际条约要受到国家声明保留条款的限制。第三，国家修改和补充国内法，使国内法与国际法的该项规定相一致。因为国际法是国家间的法律，一国不能擅自修改，因此只能修改国内法来实施国际法。[①]

中国宪法没有明确规定国际法的适用方式，但在若干部门法中有一些相关规定，主要有将国际法转化为国内法，直接或优先适用国际条约等方式。例如，1990年颁布的《著作权法》就是参照《伯尔尼保护文学艺术作品公约》和《世界版权公约》制定的；为了实施维也纳外交及领事方面的公约，中国专门制定了《外交特权与豁免条例》与《领事特权与豁免条例》；还有《民事诉讼法》第238条规定："中华人民共和国缔结或者参加的国际条约同本法有不同规定的，适用该国际条约的规定，但中华人民共和国声明保留的条款除外。"

五、国际法的历史演进和国际法的编纂

（一）国际法的历史演进

1. 国际法的古代萌芽

尽管古代国家并非近代意义上的主权国家，但它们之间的往来也导致了某种规范的产生，产生了一些有约束力的原则、规则和制度。最古老的国家间法律文件，是大约在公元前3100年，美索不达米亚平原上的两个城邦国家拉伽什（Lagash）和乌玛（Umma）之间签订的条约。[②] 在古代印度，也产生了有关使节、条约、战争的规则，在《摩奴法典》中均有记载，例如武士不应攻击正在熟睡的敌人、失去铠甲的敌人、赤身裸体的敌人、悲痛过度的敌人、转身逃跑的敌人。[③] 古希腊城邦国家之间交往频繁，它们互派使节，互通贸易，订立条约，建立联盟，使用仲裁方法解决纠纷。古罗马则在古希腊的基础上进一步发展，尤其是战争规则的完善，包括宣战、最后通牒、休战与中立等等非常复杂的程序和规则。古罗马还制定了万民法，来调整罗马公民与外国人之间以及罗马境内的外国人之间的关系。古代中国春秋战国时期的各诸侯之间也产生过涉及使节、谈判、条约、同盟等方面的规则和制度，在当时诸多"准国际习惯"中有这么一条：交战君主双方治下的人民彼此不视对方为敌人，对敌对君主的臣民不做歧视。[④]

---

① [英] J. G. 斯塔克：《国际法导论》中译本，法律出版社1984年版，第81页。
② Arhur Nussbaum, A Concise History of the Law of Nations, 1954, p. 1.
③ [美] 阿瑟·努斯鲍姆著，张小平译：《简明国际法史》，法律出版社2011年版，第7页。
④ 同上书，第8页。

受到经济和地理因素的制约,古代国家间交往往往被局限于有限的领域和狭窄的地域范围内。调整国家间关系的规范具有内容零散,形式原始的特点,多以使节、战争及结盟等规则为主。当然这是由古代国家之间关系特点决定的,中世纪"黑暗时代",欧洲国家是一个松弛的封土集合体,没有明确的国界概念,国家主权观没有确立。中世纪后期,航海业的发展催生了一些海洋法制度,并且开始实行外交上的常驻使节制度,但总体来说国际法依然处于萌芽时期。

2. 国际法的近代奠基

被誉为"国际法之父"的格劳秀斯,是近代国际法的奠基人。1625年,格劳秀斯出版了著作《战争与和平法》,系统地阐述了国际法的主要内容,提出了一系列基本原则和主张,为近代国际法的诞生奠定了理论基础。而14—16世纪,文艺复兴、新大陆的发现以及宗教改革,使欧洲出现了主权国家并存的局面,为近代国际法的产生提供了社会基础。[①] 1643—1648年的威斯特伐利亚和会标志着近代国际法的开端。

1643—1648年,为结束欧洲30年战争而召开了威斯特伐利亚和会(Congress of Westphalia)。会议签订了《威斯特伐利亚和约》(Peace Treaty of Westphalia),提出了领土主权、主权平等原则,成为近代国际法的基本原则。此外,该和约还包含了一些解决国际关系基本问题的规则,例如条约必须遵守常驻使节制度,通过谈判、调停、和解或仲裁等和平方法解决争端,集体制裁违约国等。

1789年的法国大革命对近代国际法发展的影响巨大。法国大革命提出了一系列国际法概念和原则,特别是不干涉内政原则(1793年《雅各宾宪法》第119条)、庇护政治犯原则(1793年《雅各宾宪法》第120条)以及人民主权原则(1793年《人权与公民权宣言》第25条)。[②] 1795年法国人格雷瓜尔起草的《万国公法宣言草案》中也指出:"各国人民不论人数多少,不论领土广狭,一律是独立的和主权的;各国人民都有组织和变更政府的权利;各国人民不得有干涉他国内政的权利;海洋不得为任何一国所有;各国人民间所定条约不可侵犯等。"[③]

1814—1815年,为重建欧洲和平、恢复欧洲均势而举行的维也纳会议也

[①] 温树斌:《国际法刍论》,知识产权出版社2007年版,第21页。
[②] 周洪钧:《国际法》,中国政法大学出版社2007年版,第40页。
[③] Alphonse Rivier, Principes du droit des gens I, A. Rousseau, 1896, p. 40.

解决了一些国际法问题。会议正式规定了外交使节的三个等级——大使、公使和代办,主张通过建立外交大臣会晤机制来实现"欧洲协调",宣布国际河流自由通航的原则,签订禁止奴隶贩卖的协议。

19世纪后半期,帝国主义国家全球范围的殖民扩张为国际法留下了深刻的强权主义烙印。各种与帝国主义殖民政策相适应的原则和制度在广大亚非拉地区建立起来,如殖民地、被保护国、势力范围、海外领地、领事裁判权等。帝国主义国家与殖民地之间签订了大量的条约来维系这种不平等关系,而这些条约本身也构成了近代国际法的主要内容。

(二) 国际法的现代发展

一战到二战期间是近代国际法向现代国际法过渡的特殊时期。一战的爆发破坏了近代国际法所确立起来的各项原则、规则和制度。战后召开巴黎和会,签订《国际联盟盟约》(Covenant of the League of Nations),建立了第一个普遍性的国际组织,其宗旨是"增进国际间合作并保持其和平与安全"。1920年国际联盟通过《国际常设法院规约》,根据规约,人类历史上第一个常设国际司法机构——国际常设法院于1922年成立。[①] 1928年《关于废弃战争作为国家政策工具的一般条约》在巴黎签订,规定"废除以战争作为推行国家政策的工具","各国彼此间关系的一切改变只能通过和平方法"。

二战再次重创了国际法。但随着战后《联合国宪章》的产生和普遍性国际组织联合国的建立,国际法又有了新的发展。这种发展是随着国际关系的新发展而产生的。国际法原有的进步原则得到了恢复和加强,新的原则也不断地建立起来。

1. 二战后推动国际法发展的主要国际关系因素

(1) 大批新独立国家的出现。从20世纪60年代起,民族解放运动蓬勃发展,一大批新兴民族独立国家出现在国际舞台上,积极主张维护政治和经济主权、要求废除不平等旧的不合理的国际秩序,废除传统国际法中有利于帝国主义和殖民主义的规则,成为推动国际法变革和进步的重要力量。(2) 国际组织的蓬勃发展。二战后联合国系统下的国际组织和其他政府间国际组织大量涌现,有全球性的也有区域性的,有专门性的也有综合性的,成为国际法的主体之一。(3) 全球性问题不断产生。随着全球化的进程,一些需要各国协同努力才能解决的全球性问题日益突出,诸如国际恐怖主义、跨国犯

[①] 温树斌:《国际法刍论》,知识产权出版社2007年版,第23页。

罪、能源危机、生态环境破坏、核扩散等问题，都离不开国际法的规范和调整。

2. 二战后国际法的新发展

变化的国际社会对国际法的革新和发展提出了新的要求，也提供了新的手段和动力。(1) 确立了一系列新的国际法基本原则。例如《联合国宪章》的七项原则：禁止使用威胁或使用武力原则、和平解决争端原则、不干涉内政原则、国际合作原则、民族自决原则、各国主权平等原则和诚意履行国际义务原则。与此同时，近代国际法上极具强权色彩的"领事裁判权"、"租借地"、"共管地"等制度都被废除了。(2) 国际法主体增加，调整对象范围扩大。不仅国家是国际法的主体，国际组织和争取独立的民族也具备了一定的国际法主体资格。国际法需要调整的对象也随之扩大，一些新的国际法规则和制度产生，例如争取独立的民族的承认与继承，国际组织的特权与豁免等。同时，国际组织数量的增加和职能的扩大在一定程度上"弱化"了国际社会的无政府状态，提高了国际法的效力。除了由于成员数量增多而使国际组织的原则获得更普遍的约束力外，国际组织执行行动的加强也使国际法的强制力日趋明显。[①] (3) 国际法内容的更新。随着全球化和各国相互依赖程度的加深，国际合作突破了传统的外交和安全领域，开始致力于国际犯罪、人权保护、环境污染和资源利用等关乎人类共同利益的全球性问题。全球性问题的出现和国际合作的新发展推动国际法产生了一些新的分支，例如国际人权法、国际环境法、国际刑法等。(4) 国际法日益系统化和法典化。二战后，《联合国宪章》对国际法的编纂做出明文规定。1947 年联合国国际法委员会成立，全面展开国际法的编纂工作。在国际法委员会提供的草案基础上，由联合国主持缔结了一系列相应的国际公约。

(三) 国际法的编纂

因为国际法的立法性质和方式，国际法的原则、规则和制度散见于大量的国际条约和国际习惯中，有的不明确或不完善，或不具有条文形式。在适用国际法解决国际争端时，往往由于当事国对某项规则的不同解释而发生争议，因此对国际法进行编纂，使其便于使用就显得十分必要。

1. 国际法编纂的含义

国际法编纂（codification of international law），狭义上是指把散见于国际

[①] 温树斌：《国际法刍论》，知识产权出版社 2007 年版，第 28 页。

条约和国际习惯中的国际法原则和规范系统化和法典化；广义上还包括修订、补充原有规则或提出新规则，将它们变成条款草案，由一个有权确定的机构，通常是外交会议，予以认可，并通过一定的程序，形成为国际公约。[①]

国际法的编纂可分为全面法典化（comprehensive codification）和个别法典化（individual codification）。前者试图把现存全部国际法原则、规则和制度纳入一部完整的法典。而后者是要将国际法不同部门法的原则、规则和制度，分别制定成若干部门法典，如海洋法、空间法等。目前国际社会更多地采用第二种方式。

根据编纂主体的不同，又可以将国际法编纂分为非官方编纂和官方编纂。前者又称民间编纂，即个人和学术团体的编纂。1873年成立的国际法研究院和国际法协会作为民间编纂团体，为国际法编纂事业做出了巨大贡献。后者又称政府间编纂，即由国际社会召开外交会议或政府间国际组织的编纂，始于1815年的维也纳会议。通常所说的国际法编纂是指官方编纂。

2. 国际法编纂的重要会议

官方编纂始于19世纪，采取召开外交会议制定国际公约的方式进行。1815年的维也纳会议，1818年的亚琛会议和1856年的巴黎和会，分别制定了一些国际公约。1899年和1907年的两次海牙和平会议，揭开了大规模进行国际法编纂的新篇章。1899年海牙会议，通过了《和平解决国际争端》等三个公约和有关禁止某些作战手段的三项宣言。1907年海牙会议进一步通过了13个公约和1个宣言。这些公约和宣言，对国际争端法和战争法的发展产生了重要影响。

一战后国际联盟（国联）成立。1930年在国联的主持下，国际法编纂会议在海牙召开，会议设立三个委员会，分别就国籍、领水和国家责任三个问题进行讨论。通过了关于国籍问题的一个公约和三个议定书。国联时期从1920年至1939年，共制定了120个规定国家间一般关系的条约，显示了国际组织进行国际法编纂的重大意义。[②]

二战后国际法的编纂工作主要是在联合国的主持下进行的。《联合国宪章》第13条第1款规定："大会应发动研究，并做成建议：（子）以……提倡国际法的逐渐发展与编纂。"为履行此职责，联大1947年通过《国际法委员会章程》，设立国际法委员会作为联合国负责编纂国际法的机构。1949年国际

[①] 邵津：《国际法》，北京大学出版社2000年版，第16页。
[②] 端木正：《国际法》，北京大学出版社1986年版，第30页。

法委员会第一届会议就拟定了 14 个编纂项目。

在此后的半个世纪中，经国际法委员会拟定的公约草案和条文草案有 20 余项。而以这些草案为基础，在联合国主持下缔结的国际公约主要有：1958 年海洋法四公约，1961 年《关于减少无国籍状态的公约》，1961 年《维也纳外交关系公约》，1963 年《维也纳领事关系公约》，1969 年《特别使团公约》，1969 年《维也纳条约法公约》，1973 年《关于防止和惩处侵害应受国际保护人员包括外交代表的罪行公约》，1978 年《关于国家在条约方面的继承公约》，1986 年《关于国家和国际组织间或国际组织相互间条约法的维也纳公约》，1998 年《国际刑事法院规约》等。

除了国际法委员会，联合国的其他委员会或者专门外交会议也主持或者参与国际法的编纂。实践证明，国际法的编纂有效地推动了国际法的发展，推进了国际法治的进程。

第二节　国际法的渊源和基本原则

一、国际法的渊源

（一）国际法渊源的概念

1. 法律渊源的含义

"渊源"是指事情的本原。法律渊源（sources of law）的含义可以从多个角度来解读，例如法的实质渊源、法的效力渊源、法的形式渊源和法的历史渊源等。张文显教授认为："法的渊源作为法学基本范畴，它表明一国的法可以或可能基于何种途径产生，是一国的法和法律规范的预备库或半成品。法的渊源是法之背后的法，是历史积淀和文化积淀的产物。"[1]

2. 国际法渊源的定义

《奥本海国际法》主张：国际法的渊源是指国际法的形式渊源，即国际法的规则产生有效性的方式，而不是指国际法的实质渊源，即某一国际法规则的实质内容的出处（例如特定的条约或其他法律文件）[2]。周鲠生认为国际法渊源可以有两种意义：其一是指国际法作为有效法律规范所以形成的方式或程序；其二是指国际法的规范第一次出现的处所。"从法律的观点说，前一意

---

[1] 张文显：《法理学》，高等教育出版社 2003 年版，第 67 页。
[2] 端木正：《国际法》，北京大学出版社 1989 年版，第 10、14 页。

义的渊源才是国际法的渊源；后一意义的渊源只能说是国际法的历史的渊源。"①

国际法渊源主要包括国际条约和国际惯例。除此之外，一般法律原则，国际司法判例，以及权威国际公法学家的学说也可以作为国际法的辅助渊源。《国际法院规约》（The Statute of the International Court of Justice）第 38 条第 1 项规定："法院对于陈述各项争端，应依照国际法裁判之，裁判时应适用：（子）不论普遍或特别国际协约，确立诉讼当事国明白承认之规约者。（丑）国际习惯，作为通例之证明而经接受为法律者。（寅）一般法律原则为文明各国所承认者。（卯）在第 59 条规定之下②，司法判例及各国权威最高之公法学家说，作为确定法律原则之补助资料者。"

这项规定并没有直接提及国际法的渊源，它列举的是国际法院在裁判案件时所适用的法律。但国际法学界通常认为，这项规定是对国际法渊源的权威性说明。

（二）国际法的主要渊源

1. 国际条约

《国际法院规约》将国际条约放在国际法渊源的第一项，表明国际条约在国际法各种渊源中占据首要地位。国际条约是指两个及两个以上国家（或其他国际法主体）缔结的规定相互之间权利和义务的书面协议，是一种正式的法律文书。

根据条约的性质，可以把国际条约分为造法性条约（law-making treaty）和契约性条约（contractual treaty）。造法性条约是指能对国际法的内容具有创设、确认、补充作用的多边条约或国际公约，例如《维也纳外交关系公约》、《联合国海洋法公约》等，反映的是多数国家的同意，可以直接构成国际法渊源。由于国际立法的特殊性，一般认为凡是世界上包括主要国家在内的绝大多数国家参加的造法性条约即具有普遍法律效力，成为国际法渊源。造法性条约不因极少数国家不参加或者新产生国家尚未参加而丧失对整个国际社会的普遍效力。③

契约性条约指的是缔约方为了解决当前某个或某些具体问题而规定具体

---

① 周洪钧：《国际法》，中国政法大学出版社 2007 年版，第 9 页。
② 《国际法院规约》第 59 条规定：法院之判决除对于当事国及本案外，无拘束力。
③ 王献枢：《国际法》，中国政法大学出版社 2007 年版，第 18 页。

行为规则的条约①,如国家间的边界协定和贸易协定等。这类条约约束的主体有限、反映个别国家之间的同意、所涉事项具体、不以立法为目的,因此不是国际法的渊源,但也不排除其被国际社会普遍接受而发展为国际法渊源的可能性。

不过,有国际法学者质疑造法性条约与契约性条约的区分,认为所有条约都应是国际法的渊源。

2. 国际习惯

"国际习惯"(international custom)早于国际条约出现,是指在国际交往中,各国在反复实践中形成的不成文的行为规则。它也是国际法的主要渊源之一,得到了各国学者和国际实践的公认。各类国际习惯的总和通常被称为"国际习惯法"(习惯国际法)(International Customary Law)。国际习惯法在国际法中占有相当的比重,起着重要的法律作用。

《国际法院规约》第 38 条规定国际法院适用"国际习惯,作为通例之证明而被接受为法律者"。根据此项规定可以得出国际习惯形成的两个必要条件:(1)物质要素,也就是通例(Usus)的存在。指各国在国际关系中对某一事项长期、重复采取相同或类似的行为。一般来说,时间上要有较长的延续性,空间上要包括较广泛的国家,数量上要求有多次不断的实践,方式上要求对同类问题采取经常和一致的做法。②(2)心理要素,即"法律确信"(Opinio Juris),指各国承认这些通例具有法律约束力,认为从事或者不从事某一行为是国家的国际法义务。

一般来说,国际习惯的形成过程是漫长的,例如不干涉内政原则,从提出到被确认为国际法基本原则,经过了 200 多年的时间。从历史的角度看,许多国际法规范在形成为有约束力的法律以前,就曾在国际或国内法院的判决、国际或国内文件以及某种国际法学说中出现过。③例如,不干涉内政原则最早见于法国大革命时期的共和宪法,公海自由原则最早出自格劳修斯所著的《海洋自由论》。但这些原则在提出时还不是国际法规范,也不具备国际法效力,而是在长期实践中获得了国际公认,并表现为国际习惯或国际条约后,才成为国际法规范。

二战后,由于国际关系日益密切,国际社会实践需要日益迫切,国际习

---

① 王铁崖:《国际法》,法律出版社 1995 年版,第 406 页。
② 温树斌:《国际法刍论》,知识产权出版社 2007 年版,第 131 页。
③ 王献枢:《国际法》,中国政法大学出版社 2007 年版,第 16 页。

惯的形成过程和时间大为缩短。例如大陆架制度，一经提出，不到20年即被各国广泛接受，形成国际习惯，并于1958年缔结《大陆架公约》。

（三）国际法的辅助渊源

1. 一般法律原则

一般法律原则到底是指哪些原则，在国际社会上主要有三种不同的理解：(1) 指国际法基本原则。(2) 指由"一般法律意识"引申出的原则，即各国之间的共同法律意识。(3) 指世界各大法律体系所共有的原则。然而，一般法律原则不可能是指国际法的基本原则，因为国家对国际法基本原则的承认，明示的部分表现为国际条约，默示的部分表现为国际习惯，而国际法院是将国际条约、国际惯例、一般法律原则、司法判例和权威公法学者学说并立列举的，所以一般法律原则应该是独立于国际条约、国际惯例两者之外的，第一种理解被否定。第二种理解属于抽象的自然法的见解，其内涵不容易确定。即便国际社会存在共同法律意识，也不一定能在此基础上产生具体的国际法规则。第三种理解，也是为大多数学者所赞成的，认为一般法律原则就是各国法律体系中那些共有的原则，只是在各国国内法上的解释有所不同。具体来说，禁止反言（estoppel）、公平（equity）、后法优于前法（lex posterior derogat priori）、平等者之间无管辖权（par in parem non habet jurisdictionem）、不守约者不得要求践约（inadimplenti non est adimplendum）等原则，都是世界各大文明和各主要法系所共同承认的一般法律原则。

一般法律原则在某种程度上可以弥补条约和习惯的空白，当国际条约或国际习惯中没有法律规则可以适用时，一般法律原则即具有独立存在的意义和价值。[①] 例如1962年的柏威夏寺案，国际法院根据"禁止反言"原则，驳回泰国认为地图存在错误的主张，[②] 将柏威夏寺判给柬埔寨。

2. 国际司法判例

国际司法判例主要是指联合国国际法院、常设国际法院的判决，广义上还包括国际仲裁法庭。[③] 依照《国际法院规约》第38条和第59条的规定，国际法院没有采纳英美法系的"依循判例"（Stare Decisis）主义。国际法院的判决仅对当事国和本案有拘束力。国际法院或国际仲裁法庭只是司法机关，

[①] 温树斌：《国际法刍论》，知识产权出版社2007年版，第141页。
[②] [英] 阿库斯特：《现代国际法概论》中译本，中国社会科学院出版社1987年版，第336页。
[③] [英] 伊恩·布朗利著，曾令良、余敏友等译：《国际公法原理》，法律出版社2003年版，第14—17页。

只有选择适用法律的权力，而没有创设法律的权力，它的判决只是司法文件，而不是法律。但是，国际司法判例，尤其是一些重要案件的判决和咨询意见，对于认证和阐释国际法原则，证明相关习惯法和规则的存在仍然具有十分重要的作用。因此《国际法院规约》将"司法判例"作为"法律原则之补助资料"用于国际法院确定或适用国际法原则的辅助性手段。

3. 权威国际公法学家的学说

《国际法院规约》中的"权威最高之公法学家学说"，是指代表各国最高水平的国际公法学家的权威性著述。权威公法学家的理论对国际法原则的形成，往往会产生重大的影响。格劳修斯的《战争与和平》一书，不仅直接影响了《威斯特伐利亚和约》的签订，也对近代国际法的形成和发展起了重大的促进作用。公法学家的理论学说和研究成果可能被采纳，并通过法定程序成为国际法的一部分，有些国际公约最早就是由国际法权威学者起草的。以往，在国家的外交文件、各类国际文件、国际和国内司法判例中，曾经常引用国际公法学家的学说，以此来确定某些国际法原则的存在，并对其进行解释。然而，任何一位国际公法学家的学说，不管具有多大的权威性，毕竟是个人的理论著述，不能直接地表现为国际法的原则、规则和制度。所以，公法学家的学说只能是作为确定国际法原则的一种辅助资料或渊源。[①]

4. 国际组织决议

1945 年订立《国际法院规约》时，国际组织尚未得到全面发展，国际组织的决议在国际法规范的形成中还未能发挥明显作用，所以规约中没有提及"国际组织的决议"。但随着现代国际关系的发展，很多学者认为国际组织的决议也应该属于"确定法律原则之补助资料者"。当然并非各种国际组织的所有决议都可作为确定国际法原则的辅助资料，主要是指联合国这种普遍性的政府间国际组织。联合国大会决议至少需要半数会员国赞成才能通过，代表世界上多数国家或政府的意愿。虽然决议不具有法律约束力，但背弃决议的行为往往遭到国际社会的强烈谴责。尤其是大会的"宣言"类决议，往往直接确认、宣示或阐明国际法的原则、规则和制度，甚至发展为国际条约，成为国际法的辅助性渊源。例如，1963 年《联合国消除一切形式种族歧视宣言》发展为 1966 年《联合国消除一切形式种族歧视公约》；1970 年《国家管辖范

[①] 周洪钧：《国际法》，中国政法大学出版社 2007 年版，第 9 页。

围以外的海床、洋底及其底土的原则的宣言》被吸收进1982年《联合国海洋法公约》第十一部分。

二、国际法的原则

（一）国际法原则的定义和类别

国际法的基本原则是指国际上被各国公认和广泛采用的，具有普遍意义的，适用于国际法一切效力范围的，构成整个国际法的基础和核心的法律原则。国际法涉及国际社会的一系列法律问题，它们分为两类：一类是指导国家在国际关系个别领域的行为准则，一类是指导国家在全部国际关系中的行为准则。后一类构成了国际法的基本原则。

（二）国际法基本原则的特征

国际法基本原则有下列三个特征，作为一个整体，缺一不可，不能分离和割裂。只有同时符合下列三个特征的原则才能成为国际法的基本原则，否则只能作为国际法的具体原则而存在。因此，下列三个特征就成为区分国际法基本原则与具体原则的主要标志。

1. 得到国际社会的公认

作为国际法基本原则，它首先必须是被世界各国普遍认同的原则，这是国际法基本原则最重要的特征。由于在国际社会并不存在一个超越国家之上的权力机构制定法律并强迫各国遵守，国际法实际上是国家之间的法律，它是由国家通过彼此间达成协议而形成的，国际法原则的效力一般说来仅在于接受国，因而，一项原则要在国际社会取得普遍的约束力，基本条件就是被国际社会以各种方式公认为指导国际关系的一般准则。但"公认"并非意味着一项原则得到了全世界所有国家的一致承认和接受，因为这根本就做不到，只能是大致达到被普遍接受的程度。

2. 具有普遍意义，适用于国际法一切领域

这就是说，国际法基本原则不是那种仅在国际法个别领域中运用的具体原则或个别原则，而应是在国际法所有领域都能运用，都能起到指导作用的全面性原则。例如，"海洋自由原则"是海洋法的一项原则，但它不是国际法的基本原则。与之不同的是，国家主权原则就可以适用于国际法的所有领域，在国际法的各个方面都能起到指导作用，因而该项原则属于国际法的基本原则。

3. 构成国际法的基础或核心

国际法基本原则是国际法上具体原则、规则和制度的法律基础。没有这个基础，国际法就无从存在。因此，国际法的基本原则在国际法上的重要性就不仅在于其具体的法律原则、规则要从国际法基本原则中派生和引申，同时，这些原则还必须符合基本原则的精神，否则就是非法的、无效的。例如，国家主权原则是国际法的基本原则，不仅因为这一原则得到各国公认，而且国际法上多项具体规则都是从国家主权原则引申出来的，比如外交特权、主权国家间无管辖权、国家平等权等。而与其冲突的传统国际法上的"领事裁判权"、"保护国"制度等，都已经丧失了法律效力。

(三) 国际法基本原则与国际关系基本准则的内容

国际法基本原则在国际关系的发展中产生、发展和确立起来。国际法基本原则也是国际关系的基本准则。《联合国宪章》第2条规定的联合国及其会员国应予遵守的七项原则，构成现代国际法基本原则体系的核心。

1.《联合国宪章》七项原则

(1) 国家主权平等原则，即"本组织系基于各会员国主权平等之原则"。主权是国家具有的独立自主地处理自己的对内和对外事务的最高权力。[1] 独立主权国家的存在是近代国际法产生和发展的基础。这项原则既包括主权，也包括平等，它是最重要的国际法基本原则，可以说是整个国际法所依据的基础。[2] 根据这一原则，各国法律地位平等，均享有充分主权之固有权利，均有权自由选择并发展其政治、社会、经济及文化制度，各国的领土完整和政治独立不得侵犯。(2) 履行宪章义务原则，即"各国会员国应一秉善意，履行其依本宪章所担负之义务，以保证全体会员国因加入本组织而发生之权益"。(3) 和平解决国际争端原则，即"各会员国应以和平方法解决其国际争端，避免危及国际和平、安全及正义"。(4) 不得使用武力原则，即"各会员国在其国际关系上不得使用威胁或武力，或以与联合国宗旨不符之任何其他方法，侵犯任何会员国或国家之领土完整或政治独立"。(5) 会员国协助联合国原则，即"各会员国对于联合国依本宪章规定而采取之行动，应尽力予以协助，联合国对于任何国家正在采取防止或执行行动时，各会员国对该国不得给予协助"。(6) 在维持国际和平和安全必要范围内，保证非会员国遵行联合国原则的原则，即"本组织在维持国际和平及安全之必要范围内，应保证非联合

---

[1] 周鲠生：《国际法》（上册），武汉大学出版社2007年版，第64页。
[2] 王铁崖：《国际法》，法律出版社1995年版，第51页。

国会员国遵行上述原则"。(7) 不得干涉内政原则，即"本宪章不得认为授权联合国干涉在本质上属于任何国家国内管辖之事件，且并不要求会员国将该项事件依本宪章提请解决；但此项原则不妨碍第七章内执行办法之适用"。

2. 《国际法原则宣言》规定的原则

在 1970 年 10 月 24 日，纪念联合国成立 25 周年之际，联合国大会通过了《关于各国依联合国宪章建立友好关系及合作之国际法原则之宣言》（简称《国际法原则宣言》）。依照宣言，国际法的基本原则确定为：（1）不侵犯原则，即"各国在其国际关系上应避免为侵害任何国家领土完整或政治独立之目的，或以与联合国宗旨不符之任何其他方式使用威胁或武力，而且不得把威胁或武力作为解决国际争端的方法"。具体包括：不得发动或参与侵略战争或从事侵略战争的宣传，不得使用威胁或武力侵犯他国现有的国际疆界，不得武力报复，不得使用威胁或武力在他国发动、煽动、协助或参加内争或恐怖活动等。（2）和平解决国际争端原则，即"各国应以和平方法解决其国际争端避免危及国际和平、安全及正义之原则"。其中"和平方法"包括谈判、调查、调停、和解、公断、司法解决等。（3）不干涉内政原则，即"依照宪法不干涉任何国家国内管辖事件之义务"。该项原则明确指出，"任何国家均不得组织、协助、煽动、资助、鼓励或容许目的在于以暴力推翻另一国政权之颠覆、恐怖或武装活动，或干预另一国之内政。"（4）各国友好合作原则，即"各国依照宪章彼此合作之义务"。"各国不问在政治、经济及社会制度上有何差异均有义务在国际关系之各方面彼此合作，以期维持国际和平与安全，并增进国际经济安定与进步、各国之一般福利，及不受此种差异所生歧视之国际合作。"（5）民族平等和自决原则，即"各民族享有平等权利与自决权之原则"。（6）主权平等原则，即"各国主权平等之原则"。主权平等包括："a. 各国法律地位平等。b. 每一国均享有充分主权的固有权利。c. 每一国均有义务尊重其他国家的人格。d. 国家的领土完整及政治独立不得侵犯。e. 每一国均有权利自由选择并发展其政治、社会、经济及文化制度。f. 每一国均有责任充分并一秉诚意履行其国际义务，并与其他国家和平相处。"（7）诚实履行宪章（条约）义务原则，"各国应一秉诚意履行其依宪法所负义务之原则，以确保其在国际社会上更有效之实施，将促进联合国宗旨之实现"。

3. 和平共处五项原则

和平共处五项原则的内容是：互相尊重主权和领土完整、互不侵犯、互不干涉内政、平等互利、和平共处。其中，互相尊重主权和领土完整是根本或前提，互不侵犯、互不干涉内政、平等互利以及和平共处都是从尊重主权和领土完整引申出来的，是其保证和条件，而和平共处是总的目的、要求和概括，同时又是一个独立的原则。所以，和平共处五项原则是一个整体，五项原则有机联系，互为条件，互相补充，以和平共处作为总的目的和概括。

和平共处五项原则是中国政府最早提出，并由中、印、缅三国共同倡导的国际关系指导原则。1954年中印两国签订《关于中国西藏地方和印度之间的通商和交通协定》，将和平共处五项原则作为国家间关系的基础写入序言中。同年，中印、中缅两国又分别发表联合声明，重申这些原则，并强调五项原则不仅适用于中印、中缅之间，也适用于一般国际关系。1955年万隆会议最后公报所宣布的促进世界和平和合作的十项原则就包含了和平共处五项原则的内容。1974年联合国大会通过的《各国经济权利和义务宪章》更是将这五项原则的效力扩展到国家间经济、文化交往领域。

（四）国际法基本原则与强行法的关系

国际强行法（Jus Cogens）又称"强制法"或"绝对法"，起源于古罗马法，最初是国内法概念，后来才应用于国际法领域，指必须绝对执行的法律规范，与任意法相对。

1969年《维也纳条约法公约》首次以条约形式对国际强行法规则做出规定，该公约第53条规定："就适用本公约而言，一般国际法强制规则是指国家之国际社会全体接受并公认为不许损抑，且仅有以后具有同等性质之一般国际法规则始得更改之规则。"按照这一规定，国际强行法是指国际社会广泛接受和认同，具有普遍拘束力，不能为各国自由意志随意更改或损抑的法律规则。虽然该公约并没有对国际强行法的具体内容做出明文规定，但国际法基本原则符合这些条件。

国际法基本原则属于国际强行法规范，但基本原则并不等于强行法。基本原则是适用于一切国际法领域、构成国际法基础的法律原则，而强行法有可能是某一特定国际法部门的具体规则。[①] 例如，禁止奴隶制是国际强行法，但不是国际法基本原则。

---

① 王献枢：《国际法》，中国政法大学出版社2007年版，第36页。

第三节　中国与国际法

一、中国古代对外交往及其规则萌芽

中国是世界文明古国之一，早在公元前 2000 年以前，就有了对外关系的文献记载。美国传教士、汉学家威廉·亚历山大·彼德森·马丁（William A. P. Martin，中文名为丁韪良）1881 年在德国柏林举行的世界东方学者大会上所作的《古代中国国际法遗迹》[①] 的报告中指出，春秋战国时期（公元前 722—前 221 年）的历史文献证明，古代中国有某种形式的国际法规则存在。他提到，春秋时期诸侯之间的政治和商务交往，包括交换使节、缔结同盟，特别是形成的一些战争法规。[②] 例如谴责非正义战争、优待俘虏、不斩来使等原则。不过，春秋战国时期的"国家"都是周天子名义统治之下的诸侯国，而不是近代意义上的独立主权国家，以上种种规则的产生与萌芽，不属于真正意义上的国际法。

自公元前 221 年秦始皇统一中国开始，直到 1912 年清朝灭亡，中国封建王朝历经 2000 多年的时间，统治思想一直都是"普天之下，莫非王土；率土之滨，莫非王臣"。以中国为核心，周围邻国都被视为藩属国，受中国册封和保护，向中国进贡，任何的政治、经济往来都是在这种朝贡制度内进行的，因而不可能产生平等国家间交往的国际法准则。当时中国与世界上其他国家的交往呈现出零散的、阶段性的特征，如汉代张骞出使西域，打通与中亚各国的"丝绸之路"，加强了政治和经贸往来；唐朝与日本交往出现高潮，日本遣使来华，鉴真东渡将中华医学、佛学传播到日本；明代郑和七下西洋，最远曾到达了非洲东海岸。

二、国际法传入中国

1840 年鸦片战争打开了中国的大门，近代意义上的国际法随着帝国主义侵略扩张势力传入中国。在处理禁烟事务时，林则徐因处理"夷务"之需，命人翻译瑞士法学家瓦特尔（E. De Vattel）所著《国际法》（Le Droit Des-

---

[①] Martin, Traces of International Law in Ancient China, The International Review, Vol. 14 (1883), pp. 63 – 77.

[②] 王铁崖：《国际法》，法律出版社 1995 年版，第 41 页。

gens）的部分章节，称之为《各国律例》，以便在与英国交涉时据理力争地加以使用。

第一次将国际法正式、系统地介绍到中国来的，是时任清政府同文馆总教习的丁韪良，他把惠顿（Henry Wheaton，1785—1848）的《国际法原理》译成中文，题名《万国公法》。但清政府既没有将国际法适用到中国体制内的经验，也没有利用国际法维护自身利益的能力。清王朝国力衰弱、沉浸并受缚于天朝大国的迷梦，加上对国际法又不了解，在外国"坚船利炮"的胁迫下，国际法成为西方帝国主义列强侵略欺辱中国的"合法借口"。[①] 鸦片战争失败后，中国沦为半殖民地，帝国主义列强武力侵占中国领土，逼迫清政府签订了一系列种类繁多的不平等条约，强行设立租界，驻扎军队，并享有领事裁判权、海关管理权、内河航行权等特权。这一时期，列强选择性地适用那些有利于侵略扩张的国际法规则，而中国完全享受不到国际法的权利，更谈不上依靠国际法来保障自身利益。

民国时期，中国在国际上的不平等地位没有根本改变。不过，中国政府利用当时的情势，逐步收回了列强在汉口、九江、天津、广州、厦门等地的租界，废除了领事裁判权。"截至二战尾声时，不平等条约在中国基本瓦解。"[②] 二战末期，中国以浴血抗日获得的国际地位，参与了联合国的创建，为《联合国宪章》的制定和联合国的成立做出了贡献，并获得了安全理事会常任理事国的资格。

三、中国对当代国际法的维护和发展发挥了建设性作用

1949年中华人民共和国中央人民政府成立，中国摆脱了半殖民地地位，作为一个完全独立自主的主权国家活动于世界舞台，在平等互利和友好合作的基础上与世界各国发展关系，开启了中国对外关系的崭新阶段。新中国秉承独立自主、和平共处的国际关系理念，对当代国际法的发展做出了应有贡献。

（一）中国积极维护和践行国际法

中国在国际关系中，一贯遵守、执行和维护国际法的原则、规则和制度，恪守《联合国宪章》的宗旨和原则，主张国家不分大小一律平等，按国际法

---

① 万鄂湘：《国际法与国内法关系研究》，北京大学出版社2011年版，第395页。
② 温树斌：《国际法刍论》，知识产权出版社2007年版，第31页。

和平解决国际争端,实现国际关系民主化。在捍卫国家主权和领土完整原则、反对侵略和干涉主权国家内部事务的行径、支持被压迫人民和民族的独立解放运动、促进国际政治经济新秩序建立、参加联合国维和及国际反海盗行动、反对国际恐怖主义、裁减军备和防止核扩散、保护环境与生态以及人类和平与发展等领域,中国都积极维护和践行国际法,做出了重要贡献。

(二) 中国对国际法原则的发展做出创设性贡献

在国际法的原则方面,由中国与印度和缅甸共同倡导的和平共处五项原则与《联合国宪章》七项原则并行不悖,得到国际社会的广泛承认,成为国际法基本原则的核心内容。在国际法立法方面,中国积极参加了各类国际法的制定。"中国对国际法上'国家责任'、'北极法律地位'、'国际刑事法院管辖权'、'人道主义干涉'和'保护的责任'等一系列引起国际社会各国高度关注并涉及中国国家利益的重大问题提出了自己的观点。"[1] 中国参加的政府间国际组织达 100 多个,还签署或者参加了 300 多项国际条约。"迄今为止有数位中国国际法专家先后在联合国国际法委员会中担任主席和委员等职务。此外,还有一些中国国际法学者被遴选为国际法研究院会员或者联系会员。"[2] 在当代国际关系中,中国不但积极运用和维护国际法,而且对其有所补充和创新。"例如,在国际法的承认与继承、人权、国籍、条约、使节权、和平协商解决国际争端等方面。"[3] 改革开放后的中国以负责任的大国形象积极地参与到国际事务和国际法立法中来,"中国不再做国际法律体制的旁观者、挑战者,而是国际体制的推动者和建设者、国际规则的倡导者和参与制定者、国际秩序的缔造者和维护者"。[4] 中国作为正能量对当代国际法的维护和发展有着不可或缺的作用,为世界和平与安全和国际法治做出了突出的贡献。

---

[1] 盛红生:《中国对国际法的贡献》,《北京周报》,2011 年第 40 期,10 月 6 日出版。
[2] 同上。
[3] 端木正:《国际法》,北京大学出版社 1989 年版,第 19 页。
[4] 温树斌:《国际法刍论》,知识产权出版社 2007 年版,第 32 页。

第二章 国际法上的国家

第一节 国际法上的国家概论

国家（State）的定义，从不同的视角，有不同的表达和解读。政治学中的国家定义主要表达的是国家的性质和任务，"国家是以社会公共权威为基础进行维持和运作，其终极目标是维护在社会经济上占统治地位的阶级的利益"。[①] 而在国际法学中的国家概念主要用以强调它与部落、民族、宗教团体、党派、社会团体等实体的区别，"是指具有一定的居民、领土、政权组织和主权的社会实体。而检验一个实体是否是国际法上的国家要看它是否达到或具备了作为国家的一定标准或要素"。[②]

一、国家构成要素与结构类型

（一）构成国家的要素

1. 固定的居民

居民（population）是国家的基本要素。居民是指生活在一个共同社会里的个人组成的集合体。尽管这些个人可能属于不同的民族和种族，拥有不同的文化和宗教，使用不同的语言和文字，但只有他们才能形成社会并产生国家。至于居民数量的多少，并不影响其作为国家的基本要素。如中国有近14亿的居民，而瑙鲁全国人口只有一万余人。一个国家无论居民数量多寡，在国际法上都是平等的主权国家。

2. 确定的领土

领土（territory）是国家赖以存在和发展的物质基础，是一国居民居住与生存的地方，是一国政府行使权力的范围，也是一国主权活动的空间。任何国家都有一定的领土，而领土的大小、所处的地理位置等，并不影响该国的

[①] 孙关宏、胡雨春：《政治学》，复旦大学出版社2010年版，第30—31页。
[②] 白桂梅：《国际法》，北京大学出版社2006年版，第85页。

存在及其在国际法中的地位。如俄罗斯联邦陆地面积 1700 多万平方公里,位居世界首位;而摩纳哥面积仅有 1.94 平方公里。尽管国际社会中有许多国家还存在与邻国边界尚未完全划定的情形,但是这并不影响它们作为国家的存在。

3. 政府

政府(government)是对内代表国家实行管辖、对外代表本国和人民进行国际交往的政权组织。作为国家行使权力的机关,它具体地承担着国家的权利和义务。政府是国家有别于其他社会组织的根本特征,没有政府的社会不能成为国家。而政府的具体形式不影响国家的存在。

4. 主权

主权(sovereignty)是国家的根本属性,是指国家固有的、独立自主地处理其内政外交事务的最高权力。同时,主权也是国家区别于国内地方行政区域或国际上其他社会实体的主要标志。在一地域内,如果仅拥有土地、居民和政权组织,但没有主权,它也只能是一个国家的地方行政单位或外国殖民地,而非国际法上的国家。

(二)国家四要素在判定国际法上国家时的作用

只有同时具备居民、领土、政府和主权四个要素,才能构成国际法上的国家,作为国际法的主体,享受国际权利,履行国际义务。不过,在国际实践中存在某些例外情况,一些既存国家可能会由于某种原因使其政府暂时失去了对其领土或者居民的有效控制,如 1990 年伊拉克侵占科威特后,科威特合法政府被迫流亡国外;或者国家主权暂时或长期受到一定的限制,如海湾战争结束后,伊拉克国家主权的形式受到了某种限制。[①] 但是,这些情况原则上并不会影响国家的国际人格,也不会影响其作为国家而继续存在。

需要指出的是,国家构成四要素是确定一个政权实体是否具备国际法意义上的国家形态的标准,但不是判定一个政权是否具有国际合法地位的标准。拥有类似的四个形态,并不等于说就一定具有合法国家的法律地位。一些非法政权,以其拥有类似国家的四个形态为由辩称其为合法主权国家,实质上是对国际法意义上的国家概念的曲解。

(三)国家结构的类型

自国家产生以来,出现过多种多样的国家形态和结构。现代国家的结构

---

① 周鸿钧:《国际法》,中国政法大学出版社 2010 年版,第 27 页。

形式主要有单一国和复合国两种类型。

1. 单一国

单一国（simple states），是由若干行政区域组成的具有统一主权的国家。对内，全国拥有单一的宪法和国籍，由最高行政、立法和司法机关组成中央政权，统一处理国家的内部事务，各行政区域的地方政府处于中央政府的统一领导下。在对外关系方面，单一国的中央政府代表国家行使外交权，作为国际法主体参与国际关系，而各行政区域不具有国际法主体地位，未经中央权力授权不能进行国际交往。世界大多数国家为单一结构，这些国家既可能由单一民族构成，如冰岛；也可能由多民族构成，如西班牙。有些单一国的部分地方行政区可能享有不同程度的自治权，但是它们仍属于单一制国家，例如印尼。

2. 复合国

复合国（composite states），是指由两个或两个以上的成员单位组成的国家或国家联合体。"现存的复合国形式有联邦和邦联两种。而在复合国中，原则上只有联邦是国际法主体。"①

（1）联邦（federation），是由两个或两个以上的成员单位（州、邦、共和国等）组成的统一国家。联邦制具有如下特点：对内，联邦有统一的宪法，最高立法、司法和行政机关；依据联邦宪法划分联邦和联邦成员单位之间的权限，双方在各自的管辖范围内行使职权；联邦公民具有共同的联邦国籍。对外，联邦本身是统一的国际法主体，由联邦政府统一行使对外交往权，而联邦成员不具有国际法主体资格。联邦是复合国中最主要和最典型的形式。世界上实行联邦制的国家有美国、俄罗斯、印度、德国等20多个国家。

（2）邦联（confederation），是由两个或两个以上的主权国家为了特定目的，通过签署条约而结成的国家联合体。邦联具有类似国家的外部标志符号；也有负责协调邦联成员关系和利益的内部组织机构，但是该机构的权力仅及于各成员国，并不直接及于各成员国的公民；邦联没有统一的中央权力机关，也没有统一的军队和财政预算，邦联成员是独立的主权国家，各自拥有立法、行政、司法、国防和财政等全部权力；邦联成员国公民各有本国国籍，没有统一的邦联国籍；在对外关系上，邦联本身不具有国际法主体资格，而邦联的各成员国具有单独的国际法主体资格，各自独立地参与国际关系。譬如

---

① ［奥］阿尔弗雷德·菲德罗斯：《国际法》，商务印书馆1981年版，第238页。

1778年至1787年的美利坚合众国、1815年至1866年的德意志邦联、1815年至1848年的瑞士邦联。①

二、国家的基本权利

国家的基本权利（fundamental rights of the state）是指由国家本质所确定的国家主权所固有的、根本性的、不可剥夺与侵犯的权利。1946年联合国国际法委员会通过了《国家权利义务宣言草案》，结合其他相关的国际法律文件和具体的国际实践，一般来说，国家拥有四项不可缺少的基本权利。

（一）独立权

独立权（right of independence）是指国家根据自己的意志处理本国内政外交事务而不受任何外来控制和干涉的权利。对内，国家可以自由地选择其政治、经济、社会和文化制度，并通过制定各种政策和法规，进行行政和司法活动来管理国家；对外，国家有权根据本国利益独立制定外交政策、处理国际事务、进行国际交往，而不受其他国际行为体的干涉和控制。独立权具有两个方面的特性：一是自主性，即国家行使权力的完全自由；二是排他性，即国家在其主权范围内处理本国内政与外交事务而不受外来干涉。独立权是国家主权的重要标志和具体体现，必须竭力捍卫。现代国际法上的国家独立权，既包括政治独立，也包括经济独立，两者紧密相连、相辅相成，政治独立是经济独立的前提，经济独立是政治独立的基础。

（二）自卫权

自卫权（right of self-defence）是指国家采取防御及自卫措施保卫其生存和独立不受侵犯的权利。国家有使用一切力量，进行国防建设，预防可能的外来侵犯的权利。国家在本国承担的条约义务的约束下，有权建造和拥有保卫国家所必要的武器装备，参与区域性集体安全组织或缔结共同防御协定。对于外来的武装侵犯，国家有单独或与其他国家共同抵抗的权利。根据《联合国宪章》第51条规定："联合国任何会员国受武力攻击时，在安全理事会采取必要办法，以维持国际和平及安全以前，本宪章不得认为禁止行使单独或集体自卫之自然权利。会员国因行使此项自卫权而采取之办法，应立即向安全理事会报告，此项办法于任何方面不得影响该会

---

① 梁淑英：《国际法》，中国政法大学出版社2000年版，第46页。

按照本宪章随时采取其所认为必要行动之权责，以维持或恢复国际和平及安全。"①

（三）平等权

平等权（equal rights）是一国在国际法上享有同其他国家完全平等地位的权利。平等权是国家主权的直接体现。一切国家不分大小、强弱、贫富，不管其社会、政治和经济制度如何，也不问其发展水平高低，其法律地位一律平等；它可以平等的资格和身份参与国际关系，平等地享受国际法权利和承担国际法义务。根据国际法，国家的平等权主要体现在以下方面：第一，在国际组织和国际会议中，各参与国有同等的代表权和投票权。第二，国家享有平等的缔约权。国际条约对一国的约束力是以该国的同意为基础的，任何通过胁迫手段使一国接受的条约或公约，都是对于该国平等权的侵犯。第三，国家之间无管辖权。即国家在外国法院享有豁免权。一国不得对他国主张管辖权，特别是未经他国同意，不得对他国的行为和财产进行审判、扣押或强制执行。第四，国家在外交礼仪上享有平等权。即国家享有平等的尊荣权，国家元首、政府首脑、外交代表以及国旗、国徽等应受到尊重，不得侮辱。第五，国家享有平等的位次权。在国际组织里和国际会议上，各国的位次以所用文字的字母顺序或笔画顺序排列。在签署条约时，可遵守轮换制签署，即在签署双边条约时，每一方的全权代表都在本国保存的约本的首位（左边）签字，另一方则在同一约本的次位（右方）签字；多边条约则常按各缔约国国名的第一个字母在缔约国同意使用的文字的字母表中的顺序，依次签字。②

（四）管辖权

管辖权（jurisdiction）是指国家采取立法、行政和司法的手段对其领域内的一切人、物、事件以及境外特定的人、物、事件进行管理和处置的权利。管辖权是国家主权的重要体现。一般来说，管辖权包括以下四个方面：

1. 属地管辖权

属地管辖权（territory jurisdiction），又称属地优越权或领域管辖权。即国家对其领域内的一切不享有特权和豁免的人、物、事件有权进行管辖。这里所说的领域，主要是指国家领土，包括领陆、领海和领空。凡处于上述领域

---

① 《联合国宪章》，联合国官网中文版，http://www.un.org/zh/documents/charter/chapter7.shtml。

② 杨泽伟：《国家主权平等原则的法律效果》，《法商研究》，2002 年第 5 期，第 113 页。

的人、物和发生的事件，均受该国的管辖。外国人，包括自然人和法人必须遵守居留国的法律；外国船舶通过领海必须遵守沿海国的法律和规章；外国航空器进入或飞越一国领空必须接受地面国的监管，等等。例如《中华人民共和国刑法》第六条规定："凡在中华人民共和国领域内犯罪的，除法律有特别规定的以外，都适用本法。凡在中华人民共和国船舶或者航空器内犯罪的，也适用本法。犯罪的行为或者结果有一项发生在中华人民共和国领域内的，就认为是在中华人民共和国领域内犯罪。"

2. 属人管辖权

属人管辖权（personal jurisdiction），又称属人优越权或国籍管辖权。即国家对一切在其领域内以及领域外的具有本国国籍的人有权行使管辖。国家还对具有本国国籍的特定物行使管辖权，如国家对航行在公共领域（公海、公空）或外国领域的本国船舶、航行器进行管辖。如《中华人民共和国刑法》第七条规定："中华人民共和国公民在中华人民共和国领域外犯本法规定之罪的，适用本法，但是按本法规定的最高刑为三年以下有期徒刑的，可以不予追究。中华人民共和国国家工作人员和军人在中华人民共和国领域外犯本法规定之罪的，适用本法。"

应当指出，在国际实践中，一国属人管辖权的行使往往会与他国属地管辖权的行使发生冲突，在这种情况下，需要双方协商解决。

3. 保护性管辖权

保护性管辖（protective jurisdiction），是指国家对其领域外严重侵害本国国家或公民利益的行为及行为人进行管辖的权利。这种管辖适用于世界各国公认的犯罪行为，且各国法律对这类管辖权都加以规定。如《中华人民共和国刑法》第八条规定："外国人在中华人民共和国领域外对中华人民共和国国家或者公民犯罪，而按本法规定的最低刑为三年以上有期徒刑的，可以适用本法，但是按照犯罪地的法律不受处罚的除外。"

不过，在实践中，会因事件的复杂性导致受害国的保护性管辖与犯罪发生国的属地管辖权和犯罪嫌疑人国籍国的属人管辖权发生冲突，因而使之较难行使。

4. 普遍性管辖权

普遍性管辖权（universal jurisdiction），是指对国际法规定的危害国际和平与安全及全人类利益的国际犯罪行为，不论犯罪人的国籍归属，也不论行为发生在何地，任何国家都有权进行管辖。现代国际法中，可以适用于普遍性管辖原则的罪行主要包括战争罪、贩卖毒品罪、贩卖人口罪及严重破坏人权的罪行，如种族灭绝、种族隔离、酷刑和破坏海上和空中安全的海盗罪和空中劫持罪等。① 国家根据国际习惯和国际条约行使普遍管辖权。如《中华人民共和国刑法》第九条规定："对于中华人民共和国缔结或者参加的国际条约所规定的罪行，中华人民共和国在所承担条约义务的范围内行使刑事管辖权的，适用本法。"

在以上四种管辖权中，属地管辖权是国家最重要的基本权利。

三、国家的基本义务

国家的基本义务（fundamental duties of the state）是指国家作为国际法主体应承担的固有的、不可推卸的根本性义务。国家是权利与义务的统一体，任何国家在国际法上都享有基本权利，因此，也应承担尊重他国基本权利的基本义务。根据国际法的理论和实践，国家主要负有以下基本义务：不侵犯他国领土完整和政治独立、不干涉别国内政、和平解决国际争端、善意履行国际义务。

（一）不侵犯他国领土完整和政治独立

不侵犯他国领土完整和政治独立（non-aggression to other states' territorial integrity or political independence），是指为维护世界和平与安全，建立各国间的友好关系，国家不得以武力或武力威胁等与联合国宗旨不符的方式去侵犯他国的领土完整和政治独立。如《联合国宪章》第二条中规定："各会员国在其国际关系上不得使用威胁或武力，或以与联合国宗旨不符之任何其他方法，侵害任何会员国或国家之领土完整或政治独立。"② 《国家权利义务宣言草案》第九条规定："各国有责不得借战争为施行国家政策工具，并不得使用威胁或武力，或以与国际法律秩序相抵触之任何其他方法，侵害他国之领土完整或政治独立。"③ 《关于各国依联合国宪章建立友好关系及合作之国际法原则之宣言》中规定："各国在其国际关系上应避免为侵害任何国家领土完整或政治独

---

① 王铁崖：《国际法》，法律出版社2002年版，第129页。
② 《联合国宪章》，联合国官网中文版，http://www.un.org/zh/documents/charter/chapter1.shtml。
③ 《国家权利义务宣言草案》，白桂梅、李红云编：《国际法参考资料》，北京大学出版社2002年版，第17页。

立之目的或以与联合国宗旨不符之其他方式使用威胁或武力之原则。"① 从上述国际法文件规定中可以得出,不侵犯他国领土完整和政治独立是国家应承担的最基本义务。

(二) 不干涉别国内政

不干涉别国内政（non-interference in other's internal affairs），是指为了保证各国的独立,一国必须承担不得对其他国家的内政和外交事务进行任何形式干涉的义务。因此,任何国家无任何理由直接或间接干涉他国的对内对外事务；任何国家不得使用政治、经济等其他任何措施,染指他国管辖内的事务。《联合国宪章》第二条规定："本宪章不得认为授权联合国干涉本质上属于任何国家管辖之事件,且并不要求会员国将该项事件依本宪章提请解决。"②《国家权利义务宣言草案》第三条规定：各国对任何他国之内政外交,有不加干涉之义务。③

(三) 和平解决国际争端

和平解决国际争端（settle the international dispute by peaceful means），是指在国际交往中,任何一个国家都应以和平方法解决与其他国家间的争端。国际法所要求的和平解决国际争端的方法,包括政治解决方法和法律解决方法。其中政治解决方法有谈判、协商、斡旋、调停、调查、和解等；法律解决方法有国际仲裁和递交国际法院解决。在国际实践中,往往都不是单独采用一种方法,而是各种方法交互使用。《联合国宪章》第二条中规定："各会员国应以和平方法解决其国际争端,避免危及国际和平、安全及正义。"④《国际法原则宣言》、《关于和平解决国际争端的马尼拉宣言》以及《国家权利义务宣言草案》等一系列联合国相关文件中重申了国家负有和平解决国际争端的义务。许多重要的区域性国际组织的章程和区域性条约也明确规定了以和平方法解决成员国之间争端的义务,如1957年的《欧洲和平解决争端公约》、1948年的《美洲国家组织宪章》、1948年的《美洲和平解决争端公约》和

---

① 《关于各国依联合国宪章建立友好关系及合作之国际法原则之宣言》,白桂梅、李江云编：《国际法参考资料》,北京大学出版社2002年版,第19页。

② 《联合国宪章》,联合国官网中文版,http://www.un.org/zh/documents/charter/chapter1.shtml。

③ 《国家权利义务宣言草案》,白桂梅、李红云编：《国际法参考资料》,北京大学出版社2002年版,第17页。

④ 《联合国宪章》,联合国官网中文版,http://www.un.org/zh/documents/charter/chapter1.shtml。

1963 年《非洲统一组织宪章》等。①

(四) 善意履行国际义务

善意履行国际义务（fulfill in good faith the international obligations），是指国家对公认的国际法原则与规则及其作为缔约国参加的条约而产生的义务有责任秉诚意履行之。国际社会作为主权国家的组合体，国家在享受国际权利的同时，也必然要履行国际义务。善意履行国际义务要求国家尊循"约定必须遵守"的原则，是国际法有效性和国际法律关系稳定性的基础。只有各国善意地履行其国际义务才能建立并维护合理有序的国际秩序，促进各国的和平发展。而对违反国际义务的国际不当行为，则应承担相应的国际责任，以此来保证国际义务的有效性。

四、国家主权豁免

(一) 国家主权豁免

国家主权豁免原则是从罗马法格言"平等者无管辖权"中引申出来的一项国际习惯法原则，同国家主权原则和一国享有的平等权、管辖权密切相关。国家主权豁免（state sovereign immunity）是指一国的行为及其财产，非经该国同意，不接受他国管辖的权利。国家主权豁免有广义和狭义之分：广义上，是指一国的国家行为及其财产不受他国的立法、行政和司法管辖；狭义上，国家主权豁免亦被称为国家的司法豁免权，是指一国的国家行为及其财产不得在外国法院被诉，其在外国的财产也不得被扣押或强制执行。

国家主权豁免原则虽然确立已久且得到了世界各国的公认，但是国际社会在国家豁免的程度、内容、范围和方式等问题上长期存在着绝对豁免主义和相对豁免主义的分歧。

(二) 国家主权豁免的两种理论

1. 绝对豁免主义

绝对豁免主义（principle of absolute immunity），又称绝对豁免权，强调国家的主权平等和尊严的绝对不可侵犯，主张一国的行为和财产，除非国家自愿放弃豁免，否则一律给予豁免。绝对豁免主义在 19 世纪初已在美、英等国的司法判例中确认，19 世纪末时得到西方各国的普遍接受，而一战后得到苏联的推崇。

---

① 慕亚平：《国际法原理》，人民法院出版社 2005 年版，第 194 页。

2. 相对豁免主义

相对豁免主义（principle of relative immunity）（限制豁免主义），又称相对豁免权，主张将国家行为依其性质划分为统治权行为（政治、军事、外交行为）和管理权行为（经济、商业、贸易行为），将国家财产依其用途分为用于政府事务的财产和用于商业目的的财产，对前者予以豁免，对后者实行管辖。20世纪时，由于国家普遍从事商业活动，原先采取绝对豁免主义的欧洲国家逐渐接受相对豁免主义，过去主张绝对豁免主义的美国也于1976年颁布《外国主权豁免法》，正式采取相对豁免主义。

目前，多数发达国家采取相对豁免主义。许多发展中国家虽仍采取绝对豁免主义，但转向有限豁免主义立场的国家数量在增加。而在国际公约方面，呈现出了传统的绝对豁免原则逐渐被有限豁免原则替代的趋势。[①] 2004年第59届联大通过《联合国国家及其财产管辖豁免公约》，第一次以公约的形式确认了有限豁免原则。

（三）国家豁免权的放弃

国家豁免权的放弃（waiver of state immunity）是指国家通过明示或默示的方式自愿不主张国家豁免权，而就其特定行为或不行为接受外国法院的管辖。国家豁免权的放弃可分为明示放弃（express waiver）和默示放弃（implied waiver）。

1. 明示放弃

明示放弃是指国家在争端发生之前已签订条约、协定或合同对此类行为放弃豁免权，或在争端发生之后通过书面或口头的方式通知外国法院接受其对某特定行为的管辖。明示放弃的基本形式有：争端发生前，签订双边或多边条约、参加国际公约、同外国自然人或法人订立合同；争端发生后，国家授权其代表在法院正式发表口头声明、通过外交渠道提出书面函件等。

2. 默示放弃

默示放弃是指国家通过在外国法院直接提起或参与诉讼等行为表示接受该法院的管辖。默示放弃的基本形式有：国家作为原告在外国法院提起诉讼；作为特定诉讼的利益相关方介入诉讼；作为被告正式应诉，提起反诉等。

3. 不得视为放弃国家豁免权的情况

第一，国家在外国领土范围内从事商业活动或私法性质的行为不能视为

[①] 赵建文：《国际法新论》，法律出版社2000年版，第129页。

默示放弃豁免；第二，如果国家授权其代表主张国家管辖豁免权、要求法院宣布其判决或仲裁裁决无效或出庭作证，都不构成默示放弃；此外，国家对国家财产执行豁免的放弃必须另行明示做出。

第二节　国家的国际法律责任

一、国家责任与国际不法行为

（一）国际法律责任的概念与国际不法行为的归责原则

1. 国际法律责任

国际法律责任（responsibilities in international law）是现代国际法上的一项重要制度。如果国际法主体违反了其所承担的国际法律义务，构成国际不法行为（international wrongful act）时，就应承担相应的国际法律责任。在现代国际关系中，国际法律责任制度的重要意义主要体现在以下三个方面：第一，通过追究国际法律责任，纠正国家的不法行为；第二，通过追究国际法律责任，使受害方的利益得到合理维护；第三，保证各国遵守国际法，履行国际法所赋予的义务，维护正常的国际关系秩序。

2. 国际不法行为的归责原则

在国际法理论与实践中，对于国际不法行为的定性一直存在着两种彼此对立的理论主张：主观责任论（过失责任论）和客观责任论（严格责任论）。主观责任论（subjective responsibility）认为，只有一国故意或有过失地实施了可归因于该国的国际不法行为时，国家才对其行为造成的损害承担国际责任；而客观责任论（objective responsibility）则主张，无论一国动机如何，只要它实施了违反国际义务的行为，就可从其违反国际义务的事实本身和其行为后果来确定其相应的国际责任。

2001年联合国国际法委员会在总结上述两种理论和各国国际实践的基础上颁布了《国家对国际不法行为的责任条款草案》。该草案第1条规定："一国的每一国际不法行为引起该国的国际责任。"即国家承担国际责任的前提是该国实施了国际不法行为。该草案第2条规定："一国的国际不法行为在下列情况下发生：由作为或不作为构成的行为依国际法归于该国；并且该行为构成对该国国际义务的违背。"

（二）国际不法行为的主观要件

国际不法行为的主观要件（subjective）是指某一行为根据国际法的规定

可以归因于特定国家，而被视为该国的"国家行为"。构成国家责任的不法行为是否归因于国家而成为该国的国家行为，不能按照一国的国内法来判断而只能按照国际法来判断。根据国际法的理论和实践，国际不法行为既有可以归因于一国而成为该国的国际不法行为，也有一国参与或介入他国的国际不法行为。对于前者，该行为所引起的国际责任，应由行为国负责。对于后者，则可以由另一国负责或两国共同负责。①

1. 国际不法行为可归因于国家的行为

根据《国家对国际不法行为的责任条款草案》第二章规定，下列情形可归因于国家的行为（act of state）：②

（1）一国的机关的行为。任何国家机关，不论行使立法、行政、司法职能，还是任何其他职能，不论在国家组织中具有何种地位，也不论作为该国中央政府机关或一领土单位机关具有何种特性，其行为应视为国际法所指的国家行为。机关包括依该国国内法具有此种地位的任何个人或实体。如国家元首、政府首脑、外交和各级政府机关等。（2）行使政府权力要素的个人或实体的行为。非国家机关但经该国法律授权而行使政府权力要素的个人或实体，其行为应视为国际法所指的国家行为，但以该个人或实体在特定情况下以此资格行事者为限。（3）由另一国交由一国支配的机关的行为。由另一国交由一国支配的机关，若为行使支配该机关的国家权力要素而行事，其行为依国际法应视为支配该机关的国家的行为。（4）国家机关或经授权行使政府权力要素的个人或实体逾越权限或违背指示的行为。以国家机关或经授权行使政府权力要素的个人或实体的资格行事，即使逾越权限或违背指示，其行为仍应视为国际法所指的国家行为。（5）受到国家指挥或控制的一人或一群人的行为。如果一人或一群人实际上是在按照国家的指示或在其指挥或控制下行事，其行为应视为国际法所指的国家行为。（6）正式当局不存在或缺席时一人或一群人实际上行使政府权力要素实施的行为。如果一人或一群人在正式当局不存在或缺席的情况下实际上行使政府权力时，其行为应视为国际法所指的国家行为。（7）导致成为一国新政府或新国家的叛乱运动或其他运动的行为。最终成为一国新政府的叛乱运动或其他运动的行为应视为国际法所指的该国的行为；在一个先已存在的国家的一部分领土或其管理下的某一

---

① 曾令良：《国际法（第三版）》，法律出版社2005年版，第108页。
② 《国家对国际不法行为的责任条款草案》，白桂梅、李红云编：《国际法参考资料》，北京大学出版社2002年版，第55—56页。

领土内组成一个新国家的叛乱运动或其他运动的行为,依国际法也应视为该新国家的行为。(8)经一国确认并当作其本身行为的行为。按照前述各条款不归于一国的行为,在并且只在该国承认和当作其本身行为的情况下,依国际法应视为该国的行为。

2. 一国参与或介入他国的不法行为

一国参与或介入他国的国际不法行为,其国际责任,应该视具体情况的性质及其程度而定。主要有以下三种情况:(1)一国对他国的援助或协助的国际不法行为。如果一国是为了使接受援助或协助的国家进行国际不法行为,那该援助或协助国要承担国际责任,同时,这种援助或协助的接受国也应对其本身的国际不法行为承担责任。(2)一国受他国胁迫而实行的国际不法行为。如果一国在他国的胁迫下实行国际不法行为,不论受胁迫的手段是武力的或者非武力的,只要在他国的胁迫范围内,则胁迫国负国际责任。但如果超出了他国的胁迫范围,或者能对胁迫加以抵抗而不抵抗,或事实上是按自己的意志主动从事国际不法行为,则被胁迫国应负国际责任。(3)一国在他国的指挥或控制下从事的国际不法行为。如果一国受制于他国的指挥或控制下从事国际不法行为,则由行使或控制权的国家承担国际责任。但这并不妨碍国际不法行为的实行国按照国际法的相关规定承担国际责任。

(三)国际不法行为的客观要件

1. 国际不法行为客观要件的定义和内容

国际不法行为的客观要件(objective)是指一国的国家行为违背了该国承担的有效国际义务。而国家的不法行为包括作为和不作为。作为(unlawful act)是指国家以积极、直接的行为破坏国际法规定,违反国际义务。不作为(unlawful omission)是指国家以消极的行为未能有效地履行其承担的国际义务。以上的两种行为都会导致他国权益受损,构成国际不法行为,应承担相应的国际责任。

2. 国际罪行和一般国际不法行为

国家违背其承担的任何国际义务的行为都是国际不法行为,但由于违背的国际义务的程度不同,可将国际不法行为分为国际罪行和一般国际不法行为。国际罪行(international crime)是指违背了为保护国际社会的根本利益而设立的至关紧要的国际义务,且被整个国际社会公认为犯罪的国际不法行为。此类行为包括严重违背对维持国际和平与安全、维护各国人民的权利和保护全人类环境等具有根本重要性的国际义务的行为,如武装侵略、建立奴隶制度、种族灭绝、种族隔离、大规模污染大气层或海洋等等。国际罪行以外的国际不当行为则属于一般国际不法行为。一国实施了上述任何一种国际不法行为，均应承担相应的国际责任。

（四）国家责任的形式

国家责任的形式（kinds of state responsibility）是指在国际不法行为成立和不涉及免除责任的情况下，所产生的相应法律后果，也是指国家（行为国）根据其国际不法行为的性质及其造成损害的程度而应承担的相应国际责任的内容。根据相关国际条约、习惯和国际实践，国家责任的形式包括终止不法行为、恢复原状、道歉并保证不再重犯、赔偿和限制主权。

1. 终止不法行为

终止不法行为（cessation of wrongful acts）是指当一国实行了国际不法行为时，它首先有义务终止该行为。此种国家责任形式适用于持续进行的侵害行为。它的作用主要是终止一个仍在进行中的国际不法行为，以保证被侵犯的国际法原则和规则能够继续有效和得到遵守。[①] 同时也避免冲突激化，造成更大损害。此外也是为了保证有关国家将来遵守国际义务。

2. 恢复原状

恢复原状（restitution）是指要求行为国采取措施使受到侵害的事物恢复到该不法行为发生前存在状态的责任形式。作为一种最直接彻底地消除国际不法行为损害的形式，恢复原状主要适用于一国的国际不法行为给他国造成物质损害的情形中。但并不是所有遭受的损害都可以被恢复，如果恢复原状是实际上办不到的、或者会违反一般的国际法原则、或者同受害国获得的利益不相平衡、或者损害相关责任国的政治经济独立稳定，则不能采取这种国家责任形式。

对于恢复原状的具体措施应依损害情况而定。一般包括归还非法掠夺或占有的财产、历史文物和艺术珍品，恢复被非法损害或移动的边界标志，修复被非法损坏的、使领馆馆舍，释放被绑架人质等。如在二战后，反法西斯联合国家对意、罗、匈、保、芬的合约中，都规定了恢复原状的条款，要求上述五国将非法掠夺或占有的其他国家的一切财产、物质及其他文化物品归还原主国。此外，恢复原状也可以是法律制度上的，如废除或取消违背国际义务的法律等。

[①] 王铁崖：《国际法》，法律出版社 2000 年版，第 151 页。

3. 道歉并保证不再犯

道歉（apology）是指行为国对其国际不法行为所造成的损害，向受害国承认错误并给予精神补偿的国际责任形式。道歉、认错和表示遗憾都属于"抵偿"的国际责任形式。道歉一般适用于给他国的尊严和荣誉造成损害的国际不法行为。在国际实践中普遍适用，其形式多种多样，可以是口头方式，也可使用书面形式，有时还可以采用其他方式，如国家领导人或政府致函或发表声明表示道歉、派遣专使前往受害国表示遗憾或道歉，由国家代表向受害国的国旗、国徽行礼致敬、惩罚肇事人员等。

保证不再重犯（guarantee non-repetition）是指国际不法行为责任国做出保证不再重犯错误、重复类似的国际不法行为。保证不再重犯通常是伴随着其他赔偿方式一并使用，特别是常与道歉一并使用。

4. 赔偿

赔偿（compensation）是指行为国为弥补其国际不法行为所造成的损害向受害国进行相应的货币或物质赔偿的责任形式。赔偿在国际实践中广为采用，特别适用于一国的国际不法行为给他国造成的物质损害不可能修复原状的情况。对于赔偿的数额应根据具体的损害程度而定。如1947年在巴黎通过的对意、罗、匈、保、芬五国的和约中规定，上述战败五国对各受害国进行不同数量的货币或物质赔偿。而关于赔偿的限度，国际法上无统一的规则，且在国际实践中也不一致。对此，存在着两种理论主张：一种主张认为，赔偿应具有惩罚性，赔偿的额度应该大于实际数额；而另一种主张则认为，赔偿应该是补偿性的，赔偿的数额应与损害等价或小于实际损害数额。而赔偿的范围，不仅应包括对国家的赔偿，而且应包括对受害国国民的损害赔偿。

5. 限制主权

限制主权（limitation of sovereignty）是全面或局部地限制行为责任国行使主权的一种责任形式，适用于行为国对他国进行武装侵略、侵犯他国的主权独立和领土完整、破坏国际和平与安全、危害全人类利益进而构成国际犯罪的情形。限制主权作为最严重的国际责任形式，包括全面限制主权和局部限制主权。全面限制主权是指在一定时期内对国际不法行为责任国实行军事占领或军事管制。如二战后，美、英、法、苏同盟国对德国进行的分区占领，并由同盟国管制委员会代德国行使最高权力。局部限制主权是指一定时期内对国际不法行为责任国在某些方面的权利进行限制或控制。又如，针对20世纪上半叶日本的武装侵略罪行，反法西斯战胜国战后曾对日本的领土主权进行了限制。"而《开罗宣言》、《波茨坦公告》和《日本投降书》构成限制日本主权的法律基础。"①《波茨坦公告》第 8 条在限制日本投降后领土主权方面的主要内容是:"开罗宣言之条件必将实施,而日本之主权必将限于本州、北海道、九州、四国及吾人所决定其他小岛之内。"②

(五) 国家责任的免除

国家要对其国际不法行为承担国际责任,但在国家行为的不当性已被排除的情况下,该国家的国际责任也随之排除,即为国家责任的免除(deprivation of state responsibility)。一国只有具备构成国际责任的全部要件而又无排除责任条件时,才产生国际责任。③ 两者缺一不可。在国际实践中,排除国家责任的情形主要有以下五种:

1. 同意

同意(agreement)是指受害方事先以有效方式表示同意加害方从事某些与其应负国际义务不符的特定行为时,国家责任即告免除。但是此种国家责任免除方式应受到相关条件的限制:(1) 做出"同意"免除加害方国家责任决定的政府,必须是一国的合法政府。同时,这种"同意"实施的行为,必须符合国际法的基本原则及其所产生的义务。(2)"同意"必须是国家在未受到胁迫、诈骗的条件下做出的,并且应是同意方自由意志的明确和实在表示。(3)"同意"必须由国家在该国际不法行为发生前做出,而不能在实施后加以追定,且行为必须发生在"同意"适用的范围和期限内。

2. 对抗措施(反措施)

对抗措施(counter-measure)是指一国针对其他国家所从事的国际不法行为而采取一种非武力对抗行为。如经济制裁、断绝外交关系等。这种措施是由他国违背其国际义务、实施国际不法行为引起的,所以,其不法性应予以排除。现代国际法针对对抗措施的特点,规定了一定的限制条件:(1) 对抗行为必须针对对本国实施国际不法行为的国家,而不应针对第三国。(2) 对抗措施必须要与本国所受到的侵害相称,而不应超出限度。(3) 对抗措施,必须是国际法规定的合法行为,而不应违背国际法。

---

① 管建强:《国际法视角下的中日钓鱼岛领土主权纷争》,《中国社会科学》,2012 年第 12 期,第 131 页。

② 王绳祖、何春超等编选:《国际关系史资料选编(17 世纪中叶—1945)》,法律出版社 1988 年版,第 876 页。

③ 王献枢:《国际法》,中国政法大学出版社 2007 年版,第 109 页。

3. 不可抗力和偶然事故

如果一国从事了国际不法行为，但究其原因是由于不可抗力（force majeure）或无法控制或无法预料的外界事件（accident）迫使该国在不得已的情况下而违背其国际义务。在这种情形下，该行为不当性应予以排除，行为国的国际责任应予以免除。如地震、海啸、火山爆发等自然灾害的发生而使一国境内外国和外国人的财产或生命受到损害时，该国则不承担国际法律责任。

4. 危难

危难（severe distress）是指代表国家执行公务的机关或个人，在极端危难的情况下，为了挽救其生命或受监护人的生命而被迫做出违背本国国际义务的行为。在这种情况下应免除该国的国际责任。如果这种极端危难的情况是由该国造成的，或者该国的避免危难行为可能造成同样或更大的灾难，那么该国的国际责任则不能免除。

5. 紧急状态

如果一国违反国际义务的行为是在该国本身遭遇严重危及本国根本利益的情况下，为了应付这种严重迫切危害而从事的，那么该国的国际责任应予以免除。根据国际法理论和实践，适用紧急状态（state of necessity）必须满足两个条件：第一，有关行为是为了保护本国的根本利益，抗拒眼前重大危害而采取的；第二，有关行为对于对象国而言，不会对其根本利益产生危害。

二、国际损害行为责任

（一）国际损害行为责任的定义与特点

1. 国际损害行为责任的定义

国际损害行为责任（liability for acts of international damage）是指国际法主体在从事国际法不加禁止的行为时给他国造成损害性后果所应承担的国际责任。这种国际责任与国际不法行为责任不同，就定义而言，其不同主要表现在两个方面：首先，就责任产生的前提条件而言，国际法主体承担其国际不法行为责任的前提是该行为体违反了其所应履行的国际义务，而国际损害责任是由国际法主体从事国际法不加禁止的行为时所引起的，其次是就责任性质而言，国际不法行为责任的性质是过错责任，国际损害行为责任的性质是损害责任。

2. 国际损害行为责任的特点

从国际实践来看，国际损害行为责任的特点有：第一，其活动具有跨国性，是行为国在其本国领域或控制范围内从事的国际法不加禁止的行为，但其损害性后果却不局限于受害国境内。如一国核物质泄漏对他国的污染、空间实体坠落对他国造成的损害等。第二，其活动具有潜在的危害性，行为国从事国际损害行为时只是可能而非必然对他国造成损害后果。第三，其活动是现代国际法未加禁止，甚至是国际法所鼓励或允许的。如对外层空间的探索和研究。第四，受害国有权向行为国要求给予合理赔偿。

(二) 国际损害责任制度下的国际义务

国际损害责任制度是在二战后，为顺应工业化发展、科技发展、国家从事的某些开发或试验性活动可能产生某些损害性后果的需要而发展起来的。不过，损害责任制度还存在需要进一步的发展完善的环节。

国际社会在关于损害责任制度方面已经制定了一系列的国际公约或文献，如《维也纳核损害民事赔偿公约》、《核动力船舶经营人责任公约》、《核能第三方面责任公约》、《关于油污污染的民事责任公约》、《防止船舶造成污染的国际公约》、《远程跨界空气污染公约》、《空间实体造成损害的国际责任公约》及《联合国海洋法公约》的相关条款等。并于2006年联合国国际法委会第58次会议上通过了《国际法不加禁止的行为引起损害结果的国际责任条款草案》。根据上述国际法律文件和相关国际实践，国际损害责任的义务，主要有以下几类：

1. 合作义务

行为国在从事此类活动时，有义务同可能受影响的国家合作，并在必要时寻求任何国际组织的援助，并为预防减少和消除损害采取必要的合作措施。

2. 通知和磋商义务

行为国在进行某项活动时，如果预见到该项活动可能对邻国造成危害，应及时通知相关国家，向它们传送评估此项活动可利用的技术资料和其他有关资料，并与之磋商；如果受影响国主动要求磋商，行为国有义务同意此项要求。

3. 风险评估义务

行为国有义务在决定许可从事有关活动之前，对此项活动可能对周围环境和邻国造成的影响进行评估。其中包括对他国公民人身、财产及相关自然环境等。

4. 预防和消除后果义务

行为国在从事造成或可能造成危险或损害的活动时，承担预防的义务；一旦事故发生，行为国有义务立即采取紧急措施，减少和消除损害对他国的影响。

（三）国际损害赔偿责任

在国际实践中，根据国际损害责任的主体不同，将损害赔偿责任的承受者主要分为三种情况：

1. 国家专属责任

国家专属责任的主体是国家，是指主要涉及国家本身或其他国家实体，以及其他非政府团体的活动。它们的行为所引起的国际责任，完全是由国家来承担。

2. 经营人承担赔偿责任

经营人承担赔偿责任，即按照民事赔偿责任原则，由经营人单独承担有限赔偿责任。经营人必须担保或就赔偿做出必要的财务安排，以便使受害人按照统一标准得到赔偿。如1963年通过的《维也纳核损害民事赔偿公约》中规定："运营者必须投保与其责任限额相当的保险或以其他财政保证金来担保其确能履行赔偿责任。"

3. 由国家和经营人共同承担赔偿责任

该责任主要适用于民用核活动领域。民用核活动可能会造成特别严重的后果，但是仅有经营人承担损害赔偿则无法弥补相应的实际损失，因而为促进民用核活动的发展，则由国家同经营人一同承担赔偿责任。同国际不法行为的赔偿责任不同，国际损害责任形式主要是赔偿和恢复原状。

第三节　国际法上的承认

一、承认的概念和内容

（一）承认的对象、特点和法律效果

1. 承认的定义和对象

国际法上的承认（recognition in international law）是指既存国家或政府间国际组织以某种形式表示认可新国家、新政府或其他情形出现的事实，并表示愿意与其进行交往的行为。承认的对象主要包括新国家、新政府等。

2. 承认的特点

作为国际法上的一项制度，承认主要具有以下的特点：

第一，承认是承认方对新国家或新政府或其他情形所做的单方面行为。承认方对新国家、新政府等现状是否予以承认、何时承认、以何种方式承认，完全是既存国家主权范围内的事情，既存国家没有对新国家、新政府等实体

必须承认的义务，也无须征得他方同意。但在国际实践中，既存国家对新国家、新政府等实体承认与否，往往掺杂了政治上的考虑，不完全是遵循国际法的一般规则。

第二，承认具有两方面的含义：首先表明承认方对新国家、新政府或其他情形的出现这一事实的确认；其次，也表明承认方愿意与之展开正式往来。然而，承认并不意味着建交，承认是承认方单方面的行为，而建交是承认方与被承认方双方的行为。

第三，承认的主体主要是既存国家，在特殊情况下也可是政府间国际组织，承认的客体是新国家、新政府等。

第四，承认会引起一定的法律效果。一般来说，承认一经做出，就在承认方与被承认方之间奠定了进行全面交往的法律基础，因此，承认也是一种法律行为，会引起一定的法律效果。同时，承认一经做出，便不可撤销。

3. 承认的法律效果

承认方在对新国家或新政府做出国际承认行为时，意味着承认方表示接受该实体在国际社会的地位、承认其在国际法上具有的全部权利和义务，并接受承认对两国关系所产生的相应法律效果。国际承认的法律效果（effects of recognition）主要包括：

（1）承认表明承认方与被承认国或政府之间实现关系正常化，双方可以建立正式的外交关系或领事关系。（2）承认表明承认方和被承认方之间可以缔结政治、经济、军事、文化等各方面的条约和协定。（3）承认表明承认方认可被承认方的立法、行政和司法权力及效力。即认可被承认方的法律效力，司法豁免权和行政管辖权等。（4）国际承认具有法律溯及力的效果，意味着承认方一旦对新国家或新政府做出承认，对其成立之时所做的法律行为，应承认有效。

（二）承认的方式

承认的方式（manner of recognition）根据不同的标准可作不同的划分，根据承认的表示方式划分，可分为明示承认和默示承认；根据承认的范围和程度，可分为法律上的承认和事实上的承认；根据承认是一国做出还是多国共同做出，可分为单独承认和集体承认，等等。

1. 明示承认与默示承认

明示承认（express recognition）是指通过直接明确的语言文字表达承认意思的承认方式。它既可以是承认方以单方面的宣言和声明、照会或函电等方式，来表达对被承认方的承认，还可通过签订载有承认被承认方条款的国际文件的方式明确表示承认。例如1919年签订的《凡尔赛和约》中载有德国承认波兰、卢森堡等国独立的条款。默示承认（implied recognition）是指通过间接的、足以表明承认国意向的实际行动方式来表达承认意思的承认。默示承认主要有三种方式：建立或保持外交关系或领事关系、缔结正式双边条约和在政府间国际组织中投票表示赞成其成为其中一员。如1949年8月19日加拿大通知以色列政府说，加拿大认为它的代表在5月11日在联合国大会投票赞成接纳以色列就构成加拿大政府对以色列的承认。① 但是，在国际实践中，既存国家同新国家或新政府共同参与某一国际会议，缔结某一多边条约或存在某些事实上的联系等，并不能被视为默示承认。

2. 法律上的承认与事实上的承认

法律上的承认（De jure recognition）是一种完全的、永久的正式承认。表示承认方与被承方愿意建立全面的正式关系，并且只要被承认方继续存在，承认就始终有效。即使双方中断外交关系，也不可撤销。事实上的承认（De facto recognition）是一种不完全的、暂时非正式承认。相比于法律上的承认而言，事实上的承认是出于实际政治情况的考虑而给予的较低程度的承认。一般是在承认方对被承认方地位巩固缺乏信心，但又需要同被承认方进行一定程度交往的情况下做出的。双方的交往主要涉及经济、贸易、文化等，而不涉及政治、外交和军事。事实上的承认是可撤销的，也可过渡到法律上的承认。如日本在1919年给予芬兰事实上的承认，1921年升为法律上的承认。②

3. 单独承认与集体承认

单独承认（separate recognition）是由一个承认方单独做出的承认，是与集体承认相对的概念，即某一承认方对另一新国家、新政府的承认。集体承认（collective recognition）是指由多个承认方以集体的名义共同作出的承认。如1878年欧洲各国根据《柏林条约》承认塞尔维亚、门的内哥罗（黑山）和罗马尼亚三国。

（三）关于承认与不承认的几种观点主张

1. 不承认原则

不承认原则（Doctrine of non-recognition），是指承认是一国主权管辖的自主行为，既存国家无必须承认的义务。但是当所谓的新国家和新政府是在违背国际法的基础上建立起来的，既存方则承担不承认的义务。不承认基于两

---

① 周鲠生：《国际法》（上），武汉大学出版社2007年版，第103页。
② 邵津：《国际法》，高等教育出版社2011年版，第50页。

个理由：第一，如果承认某一新国家或新政府就违背了该国承担的某项具体的国际义务；第二，某一新国家或新政府或其他情势的出现是由违反一般国际法的行为产生的后果。

不承认原则即"不承认主义"，源于20世纪30年代的"史汀生主义"。1931年9月18日，日本发动"九一八事变"，以武力侵占中国东北并随后建立所谓的"满洲国"。1932年1月7日，美国国务卿史汀生以伪满洲国的成立是违背《巴黎非战公约》规定所造成的情形，分别照会中、日两国政府声明对其不予以承认，史称"史汀生主义"，既不承认通过武力占领方式取得的领土，也不承认由外国武力扶植而建立的傀儡政权。该声明表达的原则此后得到了国际联盟的认可，1949年联合国国际法委员会也将不承认主义的原则列入《国家权利责任宣言草案》中，并在国际实践中加以贯彻。如1965年，少数白人统治下的南罗得西亚在种族主义基础上宣布"独立"后，联合国安理会以压倒多数通过决议，要求所有国家不得对其予以承认。

2. 托巴主义和威尔逊主义

托巴主义（Tobar Doctrine），是1907年由厄瓜多尔外交部长托巴主张的不得承认通过违宪而掌握政权的政府的原则。托巴主张以宪法程序作为承认一国政府的条件，凡是通过违宪而组建的新政府，在其依宪法进行重组以前，他国政府不应予以承认。五个中美洲国家于1907年所缔结的《和平友好条约》中规定，不承认任何以革命手段建立起来的政府。

威尔逊主义（Wilsonian Doctrine），同托巴主义相似。1913年美国总统威尔逊对以政变方式上台的墨西哥韦尔塔政府拒绝承认，认为"韦尔塔破坏宪法程序、篡夺政权"。此后，美国以威尔逊主义为工具，多次干涉拉美国家内政。

托巴主义和威尔逊主义，实际上同19世纪初欧洲神圣同盟主张的不得承认以不符合王朝法统方式建立起来的新政府的"正统主义"相同，企图否认各国人民有建立、改变本国体制的权利，违反了不干涉他国内政的原则。

3. 埃斯特拉达主义

埃斯特拉达主义（Estrada Doctrine），1930年9月27日，墨西哥外交部长埃斯特拉达发表声明宣称："鉴于承认的给予是一种侮辱性的实践，意味着对外国内政的判断，其本身就干涉了他国的内政，决定今后在各国发生革命或政变时，仅限于是否继续保持与外国政府的关系，而避免以是否承认的方式处理问题。"① 埃斯特拉达主义避免了对外国新政府合法性的评判，但实际上是以"保持联系"的方式对新政府默示承认。

（四）有条件承认和有条件被承认

1. 附条件承认/有条件承认

附条件承认（conditional recognition），又称有条件承认，是指承认方在对新国家或新政府进行承认时，向被承认方提出一定的附加条件，只有在这些条件满足时才正式给予承认。承认虽然是承认方的单方面行为，但是附条件承认则要求被承认方满足承认方的先决条件。附加条件承认的实现，实际上是表明承认受现实政治行为的影响。例如，1933年11月17日，美国总统罗斯福宣布正式承认苏联政府，但附加的条件是：苏联许诺不在美国进行社会主义宣传，给予居住在苏联的美国人以宗教自由和一切合法权利，放弃对1918年美国派兵到西伯利亚造成损失的所有赔偿要求。马其顿共和国1991年脱离南斯拉夫独立，邻国希腊坚决反对其使用"马其顿"这一名称。理由是马其顿在文化上、历史上和地理上原本属于希腊，后来该地区的一部分被划入南斯拉夫，但希腊仍拥有部分马其顿地区。作为斯拉夫人占多数的国家使用"马其顿"这一国名，不仅意味着一种窃取，而且暗含着对希腊的马其顿省地区抱有领土野心。希腊一面封锁马其顿国界，一面以联合国、欧盟等国际组织会籍要挟马其顿。1993年马其顿以"前南斯拉夫马其顿共和国"（F. Y. R. O. M）的暂时名称加入联合国，导致在国际多边场合，包括联合国、欧盟、国际奥委会等国际组织中，马其顿共和国被称为"前南斯拉夫马其顿共和国"。1995年，希马签署两国关系正常化的《临时协议》，马其顿共和国在希腊的要求下修改了宪法，表明马对希没有任何领土要求，马其顿共和国还修改了国旗图案以避免同希腊马其顿省省旗的图案相冲突。

2. 逆条件承认/有条件被承认

逆条件承认，又称"有条件被承认"，是指被承认方向承认方提出条件，如果承认方不满足相关条件则不接受其承认。冷战时期，一些处于政治分裂状态下的国家和政府，都曾采用过此原则。如西德曾经奉行过哈尔斯坦主义，主张德意志联邦共和国（西德）代表全德国，不承认德意志民主共和国（东德），不同与东德建交的任何国家（苏联除外）建立或保持外交关系。

中国政府要求承认方必须承认：世界上只一个中国，中华人民共和国政

---

① Jessup P C. The Estrada Doctrine. American Journal of International Law, 1931, (4): 719–723.

府是中国唯一合法政府，台湾是中国领土的一部分，不得同台湾当局发展官方关系。

二、国家承认和政府承认

（一）国家承认的定义和发生国家承认的情形

国家承认（recognition of state）是指既存国家对新国家在国际社会中存在这一事实的认可，并表示愿意同其进行交往的行为。

在国际实践中，发生国家承认的情形主要有四种：

1. 独立

独立（independence）是指原处于殖民地、附属国及托管地区的被压迫民族，根据民族自决原则，摆脱他国统治，成为新独立的国家。二战后随着民族解放运动的发展，亚非拉近百个国家通过自决方式获得独立，建立了新国家。

2. 合并

合并（merger）是指两个或两个以上的主权国家通过协议合并成为一个新的国家。在现代国际实践中，最典型的例子是1990年10月德意志民主共和国与德意志联邦共和国的合并以及南北也门的统一。

3. 分离

分离（separation）是指主权国家的一部分同母国分离，成为一个新独立国家。如1903年巴拿马从哥伦比亚分离出去成为新的独立国家。1971年东巴基斯坦地区同其母国巴基斯坦脱离，宣布独立，成立孟加拉国。

对于在这种情形下出现的承认问题，既存国家因立场和利益不同，判断也不同。一般都比较慎重，以免造成外交上的尴尬局面。一般原则是，只要母国承认新国家的存在，既存国家就会承认，而如果母国不承认，既存国家则根据自己的立场和利益决定承认与否。

4. 解体

解体（disintegration）是指一个既存国家裂变成为两个或两个以上的新国家，原来的国家不再存在。如：一战后，奥匈帝国分裂为奥地利、匈牙利和捷克斯洛伐克等国；1991年苏联解体分裂为15个独立的国家。

（二）国家承认的前提和条件

国家承认的前提是新国家的产生，国家承认的条件（conditions of national recognition）是：第一，新国家必须具备国际法意义上的国家所应具备的四要素：定居的居民、确定的领土、政府和主权；第二，新国家是以符合国际法原则的方式建立起来的。两者必须同时具备，缺一不可。而新国家是否具备被承认的条件，原则上是由承认方根据相关国际法律和实践自行判断。

（三）国家承认的性质

国家承认的性质（nature of national recognition），即承认方对新国家的承认对于该国的国际法主体资格的影响。关于此问题，国际法学界存在着宣告说和构成说两种不同的主张。

1. 宣告说

宣告说（Declaratory Theory），主张新国家国际法主体资格的取得取决于其成为国家的事实，而不依赖于任何既存国家的承认。既存国家的承认只是对新国家存在这一既成事实的确认，并表示愿意同其进行交往。所以承认只是一种宣告性行为。此种学说是由美国国际法学家惠顿在 19 世纪上半叶提出的，并最早在 1933 年的《美洲国家间关于国家权利和义务的公约》和 1936 年国际法学会布鲁塞尔年会决议中得到认同。由于这种学说基本符合中小国家，特别是新独立国家的利益，所以也为现代国际实践所基本肯定。[①] 中国学者倾向于支持这一观点。

2. 构成说

构成说（Constitutive Theory），主张新国家只有经过既存国家的承认，才能成为国际法主体。一个完全符合国际法国家标准的新国家，如果未经承认，也不能取得国际法主体的资格。构成说认为既存国家的承认对于新国家的存在及其国际法主体资格的获得具有创设作用，所以承认是构成性的。持有此种观点的学者有奥本海、凯尔森、劳特派特、安吉洛蒂等。但这一学说在理论上是说不通的，因为新国家都是在获得他国承认之前就独立存在了，具有参与国际关系，享受国际法权利与履行国际法义务的能力。在实践中这种观点容易导致对国家主权平等原则的否定，可能成为某些既存国家出于自身私利歧视、排斥某些新国家的借口。

（四）政府承认

1. 政府承认的定义

政府承认（recognition of government），即对新政府的承认，指既存国家的政府以一定方式承认他国的新政府具有代表其本国的资格，并表明愿意同其发生或保持正常关系的行为。

[①] 周洪钧：《国际法》，中国政法大学出版社 2010 年版，第 36 页。

2. 政府承认和国家承认的区别

政府承认和国家承认不同,主要表现在:第一,国家承认的前提是新国家的成立,属于对一个新国际法主体的承认;而政府承认发生在一国的国际法主体资格不变,而政府发生更迭的情况下,是承认新政府具有代表该国的资格。第二,在新国家产生之时,对新国家的承认就意味着同时对掌握该国政权的新政府的承认;对因政府更迭产生的新政府的承认,则不涉及国家承认问题。如1993年捷克斯洛伐克分裂为捷克和斯洛伐克两个国家,对它们的承认为对新国家的承认;对1917年十月革命后建立的俄国苏维埃政府的承认属于对新政府的承认。

3. 政府承认产生的前提

政府承认的前提是政府的更迭,政府的更迭包括两种情况,即符合宪法程序的政府更迭和不符合宪法程序的政府更迭。并不是所有的政府更迭都必然引起对政府的承认。凡是根据宪法程序发生政府更迭时,即旧政府向新政府和平移交权力,新旧政府正常的换届,并不发生政府承认问题。而以不符合宪法程序的方式而产生的新政府,如通过革命、政变、内战等方式而导致的政府权力更迭,由于新政府对内改变旧政府的统治秩序、改变社会政治和经济制度;对外改变旧政府的外交政策和方针,承认国需要根据本国利益和立场做出判断,决定对新政府是否承认的问题。例如,1962年缅甸因军事政变而成立新政府时出现的政府承认问题。国际实践中还有一种情况是出现了两个对立的政权,也产生政府承认问题。

4. 政府承认的基本原则——有效统治原则

对新政府承认的原则,国际法并无明确的规定。① 根据现代国际法理论和实践,对非宪法程序方式产生的一国新政府的承认,一般是以"有效统治原则"为依据的。"有效统治原则"(principle of effective control)是指一国的新政府已经在其国家的全部或绝大部分领土内实际地行使了有效统治,且得到了该国全体或大部分居民的惯常服从,从而能够代表国家独立地进行国际交往,承担国际法上的权利和义务。从现实主义出发,既存国家的政府在有效统治原则的基础上对新政府的承认,一般不再考虑该政府的政治起源和法律根据。但是,如果新政府的建立是外国侵略或干涉的产物,即使满足有效统治的条件,他国也不应予以承认。

---

① 曾令良:《国际法》,武汉大学出版社2011年版,第92页。

(五) 对交战团体和叛乱团体的承认

1. 对交战团体的承认

对交战团体的承认（recognition of belligerency）是指一国发生内乱时，其他国家承认内战中的非政府一方（叛乱者）为交战团体的行为。"对交战团体的承认始于18世纪后期的美国独立战争，并在19世纪中期的美国南北战争中逐渐成熟，但在第一次世界大战后便很少适用。"[1] 叛乱方被承认为交战团体，必须具备以下四个条件：第一，叛乱者有一定的政治和军事组织，叛乱活动有明确的政治目的；第二，叛乱一方同政府方的对抗已经发展到内战阶段；第三，叛乱者已实际占领并有效地控制了该国的一部分地区；第四，叛乱者在与政府方的交战行动中，须遵守战争法规则。既存国家对交战团体给予承认的目的是为了保护本国在交战团体控制地区内的国家利益及民众权益。此种承认一经做出，对承认者而言，该国的内乱即构成国际法意义上的国内战争，被承认者即取得交战一方的合法地位。然而在国际实践中，由于对交战团体的承认容易同干涉他国内政的行为相混淆，因此，承认方在对交战团体进行承认时应该十分慎重。

2. 对叛乱团体的承认

对叛乱团体承认（recognition of insurgency），是指在一国境内发生武装叛乱且叛乱一方对国家的部分领土实行有效占领的情况下，其他国家对叛乱一方的承认。一般是在叛乱方不具备被承认为交战团体的条件，或虽然具备这些条件，但在承认方不愿承认其为交战团体的情况下，其他国家政府可以承认叛乱方为叛乱团体。承认为叛乱团体的条件是，虽然一国叛乱团体有明确目标、统一领导和组织机构，但它与其国家政府的对抗尚未发展到内战阶段，且叛乱是刚刚发动，规模不大；叛乱团体占据的领土有限，远未成为地方政府。对叛乱团体的承认仅表示承认国对叛乱团体的武装斗争保持中立的立场，主要目的是出于保护承认国在叛乱团体控制地区的经贸利益和侨民安全。

第四节 国际法上的继承

一、国际法上的继承的概念

(一) 国际法上的继承的定义和类别

国际法上的继承是指由于某种具有国际法意义的事实或情势的出现，使

---

[1] 周洪钧：《国际法》，中国政法大学出版社2010年版，第40页。

国际法上的相关权利义务由一个承受者转移到另一个承受者所引起的法律关系的改变。由于这种法律关系的转属会直接影响继承者和被继承者及第三者的权益，因而继承是国际法上的一项重要原则。按照继承主体的不同，国际法上的继承可以分为国家的继承、政府的继承和国际组织的继承。本节主要阐述国家的继承和政府的继承。

（二）国际法上的继承与国内法上的继承的不同

国际法上的继承是从国内法上的继承引申而来的，但是它不同于国内法上的继承：第一，继承的主体，即继承者和被继承者，可以是国家、政府及国际组织，但不是个人；第二，继承的对象，是国际法上的权利和义务，其中包括对条约的继承，对国家财产、国家债务和国家档案等事项的继承，而非对个人权利义务的继承；第三，发生继承的原因，是某种国际法意义上的事实或情势的出现，如国家领土的变更、政府的变更和国际组织的变更。

二、国家继承

（一）国家继承的概念

1. 国家继承的定义

国家继承（succession of states）是指由于领土变更的事实而引起的一国在国际法上的权利义务转移给另一国的法律关系。国家领土的变更是引起国家继承的原因。从国际实践来看，引起领土变更的原因情况大致可以归纳为五种类型：（1）独立，即原来的殖民地、附属国脱离其宗主国而成为新的独立国家；（2）合并，即两个或两个以上的国家合并成为新的国家；（3）分离，即国家的一部分或几部分领土从该国分离出去成立一个或几个新国家，原国家继续存在；（4）解体，即一国的领土分解为两个或两个以上的新国家且原国家不复存在；（5）割让，即一国领土的一部分转移给他国。由于领土变更的范围决定国家继承的范围，有的涉及领土的部分变更，有的涉及领土的全部变更，因而，国家继承的情况也各有不同。

2. 国家继承的主体

当殖民地或附属领土获得独立而建立新国家时，此类新国家对原殖民宗主国的条约有权拒绝继承，新独立国家对于在国家继承日期对国家继承所涉领土有效的任何多边条约，可发出继承通知，确立其成为该条约当事国的地位。

国家继承的主体是国家。在国家继承中，由于国家领土变更的事实而使一国在国际法上的权利和义务被别国所取代。其中，权利和义务被他国所取代的国家称为被继承国，取代别国权利义务的国家称为继承国。

3. 国家继承的对象

国家在国际法上的特定权利和义务是国家继承的对象。在国际法上，国家的权利和义务可分为国家的基本权利义务和派生权利义务。由于国家的基本权利义务是国家固有的、与国家共存亡的，因而不存在继承问题。国家继承的权利义务是指从国家的基本权利义务派生出来，且与变更的领土相关的权利义务。在国际法上，通常将继承对象划分为两大类：一类是条约的继承；另一类是条约以外事项的继承，包括国家财产的继承、国家债务的继承和国家档案的继承。此外，国家继承的内容还包括国际组织成员资格的继承、国家责任的继承，国家文物的继承及居民国籍的继承，等等。

4. 国家继承发生的前提

国家继承发生的前提有两个：第一是国家继承必须符合国际法，一切与国际法相抵触的权利和义务，都不属于国家继承的范围；第二，国家继承的权利和义务必须与所涉领土有关联，与国家领土无关的权利义务不属于国家继承的范围。

5. 国家继承的法律规范

到目前为止，国际法上尚不存在普遍适用于各种不同情况和不同继承对象的国家继承规则，仅有联合国大会先后通过的两个公约：一个是1978年8月23日订立，1996年11月6日生效的《关于国家在条约方面的继承的维也纳公约》；另一个是1983年4月8日订立的《关于国家对国家财产、档案和债务的继承的维也纳公约》。它们反映了一般的国家继承实践，概括了关于条约、财产、档案及债务方面的基本规则，在国家继承领域具有重要的意义。

（二）国家条约继承

条约继承（succession to treaty rights and obligations），实质上就是在发生国家继承的情况下，被继承国的条约对继承国是否继续有效的问题。在现代国际实践中，处理这个问题主要有两个原则：人身条约不继承原则和非人身条约继承原则。继承国对前者不继承，对后者继承。

1. 人身条约不继承原则

人身条约，即与国家的国际人格相关的具有政治性的条约，如参加某一国际组织的条约、同盟条约、友好条约、中立条约、仲裁条约等政治性条约。

由于这类条约的效力是以缔约国的存在为前提的,一旦缔约国消亡就不再具有效力,因此继承国对其不予以继承。

2. 非人身条约继承原则

非人身条约,主要是指与继承所涉领土相关的条约,如对有关边界及大陆架划分的条约、有关边境河流及其他水域使用和管理的条约和有关道路交通的条约等,原则上予以继承。但是,对于此类条约,继承国在继承以后有权根据国际法上的相关规定,提出修改或终止。除此之外,诸如经济性条约是否继承问题,则无统一的国际实践标准,由继承主体与缔约国协商解决。

3. 不同领土变更情况下的条约继承规则

按照领土变更情况的不同,对条约的继承规则也有所不同:(1)国家独立情况下的条约继承实行"白板规则"(Clean Slate Rule)。"白板规则"是指新独立国家没有义务继承被继承国承担的任何条约。(2)国家领土合并情况下的条约继承。当两个或两个以上国家合并而组成一个继承国时,在国家继承日期对其中任何一个国家有效的任何条约,继续对其有效的那一部分继承国领土适用。[①]除非继承国与当事国之间另有协议或继承国作出通知,表示该条约应对其全部领土适用。(3)国家领土分离或分立情况下的条约继承。一个国家一部分或几部分领土分离而组成一个或一个以上国家时,不论被继承国是否继续存在:国家继承日期对被继承国全部领土有效的任何条约,继续对每一继承国有效;在国家继承日期仅对成为继承国的那一部分被继承国领土有效的任何条约,仅对该继承国有效。一个国家任何一部分领土分离后,被继承国如继续存在,在国家继承日期对被继承国有效的任何条约,继续对该国的其余领土有效。[②](4)部分领土变更情况下的条约继承。当被继承国的部分领土转移给继承国成为继承国领土的一部分时,被继承国的条约自继承发生之日起对所涉领土自动停止生效,继承国的条约同时对该领土生效。[③]

(三)国家财产继承

国家财产继承(succession of public property)是指被继承国所享有的国家财产权利转属继承国的法律关系。被继承国的国家财产指在国家继承之日按

[①] 《关于国家在条约方面的继承的维也纳公约》,白桂梅、李红云编:《国际法参考资料》,北京大学出版社2002年版,第33页。

[②] 同上。

[③] 同上书,第28页。

照被继承国国内法的规定为该国所拥有的财产、权利和利益。[①] 在国际实践中，处理国家财产继承问题主要有一个标准、两个原则：一个标准是指被转属的国家财产必须与变更的国家领土有关系；两个原则是指不动产遵循随"领土转移原则"和动产遵循领土"实际生存原则"。

1. 不动产遵循随"领土转移原则"

不动产遵循随"领土转移原则"，是指位于继承所涉领土内的一国不动产，随着领土的转移而由被继承国转属继承国。

2. 动产遵循领土"实际生存原则"

对于动产，由于它的流动性，被继承的动产可能位于所涉领土之外，而第三国的动产可能位于所涉领土之内，因此继承国不能因为动产位于所涉领土内就自动接受继承；反之，被继承国也不能因为动产位于所涉领土之外就自动保有这些动产。[②] 动产遵循领土"实际生存原则"，即关于国家动产的继承，应以该动产是否与所涉领土活动有关为依据，凡是与所涉领土的活动有关的国家财产，均应转属继承国。

3. 因领土变更情况的不同而不同的继承规则

上述的标准和原则又因领土变更情况的不同而不同。

（1）国家独立情况下国家财产继承。首先，在殖民地或者其他附属领土上获得新独立地位的国家，同其继承国家之间可能存在着政治上不平等和经济上严重依附的关系，因此财产的转属，不应以国家之间的协议为前提，而应遵循"各国人民对其财富和自然资源享有永久主权"原则。其次，由于新独立国家的人民在取得独立前对创造被继承国的国家财产做出过贡献，因此财产应按贡献的比例转属新独立国家。（2）国家领土合并情况下国家财产继承：被继承国的国家财产应转属继承国。此处的国家财产包括动产和不动产。（3）国家领土分离或分立情况下国家财产继承：在国家领土分离或分立的情况下，除被继承国和继承国之间协议外，位于国家继承所涉领土内的被继承国的国家不动产应转属继承国，与被继承国对国家继承所涉领土的活动有关的被继承国国家动产应转属继承国，与被继承国对国家继承所涉领土无关的国家动产应按照公平的比例转属继承国。在被继承国解体不复存在的情况下，位于被继承国领土外的被继承国的国家不动产应按照公平比例转属继承国。（4）部分

[①] 《关于国家对国家财产、档案和债务的继承的维也纳公约》，白桂梅、李红云编：《国际法参考资料》，北京大学出版社2002年版，第39页。

[②] 曾令良：《国际法（第三版）》，法律出版社2005年版，第98页。

领土转移情况下国家财产继承：一国将其一部分领土移交给另一国时，被继承国的国家财产转属继承国的问题应按照它们之间的协议解决。如无协议，位于国家继承所涉领土内的被继承国的国家不动产应转属继承国；与被继承对国家继承所涉领土的活动有关的被继承国国家动产应转属继承国。

（四）国家债务继承

1. 国家债务和债务继承的概念

国家债务指一个被继承国按照国际法对另一国、某一国际组织或任何其他国际法主体所负的任何财政义务。国家债务继承（succession of public debts）是指被继承国所负的财政义务转属继承国的法律关系。在现代国际法上国家债务主要有两类：一类是国债，即国家承担并用于整个国家的债务；另一类是地方化债务，由国家承担但实际上用于地方的债务。而地方当局承担的用于该地区的债务则为地方债务，不属于国家债务。一旦国家债务转属继承国，被继承国的有关义务即行解除，而继承国则应承担起有关的义务。

2. 不同领土变更情况下的国家债务继承

由于国家领土变更的不同，国家债务继承也有所差异：（1）部分领土转移情况下的国家债务继承。一国将其一部分领土移交给另一国时，被继承国的国家债务转属继承国的问题应按照他们之间的协议解决。如无协议，被继承国的国家债务应按照公平的比例转属继承国。（2）国家领土合并情况下的国家债务继承。两个或两个以上国家合并而组成一个继承国时，被继承国的国家债务应转属继承国。（3）国家部分领土分离情况下的国家债务继承。国家的一部分或几部分领土与该国分离而组成一个新国家时，除被继承国和继承国之间另有协议外，被继承国的国家债务应按照公平的比例转属继承国。（4）国家解体情况下的国家债务继承。被继承国解体原国家不复存在，而其领土各部分组成两个或两个以上国家时，除各继承国另有协议者外，被继承国的国家债务应按照公平的比例转属各继承国。（5）国家独立情况下国家债务继承。鉴于新独立国家与被继承国家关系的特殊性，原则上被继承国的任何国家债务均不应转属新独立国家。

3. 恶债不继承原则

所谓"恶债"是指具有与继承国国家和人民根本利益相违背的用途或违背国际法基本原则的债务。恶债不继承原则是指对违背继承国国家和人民的根本利益的债务，因违反了国际法的基本原则而不予继承。"从形式上看，

'恶债'似乎是国债,但是由于这种债务是违反国际法基本原则的,所以不属于国际继承的范围。"[①] 而战债,即被继承国基于战争目的而承担的战债,也不属于国家债务继承的范围。

(五) 国家档案继承

国家档案的继承(succession of national archives)是指被继承国的国家档案转属继承国的法律关系。被继承国的国家档案是指被继承国为执行其职能而编制或收到的,而且在国家继承之日按照被继承国国内法的规定属其所有,并出于各种目的作为档案直接保存或控制的各种日期和种类的一切文件。国家档案是国家的财富,但其不同于一般的国家财产,具有不可分割的特征。为了保证档案的完整性,不能按照公平比例原则对其进行转属。此外,国家档案还具有可复制性,这就解决了因其不可分割而不能公平分配的问题。通过复制,继承国和被继承国获得和使用国家档案的权利均可得到尊重。[②] 在国际实践中,国家档案继承的问题通常先由被继承国与继承国通过协议来解决。如无协议,一般根据领土实际生存原则来解决,即将与继承所涉领土有关的档案转属继承国。

二、政府继承

(一) 政府继承的概念和前提

1. 政府继承的定义和实质

政府继承(succession of governments)是指由于革命、政变、内战、动乱而引起的政权更迭,旧政府在国际法上的权利和义务转移给新政府所发生的法律关系。政府继承的实质是新政府是否以及在何种程度上继承旧政府在国际法上的权利和义务的问题。[③]

政府继承同国家继承有所不同,一是发生继承的原因不同,国家继承是由于领土变更的事实而引起,而政府继承则是因革命、政变、内战、动乱而导致的政权更迭所引起的;二是参加继承关系的主体不同,国家继承的主体是两个不同的国际法主体国家,政府继承的主体是处于同一国际法主体下的新政权和旧政权;三是继承的范围不同,国家继承依照领土变更的具体情况,分为全面继承和部分继承,而政府继承一般为全面继承。

---

① 端木正:《国际法》,北京大学出版社1989年版,第105页。
② 王铁崖:《国际法》,法律出版社2000年版,第94页。
③ 周洪钧:《国际法》,中国政法大学出版社2010年版,第44页。

2. 政府继承产生的前提

政府继承的前提是一既存国家内部发生了政权更迭,新政府取代了旧政府的国家代表资格。但是并非所有的政权更迭都会发生这种权利义务的转移,一般只有在新政府以非宪法程序取得政权,并选择了同原政府完全不同的政权性质及社会制度时,才发生国际法上的政府继承问题。如1917年俄国的十月革命、1949年中国第三次国内革命胜利,引起了政治与社会性质完全不同的新旧政府的更迭,进而发生了政府继承问题。

(二) 政府继承的原则和内容

1. 政府继承的原则

关于政府继承问题,目前国际法上尚未形成明确统一的规则,有关理论和实践也不尽一致。一些西方学者主张,由于一国内部的政权更迭并不影响该国在国际法中的地位,同时为了保持国际法律秩序的稳定,新政府应该继承旧政府所承受的一切权利义务。

在国际实践中,依宪法程序产生的新政府一般会承担旧政府承受的国际权利义务。但在因革命或政变而发生的政府继承的情况下,即在依非宪法程序产生新政府时,由于新政府与旧政府的性质、社会制度等存在着根本性区别,新政府往往根据旧政府承受的权利义务的性质及自身政策和利益需要来决定继承与否。"1917年俄国十月革命后建立的苏维埃政府和1949年建立的中华人民共和国政府均明确地采取了这一立场,它们的实践对于研究政府继承具有重要的参考价值。"[1]

2. 政府继承的内容

(1) 国际组织代表权的继承。在某种意义上,国际组织的代表权作为一种条约权利。新政府作为本国的唯一合法代表理应取代前政府在国际组织的代表席位。但问题在于,有时会出现旧政权的残余继续占据国际组织的席位问题。(2) 条约继承。新政府一般都根据条约的具体内容做出是否继承的决定。条约的继承一般包括多边公约和普遍性国际公约的继承。(3) 财产的继承。旧政府的财产,无论是动产还是不动产,也无论在继承日期处于国内国外,都应转属新政府。(4) 债务的继承。新政府可以就旧政府所欠国债的性质,决定继承与否。对旧政府用以镇压国内人民所产生的"恶债"不予以继承;对于合法的债务,则通过与有关国家进行友好协商的方式进行清理,以

---

[1] 马呈元:《国际法》,中国人民大学出版社2003年版,第77页。

得到合理解决。(5) 档案继承。鉴于档案的特殊性,新政府对于旧政府的档案全部予以继承。

第五节 中国与国际法上的承认与继承

对中华人民共和国的承认与继承问题,本质上属于政府承认与继承的范畴。因为,作为一个国家,中国的国际法主体资格没有改变,发生变化的只是政府的更迭与国家名称。

一、中国与国际法上的承认

由于中国大陆和台湾暂未实现统一,为防止"出现两个中国,或一中一台的局面"①,中华人民共和国在被承认问题上始终坚持如下立场:

(一) 一个中国的原则,台湾是中国的一部分

世界上只有一个中国,台湾是中国领土不可分割的一部分,外国政府不得同台湾建立官方关系和进行官方往来,反对台湾加入任何仅限主权国家参加的国际和地区组织。

(二) 中华人民共和国政府是中国唯一合法政府

1949年10月1日毛泽东主席发表中央人民政府公告,向全世界郑重宣告"本政府为代表中华人民共和国全国人民的唯一合法政府。凡愿遵守平等互利及互相尊重领土主权等原则的任何外国政府,本政府均愿与之建立平等的外交关系。"② 外国政府在做出承认决定时,必须承认中华人民共和国政府是代表全中国的唯一合法政府,不能搞所谓"双重承认",台湾当局不具有代表中国的国际法资格,台湾当局也不拥有台湾地区的主权。

(三) 对中华人民共和国的承认是对新政府的承认

对中华人民共和国的承认是对于新政府的承认而不是对新国家的承认,中国革命的胜利,推翻了中华民国国民政府,建立了中华人民共和国中央人民政府,采取了同中华民国政府完全不同的社会制度,但是这种变化并不导致中国国际法地位与资格的改变。中华人民共和国成立之后,相继得到了世界上许多国家的承认。虽然这些国家在对中国的承认文件中措辞不一。有的

---

① 朱奇武:《中国国际法的理论与实践》,法律出版社1998年版,第89页。
② 编委会:《中国与苏联关系文献汇编:1949年10月—1951年12月》,世界知识出版社2009年版,第2页。

宣布承认"中华人民共和国中央人民政府"。而有的国家则宣布承认"中华人民共和国"。[①] 但是从国际法的角度来看，这些承认均属于对中国新政府的承认，而不是对一个新国家的承认。

二、中国与国际法上的继承

从19世纪中叶起，帝国主义国家通过各种侵略手段同中国订立了一系列不平等条约，攫取了多方面的特权。[②] 新中国则彻底改变这一局面。从国际法来看，中华人民共和国中央人民政府的建立，取代了中华民国国民政府代表中国的资格。鉴于中华人民共和国成立之前所签条约的性质（平等条约、不平等条约）和承受债务的性质（合法债务、非法债务）的差异化，中华人民共和国政府有权对其予以区别对待。对于国家的财产、档案、权益和国际组织的地位等，有权加以全部继承，对于不平等条约和恶债等，有权拒绝继承。

（一）国际组织资格的继承

中华人民共和国政府作为中华民国国民政府的替代者，有权继承中国在联合国等国际组织中的代表权。为此，中华人民共和国政府一方面致电联合国等国际组织声明中国的立场，即要求联合国及其所属的一切机构将国民党当局代表驱逐出去，恢复中华人民共和国中央政府代表中国的权利。但是，由于美国为首的西方国家的阻挠，至1971年10月25日，第26届联合国大会才通过决议，恢复中华人民共和国政府在联合国的合法席位，包括安理会常任理事国的席位。此后，中华人民共和国政府在其他一些国际组织的合法席位问题也陆续得到解决。

（二）条约的继承

中华人民共和国政府对旧中国政府所订立的条约继承的原则是：根据条约的内容和性质，逐一审查，区别对待。1949年《中国人民政治协商会议共同纲领》第55条规定："对于国民党政府与外国政府所订立的各项条约相协定，中华人民共和国中央人民政府加以审查，按其内容分别予以承认，或废除，或修改，或重订。"[③] 此项内容同样适用于国民政府前的历届政府同外国

---

① 周鲠生：《国际法》，武汉大学出版社2007年版，第121页。
② 牛军：《中华人民共和国对外关系史概论（1949—2000）》，北京大学出版社2010年版，第44页。
③ 《中华人民政治协商会议共同纲领》，中国政协官网，http://www.cppcc.gov.cn/2011/09/06/ARTI1315304517625199.shtml。

政府订立的条约。根据上述原则与纲领的规定，对于旧政府接受的任何条约，作为缔约一方的外国政府在该条约未经过中华人民共和国中央政府承认其有效的情况下，不得据此向中华人民共和国提出任何要求或主张。同时对于旧政府同外国缔结或承认的条约，中华人民共和国政府加以区别对待：对不平等条约予以废除，对于在平等基础上签订或参加的条约，一般予以承认；对存在修改需要的条约通过与有关国家进行谈判的方式进行修正或重订；对于某些技术性或人道主义性质的国际公约一般予以承认等等。如原中国国民党政府同苏联政府于 1945 年签订的《中苏友好同盟条约》，被 1950 年中华人民共和国政府通过同苏联谈判签订的《中苏友好同盟互助条约》所取代。

（三）财产的继承

中华人民共和国政府关于财产继承的原则是：自中华人民共和国成立之日起，对于 1949 年 10 月 1 日前中国历届政府的一切财产，无论是动产还是不动产，无论其是否位于中国境内，也无论财产所在地政府是否承认中华人民共和国政府，一律归中华人民共和国所有。如 1949 年 12 月 3 日新中国政府就香港"两航空公司案"发表的声明、1950 年 3 月 18 日中华人民共和国交通部关于中国留在香港和新加坡的商船产权的声明，以及 1950 年 10 月 10 日中国人民银行致电国际复兴开发银行声明均体现了上述原则。中华人民共和国政府也在上述案件中为维护自己的继承权同有关外国政府进行了严正交涉。

（四）债务的继承

中华人民共和国政府对历届旧中国政府所欠的债务，按其性质加以区别对待。对于恶债一律不予继承，即对旧政府用以进行内战、镇压国内革命运动向外国所借债务一律不予继承。如在"湖广铁路债券案"中，中国政府对于清王朝为便利运兵、镇压人民及维护其反动统治，而向德、英、法、美四国所借债务，不予承认。而对于历史遗留的债务问题，中国政府则通过与有关国家进行友好协商的方式公平合理解决。如 1987 年，中国政府与英国政府签订《关于解决历史遗留的相互资产要求的协定》。中英双方承诺：在两国政府就解决债务问题向对方政府支付一定数额的款项后，不再为其政府本身、代表其国内自然人和法人向对方政府追究 1980 年 1 月 1 日以前的任何资产，也不支持任何此类资产要求。[1]

---

[1] 详见《中华人民共和国政府和大不列颠及北爱尔兰联合王国政府关于解决历史遗留的相互资产要求的协定》，中华人民共和国中央人民政府官网，中华人民共和国国务院公报 1987 年第 18 号，第 634 页，http://www.gov.cn/gongbao/shuju/1987/gwyb198718.pdf。

第三章 国际法上的居民

第一节 国籍

居民与国家在国际法上的关联是与国籍紧密相关的。伴随国家之间的交往越来越频繁，国家与其他国家国籍的人发生的权利义务关系，变得越来越重要。

一、国籍的取得与丧失

（一）国籍与国籍法

1. 居民、公民和国民的概念

国际法上的居民（inhabitant）是指居住在一国境内并受该国管辖的人，包括本国人和外国人。公民（citizen）是具有或取得一个国家的国籍，并根据该国的宪法和法律规定享有权利和承担义务的自然人。一般意义上，公民与国民（national）的含义是一致的，但也有些国家将"公民"与"国民"法律地位进行区分，其国民的政治权利低于公民。例如，在美国，"公民"通常指美国国内具有完全的政治和个人权利的人，而"国民"通常指美国海外属地的人以及归化入籍的人。"国民"有效忠美国的义务，也是国际法意义上的美国国民，但是在美国本土不享有完全的公民权利。

2. 国籍的法律意义

国籍（nationality）是指个人属于某个主权国家的国民或公民的法律资格和身份。国籍对于国家和个人都非常重要，拥有一国国籍的人，与其国籍所属国家有着稳固的法律联系，基于这种法律联系，它构成国家与个人相互间的权利义务关系。

对于国家而言，国籍是一个国家确定某人为其国民或公民的根据，是区分本国人与外国人的法律依据，也是一国行使属人管辖权的凭据。具有该国国籍，国家才能为其提供相应的权利和服务，才能够要求其个人对国家尽责和履行义务。在国际法上，具有一国国籍，是国籍所属国对他提供外交保护的依据。对于个人而言，国籍是一个人在一国享有权利和承担义务的必要条件，是确定一个人法律地位的重要依据。一个人取得某一国国籍后，就可以一个国民或公民的资格在该国享有法律规定的权利和承担义务。侨居国外的某一国家的国民或公民，都有忠于所属国籍国和承担一定义务的责任，他的国籍所属国有权保护他的合法权利，并有义务接受其回国。

3. 国籍法与国籍的取得

国籍法是各国处理国籍问题，包括国籍的取得、丧失、变更的法律。国籍法属于国内法，由各国通过国内立法程序自行制定，自行决定谁是其国民。1930年《关于国籍法冲突若干问题的公约》第一章第一条规定："每一国家依照其本国法律断定谁是它的国民。此项法律如符合于国际公约、国际惯例以及一般承认关于国籍的法律原则，其他国家应予以承认。"① 关于国籍的立法，一般有在宪法中规定和单行法规定两种方式。世界各国主要采用单行的国籍法。

国籍的取得是指一个人取得某一特定国家的国民或公民的身份。国籍是一个人的基本权利。《世界人权宣言》第 15 条规定："人人有权享有国籍。"

（二）原始国籍——因出生取得国籍

因出生而取得的国籍叫原始国籍（original nationality），也叫出生国籍或固有国籍。这是取得国籍的最主要方式。依出生而取得国籍的标准包括血统主义、出生地主义，以及混合主义。历史上，世居民族国家大都采取血统主义，而移民国家大都采取出生地主义。当代世界，普遍采用混合主义，但是根据实际情况侧重比例不同。

1. 血统主义

血统主义（jus sanguinis）是指以血统为决定国籍的要素，出生的儿童依其父母的国籍来确定。在采用血统主义的国家，本国人所生的儿童自然取得本国国籍，而不论其出生于国内或国外，而外国人在该国所生的儿童仍然是外国人。"其中，仅以父或母一方的国籍为准的，称为单系（父系或母系）血统主义；以父母双方任一方的国籍为准的，称为双系血统主义。在以前，父系血统主义占优势，现今则流行双系血统主义。"②

---

① 《关于国籍法冲突的若干问题的公约》，白桂梅、李红云编：《国际法参考资料》，北京大学出版社 2002 年版，第 63 页。

② 程晓霞、余民才：《国际法》，中国人民大学出版社 2011 年版，第 56 页。

2. 出生地主义

出生地主义（jus soli）是指一国依出生地作为决定个人国籍的要素。因此，采取这一原则的国家，无论出生儿童的双亲为本国人还是外国人，只要在该国出生，即获得该国国籍。

3. 混合主义

混合主义兼采血统主义和出生地主义。现在大多数国家采取的是混合原则，但侧重不同，一些国家采取血统为主，出生地为辅的原则；一些国家采取出生地为主，血统为辅的原则。

（三）继有国籍——因加入取得国籍

继有国籍，是指一个人由于加入某国国籍而取得该国国籍。加入取得国籍的原则可分下列几类：

1. 自愿申请入籍

自愿申请入籍又称为"归化"，指一个国家依据一个不具有本国国籍的人（外国人）的申请，经过一定的程序，而接受为其本国国民。一般而言，通过自愿申请而取得一国国籍，只要满足该国法律规定的入籍条件，并经特定机关的审查批准，外国人或无国籍人可以申请入籍。《世界人权宣言》第15条规定个人有改变国籍的权利。但是，自愿申请入籍时，除了当事人的自愿申请外，还须经有关国家主管当局的审批。国家并没有必须批准该外国人或无国籍人入籍的义务。一国是否允准外国人或无国籍人入籍，是一个国家主权范围内的事情，任何其他国家无权干涉，任何个人也无权主张某个国家必须接受其入籍。入籍的国民并不必然享有因出生而获得国籍的国民的完全权利。譬如美国宪法规定："任何人除出生于合众国的公民或在本宪法通过时已为合众国公民者外，不得当选为总统。"①

2. 因亲属法入籍

亲属是指因血缘、婚姻、收养和认领而产生的人与人之间的社会关系，因为这些社会关系而获得另一国国籍即为因亲属法入籍。通常情况下，因亲属法入籍的法律事实主要有：婚姻、收养、认领。婚姻入籍是指一国国民与他国国民结婚而取得他国国籍，婚姻入籍是因亲属法入籍的主要形式；收养入籍是指本国居民收养的外国人或无国籍养子女因收养而取得本国国籍或养父母所属国可以按优惠条件给予被收养人国籍；认领入籍主要是指父或母对

---

① 美国国家档案官方网站，http://www.archives.gov/exhibits/charters/constitution_transcript.html。

非婚生子女的认领或准证而使非婚生子女获得父或母所属国国籍，非婚生子女入籍门槛各国规定各有不同。

3. 因选择、强制和自动入籍

选择入籍是指在有关国家法律或国际条约允许或要求个人选择国籍的情况下，当事人根据自己的意愿而取得或选择某一国家的国籍。选择入籍常发生在以下几种情况中：基于国家领土变更情况下的国家继承条约或解决双重国籍的条约规定，由当事人自愿选择国籍。此外，基于有关国家的法律规定和法定事由，也可由当事人自愿选择国籍。例如，妇女同外国男子结婚时的国籍选择；养子女的国籍选择；未成年人成年时的国籍选择等。选择入籍以当事人意愿为基础。

强制入籍是指居留地国强迫加给侨民以居留地国的国籍即为强制入籍。此种做法，违反了国籍非强制原则。按照国际法，一个国家未经居留该国的外国侨民同意，不得以其长期居住在境内或取得当地不动产等理由而强制他们入籍。

自动入籍是指因领土变更（领土割让、国家合并）导致所涉领土上的居民自动具有新的所属国家的国籍，或者因涉外婚姻、收养、认领而自动具有所涉国家的国籍。

4. 恢复国籍

恢复国籍是指曾拥有一国国籍的人因种种理由退出或丧失了该国国籍之后，在一定条件下重新恢复该国国籍。一个人因为加入外国国籍，或者其他某种原因而丧失其本国国籍，在具有正当理由，满足恢复国籍的条件后，该人可以重新获得其原来所属国的国籍。国籍的恢复实际上也可以视为一种国籍的加入行为。

（四）国籍的丧失

国籍的丧失是指一个人丧失某一特定国家的国民或公民资格。丧失国籍分为自愿丧失国籍和非自愿丧失国籍两种类型。

1. 自愿丧失国籍和非自愿丧失国籍

自愿丧失国籍是指根据本人的意愿而丧失国籍。自愿丧失国籍又包括两种情形：第一，申请出籍，即原具有某一国国籍的自然人要求退出这一国籍，经批准后，丧失该国国籍；第二，具有双重国籍或多重国籍的人，从中选择其中一国作为其国籍国，而放弃其他国籍。

非自愿丧失国籍是指由于法定原因而非本人自愿而丧失某国国籍。非自愿丧失国籍包括由于婚姻、收养、入籍或领土变更等事实，造成自动丧失原有国籍。也有因剥夺而丧失国籍的情况。

2. 剥夺国籍的法理问题

剥夺国籍是指一国以国内司法程序剥夺该国公民的国籍，使之失去作为该公民资格的行为。一些国家对危害国家独立或安全、对本国不忠诚或为外国的利益而从事危害本国利益的行为、在战争中为敌国工作等行为有剥夺国籍的规定。但是国际上对剥夺国籍存在质疑。

二、国籍冲突（国籍抵触）

（一）国籍冲突的概念

1. 国籍冲突的定义

在国际法中，国籍冲突（conflict of nationalities）是指由于各国关于自然人取得、丧失或者恢复国籍所采取的立法原则不同，使得一个自然人同时具有两个或者两个以上国籍或者没有任何国籍的情况。根据国籍冲突的不同情形，又可以分为国籍的积极冲突和国籍的消极冲突。所谓国籍的积极冲突，是指一个人同时具有两个或两个以上的国籍。所谓国籍的消极冲突是指一个人无任何国家的国籍。

2. 导致国籍冲突的基本原因

导致国籍积极冲突的原因有两个：一是在原有国籍的情况下发生，也就是生来就有的冲突，二是在继有国籍的情况下发生，包括由亲属关系和归化方面引起的冲突。

国籍的消极冲突是由于各国关于自然人取得、丧失或者恢复国籍所采取的原则或者所实行的主义不同，使得一个自然人不具有任何国籍的情况。国籍的消极冲突可分为三种情况：生来便无国籍；原来有国籍，后来因身份变更或者政治上的原因而变得无国籍；原属国籍无法查明。无国籍状态主要是由于出生、婚姻、剥夺等原因导致。

（二）积极的国籍冲突——双重国籍

双重国籍是（dual nationality）指一个人拥有一个国家国籍，同时又拥有另一个国家国籍，即称双重国籍。一个人同时拥有两个以上国家的国籍，即称多重国籍。据不完全统计，目前世界上大约90多个国家承认双重国籍。

1. 双重国籍产生的原因

在特定情况下，如果一个人同时获得两个国家的国籍，或者当获得新的国籍后又没有丧失旧有国籍，便产生了双重国籍。比如，采取血统原则确定国籍的国家的公民，如果在采取出生地原则确定国籍的国家出生的子女就会出现双重国籍问题。

2. 双重国籍引发的问题

双重国籍问题主要是由于"双重身份"带来的身份认同和国家效忠对国家管理和国家安全带来的复杂性。持有双重国籍身份的人可以同时享有其两个国籍归属国的权利，但是也必须同时向其国籍归属国履行义务、承担责任。由此可能造成持有双重国籍身份的人在两个国籍归属国享有权利和履行义务的不对等或冲突，形成国籍冲突问题。就国家而言，双重国籍涉及国家司法管辖权和外交保护权行使的界定。国家有权对本国国籍的人行使属人管辖权并有义务对其进行必要的保护。一国对于侨居在外国的本国国民有权予以保护，并有义务接纳其回国。如果相关国家坚持行使主权，就可能造成主权行使交叉状况，进而形成主权行使冲突。就个人而言，当两个国籍归属国利益发生冲突时，会造成该向哪个国家履行义务、向哪个国家效忠的选择困境。无论做出何种选择，都有被对方国家视为背叛的可能。比如，一个有双重国籍的人无法同时履行两个国家的兵役义务。双重国籍会引起国际纠纷，影响正常的国家间关系。同时，双重国籍的法律适用问题，有时也会给第三国带来管理上的不便。

3. 减少和消除双重国籍的方法

考虑到国籍冲突，特别是双重国籍冲突可能引发的严重后果，各国通过国内立法、缔结双边条约、区域性国际条约和全球性国际公约等途径来防止和减少双重国籍现象。关于处理双重国籍问题的国际法规，主要有1930年的《关于国籍法冲突的若干问题的公约》和《关于在双重国籍情况下的兵役义务的议定书》，1957年《关于已婚妇女国籍公约》等国际文件。《关于国籍法冲突的若干问题的公约》第一条声明，各国依照自己的法律决定谁是该国的国民。对于双重国籍，该公约规定，凡具有两个或两个以上的国籍的人，须被他所有国籍的每个国家视为该国的国民。国家对于兼有另一国国籍的本国国民不得违反该另一国而施以外交庇护。这些公约规定一定程度都有助于防止和消除双重国籍问题的产生。

目前承认双重国籍的国家不在少数，尤其是一些美欧国家。"比较有效的办法是国家之间通过双边条约的方式协调它们之间产生的双重国籍问题，或者在制定各自的国籍法时避免有可能产生双重国籍的条款的出现。"① 由于国籍问题归属各国国内法管辖，双重国籍问题的解决只能依赖于各国间的协定，尽管普遍性的国际多边条约是比较好的解决办法，但是因各国立场和利益不同，在此问题上要达成一致还存在不少分歧，双重国籍现象还会继续存在。

（三）消极的国籍冲突——无国籍

无国籍（stateless person）是指任何国家根据它的法律不认为是其国民的人。②

1. 无国籍产生的原因

消极的国籍冲突，指个人不具有任何国籍，处于无国籍状态。因出生和婚姻都可能造成无国籍状态。比如，采取出生地原则确定国籍的国家的公民，其子女如果在采取血统原则确定国籍的国家出生，就会出现无国籍问题。"以采取血统原则的德国为例，私生子从其母亲的国籍，如果一个英国籍母亲在德国所生的私生子按照德国法律不认为德国的国民，而按照英国的法律也不认为英国国民，因而这个儿童从出生起就是无国籍的人。"③ 由于战争、灾难而流入他国的难民或偷越国境者，由于没有合法护照，就成了无国籍人。护照过期也可能成为无国籍人，也有因剥夺而失去国籍的情况。

2. 无国籍引发的问题

无国籍是一种不正常的状态。无国籍的人无法享有本国人或特定外国人的法律地位，无法取得任何国家基于属人管辖的保护。国籍的消极冲突常常使当事人的权利无法保障，甚至会导致无国籍者在居留国受到不公正的待遇。无国籍人并非不承担义务的自由人，他们仍然受到居住国的管辖，但是享受不到相应的国民权利，受到侵害时无法获取国籍国的外交保护。

3. 减少和消除无国籍的方法

为了解决无国籍问题，一方面各国国内立法要增加消除或减少无国籍状态条款，另一方面要加强国际合作。国际上已经就此问题签订了一些国际公约，这些公约要求各国，确保无国籍人的权利地位，尽量避免产生新的无国籍状况，并要求各国采取必要措施减少无国籍。关于无国籍问题的多边条约有1930年《关于某种无国籍情况的议定书》、1951年的《关于难民地位的公约》、1954年的《关于无国籍人地位的公约》和1961年的《减少无国籍状态

---

① 朱文奇：《国际法学原理与案例教程》，中国人民大学出版社2006年版，第83页。
② 此定义是1954年9月28日订立的《关于无国籍人地位的公约》对无国籍的界定。
③ 周鲠生：《国际法》，武汉大学出版社2007年版，第221页。

公约》等多个国际文件。但"这些公约只是在缔约国相互间承担义务给予无国籍的人在法律地位上以大致相当于一般外国人的待遇，也并不是根本消除无国籍的不正常状态"。[①] 1961年的8月签署的《减少无国籍状态公约》规定："缔约国对在其领土上出生，非取得该国国籍即无国籍者，应给予该国国籍"、"缔约国的法律规定个人身份的变更，如结婚、婚姻关系消灭、取得婚生地位、认知（认领）或收养足以使其丧失国籍者，其国籍的丧失应以具有或取得另一国籍为条件"。[②] 尽管如此，与双重国籍问题类似，无国籍问题的真正解决仍然有赖于各国的国内立法。

第二节　外国人的法律地位和本国人的外交保护

一、外国人的法律地位

外国人（alien）是指在一个国家境内不具有居住国国籍而具有其他国籍的人。为了便于管辖，国际法上一般把无国籍人也当作外国人对待。拥有双重国籍人，如果它具有的两个国籍都不是居留国的国籍，则属于外国人；如果它具有的双重国籍中，有一个是居留国的国籍，居留国一般不把它当作外国人看待。外国人中从法律地位上看有两类：一类是享有外交及领事特权与豁免的外国人；一类是普通外国人，前者具有特殊的法律地位，不在一般外国人之列。广义上外国人应该包括自然人和法人。

（一）外国人的出入境和居留

1. 外国人的管辖权

国家对其领土范围内的人拥有属地管辖权，同时，该人所归属的国籍国也有权保护其合法权利，即属人管辖权，一国境内的外国人要接受这两个管辖权。给予外国人什么法律地位，是一国主权范围内的事，别国无权干涉，但需要顾及国际法的一般原则和惯例，还应考虑到外国人国籍国的属人管辖权。

2. 外国人的入境和出境管理

外国人入境问题是一国的内政，国家没有必须接收外国人入境的义务。国家一般在互惠的基础上允许外国人为合法的目的入境。但一般要求外国人

[①] 周鲠生：《国际法》，武汉大学出版社2007年版，第222页。
[②] 王铁崖：《国际法》，法律出版社1995年版，第175页。

在入境前申请办理签证手续。签证（visa）是一个国家的出入境管理机构对外国人表示批准入境所签发的一种文件。一般情况下，持有效护照（passport）或其他国际法承认的合法证件和签证就可入境。国家为了自己的安全和公共利益，有权拒绝某些外国人入境（如某种刑事罪犯、某种传染病患者等）。国家不应基于歧视理由限制外国人入境。

外国人出境分为自愿出境和非自愿出境。1948 年《世界人权宣言》和 1966 年《公民权利和政治权利国际公约》都规定，人人有权离开任何国家，一国不得无理禁止或阻碍外国人离境。自愿出境的外国人在办理各种法定手续后即可出境。非自愿出境主要指特定情况下限令外国人离境或被驱逐出境。驱逐出境指一国强制外国人离开其领土的法律规定。国家的这一权利受到了国际法的认可，但是，国家不应该滥用这一权利。

3. 免签证问题

外国人也有免签证的情况。签证是一个主权国家实施出入本国国境管理的一项重要手段。近年来，随着国际贸易、国际交流的发展，旅游业的兴旺，许多国家的签证规定趋于简化。免签有互免签证、单免签证或简化签证手续等多种情况。

4. 外国人的居留

合法进入一国境内的外国人，根据居留国的法律以及相应的国际条约，可在该国作短期、长期或永久居留。外国人在居留期的权利和义务由居留国的法律规定。但外国人一般没有政治权利，也没有服兵役的义务。外国人在居留期间，其合法权利应当受到保护，包括各种人身、民事和诉讼的权利。

（二）给予外国人待遇的原则

国际法对于外国人的待遇没有统一的明确规定，取决于各国的自由裁量。一般来讲，外国人一旦进入一国国境，即纳入该国的管辖范围，所在国也要保护其生命和财产安全，并赋予他们与本国人平等的待遇。具体实践中，各国常常根据外国人居住的时间长短确定不同的待遇。外国人的待遇主要是指长期居住的外国人的待遇，主要有国民待遇、最惠国待遇、差别待遇。

1. 对外国人的国民待遇

所谓国民待遇（National Treatment），也称平等待遇原则，"是指给予外国人的待遇和给予本国人的待遇一样，即在同样的条件下，外国人和本国人所享有的权利和承担的义务相同。国家给予外国人的待遇不低于给予本国人的待遇，外国人不得要求任何高于本国人的待遇"。① 一般情况下，国民待遇要在国家间互惠的基础上互相给予，国家给予外国人国民待遇一般以该外国也同样给予本国人同等待遇为前提。同时，给予外国人的国民待遇是有一定范围的，国家给予外国人的待遇一般限于民事权利和诉讼权利方面，至于政治权利外国人一般不能享有，如选举权和被选举权。即使在民事权利方面，有些国家也规定某些职业只限于本国人担任，如引水员、飞行员、船长、律师等。对外国人的旅行和居住也会有某些限制。

2. 对外国人的差别待遇

差别待遇（Differential Treatment）是指一国给予外国人不同于本国人的待遇，或给予不同国籍的外国人不同的待遇。② 前者一般是指给予外国人或外国法人的权利在有些方面小于本国国民或法人，即次国民待遇，但也包括有些时候给予外国人或法人某些方面超过本国国民或法人的待遇，即超国民待遇，如某些税收的减免或其他便利。后者是指基于地理、历史、民族等因素而给予某些国家的待遇比给予其他国家的待遇更为优惠。国际法承认上述差别待遇，但是，根据种族、民族、性别等原因而做的歧视待遇是违反国际法的。

3. 对外国人的最惠国待遇

最惠国待遇（Most Favourable National Treatment）是指一国给予某国外国人的待遇，不低于现在或将来给予任何第三国国民在该国享有的待遇。最惠国待遇一般是以条约的形式互相给予，如果某国强迫另一个国家单方面给予最惠国待遇，这属于片面最惠国待遇，违反国际法中的公平和对等原则。当然，并非给予某国外国人的所有事项都能惠及第三国，给予邻国的特惠，譬如边民出入境手续的简化和边贸优惠，经济共同体、关税同盟或自由贸易区范围内的优惠，都属于最惠国待遇不适用的例外事项。

二、外交保护

（一）外交保护的概念和依据

1. 外交保护的定义

外交保护（diplomatic protection），通常是指国家对其在外国国民（包括法人）之合法权益遭到所在国家违反国际法的侵害而得不到救济时，采取外

---

① 王虎华：《国际公法学》，北京大学出版社2005年版，第117页。
② 同上书，第118页。

交或其他方法向加害国追究国际责任以补偿或赔偿受害者损害的行为。2006年联合国国际法委员会《外交保护条文草案》第1条给出的定义是：一国对于另一国国际不法行为给属于本国国民的自然人或法人造成损害，通过外交行动或其他和平解决手段援引另一国的责任，以期使该国责任得到履行。一般情况下，当一国国民在所在国遭受以下几种情形的侵害，其本国就有权行使外交保护，主要有（1）被非法逮捕；（2）财产被非法剥夺；（3）遭受歧视待遇；（4）遭受司法拒绝。一国对本国国民进行外交保护包括要求该外国进行救济或承担责任。行使的方式分为外交行动和司法行动。外交行动包括向国际不法行为国提出交涉或抗议，为解决争端要求进行调查或谈判等。司法行动包括诉诸国际法院等国际司法机构或其他国际仲裁机构。

2. 外交保护的依据

外交保护行为是国家主权行为，根据国家主权原则，国家对其国民具有属人管辖权，这种属人管辖权不因其国民居留地为外国而灭失，无论何时何地，国家都永远拥有这种属人管辖权，除非国际条约有特殊规定。基于对人权的保护，国家也有对其国民在国外遭受不法侵害进行保护的责任。外交保护是国家属人管辖权的重要体现，也是国家对其国民应尽的责任。外交保护是国际法上一项公认的国际制度。1961年《维也纳外交关系公约》第3条第2款规定，使馆的职务有："于国际法许可之限度内，在接受国中保护派遣国及其国民之利益。"国家对在国外的侨民具有外交保护权，是一项公认的国际法准则。外交保护是在国家之间进行的，外交保护本质上是处理国家间关系的制度，因为一国公民向本国提出外交保护时，就转化为了两个国家的事务，涉及国际责任问题。就国际法而言，国家并没有保护其居留在外公民的义务，是否采取外交保护是每个国家自由决定的事情，国家可以根据情况决定是否进行外交保护。尽管如此，国家有保护本国公民利益的职责，如果本国公民在居留国遭到了不法侵害，而在当地国家得不到有效救助时，是有权利行使外交保护权的。国家行使外交保护权要依国际法进行，要尊重他国的主权和属地管辖权。

（二）外交保护的条件

在国际司法实践中，行使外交保护权一般遵循以下原则或基本条件：

1. 国籍连续原则

国籍是确定个人与国家联系的纽带或依托，也是国家属人管辖权的根据。一国行使外交保护须证明受害者为本国国民。"持续国籍原则"是指从该受害人遭受到侵害时起到得到外交保护时止，必须连续地具有保护国的国籍。但是，在受害者的国籍被强制变更时，如领土转移，也会出现国籍连续原则的适用例外。按传统国际法理论和实践，无国籍和难民是不能获得外交保护的。但随着国际关系的变化，特别是两次世界大战以及二战后的情势，造成大批难民和无国籍人出现。而许多难民和无国籍人都长久居住在他们的接收国，受该国类似国民的管辖。因此，当他们的权益遭到临时所在国家的非法侵害又得不到当地有效救济时，其经常居住国可以进行外交保护。这种保护的根据应是难民和无国籍人与其经常居住地国之间存在着最密切的法律关系。

2. 国家行为所致原则

一国国民在外国受到的损害是由该国的国际不法行为所致。这是国家行使外交保护的前提条件。所谓国际不法行为，有两个条件：一是由作为或者不作为构成的行为依国际法归因于该国；二是该行为构成对该国国际义务的违背。因私人行为所受损害，不能主张和行使外交保护。

3. 实际损害原则

实际损害原则是指本国国民的合法的人身和财产权利确实因所在国的国家不法行为而受到实际损害。这种损害是客观存在的，而不是主观臆造的。

4. 用尽当地救济原则

用尽当地救济是指国家在为本国国民提出外交保护之前，该受害人必须首先用尽居留国法律规定的一切救济方法，包括司法和行政救济。用尽当地救济包含两层含义：一是用尽了各种法律规定的有效方法；二是充分正确运用了救济方法的程序。

（三）外交保护与卡尔沃条款

卡尔沃条款（Calvo Clause）是 20 世纪中叶从南美国际法学家卡尔沃（曾任阿根廷外交部长）的理论发展而来。卡尔沃在其著作《国际法的理论与实践》中提出，一国国内的外国人与该国国民享有同等受到保护的权利，不应受到更大的保护。具体是要求在国家与外国人所签订的契约（主要是投资契约）中插入一个条款，根据该条款，该外国人同意因该契约所发生的任何要求或争执应当由当地法院处理，而不应作为"国际求偿"问题，以此表示该外国人放弃请求其本国外交保护的权利。"卡尔沃条款就其产生的历史背景来看，有其合理性。因为它是拉美国家以对抗帝国主义、殖民主义国家的干涉政策为目的的，旨在维护国家平等原则、主张外国人和本国人待遇平等，反对外国人特权地位的要求，强调国家的属地管辖权的完整性。"① 但是，卡尔沃条款并未受到普遍接受。《奥本海国际法》认为，"卡尔沃条款中意在使个人放弃他本国的保护权利的那部分是无效的，因为保护的权利——保护他，使他免受违反国际法规则的待遇的权利——是国际法给予他的本国，而不是给予他个人的。"②

第三节 引渡与庇护

一、引渡

（一）引渡的概念

1. 引渡的定义

引渡（extradition）是指一个国家将在其境内而被他国指控为犯罪或判刑的人，依据它国的请求，移交该请求国进行审判或者处罚的一种国际司法协助行为。引渡制度是一项国际司法协助的重要制度，也是国家有效行使管辖权和制裁犯罪的重要保障。

2. 引渡的法律依据

在国际法上，国家没有必须引渡的义务，引渡的法律依据是有关引渡的国际公约、双边条约和国内法律。在没有相关条约的情况下，一国是否将犯罪嫌疑人或被判刑的人引渡，完全是该国主权范围内的事。

在具体的引渡实践中，实现引渡主要有三种途径：一是通过缔结的条约实现引渡。二是通过国际公约实现引渡。一些国际公约有引渡条款，如果某一国家是该公约的缔约国，则需承担引渡义务。三是通过协商实现引渡。"事实上，在没有引渡条约的情况下，有时国家基于礼让或友好的考虑，也把罪犯引渡给别国。国家也不因为订有引渡法而就对外国负有引渡罪犯的义务。总之，引渡罪犯是国家主权范围的事，在没有条约约束的情况下，国家完全可以自由决定的。"③

---

① 杨泽伟、苏彩霞：《对外国人待遇问题的反思——兼论最低国际标准与国民待遇原则》，《中央政法管理干部学院学报》，1998年第3期，第13页。
② ［英］劳特派特修订：《奥本海国际法》，第1卷，第1分册，商务印书馆1989年版，第257页。
③ 周鲠生：《国际法》，武汉大学出版社2007年版，第263页。

3. 引渡的主体

引渡是国与国之间的事务，只有国家有权提出引渡，地方政府和个人没有这项权利。有权提出引渡要求的国家有以下三类：犯罪发生地国、罪犯所属国、犯罪受害国。

犯罪发生地国提出引渡要求，是基于国际法上的"属地管辖原则"，又称"领域管辖原则"所进行的管辖；罪犯所属国，也就是罪犯国籍国，也可以提出引渡要求，这基于"属人管辖原则"；犯罪受害国也可以提出引渡要求，在犯罪虽然并未发生于某国境内，该罪犯也不是该国国民的情况下，如果该罪行的危害及于该国，该受害国也可以向犯罪人所处的国家提出引渡要求。

在上述国家同时提出引渡要求的情况下，哪一国家具有引渡优先权，目前国际上尚未有统一的规则。1957年《欧洲引渡公约》第17条规定："如果不止一国对同一犯罪或不同犯罪同时提出引渡请求，被请求国应在考虑各种情况以后作出决定。特别应考虑有关严重程度、犯罪地、各自提出请求的时间、被要求引渡人的国籍以及再被引渡给另一国的可能性。"

4. 引渡的客体

引渡的客体是被某国指控进行了犯罪或已经判刑的人，包括刑事犯罪嫌疑人、已被判刑后脱逃的人、共犯和未遂犯，但是，民事案当事人和证人不是引渡对象。引渡客体可以是引渡国家的国民，也可以是被请求引渡国家的国民，还可以是第三国的国民。

5. 引渡的程序

引渡一般通过外交途径办理，由请求国提出引渡请求，请求国在提出引渡请求时应提交被引渡人相应的犯罪证明材料。许多被请求国需要由本国法院审查该材料是否符合引渡要求，被请求国决定是否引渡，如同意引渡，则应确定引渡的时间和地点。1933年《美洲国家间引渡公约》第14条规定："被引渡人的移交应在边界最适当地点，如果在水上移交的话，在交通最便利的港口向请求国为之。"① 一旦罪犯移交完毕，引渡程序即告结束。

6. 引渡的目的

引渡的直接目的是为追究犯罪人的刑事责任。引渡的最终目的是为了避免逃亡国外的罪犯逃避应有的惩罚。为了其他目的而请求引渡是不允许的。追究刑事责任既包括对犯罪人进行侦查、起诉和审判等刑事诉讼活

---

① 周鲠生：《国际法》，武汉大学出版社2007年版，第263页。

动,以便由审判机关确认其有罪,也包括对犯罪人执行已经生效的有罪判决。

7. 国际遣返

遣返是一种非正式的国际司法协助方式,主要用于将非法移民遣送回他们的国籍所属国。遣返特别适于两国没有签订引渡条约的情况,遣返遇到的障碍和困难比起引渡要相对较小。因此,在一定情况下,遣返可以作为引渡的一种替代措施而使用。

(二) 引渡适用的一般原则

现代意义上的引渡制度起源于18世纪的欧洲,至今国际上逐渐形成了一些普遍接受的原则和规则,但是,也有一些原则存在着不同认知。引渡首先需要确定可引渡之罪、可引渡之人、可引渡之地。

1. 条约前置原则(Principle of Treaty)

条约前置原则即条约前置主义,是指将订有双边引渡条约作为提供引渡合作的前提条件。对条约前置主义,不同法系态度不同。普通法系国家一般奉行条约前置主义,要求引渡合作一定要订有条约,例如美国。而大陆法系国家一般不坚持引渡必须以条约存在为前提,属于非条约前置主义。条约前置原则限制了引渡合作范围,使一些罪犯不能得到及时惩处,也对本国的罪犯引渡带来障碍。近年来,一些原来奉行条约前置主义的国家改变或变通了这一立场。如曾经是奉条约前置原则典型的英国,在新制定的引渡法中,不再把条约或者预先安排规定为引渡合作的前提条件了。

2. 互惠保证原则(Principle of Reciprocity)

互惠保证原则是指在国家间没有签订引渡条约的情况下,引渡双方以互惠条件为保证,采取变通方式进行引渡合作来达到引渡的目的。大陆法系国家一般都支持在互惠原则基础上的引渡合作。但是此原则有一定的不确定性,易受政治和外交等因素的影响,被请求国有权拒绝"互惠"。

3. 双重犯罪原则(Principle of Identity)

双重犯罪原则是指被引渡人的行为必须是依照请求国和被请求国双方的法律都构成犯罪时,才可以引渡。"双重犯罪原则是法无明文规定不处罚原则的必然要求,是为了保证被请求国不会强迫引渡一个它认为没有犯罪的人。目前,大多数的引渡条约都规定了双重犯罪原则。"[①]

[①] 朱文奇:《国际法学原理与案例教程》,中国人民大学出版社2006年版,第92页。

4. 罪行特定原则（Principle of Speciality）

罪行特定原则是指引渡请求国只能就向被请求国允诺的罪名对被引渡人进行审判和处罚，不得以引渡理由之外的其他罪名进行审判或处罚，或者再引渡给第三国，除非征得被请求国的同意。这一原则制定的目的主要是防止一些国家将政治犯以普通刑事犯名义引渡回国，然后以其他名义对该人予以加重惩罚。

5. 本国人不引渡原则（Principle of Nationals）

这一原则指一个国家基于属人管辖原则，优先对本国国民拥有刑事管辖权，因而即使其本国国民的犯罪行为是在国外实施的，也应由其本国行使司法管辖权，而不将其引渡给有关外国。对于此问题，国际上存在不同主张和实践。大陆法系国家一般坚持由本国惩罚在国外犯罪的本国人，拒绝引渡。而有些普通法系国家，例如英、美等国，强调属地刑事管辖原则，认为可以引渡本国国民。

6. 死刑不引渡原则（Principle of Condemned）

死刑不引渡原则是指当被请求国有理由相信被请求引渡者在引渡后有可能被判处或执行死刑时拒绝予以引渡的原则。它是现代引渡制度中的一项重要原则，死刑不引渡原则在废除死刑的国家受到支持，但对一些保留死刑的国家产生法律冲突问题。

7. 政治犯不引渡原则（Principle of Political Prisoners）

政治犯不引渡原则产生于法国大革命，法国1793年宪法宣布："法国给予为了争取自由而从本国流亡到法国的外国人以庇护。"这是关于庇护政治立法的开端，也为政治犯不引渡原则的形成奠定了基础。1833年比利时《引渡法》和英国《1870年引渡法》，标志着现代引渡制度的诞生。1833年《比利时引渡法》第1条明确规定，禁止引渡外国政治犯。此后，政治犯罪不引渡原则通过欧洲一些国家的国内立法和各国之间的引渡条约规定，逐渐成为习惯法规则。1990年12月14日联合国大会通过的《联合国引渡示范条约》第3条第1、2、3款明确规定：（1）被请求国认为作为请求引渡原因的犯罪行为属于政治性犯罪；（2）被请求国有充分理由确信，提出引渡请求是为了某人的种族、宗教、国籍、族裔本源、政治见解、性别或身份等原因而欲对其进行起诉或惩处，或确信该人的地位会因其中任一原因而受到损害；（3）作为请求引渡原因的犯罪行为系军法范围内的罪行，而并非普通刑法范围内的罪行；不得准予引渡。1957年《欧洲引渡条约》第3条第1款规定："如果被请求方认为，请求引渡所针对的犯罪是一项政治犯罪或与政治犯罪有关的犯罪，则不得准予引渡"。同条第2款又规定:"当被请求方确有理由认为以普通法犯罪为由提出的引渡请求意图根据种族、宗教、国籍、政治见解等考虑追诉或者惩罚某人,或者该人的处境因上述任何原因而面临恶化的危险时"[①],不予引渡。

限制滥用政治犯不引渡原则的"非政治化努力":

政治犯不引渡原则得到各国的普遍承认,但是对于什么是"政治犯罪"却没有统一的标准,对政治犯罪的随意解释,曾经导致对这一原则的滥用。随着现代国际法的发展,运用了排除法规定哪些行为不能被认为是政治犯罪,以限制对政治犯不引渡原则的滥用。例如,1957年的《欧洲引渡公约》第3条第4款规定:"为本公约的目的,不应将杀害国家元首或其家庭成员的行为或未遂行为视为政治犯罪。"多数国际文件和双边条约均将下列罪行"明确排除在政治犯不引渡原则的使用之外,如战争罪、反和平罪、反人类罪、灭绝种族和种族隔离罪以及侵害外交代表、劫机、贩毒等"。[②]

8. 或引渡或起诉原则（Aut Dedere Aut Judicare Principle）

或引渡或起诉原则是国际公法中普遍管辖原则的重要内容之一,是指在其境内发现被请求引渡的犯罪人的国家,应当将罪犯引渡给请求国,如不予引渡,则应当按照本国法律对该人提起诉讼以便追究其刑事责任。这一规定一定程度上保证了对一些无法引渡的犯罪份子予以惩罚。1970年海牙《关于制止非法劫持航空器的公约》（下称《海牙公约》）第7条确立了现代意义的或引渡或起诉原则,为之后的国际刑法公约尤其是反恐怖主义公约树立了样板。

9. 刑期不满一年不引渡原则（Term of Less Than One Year Principle）

在国际法实践中,构成引渡理由的不仅有请求国和被请求国双方法律都认为是犯罪行为,而且这种罪行必须能够达到判一年以上刑期的严重程度。通常,刑期不满一年程度的罪行,一般不引渡。

二、庇护

(一) 庇护的概念

庇护（Asylum）是指国家对于因政治或科学原因被追诉或受迫害而请求避难的外国人,准其入境、居留并且给予保护的行为,也叫领土庇护。庇护在本源上是指政治庇护,庇护的发生多出于政治原因,庇护的对象主要是政

---

① 马德才:《政治犯不引渡原则的发展趋势探析——兼论我国〈引渡法〉的完善》,《江西社会科学》,2009年第2期,第146页。

② 王铁崖:《国际法》,法律出版社1995年版,第187页。

治犯，所以一般叫做政治避难。给予庇护的国家往往是认为受庇护的人在他国由于政治原因而受到迫害或不公正的追诉，以致无法保障其基本人权因而需要予以保护，从而拒绝他国的引渡请求的。庇护权是各国自主处理和决定给予外国人庇护事项的权利。这种权利完全属于给予庇护的国家，而不是个人的权利。庇护权是从国家的属地优越权引申出来的。国际法没有赋予国家必须引渡的义务，在没有引渡条约的情况下，是否将罪犯引渡回申请国完全是被申请国国家主决定的事情。

（二）庇护的原则

1. 尊重国家主权原则

1967年12月联合国大会通过的《领土庇护宣言》规定："一国行使主权，对有权援引《世界人权宣言》第14条之人，包括反抗殖民主义之人，给予庇护时，其他各国应予尊重。"[①]

2. 严重国际罪行例外原则

《领土庇护宣言》规定："凡有重大理由可认为犯有国际文书设有专条加以规定之危害和平罪、战争罪或危害人类罪之人，不得援用请求及享受庇护之权利。"

3. 不驱逐原则

国家在边界上不应拒斥寻求庇护的人。如果该人已经进入其请求庇护的国家，那么该国不应驱逐或强迫遣返到他可能受迫害的任何国家。

（三）庇护的对象与不得庇护的罪行

庇护的对象主要是政治避难者，不仅包括实施了政治犯罪的罪犯，也包括没有构成犯罪但是可能或正在受到某种迫害的人。除非国际法上有相反的规定，任何人原则上都可以成为庇护的对象。庇护对象主要有两种，分别是被一国指控或判决犯有政治罪行的政治犯和因种族、宗教、国籍、政治见解或其他原因而实际或可能受到其本国迫害的政治难民。现代意义上的"庇护"还扩展到因从事科学和文化活动而受到迫害的人。公认的普通刑事罪犯以及犯有国际罪行的罪犯不得庇护。

对庇护国来说，被庇护者属于外国人，享有庇护国一般外国人相同的法律待遇。庇护国在享有和行使庇护权的同时，必须承担责任以保证被庇护者在其领土内不得从事反对其他国家的活动。

---

① 联合国研究中心资料：《领土庇护宣言》，http://www.uncentre-cfau.org/studies06.html。

(四) 域内庇护与域外庇护

庇护的依据是属地管辖权，因此，庇护权行使的空间范围只能在庇护国的领土范围内进行，国际法称之为域内庇护（territorial asaylum），即领土庇护。但是，有些国家却有域外庇护的做法。域外庇护（extra-territorial asaylum）是指在一个国家的驻外使领馆、军舰、军用航空器或军事基地等内给予遭受政治迫害或政治犯罪的外国人以庇护。但是，域外庇护并没有得到各个国家的普遍承认，只有在拉丁美洲国家存在地区性的例外。

在一战之前，欧洲国际法承认域外庇护，并且此类庇护经常发生。但是现代国际法并不承认此行为的合法性。根据1961年的《维也纳外交关系公约》的第41条第3款规定"使馆馆舍不得充作与本公约或一般国际法之其他规则、或派遣国与接收国间有效之特别协定所规定之使馆职务不相符合之用途"，而该公约所规定的使馆职务并未包含庇护的内容。根据规定，使馆或者领馆不得以与使馆或者领馆不相容的方式加以使用。军营、军舰同样不具有庇护权。因此，除"给予庇护的权利和领土国尊重这种庇护权的义务在条约中明确加以承认"的情况外，域外法权是一种违反国际法的行为。

三、引渡、庇护、避难、遣返实践最新案例及分析

(一) 赖昌星案

中国公民赖昌星是厦门远华特大走私案主要嫌犯。1999年案发后，赖昌星持香港特别行政区护照以普通游客身份逃往加拿大。2000年中国政府正式通缉赖昌星，并要求加拿大政府将其遣返中国。鉴于赖昌星一家的旅游签证到期，加拿大有关方面于2000年3月发出了有条件离境令。为了逃避被遣返，赖昌星向加拿大政府提出难民申请，加难民法庭经过调查得出结论，认为一直在改进的中国司法制度不至于造成对赖昌星的不公正审判，联邦最高法院也驳回了赖昌星的难民申请。2006年5月，加拿大移民局完成遣返风险评估，决定遣返赖昌星。但是赖昌星以自残方式使联邦法院裁定"暂缓遣返"，以决定是否接受赖昌星提出的对其遣返风险评估报告进行司法调查的要求。这样一来，该案进入了又一轮司法程序。加拿大司法界、政治界和舆论界围绕赖昌星案所涉犯罪的性质，从中国司法的独立性和公正性，再到中国外交照会的诚信，展开了激烈的辩论质证。"政治犯不引渡"、"死刑犯不引渡"和"酷

刑不引渡"等理由被用到了对遣返的审查。赖昌星"用足司法程序……"①，尽管从移民部到难民裁判庭，从联邦法院到联邦法院上诉庭赖昌星一路败诉，却也利用上诉拖延了遣返时间，使得此案耗时长达12年的时间。2011年7月21日，加拿大联邦法庭否决赖昌星暂缓执行遣返令的申请。2011年7月23日赖昌星在加拿大警察的押送下遣返中国，中国公安机关依法向赖昌星宣布了逮捕令。2012年4月，厦门市中级人民法院公开开庭审理赖昌星案，5月18日，判处赖昌星无期徒刑，并没收个人全部财产。至此，中国与加拿大围绕"赖昌星引渡、遣返案"的外交与司法纷争告结。

(二) 阿桑奇案

朱利安·保罗·阿桑奇（Julian Paul Assange）是澳大利亚记者，2006年创办"维基解密"网站。2010年，阿桑奇通过该网站公布了大量关于阿富汗战争和伊拉克战争的美国秘密文件，引起全球轰动。2010年12月2日，瑞典指控阿桑奇在瑞典时曾对两名女性实施了性侵犯，对其签发了在欧盟范围内生效的欧洲逮捕令，当时身在英国的阿桑奇于7日向伦敦警方自首。2011年2月，伦敦贝尔马什地方法院宣判将阿桑奇引渡瑞典接受审判。6月19日，保释中的阿桑奇进入厄瓜多尔驻伦敦大使馆寻求政治庇护。8月16日，厄瓜多尔外长通过新闻发布会宣布厄瓜多尔政府已经批准阿桑奇的政治庇护请求。阿桑奇此后一直滞留厄瓜多尔驻伦敦使馆至今。

(三) 斯诺登案

2013年6月，美国中情局（CIA）雇员爱德华·斯诺登将两份绝密资料交给英国《卫报》和美国《华盛顿邮报》，披露美国国家安全局自2007年起开始实施的对外绝密电子监听项目——"棱镜"。在此秘密披露前，斯诺登离开美国抵达香港。斯诺登留港期间，美国要求中国香港特区政府遵循《香港政府和美利坚合众国关于移交逃犯的协定》，临时拘捕斯诺登并将其移交给美方。香港经审查后认为美方未能提供符合港美协定的完整材料，允许斯诺登离港前往第三国。斯诺登由香港飞往俄罗斯首都莫斯科后，长期滞留在机场中转区，既未入关，也没有离开。在此期间，美国吊销了斯诺登的护照，要求俄罗斯采取强制措施，驱逐或引渡斯诺登。但是，俄罗斯以斯诺登在法律意义上并没有"入境"为由，拒绝干预。俄司法部代表表示，外国公民停留在俄罗斯机场中转区的期限和因缺少合法文件滞留机场的责任，在俄罗斯法

---

① 田晓萍：《我国引渡外逃经济罪犯的法律障碍和对策——以赖昌星遣返为视角》，《行政与法》，2005年第5期，第104页。

律中都未做规定,美俄之间也没有签订引渡协定,引渡斯诺登的要求缺少法理依据。在证实斯诺登去厄瓜多尔避难不可行之后,俄罗斯政府同意给予斯诺登为期一年的临时难民身份。根据俄移民法规定,外国公民可申请难民、临时庇护以及政治避难;获临时庇护的可申请在俄为期三年的暂时居住权并领取暂住证。2014年7月31日,斯诺登在俄罗斯为期一年的临时避难许可到期,他向俄当局提出延长停留期的申请,并已获准自2014年8月1日起在俄继续停留三年的居留权。

第四节　国际难民保护

一、难民的概念

(一) 难民的定义

1. 广义上的难民概念

广义上的难民 (refugees) 是指因自然灾害、战争、大规模内乱和各种政治迫害等原因被迫逃离本国或经常居住国而前往别国避难的人。① 联合国难民署的工作范围基本是在这个广义的范围上进行的。

2. 国际法上的难民定义

国际法上的难民是由专门的国际法文件来界定的,主要是1951年的《关于难民地位的公约》和1967年的《关于难民地位的议定书》两个国际法文件。根据《关于难民地位的公约》,难民是指:"由于1951年1月1日以前发生的事情并因有正当理由畏惧由于种族、宗教、国籍、属于某一社会团体或具有某种政治见解的原因遭受迫害留在其本国之外,并由于此项畏惧而不能或不愿受该国保护的人;或者不具有国籍并由于上述事情留在他以前经常居住国家以外而现在不能或者由于上述畏惧不愿返回该国的人。"1967年的《关于难民地位的议定书》取消了原来公约在时间上的限制,使公约真正具有了普遍性。

3. 联合国难民署

联合国难民署的全称是联合国难民事务高级专员公署 (Office of the United Nations High Commissioner for Refugees),是一个专门负责保护和支持难民的机构,隶属联合国,于1950年12月14日成立,总部设在瑞士日内瓦。该机构授权指导和协调世界范围内保护难民和解决难民问题的国际行动,其主

---

① 端木正:《国际法》,北京大学出版社2000年版,第130页。

要目的是保护难民的权利和健康。它努力确保每个人有权在另一个国家寻求避难，找到安全的避难所，可选择自愿回国，融入他国，或在第三国定居。

（二）甄别和确定难民身份的要素

依据国际法，获得难民地位的人可以在国际上受到特定的保护和援助，因此，确定难民身份是进行相应保护和援助的先决条件。依据1951年的《关于难民地位的公约》和1967年的《关于难民地位的议定书》，获得难民身份必须具备四项基本条件：

1. 迁移或滞留于本国或经常居住国境外

难民应当是已经离开其国籍国的人。如果该人拥有多个国籍，则包含其每一个国籍国。各国内部的"流离失所者"不属于难民。

2. 受到某种迫害或有正当理由惧怕受到此种迫害

畏惧不应当是假想的和虚构的，有正当理由作为支持。《关于难民地位的公约》将迫害仅仅限定为"政治迫害"。这种担心必须基于以下五种原因之一：种族、宗教、国籍、属于某社会团体、政治见解。因经济、自然灾害、战争等逃离本国的人不能成为"难民"。但是，联合国难民署的救援对象既包括符合该公约规定的人，也包括战争、灾害等逃离本国的人。

3. 不能或不愿接受国籍国或经常居住国的保护

不能或者不愿接受国籍国的保护主要是因为担心受到迫害。"这包含两种情形，一种是可能遭受迫害，所以不愿意返回该国或受其保护；一种是必然遭受迫害，所以不能返回该国或受其保护。"[1]

4. 未从事过某些犯罪行为

《关于难民地位的公约》还包括中止条款，规定以下情事的人不适用难民地位：违犯国际文件中已做出规定的破坏和平罪、战争罪或危害人类罪；在以难民身份进入避难国前，曾在避难国以外犯有严重的非政治罪；曾有违反联合国宗旨和原则的行为并经认定有罪。

二、难民的国际保护与法律地位

（一）难民的国际保护原则

1. 不推回原则

不推回原则（Principle of Non-refoulement）是指不强行将难民驱逐或送回

---

[1] 朱文奇：《国际法学原理与案例教程》，中国人民大学出版社2006年版，第113页。

至可能受到迫害的国家。《关于难民地位的公约》规定，任何缔约国不得以任何方式将难民驱逐或送回（推回）至其生命或自由因为它的种族、宗教、国籍、参加某一社会团体或具有某种政治见解而受威胁的领土边界。不推回原则是难民所享有的最基本的待遇，已经成为了国际习惯法的一部分，具有了广泛的国际效力。

2. 国际团结合作原则

国际团结与合作原则（Principle of International Solidarity and Cooperation）指世界各国在难民的接纳、安置、援助、保护，难民事务开支的分摊以及消除和减少难民产生的根源方面有责任加强团结与合作。

（二）难民的法律地位

1. 出入境和居留

1951 年公约和 1967 年议定书的缔约国并不负有主动接受难民入境并准其在本国居留的积极义务，但在拒绝难民入境、居留以及将之驱逐出境等方面则受到了限制。

对于未经许可进入或逗留于缔约国领土但毫不迟延地自动向有关当局说明了正当理由的难民，该国不得因该难民非法入境或逗留的事实本身而对之加以惩罚；该国如决定不予接纳，应给此类难民以获得另一国入境许可的合理期间和必要的便利；在此类难民在该国取得正常地位或者获得另一国入境许可之前，该国不得对之加以不必要的限制。

对于合法在缔约国境内的难民，该国除非基于国家安全或公共秩序的理由且根据法定程序做出的判决，否则不得将之驱逐出境；对于决定予以驱逐的难民，该国应给他们一个合理的期间，以便其取得合法进入另一国家的许可。

2. 平等待遇

难民在宗教自由、初等教育、财政税收、公共救助、工业产权、司法诉讼、劳动立法、社会安全、文艺版权、财产保护等方面享有国民待遇；在动产和不动产、住房和住所选择、初等以上教育、行动自由、自由职业等方面享有不低于外国人的待遇；在就业等方面，予以最惠国待遇。

第五节 中国与国际法上的居民

一、中国国籍法

1949 年以前，曾经有过三部国籍法，分别是 1909 年的《大清国籍条例》、

《民国三年修正国籍法》、《民国十八年修订国籍法》，这三部法律都采取了父系血统主义确定国籍，规定"生时父为中国人者"或"生于父死后，其父死时为中国人者"具有中国国籍。新中国成立后，采取血统主义和出生地主义相结合的原则。1980年9月10日，中华人民共和国第五届全国人民代表大会第三次会议审议通过了新中国第一部国籍法《中华人民共和国国籍法》（以下简称《国籍法》）。

（一）中国国籍法的主要内容

1. 因出生取得中国国籍

中国《国籍法》兼采取血统主义和出生地主义，规定"父母双方或一方为中国公民，本人出生在中国，具有中国国籍"。同时还规定"父母双方或一方为中国公民，本人出生在外国，具有中国国籍"。为防止出现双重国籍状况，规定"父母双方或一方为中国公民并定居在外国，本人出生时即具有外国国籍的，不具有中国国籍"。为减少出现无国籍状况，规定"父母无国籍或国籍不明，定居在中国，本人出生在中国，具有中国国籍"。

2. 因加入取得中国国籍

中国《国籍法》第7条规定，外国人或无国籍人，愿意遵守中国宪法和法律，在符合一定条件的基础上，可以经申请批准加入中国国籍，这些条件可以为以下任意一项：申请人是中国人的近亲属；定居在中国的；或有其他正当理由。第8条规定，一旦获得中国国籍，不得再保留外国国籍。受理国籍申请的机关，在国内为当地市、县公安局，在国外为中国外交代表机关和领事机关。

3. 中国国籍的退出、丧失与恢复

中国国籍的丧失分为自动丧失和经批准丧失。定居国外的中国公民，自愿加入或取得外国国籍的，即自动丧失中国国籍。中国公民具有下列条件之一的，可以申请退出中国国籍，即经批准丧失国籍：（1）外国人的近亲属；（2）定居在国外的；（3）其他正当理由。申请退出中国国籍获得批准的，即丧失中国国籍。中国法律规定，曾有过中国国籍的外国人，具有正当理由，可以申请恢复中国国籍；被批准恢复中国国籍的，不得再保留外国国籍。

（二）中国国籍法的基本原则

中国国籍法主要体现了以下几项原则：

1. 以血统主义为主、出生地主义为辅确定原始国籍

按照中国《国籍法》规定，父母双方或一方为中国公民，本人出生在中

国，具有中国国籍。父母双方或一方为中国公民，本人出生在外国，具有中国国籍；但父母双方或一方为中国公民并定居在外国，本人出生时即具有外国国籍的，不具有中国国籍。父母无国籍或国籍不明，定居在中国，本人出生在中国，具有中国国籍。

2. 不承认双重国籍

中国不承认本国公民具有双重国籍，中国《国籍法》明确指出，"中华人民共和国不承认中国公民具有双重国籍。"[①] 中国在东南亚有大批的侨民，遵循"一人一籍"的原则，中国陆续妥善解决了当地华人的国籍问题。

3. 防止和减少无国籍人

中国国籍立法注意防止和减少无国籍人。中国《国籍法》规定："父母无国籍或国籍不明，定居在中国，本人出生在中国，具有中国国籍。"中国《国籍法》第7条规定，无国籍人可经申请并获批准取得中国国籍。

4. 一律平等

中国国籍立法和实践中体现了平等原则，中国《国籍法》在中国国籍的取得、丧失和恢复以及审批条件方面，无论民族、种族、宗教、信仰、男女、婚生与非婚生子女，一律享有平等的权利。中国《国籍法》第2条中规定："中华人民共和国是统一的多民族的国家，各民族的人都具有中国国籍。"而中国《国籍法》采取的双系血统主义原则体现了男女平等，对已婚妇女的国籍采取了妇女国籍独立的原则，没有做出隶属于丈夫的规定，在国籍的取得和丧失方面平等对待婚生子女与非婚生子女。

5. 反对强迫入籍

中国政府反对实行强迫入籍政策，赞同华侨或双重国籍人自愿选择加入住在国国籍。对中国国籍的加入、退出和恢复中国《国籍法》也都采取了自愿申请的规定。

二、中国的引渡和庇护机制

（一）中国关于引渡、庇护和难民保护的法律制度

1. 中国引渡法和国际司法合作

2000年12月28日《中华人民共和国引渡法》由全国人民代表大会常务委员会通过生效，这是新中国建立以来制定的第一部引渡法。这部法律共4章

---

① 中国政府网，http://www.gov.cn/banshi/2005-05/25/content_843.htm。

55条，主要包括引渡的内涵、向中华人民共和国请求引渡、向外国请求引渡的要件和程序。为规范引渡行为和展开国际司法合作提供了法律保障。

改革开放以来，中国与外国在人员和经济贸易等方面的往来日益频繁，涉外案件大量增加。为了使中外当事人的合法权益得到有效保障，促进涉外案件公正而及时地解决，从1986年开始，中国相继与一些国家谈判缔结双边的司法协助协定或条约，使中国的司法协助工作走上了规范化和制度化的道路。1987年中国与法国和波兰缔结双边司法协助协定，标志着中国建立国际司法协助制度的进程启动。据统计，"2002年以来，我国政府共与70个国家谈判缔结108项司法协助类双边条约。同时，我国政府批准加入了25个含有司法协助性质或内容的国际多边公约，其中包括《联合国打击跨国有组织犯罪公约》和《联合国反腐败公约》"①。中国还先后加入《海牙送达公约》和《海牙取证公约》，截至2013年4月，可以依据公约与67个国家和地区相互委托送达民商事案件司法文书，与42个国家和地区相互委托进行民商事案件调查取证合作。根据这些多边国际公约、双边条约，中国政府可以与世界上160多个国家和国际组织开展国际司法协助。截至2014年7月底，中国与38个国家签订双边引渡条约，其中包括泰国、阿拉伯联合酋长国、菲律宾、蒙古国、印度尼西亚、韩国、巴基斯坦、俄罗斯联邦、白俄罗斯、保加利亚、罗马尼亚、阿尔及利亚、法国、西班牙、乌克兰、葡萄牙、南非、秘鲁、墨西哥、巴西、澳大利亚等国家。

中国最高人民法院2013年4月28日公布《关于依据国际公约和双边司法协助条约办理民商事案件司法文书送达和调查取证司法协助请求的规定》，进一步明确了依据国际公约和双边司法协助条约办理民商事案件司法文书送达和调查取证司法协助具体要求。该司法解释有三大特色：一是明确了人民法院提出、办理民商事案件司法文书送达、调查取证国际司法协助请求时应当遵循的原则，包括便捷高效原则、对等原则、依法审查原则等；二是明确了人民法院国际司法协助工作的管理机制，即统一管理和专人负责相结合的管理机制；三是明确了人民法院国际司法协助工作的制度建设，包括登记制度和档案制度。② 不过中国在国际司法协助方面的立法依然落后于现实的发展，例如，中国尚没有一部国际刑事司法协助法。

---

① 《法制日报》，http://www.chinapeace.org.cn/，2012-11-29，08:58:26。
② 参见中国法院网，《最高法院强化国际司法协助工作管理机制》，http://www.chinacourt.org/artidcle/detail/2013/04/id/953140.shtml。

2. 中国关于庇护的法律规定

中国宪法第 32 条规定："中华人民共和国对于因为政治原因要求避难的外国人，可以给予受庇护的权利。"中国已于 1982 年成为 1951 年的《难民公约》及其 1967 年附加协议书的加入批准国。2013 年 7 月 1 日生效的《中华人民共和国出境入境管理法》第 46 条更具体规定了提供庇护的具体程序："申请难民地位的外国人，在难民地位甄别期间，可以凭公安机关签发的临时身份证明在中国境内停留；被认定为难民的外国人，可以凭公安机关签发的难民身份证件在中国境内停留居留。"不过，中国立法并未正式使用"政治难民"的概念。

3. 中国难民保护的国际合作

1982 年 9 月 24 日，中国分别签署并加入了 1951 年《难民公约》及 1967 年《关于难民地位的议定书》。中国政府在加入《难民公约》时，对其第 14 条后半部分（即在出席法院的权利方面给予难民以他经常居住国家的国民所享有的待遇）和第 16 条第 3 款（即在艺术权利和工业财产方面给难民以他经常居住国家的国民所享有的同样保护）提出保留。中国政府自 1980 年起先后签署、批准并加入了 9 项涉及保护妇女儿童权利、禁止种族灭绝、种族歧视、酷刑等方面的国际人权公约。

1971 年中国恢复在联合国的合法席位后，于 1979 年 6 月恢复了在国际难民署执委会的活动。中国积极参加难民署会议，每年派团出席执委会届会，支持难民署难民国际保护工作。

（二）中国关于引渡、庇护和难民保护的原则

1. 依据条约与平等互惠原则并行

中国在引渡问题上，奉行尊重引渡条约和平等互惠并行原则。在中国与之签署引渡条约的情况下，两国按引渡条约约定处理。在中国没有与之签订引渡条约的国家，中国在处理引渡问题时，多采取与有关国家友好合作的方式，"即不通过外交途径，而是由两国的警方合作，将罪犯驱逐出境后移交给对方"①。中国在处理 1989 年的张振海暴力劫机案件时，即采用对等原则，承诺今后类似案件中，向日方提供协助。

2. 尊重死刑犯不引渡原则

中国逐步接受了国际上的"死刑犯不引渡原则"，在与西班牙、法国、澳大利亚、葡萄牙等国的引渡条约中均对此予以同意。中国本身并未废除死刑，为

---

① 王铁崖：《国际法》，法律出版社 1995 年版，第 188 页。

了尽可能将在逃罪犯绳之于法，中国采取实践中尊重一些废除死刑国家坚持的法律原则的作法。当然，这样也一定程度上引起国内在立法和量刑上的争议。

3. 实行域内庇护，拒绝域外庇护

中国不承认常设使领馆或其他外交设施享有外交庇护权，一贯反对域外庇护，认为域外庇护与"互不干涉内政"原则相悖。中国从不在中国驻外使领馆和车船机上庇护外国人，也坚决反对外国在中国驻华使领馆和车船机上庇护中国人和外国人。在中国境内，"中华人民共和国对于因为政治原因要求避难的外国人，可以给予受庇护的权利"。①

4. 妥善安置国际难民

1982年，联合国难民署在中国设立难民事务高级专员办事处，这也是联合国最早设立的驻华机构之一。1978—1988年十年间，进入中国的印支难民有28.3万多人。中国政府和联合国难民署在北海市南面海岸一片荒沙滩上，共同出资建设中国最大的印支难民安置点，总面积为1.1平方公里，安置难民达7700多人。中国政府本着"一视同仁，不予歧视，根据特点，适当照顾"的方针，为难民提供了基本生活保障和必要的就业机会，扶持和鼓励其发展生产，提高其自食其力的能力。目前，留在中国的印支难民已经完全融入了当地生活，逐渐成为中国的一员。2009年，中国政府也为因战乱进入中国的缅甸难民提供了安置和生活与卫生保障。中国先后接收了近3万名缅甸难民。联合国难民署驻中国代表竹赛普对中国的难民安置评价说："如今，中国在国际舞台中扮演着越来越重要的角色，我们希望加强与中国的合作，因为中国在难民安置和灾难应对方面是非常成功的，我们想借鉴这方面的经验。我们真诚地希望加强与中国的合作，向中国学习更多的经验并推广到其他国家中去。"②

---

① 《中华人民共和国宪法》第32条，中国政府官网，http://www.gov.cn/gongbao/content/2004/content_62714.htm。

② 《联合国难民署驻中国代表竹赛普：中国的难民安置非常成功》，http://www.dangjian.cn/syjj/tbch/wgrkzg/201206/t20120620_718611.shtml。

第四章 国际组织法

第一节 国际组织与国际组织法概念

一、国际组织与国际组织法的基本概念

（一）国际组织的定义与特征

1. 国际组织的定义

国际组织是指两个以上的国家、地区、民间团体，基于特定的目的，依据其缔结的条约或其他正式法律文件建立的常设性机构。国际组织有广义和狭义之分。广义上的国际组织包括政府间国际组织、非政府间国际组织。狭义上的国际组织是指政府间国际组织，即国家或其政府通过签订国际协议而成立的机构，这类组织是国际法研究的主要对象。

2. 国际组织的特征

（1）国际组织的主要成员是国家。国际组织的主要参加者是国家，虽然少数的国际组织也接纳一些非国家的政治实体或地区为准会员甚至正式成员，但这并不能改变国际组织的主要参加者是国家这一本质特征。国际组织是国家间而不是超国家的组织，其权力是由成员国授予的。无论国际组织的权力有多广泛，也不能违反国家主权原则而干涉那些本质上属于成员国国内管辖的事务。在国际组织内部，会员国之间的法律地位一律平等。（2）国际组织是依据国际条约而创立的。由成员国缔结符合国际法的多边条约，其具体规定了该国际组织的宗旨、原则、主要机构、职权范围、程序规则及成员国的权利和义务等，是该国际组织成立和运作的法律基础。（3）国际组织通常都设立常设机构。该机构按一定的规章进行活动，来保障该组织实现其宗旨和目的。（4）国际组织拥有独立的法律人格。国际组织有其独立的法律人格和意志，可以独立参与国际法律关系。（5）国际组织的职能主要是促进国际合作。国际组织是为了实现国家间合作而创设的。成员国之间的合作既是国际组织的宗旨，也是国际组织的基本职能。

(二) 国际组织法的定义与法律渊源

1. 国际组织法的定义

国际组织法是指用以调整国际组织内部及其对外关系的各种法律规范（包括有关国际组织的一切有约束力的原则、规则和制度）的总称。[①] 其内容涉及国际组织的法律地位、参与者、组织结构与职权、议事规则与表决制度、组织决议的效力和实施等。国际组织法可分为外部法和内部法两部分：外部法是指规范国际组织同成员国、非成员国及其他国际组织关系的法律；内部法指规范组织内部各种关系的法律。[②]

2. 国际组织的法律渊源

国际组织的法律渊源是指对国际组织的成立、运行和消灭具有法律拘束力的法律表现形式。[③] 国际组织法的渊源主要有：作为该组织创立文件的国际条约和协议；其他国际公约与条约；国际习惯法与一般法律原则；该组织内部的管理规则；国际组织的重要决议。[④]

(三) 国际组织的类型

当代国际组织的特点是数量众多，名目繁多，国际组织的宗旨、结构、职能等也都各不相同。目前，在国际上国际组织并没有统一的分类标准，依据其不同的特点可分为不同的类型：依国际组织成员的地域范围可划分为全球性国际组织和区域性国际组织；依国际组织的职能可以划分为一般性国际组织和专门性国际组织；依国际组织同国家政府的关系可分为政府间组织与非政府组织，等等。

1. 全球性国际组织

全球性国际组织是指依该组织的章程及相关条件，不限制地理位置，向世界上一切国家开放，任何国家都可以申请加入的国际组织，其目的是寻求合作解决国际社会有关的各种问题，如联合国。

2. 区域性国际组织

区域性国际组织是指其成员以某一特定的地区或区域为限，其职权也以该地区为限的国际组织，其行为宗旨和职能也只限于解决某一地区或区域里的特定问题，如欧洲联盟、非洲联盟、南美洲联盟、东南亚国家联盟、阿拉

[①] 梁西：《国际组织法》，武汉大学出版社1993年版，第1页。
[②] 饶戈平：《国际法》，北京大学出版社1999年版，第409页。
[③] 白桂梅、朱利江：《国际法》，中国人民大学出版社2003年版，第301页。
[④] 饶戈平：《国际法》，北京大学出版社1999年版，第409页。

伯国家联盟，等等。

3. 一般性国际组织

一般性国际组织具有广泛的职能，包括政治、经济、社会等各方面的活动，并不局限于某一专门领域，如上海合作组织等。

4. 专门性国际组织

专门性国际组织是指具有专门职能、以某种专业技术或部门行业领域活动为主的组织。专门性国际组织的专门性表现于对某一专门领域的关注，如世界贸易组织（WTO）、世界卫生组织（WHO）、石油输出国组织，等等。

5. 政府间国际组织

政府间国际组织的成员一般为主权国家，由成员国政府代表组成，其职能主要是促进成员国之间的合作，例如联合国及其下属和与之有关的各类专门组织机构。

6. 非政府国际组织

非政府国际组织是指各国民间团体、联盟或个人，为了促进在政治、经济、文化、科学技术、文化宗教、人道主义及其他领域的国际合作而建立的一种非政府的国际联合体。[①] 目前，非政府国际组织已经成为非常重要的国际社会力量，不仅组织数量多，活动积极，而且所涉及的领域也极为广泛，如国际宗教组织、国际红十字会、大赦国际等。

二、国际组织的法律地位

（一）国际组织的法律人格和行为能力

1. 国际组织的法律人格

国际组织的法律人格是指国际组织参与国际法律关系，成为法律关系主体，享受国际法律权利和承担国际法律义务的资格。

国际组织的设立有其特定的目的及宗旨，国际组织为实现其目标及宗旨必须具有必要的权利能力和行为能力。国际组织的法律人格及其行为能力一般由该组织章程具体规定，但也有的国际组织的法律人格在组织宪章中不做规定，而是根据特别条约予以承认，如联合国专门机构的法律人格。根据1947年《联合国专门机构特权和豁免公约》第2条规定："专门机构具有法律人格，并有下列行为能力：（1）订立契约；（2）取得和处分不动产和动产；

---

① 白桂梅、朱利江：《国际法》，中国人民大学出版社2003年版，第323页。

（3）提起诉讼。"《联合国专门机构特权和豁免公约》第1条第1节第（2）款规定"专门机构"包括下列国际组织：（甲）国际劳工组织；（乙）联合国粮食及农业组织；（丙）联合国教育、科学及文化组织；（丁）国际民用航空组织；（戊）国际货币基金组织；（己）国际复兴开发银行；（庚）世界卫生组织；（辛）万国邮政联盟；（壬）国际电信联盟；（癸）依照宪章第57条及第63条与联合国建立关系的任何其他机构。[①]

有关国际组织法律人格的司法上的权威意见是国际法院在1949年"执行联合国职务时遭受伤害损害赔偿案"[②]中所提出的咨询意见。该案是联合国就其有无能力为它的服务人员在执行公务中受到损害提出国际求偿一事，请求国际法院给予咨询意见。国际法院认为，尽管《联合国宪章》中没有明确规定其法律人格，但联合国是为实现其宗旨而开展的活动，是以它具有国际法律人格和国际行为能力为前提的，从而得出联合国具有国际法律人格的结论。国际法院的这一咨询意见，对于认定国际组织的国际法律人格问题具有权威性指导意义。

但是，国际组织的法律人格、权利义务和国家的法律人格是有差别的，国际组织只能在一定范围内和一定程度上参与国际法律关系，其法律人格是派生的，其权利和活动范围不允许超越该组织章程的规定。一个国际组织是否具备国际法主体资格取决于其成员在组织章程中的约定。

2. 国际组织的行为能力

国际组织在国际法上的行为能力主要体现在以下方面：（1）缔约权，即缔结双边或多边协定。（2）对外交往权，即国际组织有权接受或派遣外交使

[①]《联合国专门机构特权和豁免公约》于1948年12月2日生效。1979年9月11日中国政府向联合国秘书长交存加入书。该公约于1979年9月11日对中国生效。中国政府在加入书中载明：对公约第9条第32节，中国政府持有保留。该公约第32节内容为"除经当事各方商定援用另一解决方式外，本公约的解释和适用上所发生的一切争议应提交国际法院。如专门机构与一会员国间发生争议，应依照宪章第九十六条和法院规约第六十五条以及联合国与有关专门机构所订协定的有关规定，请法院就所牵涉的任何法律问题发表咨询意见。当事各方应承认法院所发表的咨询意见具有决定性效力"。中国政府同时通知，同意将该公约的规定适用于联合国粮农组织，国际民用航空组织，联合国教育、科学及文化组织，世界卫生组织，万国邮政联盟，国际电信联盟，世界气象组织和政府间海事协商组织。1981年6月30日中国政府根据公约第11条的规定，再次通知联合国秘书长，将该公约的规定扩大适用于国际货币基金组织、国际复兴开发银行、国际金融公司和国际开发协会。

[②] 1949年，国际法院在执行联合国职务时遭受伤害的赔偿案提出咨询意见。1948年9月，联合国巴勒斯坦调解人瑞典伯爵福尔克·贝纳多特遭暗杀。大会询问国际法院，联合国是否有能力为执行联合国职务时遭受的伤害要求赔偿。国际法院的咨询意见肯定联合国具有国际法律人格，并有提出国际要求的能力。联合国官网，http://www.un.org/chinese/law/icj/ch6.htm#24。

团。(3) 承认与被承认的权利。作为一个国际法主体,国际组织享有国际法上的承认权与被承认权。国际组织成员之间通过基本协议创设了某个国际组织,即表明成员承认了该国际组织。国际组织通过接纳某个成员的形式就表明承认了该成员。(4) 国际索赔和国际责任。国际组织本身或其职员的权益受到其他国际法主体损害时,享有索赔权利。根据权利义务的对等原则,如果国际组织侵害了其它国际法主体,损害了其他国家及其国民的权益,则该组织必须对其损害行为承担国际责任。(5) 构成国际继承的主体和客体。(6) 召集与参加国际会议。随着国际组织的不断发展,国际组织已越来越多地取代国家成为多边会议的发起者。(7) 其他行为能力,如登记与保存条约,拥有本组织的旗帜、徽章等。

3. 国际组织行为能力的局限性

国际组织虽然具有广泛地享受国际权利和承担国际义务的能力,但是国际组织的法律人格不是其本身所固有的,而是来自主权国家在创立该组织的基本文件中的授予,离开主权国家的授权,任何国际组织在法律上的权利能力和行为能力都是不存在的,因此,国际组织的法律人格同主权国家相比,是派生的、有限的,其权力与活动都不能超越该组织的基本文件所规定的职权范围,这种法律人格的局限性是国际组织法律地位的一个重要特征。

4. 国际组织决议的效力

国际组织的决议是指国际组织依照该组织的程序规则、以书面形式通过的决定。国际组织的决议因各组织机构不同,其形式也不相同,决议的法律效力也不尽一致,可以是建议性的决议,也可以是约束性的决议。依其适用范围,分为内部决议和外部决议。

内部决议主要用于组织本身及其会员国可能产生的国际法上的权利和义务,为其行为设定的规则。内部决议的效力是组织内部的,但有部分内部决议的适用范围超出了内部管理而具有外部效力,对成员国产生一定的法律效果,如涉及组织经济技术援助活动的决议,要在成员国领土上实施,成员国承担着某种义务。外部决议是国际组织为在其职能范围内协调、规范成员国的行为而对外做出的决议,主要分为四类:建议、宣言、公约以及约束性决定。[1]

(二) 国际组织的特权与豁免

国际组织的特权与豁免是国际组织法律人格的一个重要特征。赋予国际

---

[1] 饶戈平:《国际法》,北京大学出版社 1999 年版,第 428 页。

组织特权与豁免的目的，并不在于使其具有特殊身份或治外法权的地位，而是在于使其独立、公正、有效地履行其职责。国际组织本身的特权与豁免因国际组织的类型和职能的不同而存在差异。国际组织特权与豁免的法律文书主要有国际组织的基本文件中关于该问题的规定，《联合国特权和豁免公约》和《联合国专门机构特权和豁免公约》等多边国际公约，以及各国际组织与所驻东道国之间缔结的协定。

1. 联合国的特权与豁免

《联合国宪章》第 105 条规定："（1）本组织于每一会员国之领土内，应享受于达成其宗旨所必需之特权及豁免；（2）联合国会员国之代表及本组织之职员，亦应同样享受于其独立行使关于本组织之职务所必需之特权及豁免；（3）为明定本条第 1 项及第 2 项之施行细则起见，大会得作成建议，或为此目的向联合国会员国提议协约。"①

1946 年 2 月联合国大会通过了《联合国特权和豁免公约》，该公约共有 9 个条文，包括了两类特权与豁免：一是联合国组织本身的特权与豁免；二是联合国有关人员的特权和豁免，即联合国会员国代表、联合国职员以及为联合国执行使命的专家的特权与豁免。具体如下：

（1）法律程序享有豁免（司法豁免权）。联合国的财产和资产，不论其位置何处，亦不论由何人持有，对于各种方式的法律程序应享有豁免，但在特定情况下，经联合国明示抛弃其豁免时，不在此限。（2）房舍不可侵犯。联合国的房舍不可侵犯。联合国的财产和资产，不论其位于何处，亦不论由何人持有，应豁免搜查、征用、没收、征收和任何其他方式的干扰，不论是由于执行行为、行政行为、司法行为或立法行为。（3）联合国的档案不可侵犯。一般而论，属于联合国或联合国所持有的一切文件不论其置于何处，均属不可侵犯。（4）持有及自由兑换货币的权力。联合国不受任何财政管制、财政条例和延期偿付令的限制：a. 联合国得持有款项、黄金或任何货币，并得以任何货币运用账款；b. 联合国得自一国至他国或在一国境内自由移转其款项、黄金或货币，并得将其所持有的任何货币换成任何其他货币。（5）免除直接税与关税。联合国的资产、收入以及其他财产：a. 应免除一切直接税，但联合国对于事实上纯为公用事业服务费用的税捐不得要求免除；b. 对于联合国为公务用途而运入和运出的物品，应免除关税和进出口的禁止或限

---

① 《联合国宪章》第十六章，第 105 条，http://baike.baidu.com/link? url = yKslEvEQncz-Pb1ynGPh G6VLJBCYB-x7I90vWHAVG6_ Eso2gqoq9wwKsZT5IuwULT。

制，但这项免税进口的物品非依照与进口国政府商定的条件不得在该国出售；c. 对于联合国的出版物，应免除关税以及进出口的禁止和限制。（6）通讯待遇。联合国在每个会员国领土内的公务通讯在邮件、海底电报、电报、无线电报、传真电报、电话和其他通讯的优先权、收费率和税捐方面，以及供给报界和无线电广播业消息的新闻电报收费率方面所享有的待遇应不次于该会员国政府给予任何他国政府包括其使馆的待遇。对于联合国的公务信件和其他公务通讯不得施行检查，联合国应有使用电码及经由信使或用邮袋收发其信件的权利，这种信使和邮袋应与外交信使和外交邮袋享有同样的豁免和特权。①

2. 联合国专门组织的特权与豁免

《联合国特权和豁免公约》所规定的特权和豁免已被其他的国际组织作为基本模式予以效仿。1947 年联合国大会通过了《联合国专门机构特权和豁免公约》。该公约共由 11 条 49 节和 15 个附件组成，对联合国专门机构及其相关人员规定了特权和豁免的详细标准。该公约的附件是由联合国各专门机构按其特定性质所需的特权与豁免的特别规定组成。

3. 国际金融、经济与贸易组织的特权与豁免

根据 1944 年布雷顿森林协定，国际货币基金组织和国际复兴开发银行（即世界银行）的一个主要职能是在国际市场上筹集资金，即从事商业性的活动，在这方面就不能享受免于被起诉的特权，以便使普通的商业贷款人可以通过诉诸法庭的方式收回其贷款，使他们能建立起投资的信心。国际货币基金组织和世界银行在其他方面所享受的特权与联合国相比，也要少得多。例如：对会员国的代表和专家都不给与特权与豁免，对世界银行的行政负责人也不给与"高级官员"的待遇。但世界银行享有某些税务方面的特权，如免于缴纳任何赋税等。类似国际小麦理事会、国际食糖组织等一些以从事商业活动为主的国际经济与贸易组织，只是具有最低限度的特权与豁免，也许只被授予在东道国持有财产和签订合同所必须的法人资格。

4. 国际组织工作人员的特权与豁免

联合国会员国代表、联合国职员、为联合国执行使命的专家的特权与豁免，在《联合国特权和豁免公约》第 4 条、第 5 条、第 6 条中有明确规定。这些人员所享有的特权与豁免在很多方面都很相似，只是其范围和程度有所

---

① 《联合国特权和豁免公约》，联合国官网，http：//www. un. org/chinese/documents/convents/privilege. htm。

不同。有关特权与豁免的内容主要有：（1）其人身不受逮捕，其私人行李不受扣押；（2）其以代表资格发表的口头或是书面的言论及实施的一切行为，豁免各种法律程序；（3）其一切文书和文件均属不可侵犯；（4）其通信自由；（5）其得自联合国的薪给和报酬免纳税捐；（6）豁免国民服役的义务，其本人连同其配偶及受抚养亲属豁免移民限制和外侨登记；（7）其私人行李享有外交使节同样的豁免和便利。

第二节 国际组织的法律制度

一、国际组织成员

（一）国际组织的成员与参与者

国际组织是根据成员国缔结多边条约而成立的。一般来说，国际组织据以成立的多边条约就是该组织的组织约章。组织约章中对国际组织的成员资格有明文规定。根据国际组织参与者本身的地位、享受的权利及承担的义务不同，国际组织成员资格可分为：正式成员与非正式成员、完全会员与部分会员、创始会员与纳入会员、联系会员与观察员，等等。

1. 正式成员与非正式成员

正式成员，即国际组织的正式参加者。通常正式成员参加该组织的全部活动。国际组织的正式成员一般是国家，但也有些国际组织允许非国家实体作为它的正式成员。非正式成员，一种情况是，某些国际组织允许某些非独立国家的政治实体参加该组织，这些非主权实体即为非正式成员，也称为准成员；另一种情况是，"有些区域性组织允许区域外国家以准成员的身份参加其活动或加入。一般而言，准成员在国际组织的重要机构中没有表决权和选举权与被选举权"。[1]

2. 完全会员与部分会员

完全会员即正式成员，是指在国际组织中享有全部权利和义务的成员。部分会员是一些国际组织允许非会员成为其下属机构的正式会员，称为该国际组织的部分会员。部分会员的权利义务只限于该下属机构之内。

3. 创始会员与纳入会员

参与创建国际组织的成员称为该国际组织的创始会员，一般是通过参与

---

[1] 饶戈平：《国际组织法》，北京大学出版社2003年版，第91页。

缔结创建国际组织的条约而取得。取得创始会员资格须具备一定的条件。多数以出席创建国际组织的会议作为条件。纳入会员是指国际组织建立之后接纳的新成员。一般来说，创始会员与纳入会员在国际组织中的权利义务并无区别，但在少数的国际组织中，创始会员享有一定的特权。

4. 联系会员与观察员

联系会员是在国际组织中只享有部分权利，承担部分义务的成员。一般来说，联系会员享有出席组织会议、参加讨论的权利，但没有表决权，也不能在主要机构中任职。观察员可以有条件地参加国际组织的相关会议，但通常是既无发言权，也无表决权。观察员主要是向本国政府或派出组织汇报派驻组织的活动情况，将本国政府或派出组织的意见向派驻组织提出。很多的国际组织接纳非成员国、政府间或非政府间组织，甚至个人作为观察员。观察员一般是每次会议临时接纳的，但也有不少国际组织接纳常驻观察员，例如联合国等组织。

5. 对话国机制

对话国机制是指一些区域性国际组织与组织外的相关国家建立的制度化对话机制。一般是在该国际组织举行会议期间，成员国以集体名义同组织外的相关国家举行双边或多边对话会议乃至峰会。对话国机制是近年来发展起来的一种国际沟通与合作的渠道与方式，通过对话国机制，可以增进对话国间的相互理解和信任。建立机制化的交往平台，有助于稳定国家关系，推动务实合作。例如东盟的"10+1"和"10+3"对话机制。近年来，许多国际组织与中国建立了层次丰富的对话合作机制。

(二) 国际组织成员资格的取得和丧失

国际组织会员资格的取得有两种方式：一是参加组织创立取得，即为创始会员国；二是加入取得，就是加入已存在的国际组织，成为纳入会员国。国际组织会员资格的丧失包括开除、中止和退出。

1. 加入

各国际组织关于加入条件和接受程序因其性质的差异而不尽相同。国际组织的基本文件一般都规定接纳新成员的条件和程序。例如《联合国宪章》第4条明确规定："凡其他爱好和平之国家，接受本宪章所载之义务，经本组织认为确能并愿意履行该项义务者，都可成为联合国会员国。"

2. 退出

关于成员国退出问题，一些国际组织的基本文件中明确规定了会员国可以单方面退出，但必须在退出前做出通知，经过一段时间后，退出方能生效。也有些国际组织，在组织文件中对退出问题并没有明确规定。

3. 开除

国际组织将不履行其义务或违反章程的成员开除出组织。开除是对成员严重违反组织章程的一种制裁手段。

4. 中止

一些国际组织规定，对违反该组织宗旨与规章制度的会员可以中止其资格。一般由理事会讨论决定并宣布，但这种中止在该会员国符合条件后，可以恢复其会员资格。例如，南斯拉夫于1992年被终止欧安组织成员国资格，2000年11月恢复；又如毛里塔尼亚、马达加斯加、马里和中非共和国都曾被中止法语国家组织会员资格。

二、国际组织的组织机构和表决制度

（一）国际组织的组织机构

国际组织一般都设有三个主要机构：权力机构，一般称大会；执行机构，一般称理事会；行政机构，一般称秘书处。

1. 大会

大会也称代表大会或全体会议，是国际组织的最高权力机关，由全体会员国组成。大会定期召开会议，必要时可以召开特别会议。大会的职能是讨论、审议其职能范围内的任何问题与相关事项，以及组织内其他机构的职权，并就重大问题做出决议等。除议事和决策外，大会还负责接纳新成员，选举其他机构成员和最高行政管理官员等。

2. 理事会

理事会有时也称为执行局、执行委员会等。理事会是国际组织的执行机关，经由最高权力机关全体大会选举产生。理事会由部分成员国组成，其名额一般由大会按地域公平原则分配，或其他特定标准选举产生。理事会的职能范围与活动方式因各组织基本文件规定不同而有差异。在国际组织实践中，理事会的作用有加强的趋势。

3. 秘书处

秘书处是行政机关，通常由最高行政长官和若干工作人员组成。秘书处的职能是负责处理国际组织的行政管理事务。其最高行政长官一般称秘书长或总干事，秘书长或总干事由大会选举产生，在一定任期内履行基本文件规定的广泛职能,是国际组织的最高行政首脑和对外代表。

(二) 国际组织的表决机制

表决是国际组织成员国对该组织有关决议草案表示赞同、反对或弃权的一种方式。表决是组织活动程序的核心内容。各种国际组织的表决制度不尽相同,大致有四种:

1. 一致同意制

这种制度是建立在国家主权一律平等的原则基础上的。所有成员国都平等享有一个投票权,决议须经出席会议并参加投票的全体成员国全票同意方可通过。这种制度实际上赋予每一成员国以否决权,现在只有少数的区域性组织采用此制度。

2. 多数同意制

现在大多数国际组织都采用多数同意制。多数同意制分为简单多数表决和特定多数表决两种情况。每个成员国都享有一个投票权,简单多数表决适用于程序性事项和一般性事项的决议,只须获得超过成员国过半数的同意票即可。特定多数表决是针对比较重要问题的表决而言,该种表决必须获得特定的大于过半数的多数同意票方可。特定多数一般以2/3为准,也有规定3/4、4/5或更高比例的。

3. 加权表决制

加权表决制是以该国际组织中某些特定成员国的责任、影响、贡献等为标准,赋予各成员国不同票数或不等质量的投票权,即加权投票权。虽然加权表决制在加权标准与表现方式上不尽相同,但成员国之间投票的权重比有差异这一点上是共同的。加权的权重往往是以成员国的幅员、实力、贡献、出资及承担的责任等来确定的。加权表决制主要用于国际经济、金融事务等国际组织,像国际货币基金组织和世界银行,都是按基金份额多少来分配投票权的。有的观点认为加权表决制违背了国家主权平等的原则。

4. 协商一致制

国际组织成员国之间通过广泛协商取得一致合意,不经投票程序即通过议案。

三、联合国组织制度与法律地位

(一) 组织结构与职责权限

1. 联合国大会

联合国大会是联合国中唯一由全体成员参与的机构。联合国大会每年在纽约召开一届常会，为期三个月。大会常会在每年9月的第三个星期二举行，12月25日前闭幕。如果议程尚未讨论完毕，则在第二年春天继续开会。大会根据情况，召开特别会议或紧急特别会议。大会表决实行成员国一律平等原则，每个成员国拥有一个表决权，但如果因为拖欠会费或被中止成员权利[①]，成员国可能无法行使表决权。有关"重要问题"的决定，例如关于和平与安全、接纳新会员国和预算事项的决定，必须由2/3多数表决通过。其他不在"重要"之列的问题，则以简单多数表决。

2. 安全理事会

安全理事会由5个常任理事国和10个非常任理事国组成，15个理事国各派一名代表。5个常任理事国有中国、法国、俄罗斯、英国和美国。10个非常任理事国，由大会选举产生，任期两年。安全理事会15个理事国中每一理事国有一个投票权。常任理事国拥有否决权。安全理事会在联合国机构中具有突出的政治地位，负有维护世界和平与国际安全方面的主要责任，也是唯一有权采取行动的机关。根据《联合国宪章》第24条规定，安全理事会负有维护国际和平与安全的首要责任，安全理事会率先断定对和平的威胁或侵略行为是否存在。安全理事会促请争端各方以和平手段解决争端，并建议调整办法或解决问题的条件。在有些情况下，安全理事会可以实行制裁，甚至授权使用武力，以维护或恢复国际和平与安全。

3. 秘书处与秘书长

秘书处是联合国的六个主要机构之一，从事联合国各种日常工作。秘书处为联合国其他主要机关服务，并执行这些机关制定的方案与政策，秘书处有义务向联合国大会就秘书处的工作提交年度报告。秘书处由秘书长、副秘书长及办事人员组成。秘书长是联合国的行政首长，由大会根据安理会的推荐任命，任期五年，可以连任。秘书处的职责多种多样，"从管理维持和平行动到调停国际争端、从调查经济及社会趋势和问题到编写关于人权和可持续发展问题的研究报告，监测联合国各机构所作决定的执行情况，将发言和文件翻译成联合国各正式语言等"。[②]

[①] 《联合国宪章》第5条：联合国会员国，业经安全理事会对其采取防止或执行行动者，大会经安全理事会之建议，得停止其会员权利及特权之行使。此项权利及特权之行使，得由安全理事会恢复之。联合国官网，http://www.un.org/zh/documents/charter/chapter2.shtml。

[②] http://baike.baidu.com/link?url=FxM0DoeiLhdCXOUwSskK1rtma6bA1-N-OzqXhZ5QhLagBk0diVn1bPMxgwOgiGkX。

4. 经社理事会

经社理事会成立于 1946 年,是根据《联合国宪章》设立的机构。其 54 个理事国由联合国大会选举产生,任期 3 年。理事会席位按地域代表制分配席位,非洲国家 14 个,亚洲国家 11 个,东欧国家 6 个,拉丁美洲和加勒比地区国家 10 个,西欧和其他国家 13 个。其职能是协调联合国及各专门机构的经济和社会工作,研究有关国际间经济、社会、发展、文化、教育、卫生及有关问题;就其职权范围内的事务,召开国际会议,并起草公约草案提交联合国大会审议;其他联合国大会建议执行的职能。经社理事会设有 9 个职司委员会、5 个区域性机构以及 5 个常设委员会,处理有关工作。此外,经社理事会还同 14 个有关经济、社会、文化方面的联合国专门机构建立工作关系。

5. 托管理事会

托管理事会的任务就是管理置于联合国托管制度之下的托管领土。托管制度的主要目标是增进托管领土居民的福利以及托管领土朝自治或独立方向的逐渐发展。目前所有的托管领土均已取得独立或自治,有的成为单独的国家,有的加入相邻的独立国家。因此,1994 年 11 月 1 日托管理事会已停止运作。

6. 国际法院

根据《联合国宪章》设立的国际法院是联合国的主要司法机关。国际法院有其自身的规约,其主要宗旨和作用是和平解决国家之间的纠纷。国际法院由 15 名法官组成,由联合国大会和安理会选举产生。候选人必须在联合国大会和安全理事会这两个机关获得绝对多数票才能当选。任期九年,每三年改选法院 1/3 的法官,可连选连任。[①]

(二) 表决制度

1. 多数表决制

《联合国宪章》第 18 条规定:"大会的每一会员国,应有一个投票权;大会对于重要问题之决议应以到会及投票之会员国 2/3 多数决定之。其重大问题应包括:关于维持国际和平及安全之建议,安全理事会非常任理事国之选举,经济暨社会理事会理事国之选举,依第 86 条第 1 项(寅)款所规定托管理事会理事国之选举,对于新会员国加入联合国之准许,会员国权利及特权之停止,会员国之除名,关于施行托管制度之问题,以及预算问题。""关于其他

---

① 国际法院(International Court of Justice)因设在荷兰海牙,又称海牙国际法院或海牙国际法庭,是联合国六大机构之一,成立于 1946 年。

问题之决议，包括另有何种事项应以 2/3 多数决定之问题，应以到会及投票之会员国过半数决定之。"

2. "大国否决权"（"大国一致"原则）与"双重否决权"

安理会现有 15 个成员国，包括 5 个常任理事国和 10 个非常任理事国。根据《联合国宪章》第 27 条规定，安理会表决实行每一理事国一票。对于程序事项的表决采取 9 票同意即可通过，而对实质性事项的决议表决，要求包括全体常任理事国在内的 9 票同意，即任何一个常任理事国都享有否决权，称为"大国一致"原则，俗称"大国否决权"。[①] 同时，安理会在就某一事项是否属于程序性事项发生分歧或异议时，应适用实质事项的表决，任一常任理事国投反对票，该事项即成为实质事项。因此常任理事国享有两次否决的权利，这被称为"双重否决权"。但常任理事国的弃权或者缺席不被视为否决，不影响决议的通过。在"大国一致"原则的制度下，只要一个常任理事国对某一决定投反对票，即使安理会其他所有 14 个理事国都投赞成票，该项决议也不能通过。"否决权"实质上是一种少数抵制或阻止多数的权利。因此，安理会的表决程序是一种"受限制的多数表决权"。

不过，另一方面，某项得到 5 个常任理事国一致同意的决定，如果有 7 个非常任理事国反对或弃权，因而不能获得 9 票的多数时，该项决定同样也不能通过。这种情况，可称之为非常任理事国的"集体否决权"。

冷战时期否决权的行使频率很高，苏联和美国是否决权行使的大户。"在苏联解体后的一段时间，达成共识的机会增加，所以使用否决权的现象也减少了"。[②]

3. 会费及会费与表决权的关系

联合国目前是世界上最大的一个非营利性的、由世界各主权国家组成的政府间国际组织，拥有 193 个会员国。会员国缴纳的会费，是联合国主要的经费和正常预算的来源。《联合国宪章》第 17 条规定，联合国组织的会费"应由各会员国依照大会分配限额担负之"。各国应缴纳的会费数额由大会根据会费委员会建议批准的比额表确定，主要根据每个国家的国民生产总值、人口，

---

① 《联合国宪章》第 27 条：一、安全理事会每一理事国应有一个投票权。二、安全理事会关于程序事项之决议，应以九理事国之可决票表决之。三、安全理事会对于其他一切事项之决议，应以九理事国之可决票包括全体常任理事国之同意票表决之；但对于第 6 章及第 52 条第 3 项内备事项之决议，争端当事国不得投票。《联合国宪章》，联合国官网，http://news.xinhuanet.com/ziliao/2003-03/19/content_787113_2.htm。

② W. G. 魏智通主编，吴越、毛晓飞译：《国际法》第 5 版，法律出版社 2012 年版，第 301 页。

以及支付能力等因素予以确定。此外，联合国会费还有最高和最低摊款限额的规定。从1974年开始，最高摊款限额不能超过整个预算的25%，最低不能低于0.001%。尽管发达大国在联合国会费上出资较多，但并没有因此而获得更多的权力，这也引起了某些国家的不满，比如日本。另外有些国家以各种借口拖欠会费，其中也包括某些发达大国，比如美国。美国拒绝交纳会费使得联合国多次出现财政危机。对会员国拖欠会费的行为，《联合国宪章》第19条规定，凡拖欠联合国财政款项之会员国，其拖欠数目如等于或超过前两年所应缴纳之数目时，即丧失其在大会投票权。2013年，联合国使用了新的常规预算分摊比例。美国依旧是缴纳联合国会费最多的国家，其22%的预算分摊比例维持不变，日本位居第二位，不过缴纳比例从之前的13.5%降至10.8%。中国从之前的3.19%大幅增至5.15%（总额约1.3亿美元），超过意大利和加拿大，一跃成为联合国第六大会费支付国。

(三) 决议效力

1. 大会决议的效力

联合国大会是联合国的主要审议、监督和审查机构。大会依照《联合国宪章》于1945年设立，作为联合国具有代表性的主要议事和决策机构，地位举足轻重，在国际关系中具有重大影响。联合国大会的决议种类繁多，按照宪章的规定，凡是涉及联合国组织内部问题的决议具备相应的约束力，例如接纳新会员或开除会员。而一般情况下的大会决议则不具强制性。根据《联合国宪章》第12条以及第14条，大会所通过的决议只是"建议"。尽管如此，这并不等于说大会的决议不具备重要意义。联合国大会的决议表达了国际社会对重要国际问题的立场和态度，具有重大的国际政治影响力和道义号召力。大会决议对国际法的编纂也具有重要意义，特别是直接涉及法律问题的决议，可以作为国际习惯形成的有力证据。在国际实践中，一些国际公约源于联合国大会的某些决议。

2. 安理会决议的效力

《联合国宪章》将维护国际和平与安全的首要责任赋予安全理事会，安理会可在和平受到威胁时随时举行会议。联合国所有会员国都同意接受和执行安全理事会的决定。联合国其他机构只能向会员国提出建议，唯有安全理事会才有权做出会员国根据宪章必须执行的决定。《联合国宪章》第25条规定

"联合国会员国同意依宪章之规定接受并履行安全理事会之决议。"① 第 12 条明确予以规定，"当安全理事会对于任何争端或情势，正在执行本宪章所授予该会之职务时，大会非经安全理事会请求，对于该项争端或情势，不得提出任何建议。"② 不过有学者认为，并非安理会所有决定都是强制性的，而只是那些涉及"和平之威胁、和平之破坏及侵略行为"的决议才具强制性。

（四）联合国专门机构

联合国专门机构是指在联合国框架内从事特定的专门领域活动的国际组织。"只有在经济、文化、社会、教育、科学、卫生等领域负有广泛活动职能的国际组织才能成为联合国专门机构。"③

1. 联合国专门机构与联合国的关系

专门机构是依据参加国政府签订的创建文件而成立的，它们在某一特定领域如经济、社会、文化、教育、卫生或其他有关方面进行工作。这些专门组织本身保有其独立地位，并不构成联合国的附属机构，各专门机构仅依据协定同联合国建立了特殊的法律关系。1945 年《联合国宪章》规定，由各国政府间协定所成立的各种专门机构，通过与联合国经济及社会理事会订立协定同联合国发生关系，这类协定须经联合国大会核准。

例如，国际电信联盟，国际劳工组织，世界卫生组织，世界气象组织，世界知识产权组织，国际货币基金组织，国际复兴开发银行，国际开发协会，国际金融公司，万国邮政联盟，联合国粮食及农业组织，联合国教育、科学及文化组织，国际民用航空组织，国际海事组织，国际农业发展基金，等等，都是联合国的各专门机构。另外，国际原子能机构也属于联合国专门机构，成立于 1957 年，是联合国主持下的自治的政府间组织，其宗旨是致力于原子能的安全与和平利用。

2. 专门机构的法律地位和法律依据

联合国各专门机构以政府间协定作为其法律基础，其宗旨、原则、组织形式及职权范围等主要问题，均由此种基本文件加以规定。联合国的成员国并不当然是专门机构的成员国。联合国专门机构有其本身的会员国、联系会员国和观察员，有其本身的组织约章、机关体系、议事规则和经费来源，以

---

① 《联合国宪章》第 25 条，联合国官网，http://www.un.org/zh/。
② 《联合国宪章》第 12 条，联合国官网，http://www.un.org/zh/。
③ http://baike.baidu.com/link?url = beHSakkph3NNcH _ 8aaWVP7Y8DOSq0XYiBX2 - eQZyF9VybSfsNdleRHsdpo5qFoMa.

及各自的总部。

联合国与各专门机构之间的协定中，确认各专门机构在国际社会中的法律地位。根据联合国与专门机构所订立的协定，联合国承认联合国专门机构的职权范围；专门机构承认联合国有权向它提出建议并协调其活动，并且愿意就其对任何这种建议所采取的措施向联合国提交报告。联合国专门机构的决议与活动不需要联合国批准，联合国只是以经社理事会同它们协商并向它们提出建议等方式来调整彼此间的活动。协调一致，是联合国与各专门机构相互关系的一项重要原则。联合国与各专门机构之间的协定还规定了双方进行联系的特殊形式与条件，如互派代表出席彼此的会议，但无表决权，彼此交换文件与情报，协调人事、预算、财政等方面的安排，从而使各专门机构正式纳入联合国体系。

3. 专门机构的组织结构

各专门机构的组织结构一般具有相类似的形式：（1）由全体成员参加的大会为其最高权力机关。大会的职能一般是制定方针政策、通过预算、选举执行机关成员、制订或修改有关约章。（2）理事会或执行局为该专门机构的执行机关，每年开会数次，其职责是执行大会的决议，提出建议、计划和工作方案，并付诸实施。执行机关的成员多由大会选举，但也有由成员国按定额委派的。（3）秘书处为该组织的常设职能部门。

四、国际非政府组织的国际法地位与作用

（一）组织性质与活动方式

国际非政府组织，即 INGO（International NGO），是指为了实现和促进特定的目标而组成的非官方的、民间的组织，其成员是个人、社会团体或其他民间机构，包括独立组织、民间组织、志愿协会等。传统国际法认为，国际非政府组织不是国际法主体，在国际关系中不能以国际法主体的名义从事活动。但从近年的国际活动实践来看，国际非政府组织广泛地参与国际关系，与政府间国际组织建立协商的机制，某些非政府组织已被有限地、有条件地作为国际法主体。

国际非政府组织的经费来源是靠捐助和资助，其成员不以固定的领土为局限，具有非政府、非营利、自主管理、非党派和一定的志愿性质，并不拥有公共权力。其活动主要是提供各种各样的服务和发挥人道主义作用，向相关政府反映公民关心的问题、监督政策制定等。在一些专业领域，它们为相

关国家和政府提供分析和专门知识，发挥早期预警作用，帮助监督和执行国际协议。

(二) 对国际法和国际关系的影响

1. 在全球治理中的地位和作用

国际非政府组织的活动领域不仅涉及到裁军与军备控制、消除贫困、反对种族歧视、环境保护、反战运动、反毒品、人权等，同时还涉及到根除暴力、争取民权、扩大妇女权益、保护儿童、促进少数群体利益、反腐败等等。其活动领域涉及社会生活中的方方面面，几乎无所不在。在西方发达国家，以劳工运动为主要内容的传统社会运动，正在被争取妇女权益、环境保护、反战与和平运动、反对种族运动为主要内容的"新社会运动"所取代。国际非政府组织已构成新的社会运动的主力。

2. 对国家主权的影响

虽然国际非政府组织在当代国际关系中产生了重要的影响和作用，但是其活动和影响具有两面性，既有积极影响，也有消极影响。一方面有助于事物的发展和问题的解决；另一方面时有出现对国家内部事务的外来干预。尽管国际非政府组织大都能在遵循当事国法律法规的前提下开展活动，但由于国际非政府组织的种类和形式繁多，背景与成员复杂，宗旨和目标特定，甚至有国际政治背景和意识形态色彩，无法排除某些组织和成员违反当事国法律和制度行事的潜在可能性。

第三节　中国与国际组织

国际组织对新中国的态度经历了由敌视排斥到接纳欢迎的转化；而新中国对国际组织的态度也经历了从怀疑反感到参加出席；从消极被动到积极主动的演变历程。

一、中国在主要国际组织中合法席位的恢复

由于冷战的原因，新中国建政伊始，即面临着"谁代表中国"的国际政治博弈。

(一) 中华人民共和国在联合国合法席位的恢复

中国是联合国的主要创始国之一。1945年4月25日，联合国成立大会在美国旧金山召开，中国成为第一个在《联合国宪章》上签字的国家。由于中

国在二战中的重要作用和在联合国创立中的积极贡献，《联合国宪章》确定安理会拥有否决权的五个常任理事国中包括中国。

1949年10月1日中华人民共和国中央人民政府宣告成立，成为代表全中国人民的唯一合法政府。依照国际法原则，中华人民共和国中央人民政府理应继承中国在国际组织中的一切合法权利。但是，由于以美国为首的西方国家的阻挠，中华人民共和国在联合国的合法席位被台湾当局长期窃取占据。1961年，第16届联合国大会总务委员会通过了讨论中华人民共和国在联合国席位问题的议题。1970年第25届联大，支持恢复中华人民共和国席位并驱逐台湾当局的表决结果是51票赞成，47票反对，赞成票第一次超过了反对票。1971年第26届联大，阿尔巴尼亚和阿尔及利亚等23个国家联合提出《恢复中华人民共和国在联合国一切合法权利和立即把蒋介石集团的代表从联合国的一切合法机构驱逐出去》的提案，指出："回顾联合国宪章的原则，考虑到，恢复中华人民共和国的合法权利对于维护联合国宪章和联合国组织根据宪章所必须从事的事业都是必不可少的。承认中华人民共和国政府的代表是中国在联合国组织的唯一合法代表，中华人民共和国是安全理事会五个常任理事国之一。决定：恢复中华人民共和国的一切权利，承认她的政府的代表为中国在联合国组织的唯一合法代表并立即把蒋介石的代表从它在联合国组织及其所属一切机构中所非法占据的席位上驱逐出去。"10月25日联合国大会第1976次会议以76票赞成、35票反对、17票弃权的压倒多数通过了两阿提案，此即联合国2758号决议，由此，中华人民共和国在联合国和安理会中被非法剥夺了20多年的席位得到恢复。此后，在联合国专门机构中的合法席位也陆续得到恢复。

（二）中华人民共和国在其他国际组织合法席位的恢复

1. 恢复在国际红十字会的合法席位[①]

国际红十字会，现名国际红十字会与红新月会联合会（International Federation of Red Cross and Red Crescent Societies，IFRC）。1919年成立伊始，中国红十字会即加入成为其会员。1952年第18届国际红十字大会在美国的影响下，在邀请新中国出席的同时，又邀请台湾当局代表出席。开幕式上，中国

[①] 国际社会现有两个红十字组织：（1）红十字国际委员会（ICRC）；（2）红十字会与红新月会国际联合会（IFRC），合称国际红十字与红新月运动（简称红十字运动）。1997年塞维利亚协议区分了ICRC和IFRC的职责。一般情况下，ICRC主导战争冲突和动乱地区的人道主义援助；IFRC主导和平时期自然灾害和技术性灾害的国际救援，如灾情、疫情等。在同时发生战乱和灾情的情况下，两个组织相互协作。新中国于1952年恢复在IFRC的合法席位；于2005年恢复在ICRC的合法席位。

代表发言并提出临时动议，要求大会驱逐非法的台湾当局代表。许多国家代表纷纷发言，支持中国代表的发言和动议。在中国和主持正义的国家的据理力争下，第18届国际红十字大会表决承认中华人民共和国政府为唯一代表中国的全国性政府，中国红十字会为唯一代表全中国的红十字组织，台湾当局代表团只能代表台湾地方。中国还当选为国际红十字会执行委员会委员。台湾当局代表宣布退出大会。国际红十字会因而成为新中国在国际组织中第一个恢复合法席位的国际组织。

2. 恢复在国际民航组织的合法席位

中国于1944年12月9日签字，1946年2月20日批准《国际民用航空公约》（《芝加哥公约》）。1971年11月19日，国际民航组织第74届理事会通过决议，承认中华人民共和国政府为中国唯一合法政府，撤销台湾当局的代表资格。1974年2月15日，中国政府函告国际民航组织，承认1944年当时的中国政府签署并于1946年交存批准书的《国际民用航空公约》，并自该日起参加该组织的活动。该公约自1997年7月1日、1999年12月20日起分别适用于中国香港和澳门特别行政区。

3. 恢复在世界卫生组织的合法席位

中国是世界卫生组织的创始国之一。1972年5月10日，第25届世界卫生大会通过了恢复中国在世界卫生组织合法席位的决议。2009年5月18日至27日，第62届世界卫生大会在日内瓦举行，台湾首次以观察员身份参与世界卫生大会（WHA），中国国台办表示对台湾参与世界卫生大会持乐观态度。

4. 重返国际奥委会

1924年中华全国体育协进会正式成立，1931年被国际奥委会接纳为正式会员。新中国成立后，1952年中华全国体育协进会改组为中华全国体育总会（简称全国体总），1954年国际奥委会雅典第49届会议承认中国全国体总的合法地位。但由于某些国际奥委会负责人不断制造"两个中国"，1958年中国宣布与国际奥委会断绝关系。1979年，中国全国体总和中国奥委会分立。1979年11月26日，国际奥委会表决，承认中国奥委会是中国的全国性体育组织，恢复了中国在国际奥委会中的合法地位。台湾体育组织为中国一个地区性体育组织。"设在台北的奥委会作为中国的一个地方机构，用'中国台北奥林匹克委员会'的名称留在国际奥委会内。"① 台湾体育代表团以"中华台北"名义参加国际体育赛事。

5. 重返国际货币基金组织和世界银行

中国是国际货币基金组织和世界银行的创始国之一。新中国成立后，中国在国际货币基金组织和世界银行的席位长期为台湾当局非法占据。1980年4月17日，国际货币基金组织正式恢复中国的代表权；5月15日，中国在世界银行和所属的国际开发协会及国际金融公司的合法席位一并得以恢复。

(三) 中国加入世界贸易组织

世界贸易组织（WTO），简称世贸组织，源于关税及贸易总协定，简称关贸总协定（GATT）。世贸组织于1994年宣布成立，1995年正式运作。总部设于日内瓦。独立于联合国的世贸组织负责世界经济和贸易秩序的管理与协调，是当代世界最重要的国际经济组织之一。世贸组织成员间的贸易额占世界贸易额的绝大多数份额，世贸组织还是世界多边贸易体制的法律基础，是国际贸易谈判和争端解决的场所。世贸组织与国际货币基金组织以及国际复兴开发银行（世界银行）并称为世界经济发展的三大支柱。2001年中国被批准加入世界贸易组织，正式成为其第143个成员。

1. 中国"复关"努力

关贸总协定（GATT），1947年在日内瓦签订，是一个规范关税和贸易准则的多边国际协定，在国际实践中具有准国际组织的地位。中国是关贸总协定的23个创始缔约国之一，1948年成为关贸总协定缔约方。1950年非法冒用中国名义的台湾当局擅自宣布退出关贸总协定，这一退出决定毫无疑问是无效的。但受当时形势制约，中国中央政府未能及时提出恢复关贸总协定缔约国地位的申请。中国实行改革开放和社会主义市场经济后，创造了经济发展的"中国奇迹"，在与世界经济联系日益密切的背景下，1986年中国提出恢复关贸总协定缔约国地位的申请（简称"复关"）。1987年中国与关贸总协定开始"复关"的谈判。1995年，关贸总协定被世贸组织替代，中国"复关"谈判由此转为加入世贸组织的谈判（简称"入世"）。

2. 正式加入世贸组织

经过艰苦谈判，2001年11月10日，在世贸组织多哈第四届部长级会议上，以全体协商一致方式，审议并通过了中国加入世贸组织的决定，中国长

---

① 中国奥林匹克委员会简介，中国奥委会官网，http://www.olympic.cn/china/。

达15年的"复关"和"入世"进程结束。11日，中国代表团团长向世贸组织总干事递交了中国国家主席签署的《中国加入世贸组织批准书》，并签署了中国加入世贸组织议定书。2001年12月11日中国正式成为世贸组织成员。

二、中国广泛参加国际组织，地位和作用不断提高

（一）广泛参加国际组织

随着中国在国际事务中的地位日益提升，中国越来越重视国际组织，并广泛参加各种国际组织及其活动，积极发展与区域性国际组织的关系，中国参加和参与的国际组织数量已不亚于世界大国和发达国家的水平。中国是联合国、联合国贸易发展会议、联合国教科文组织、联合国工业开发组织、万国邮政联盟、世界贸易组织、世界劳工组织、世界卫生组织、世界知识产权组织、世界气象组织、国际民间航空组织、国际工农商会、国际红十字及红新月会、国际奥委会、国际开发协会、国际农业发展基金、国际金融组织、国际货币基金组织、国际复兴开发银行、国际航海组织、国际海事通信组织、国际通信卫星组织、国际刑警组织、国际电信同盟、国际展览局、世界动物卫生组织、上海合作组织、亚太经合组织、亚洲发展银行、亚太经济和社会委托组织等一系列普遍性与一般性、综合性与专门性、全球性与区域性、政府间与非政府间国际组织的成员。

（二）积极参与创建、发展和扩大上海合作组织

1. 主要倡导者和创始会员国之一

上海合作组织（简称上合组织）是中国、俄罗斯联邦、哈萨克斯坦、吉尔吉斯斯坦、塔吉克斯坦、乌兹别克斯坦于2001年6月15日在中国上海宣布成立的永久性政府间国际组织。中国是该组织成立的主要倡导者和发展的推动力之一。2014年上合组织峰会批准了《给予上海合作组织成员国地位程序》和《关于申请国加入上海合作组织义务的备忘录范本》修订案，这是完善上合组织法律基础的重要步骤，打开正式扩员大门。中国为此做出了积极努力。

2. 反恐合作与禁毒合作的带头人

上合组织成立伊始，成员国就签署了《打击恐怖主义、分裂主义和极端主义上海公约》，首次明确了"三股势力"的概念，"认识到恐怖主义、分裂主义和极端主义对国际和平与安全，发展国家间友好关系和实现人的基本权

利和自由构成威胁"，① 并提出成员国合作打击的具体方向、方式及原则。上合组织在乌兹别克斯坦首都塔什干设立了地区反恐机构作为成员国在打击"三股势力"等领域开展安全合作的常设机构。中国与上合组织各成员国合作进行了多次反恐演习。2014 年杜尚别年会上，中国国家主席习近平提出：上合组织要坚持以维护地区安全稳定为己任，加强维稳能力建设，继续完善执法安全合作体系，健全现有合作机制，尽快赋予上合组织以地区反恐怖机构禁毒职能并建立应对安全挑战和威胁中心，标本兼治、多措并举、协调一致地打击"三股势力"。当前应以打击宗教极端主义和网络恐怖主义为重点，中方建议商签反极端主义公约，研究建立打击网络恐怖主义行动机制。② 此主张得到与会成员国的一致赞成。

3. 促进多方面合作的积极实践者

2014 年杜尚别年会上，中国国家主席习近平建议上合组织：探讨在贸易和投资领域开展更广泛和更高层次合作，推进区域经济一体化进程，构筑本地区统一经贸、投资、物流空间，挖掘各国过境运输潜力。尽早就建立上海合作组织金融机构达成一致。加强能源政策协调和供需合作，加强跨国油气管道安保合作。加强粮食政策协调，提高粮食综合生产能力，制订"上海合作组织科技伙伴计划"，加快环保信息共享平台建设。③ 坚持以促进民心相通为宗旨，全方位开展友好交往和人文交流，加强上海合作组织国际传播能力建设和媒体合作，支持公共政策、政府管理、司法等领域人员培训交流。坚持以扩大对外交流合作为动力，欢迎有意愿且符合标准的国家申请成为上海合作组织正式成员。加强成员国同观察员国的合作及同对话伙伴的沟通，密切本组织同联合国、亚信等国际和地区组织的合作。中方欢迎本组织成员国、观察员国、对话伙伴积极参与共建丝绸之路经济带，促进地区互联互通和新型工业化进程。④ 对此，与会成员国一致同意，在尊重国家主权、不干涉内政原则基础上，共同推动建立和平、安全、公正、开放的信息空间；支持并积极参与中方提出的建设丝绸之路经济带倡议，促进贸易投资便利化和基础设施互联互通；扩大财金合作，加快研究成立上海合作组织发展基金和上海合作组织开发银行；保障粮食和能源安全，发展交通物流；加强文化、科技、

---

① http://baike.baibu.com/view/4621562.htm.
② 《法制日报》综合新闻 2014 年 9 月 13 日，法制网，http://epaper.legaldaily.com.cn/fzrb/content/20140913/Article102005GN.htm。
③ 同上。
④ 同上。

创新、教育、卫生、旅游、体育领域合作，推动文明对话；扩大同联合国及其他国际和地区组织的合作，加强成员国同观察员国和对话伙伴的联系。①

（三）出任众多国际组织的高级负责官员

在1971年中国恢复联合国合法席位后的30余年里，很少有中国人参与国际组织高层职位的竞选和出任高级领导职务，除根据联合国惯例常理事国不经竞选即可担任的联合国副秘书长职位外。跨入21世纪后，越来越多的中国人在国际组织中出任高级官员，担负起国际组织的重要领导职责。除联合国副秘书长外，还有世界卫生组织总干事，联合国工业发展组织总干事、国际法院院长、世界贸易组织上诉机构大法官、世界银行副行长兼首席经济学家、国际货币基金组织副总裁、国际货币基金组织总裁特别顾问、世界贸易组织副总干事、世界知识产权组织副总干事、国际电信联盟副秘书长、国际标准化组织主席、国际展览局主席、联合国教科文组织大会主席、联合国教科文组织执委会主席、联合国教科文组织负责教育事务的助理总干事、联合国粮食计划署助理总干事，等等。

唐明照、毕季龙、谢启美、翼朝铸、金永健、陈键、沙祖康、吴红波等人先后担任联合国副秘书长。2006年11月9日，中国香港的陈冯富珍出任新一任世界卫生组织总干事，这是中国人第一次在联合国机构中担任最高负责人职位。曾任国际法院院长的中英香港问题谈判法律顾问史久镛，是国际法院历史上首位中国籍院长。出生在台湾的中国北京大学教授林毅夫担任世界银行副行长，中国央行前副行长朱民担任国际货币基金组织副总裁。

（四）作用和影响与日俱增

1. 地位上升，影响显著

随着中国综合国力的不断增长和崛起进程的加快，中国在联合国和联合国专门机构、上海合作组织、世界贸易组织和经济合作组织、国际货币金融组织、教育科学文化体育卫生组织以及其他各类国际组织中的作用与日俱增，影响显著。中国积极参与上海合作组织、亚太经合组织、东盟"10+1"和"10+3"等的合作对话机制以及金砖国家合作机制等的建设。

在亚太经合组织中，中国以主权国家身份，中国台北和中国香港以地区经济体名义参加。中国恢复在国际货币基金组织（IMF）的合法席位后，1991

---

① 《法制日报》综合新闻2014年9月13日，法制网，http://epaper.legaldaily.com.cn/fzrb/content/20140913/Articel02005GN.htm。

年该组织在北京设立常驻代表处。当时中国在 IMF 中的份额为 33.853 亿特别提款权（SDR），占总份额的 2.34%；中国共拥有 34102 张选票，占总投票权的 2.28%。2001 年 2 月 5 日，IMF 理事会通过决议，将中国在该组织的份额从 46.872 亿特别提款权（SDR）增加到 63.692 亿，使中国在该组织的份额从第 11 位上升到第 8 位。2008 年 IMF 制订了投票权改革方案，2011 年 3 月 3 日正式生效。根据此方案，中国在 IMF 的特别提款权份额占 3.72%，投票权占 3.55%，均居第 6 位。而根据尚未生效的 2010 年改革方案，中国的特别提款权比重升至 6.39%，投票权也将从目前的 3.65% 升至 6.07%，超过德国、法国和英国，投票权跃居第 3。在 2010 年世界银行投票权改革中，中国的投票权从 2.77% 提高到 4.42%，由原来的第 6 位跃居第 3 位，仅次于美国和日本，超过德国、法国、英国等发达国家。

2. 发出中国声音，由规则适应者变身规则制定者

中国以负责任的建设性角色参与国际组织各项事务，达到了前所未有的广度与深度。在国际组织中，中国不断发出自己的声音，提出自己的创设，中国的声音和中国的态度往往影响到有关决议的形成。众多中国人出任国际组织高级负责人，大大提升了中国的话语权。林毅夫和朱民分别担任世界两大国际金融机构世界银行和国际货币基金组织的副行长和副总裁，打破了美欧控制世界两大金融机构的传统格局，彰显中国在国际金融领域话语权的增强。正如世贸组织上诉机构大法官张月姣所言："我当选的意义并不在于中国在 WTO 中获得了一个高层职位，而在于中国从此获得了规则的解释权和制定权。"① 更多的中国人士进入国际组织担任要职，有利于维护中国国家统一、挫败"台独"势力以加入国际组织方式扩大所谓"国际生存空间"的企图；有利于参与国际规则的解释权和制定权，增强规则塑造和制定能力，加大中国话语权和影响力，更好地维护国家和民族利益。

建立和发展与国际组织的关系，是加强国际关系、维护国家利益、提升国际地位的重要渠道。"中国积极参与国际组织'游戏规则'的制定，由'被动参与'向'主动建设'转化，正逐渐成为这一体制的'参与者、维护者和

---

① 《张月姣出任 WTO 中国首任大法官》，2008 年 5 月 26 日，《北京青年报》，新华网，http://news.xinhuanet.com/fortune/2008－05/26/content_ 8253496.htm。

建设者'。"① 而国际组织也愈来愈离不开中国的参与和支持。这反映了国际社会民主化的进程，反映了中国对国际组织和国际法作用认识的深化，反映了中国外交战略的与时俱进，反映了中国的对外开放、国力崛起及国际威望稳步上升的进程和深度。

---

① 孙洁琬：《中国与国际组织"亲密接触"》，《人民论坛》2007 年 6 月 1 日，第 11 期，人民网，http：//paper. people. com. cn/rmlt/html/2007 - 06/01/content_ 13155804. htm。

# 第五章　国际条约法

第一节　条约和条约法

一、条约和条约法的基本概念

（一）条约的定义

1. 条约的广义和狭义概念

条约有广义和狭义之分。广义上的条约是各种书面协议的总称。广义的条约有许多具体名称，例如条约、公约、宪章、协定、议定书、换文、联合声明等。不同的名称代表了不同种类或性质的协议。狭义上的条约专指使用"条约"作为特定名称的这一类国际书面协议，如边界条约、和平友好条约等。从国际法来看，一个协议无论采用什么名称，只要具备了条约的特征，对当事各方具有法律约束力，都是国际法意义上的条约。

条约是国家及其他国际法主体之间相互交往最普遍的一种法律形式，是国际法的重要渊源，在国际法上占有重要地位。

2. 国际条约的定义

关于国际条约的定义，1969年《维也纳条约法公约》和1986年《关于国家和国际组织间或国际组织相互间条约法的维也纳公约》①，根据各自的适用对象分别做了规定。《维也纳条约法公约》第2条规定："称'条约'者，谓国家间所缔结而以国际法为准之国际书面协定，不论其载于一项单独文书或两项以上相互有关之文书内，亦不论其特定名称如何。"②《关于国家和国际组织间或国际组织相互间条约法的维也纳公约》第2条规定："'条约'指（1）一个或更多国家和一个或更多国际组织间，或（2）国际组织相互间以书面缔结并受国际法支配的国际协议，不论其载于一项单独的文书或两项以上相互

---

① 《国家和国际组织间或国际组织相互间条约法的维也纳公约》，中国人大官网，http://www.npc.gov.cn/wxzl/gongbao/2000-12/07/content_ 5003752.htm。

② 《维也纳条约法公约》第2条"用语"第1款"就适用本公约而言"，中国人大官网，http://www.npc.gov.cn/wxzl/gongbao/2000-12/07/content_ 5003752.htm。

有关之文书内，也不论其名称为何。"①

根据上述规定，条约的定义可以归纳为：条约是指两个或两个以上国际法主体之间按照国际法准则所缔结的确定其相互间权利和义务关系的书面协议。也是国家之间相互交往的一种最重要和最普遍的法律形式。

(二) 条约的特征

1. 条约是国际法主体间缔结的协议

缔结条约的各方必须是国际法主体，如国家或国际组织，不具有国际法主体资格的个人或实体，不能成为条约的主体，这是条约区别于契约的重要特征。由于国家是国际法的基本主体，所以条约主要是国家之间的协议。《维也纳条约法公约》第6条规定，每个国家都具有缔结条约的能力。政府间的国际组织是派生的国际法主体，正在形成国家的民族是过渡的国际法主体，它们亦具有一定范围的缔结能力。②

2. 缔结条约必须符合国际法

条约的缔结应符合国际法，这是区分合法条约与非法条约、平等条约与不平等条约、有效条约和无效条约的标志。凡是违反国际法的条约，都不是真正意义上的条约。

3. 条约为当事国创设权利和义务

一般说来，无论是双边条约还是多边条约，一定要涉及到相关国际法主体的权利和义务关系，有无规定国际法主体的权利和义务关系，是判断一个协议是否为条约的重要标准。

4. 条约通常是书面形式的协议

条约一般以书面形式缔结，对此《维也纳条约法公约》和《关于国家和国际组织间或国际组织相互间条约法的维也纳公约》都有明确规定：公约中的"条约"仅指以书面形式缔结的协议，③此外，1945年6月26日签署的《联合国宪章》也规定，凡合法缔结的条约，应在联合国进行登记。这也体现条约应该是书面形式。

同时，《维也纳条约法公约》和《关于国家和国际组织间或国际组织相互

---

① 白桂梅、李红云编：《国际法参考资料》，北京大学出版社2002年版。
② 周洪钧：《国际法》，中国政法大学出版社1999年版，第301页。
③ 李浩培：《条约法概论》，法律出版社2003年版，第495页。

间条约法的维也纳公约》也不否认非书面协议的法律效力。[①] 在国际实践中也有"口头协议"或"君子协定",但这种情况较少。不过,国际关系错综复杂,以口头形式达成的协议不易证明,如不采取书面形式很容易引起纷争,不利于条约的履行,也不利于国家间和平关系的发展,所以条约通常采用书面形式。

(三) 条约法

1. 条约法定义

条约法是关于条约的缔结、效力、解释等问题的法律规则的总和。条约是国际法的主要渊源,条约法是国际法的重要组成部分。条约法的作用是调整和规范国际法主体间的条约关系。

条约法是国际法的一部分,其渊源和国际法渊源相同。过去条约法的渊源主要是国际习惯,自《维也纳条约法公约》制定后,条约也成了条约法的渊源。

2. 条约法的编纂

长期以来,关于缔结条约的规则和制度,国际上没有成文法可循,主要是依据国际习惯法和各国国内法的实践。二战后,联合国国际法委员会在1949年第一届会议上决定将条约法的编纂作为优先考虑的项目之一。经过近20年的努力,终于在1969年5月23日召开的维也纳外交大会上通过了《维也纳条约法公约》。该公约于1980年1月27日生效。中国于1997年9月3日加入该公约。《维也纳条约法公约》共有8编85条和一个附件,内容涉及条约的缔结与生效,条约的遵守、条约的适用及解释,条约的修正与修改,条约的失效与终止,条约的保管与登记等,是各国在条约问题上的法律与实践中所应遵循的一个最基本的国际法文件,被称为"条约之条约"。

二、国际条约的种类和名称

(一) 条约的种类

关于条约的种类,国际上没有一个公认的分类标准。由于缔约国的数目、条约的性质、内容、地理范围,以及缔结方式等不同,所以条约的分类也不

[①] 《维也纳条约法公约》第3条"不属本公约范围之国际协定"内容为:"本公约不适用于国家与其他国际法主体间所缔结之国际协定或此种其他国际法主体间之国际协定或非书面国际协定,此一事实并不影响:(甲) 此类协定之法律效力……"中国人大官网,http://www.npc.gov.cn/wxzl/gongbao/2000-12/07/content_5003752.htm。

同。在实践中条约通常有如下几种分类方法：

1. 按缔约方数量分类

按照缔约国的数量，条约可分为双边条约和多边条约。双边条约是指两个当事方缔结的条约。大多数的双边条约是在两缔约国间签订的，但双边条约的参加国不一定只有两国，也可能是多国，但只有两个当事方。如1947年的《对意和约》，一方是20个"同盟国和参战国"，另一方是意大利；多边条约是3个或3个以上的缔约方签订的条约，一般是在国际会议上制定通过，因而又被称作国际公约，通常对很多或所有国家开放，例如《维也纳条约法公约》和1982年制定的《联合国海洋法公约》等。多边条约一般允许未参加该会议的国家加入。

2. 按条约性质分类

按照条约的性质，可分为造法性条约和契约性条约。造法性条约是指缔约各方为创立新的行为规则或确认、改变现有行为规则而签订的条约或国际公约，是以创立国际法的原则、规则和制度为目的。这类条约通常是多边性的、开放性的条约，如《联合国宪章》等；契约性条约是指缔约国之间就某一特定具体事项而确立一种权利义务关系，如有关边界、通商条约、金融协定等。契约性条约大部分是双边条约。

3. 按签署开放性分类

根据条约是否对其他国家开放，条约可分为开放性条约和闭锁性条约。允许第三国加入的条约为开放性条约，反之则为闭锁性条约。

4. 按内容门类分类

根据条约的内容，还可以按诸多门类区分条约，如政治，经济、军事、文化、外交等。如《中华人民共和国条约集》按政治、法律、经济、文化、科技、农林、渔业、卫生保健、邮政电信等14个类别汇集了中国签署的各种条约。

此外，条约还可以依其他标准划分，如按条约的有效期划分，可分为有期限条约和无期限条约；如按缔约国的地理范围划分，可分为区域性条约和全球性条约；如按缔约方的性质划分，可分为国家间条约、国家与国际组织间条约、国际组织间条约；如按条约缔结程序划分，可分为程序繁杂条约和程序简化条约。

（二）条约的名称

条约一词有广义和狭义两种含义。狭义的"条约"仅指国际协议中以"条约"冠名的国际协议；广义的"条约"是指符合条约定义的以各种名称出现的国际协议的总称。广义的条约名称通常有公约、条约、协定、议定书、宪章、盟约、规约、换文、宣言等。根据国际实践，不论是以何种名称或形式缔结的条约，其法律性质和效力都是一样的。

1. 条约（treaty）

条约是最常见的一种，用以规定缔约方之间最基本和最重要的法律关系和法律地位。条约一般须经批准程序，通常适用于有关比较重大的政治、经济、法律等领域的问题，有效期较长，如同盟条约、和平友好条约、互不侵犯条约、中立条约、边界条约、通商航海条约、领事条约等。

2. 公约（convention）

通常是若干国家为解决某一重大问题而举行国际会议所缔结的多边条约。其内容具有造法性质，缔约国数目较多。就重要性来说，公约仅次于狭义条约，但超过协定，如《维也纳外交关系公约》、《联合国海洋法公约》等。

3. 盟约（covenant）

一般指国际组织的组织文件，是一种多边条约，如《国际联盟盟约》、《阿拉伯国家联盟盟约》。

4. 专约（convention）

在英文、法文中，公约和专约都用"convention"一词。专约通常是指有关专门事项的协议，如为了规定两国之间的领事制度，用领事专约；两国为了通商事项而用通商专约。

5. 协定（agreement）

协定不如条约、公约正规，多用于行政性、技术性或临时性的事项。协定由几个当事国政府部门的代表签署，无需经过批准程序，如贸易协定、邮电协定、航空协定等。

6. 协约（entente）

国家间协商订立的条约，如1904年的《英法协约》。

7. 议定书（protocol）

议定书常用作一个主条约的附属文件，用来补充、说明、解释或修改主条约的某项规定，又称"附加议定书"或"最后议定书"。这种议定书是主条约的组成部分，所规定的事项比"协定"要更具体。议定书可分为独立的议定书和附属议定书。独立议定书是独立的文件，本身就是一个独立的条约，需批准才能生效，如1925年6月7日签订的《关于禁止毒气或类似毒品及细菌方法作战的日内瓦议定书》。

8. 宪章（charter）

一般指国际组织的组织文件，具有国际条约的性质，属于多边条约。通常规定该国际组织的宗旨、原则、组织机构、职权范围、议事程序以及成员国的权利义务等，如《联合国宪章》。

9. 规约（statute）

规约是一种多边条约形式，一般用于国际组织的组织规则，如《国际法院规约》、《欧洲理事会规约》等。

10. 谅解备忘录（memorandum of understanding）

谅解备忘录是指国家间通报事项的一种形式，用于当事方之间处理较小或次要的事项。它通常申明当事国对某问题的立场，或把某事项概况通知对方。一般单方发出的备忘录并不具备条约性质，若对方表示同意，便具有条约的意义。[①] 也就是说，谅解备忘录的内容如果包含当事国的权利和义务关系的协议，就具有条约的法律效力。

11. 联合公报（joint statement）

联合公报一般是指两个国家就某一问题举行会谈或会议，其后公开发表会谈或会议相关文件。大多数的公报不是条约，公报是否构成条约，要看当事方在该公报中是否确立双方的法律权利和义务关系，公报内容一旦规定当事国的权利和义务关系，就是条约，具有条约的法律效力。例如，中美两国政府于1972年2月28日签署的《中美上海公报》。

12. 联合声明（joint declaration）

联合声明是指两个或两个以上的国家就同一事项发表声明，彼此承受有关的权利和义务。如1984年12月19日签署的《中华人民共和国政府和大不列颠及北爱尔兰联合王国政府关于香港问题的联合声明》及1972年9月29日中日邦交正常化时，两国政府签署的《中日联合声明》。

13. 换文（exchange of notes）

换文是指当事双方交换外交照会，就有关事项达成的协议。[②] 换文程序简易，一般不需要批准，便于解决具体问题，经常被采用，在条约中所占的比重较大。

14. 宣言（declaration）

宣言是指规定国家间权利和义务或行为规则的声明。但单纯的政策声明

[①] 慕亚平：《国际法原理》，人民法院出版社2005年版，第422页。
[②] 赵建文：《国际法新论》，法律出版社2000年版，第409页。

而没有规定具体权利和义务的宣言不是条约。[①] 有的宣言本身就是条约,如 1856 年 4 月 16 日签署的《巴黎海战宣言》。

三、条约的格式结构与使用文字

(一)条约的格式结构

1. 约名

约名,又称条约的名称,即条约的正题,涉及缔约各方的全称、条约所涉事项的主题和该条约选定的名称。

2. 约首

约首,又称序言,主要载明缔约方或其机构的名称、缔约的宗旨和目的、全权代表的姓名与职务等。

3. 约文

约文,又称条约的正文,是条约的主要部分,具体规定各缔约方的权利与义务,包括各缔约方权利与义务的实质性条款,也可包括规定条约程序性事项的条款。

4. 约尾

约尾,又称条约的尾文,主要是杂项条款,用来说明条约订立的日期、地点及有效期等。

5. 签名

签名是指缔约方全权代表的签名。

6. 附件

附件是条约的特殊组成部分。除了上述的约名、约首、约文、约尾、签名五部分外,有的条约也许还附有其他文件,如议定书、协议记录等。这些文件是否构成条约的组成部分,一般在条约中有明确规定。

(二)条约使用文字

条约所使用的文字,在国际法上并没有规定统一的标准。依照主权平等的原则,缔约国有权使用本国文字缔结条约。

1. 双边条约的文字

双边条约通常有两份约文正本,分别由缔约双方各自保存。每份正本一般用缔约双方各自语言文字写成,两种文本具有相同的法律效力。必要时,

---

[①] 邵津:《国际法》,北京大学出版社、高等教育出版社 2014 年版,第 377 页。

也可选择缔约双方同意的第三种文字作为约文正本使用的文字。国家同国际组织缔结的双边条约一般是把缔约双方的官方文字都当作作准文字。①《维也纳条约法》第 33 条第 1 款规定："条约约文经以两种以上文字认证作准者，除依条约之规定或当事国之协议遇意义分歧时应以某种约文为根据外，每种文字之约文应同一作准。"② 每种文字之约文应同一作准的意思是，不同语言文字签约方之间所签条约中，约文表达的内涵应当相同，不同文字文本的内容不应有抵触，这样各种文本都可以作为标准文本来参照。例如，1998 年的《中华人民共和国和欧洲经济共同体关于纺织品贸易的协定》规定，该协定有两本正式文本，一份用中文，另一份分别用丹麦文、荷兰文、英文、法文、德文、希腊文、意大利文、葡萄牙文和西班牙文写成。无论是哪一种文字文本，都具有相同的法律效力。

2. 多边条约的文字

多边条约由于缔约国较多，条约正式文本无法使用所有缔约方的文字，只能用一种文字或几种文字。这就会出现确定作准文字的问题。在中世纪，拉丁文是多数多边条约的作准文字，到 19 世纪又被法文替代，20 世纪后英文也成为通常使用的文字，二战以后，几种文字可以同时成为条约作准文字。例如，《联合国宪章》就是用中文、英文、法文、俄文、西班牙文 5 种文字写成的；《联合国海洋法公约》是用中文、英文、法文、俄文、西班牙文、阿拉伯文 6 种文字作为其作准文字的。各种文本具有相同的法律效力；《联合国气候变化框架公约》以中文、英文、法文、俄文、西班牙文、阿拉伯文文本同时作准。

第二节 条约的缔结和公布、加入和保留

一、条约的缔结和公布

（一）缔约能力和缔约权

1. 缔约能力

缔约能力是指在国际法上可以合法缔结条约的能力，具体是指国家和其他国际法主体拥有的合法缔结条约的能力。根据《维也纳条约法公约》第 6

---

① 饶戈平：《国际法》，北京大学出版社 1999 年版，第 311 页。
② 《维也纳条约法公约》，中国外交部官网，http：//www.fmprc.gov.cn/mfa_chn/ziliao_611306/tytj_611312/t83909.shtml。

条规定:"每一国家皆有缔约之能力。"根据国家主权原则,任何国家在不违反国际法的条件下都有同其他国家和其他国际法主体缔结条约的能力。

除国家之外,其他国际法主体也有缔约能力。例如,国际组织有一定的缔约能力,其缔约能力是按照国际组织的组织约章规定而定。争取独立的民族也具有一定缔约能力,如巴勒斯坦解放组织等。

2. 缔约权

缔约权是指拥有缔约能力的主体,根据其内部的规则赋予某个机关或个人对外缔结条约的权限。缔约权主要由国家和其他国际法主体的内部法律决定。

3. 全权证书

全权证书是指"一国或国际组织主管当局或主管机构所颁发,指派一人或数人代表该国或国际组织谈判、议定或认证条文,表示该国或国际组织同意受其约束,或完成缔结条约的任何其他行为的文件"。[①] 全权证书必须是书面形式的,一般由国家元首签署、外交部长副署,并明确规定谈判代表的权限。

(二) 缔约程序

条约的缔结程序是指国与国之间签订条约的全部过程。条约的缔结必须有一定的程序。关于缔约程序,国际法上没有一定的规则。在国际实践中,由于条约的种类和性质不同,缔约程序也不相同。由于双边条约的数量远多于多边条约,所以,了解条约的缔结程序,多从双边条约的缔结程序入手。双边条约一般程序包括谈判议定、认证和草签、暂签、正式签署、批准、交换与交存批准书、公布、登记。

1. 谈判

谈判是缔约双方为了使条约的内容达成一致而进行的交涉过程。通过谈判形成条约的草案文本。一国缔结条约的权力属于国家权力机关或由它授权的代表代为进行,因此,谈判经常在拥有缔约权的国家机关代表之间进行,譬如国家元首、政府和外交部。一些重要的条约,国家元首可以亲自进行谈判。根据《维也纳条约法公约》第7条规定,谈判代表一般应持有授权进行谈判的"全权证书",国家元首、政府首脑、外交部长因为他们处于对外代表国家的地位,在谈判时,一般无需全权证书;使馆馆长为议定派遣国与驻在

[①] 王铁崖:《国际法》,法律出版社1995年版,第412页。

国之间的条约；或国家派往国际会议或派驻国际组织代表为拟定在该会议、组织内的条约；均因其所任职务可视为代表国家，通常也不需要全权证书。凡不属上述人员的代表参加缔约谈判，须出示全权证书或相互校阅全权证书。

谈判开始，双方全权代表互换全权证书并相互校阅，认为妥善无误后方进行谈判。有时全权证书也可以稍迟提出，但最迟应在条约签字以前相互校阅。如果一个条约的缔结是由未经授权的代表所为，则不发生法律效力。

谈判就是一个交涉的过程，双方就条约的内容达成一致后，开始起草约文。双边条约文本的议定，可以由一方提出条约草案交给对方，对方或者同意，或者修改，或者另提草案。有时也可以由双方代表共同起草，再对约文进行议定。

2. 起草和拟定约文

关于条约约文的起草，如果是双边条约，可以由一方提出草案，对方同意或修改，也可以由双方共同起草。多边条约的起草，往往以召开国际会议的形式，由多边条约的各方代表共同起草，或由国际组织起草，或由专门的委员会起草。

3. 草签和暂签

条约约文拟定后，需要进行认证，即谈判双方的代表确认拟定的约文是正确的，并以此作为准约文。经过认证的约文，任何一方不得改动，经双方同意才可更改，更改后的约文须再一次认证。约文确认不再变更的情况下，经各国政府同意，才可进入缔约程序的签署阶段。在没有正式签署以前，谈判代表可以对条约进行草签或暂签。

草签通常由缔约各方全权代表将其姓氏的起首字母签写在约文下面，中国代表只需签姓。草签不具有法律效力，仅表示参加谈判的全权代表对约文的初步认证，它表示确认该条约约文是已商定的约文，需待本国政府核准；本国政府若对约文有异议，可以要求重新谈判，不受草签约束。条约草签后，须继之以正式签字。只有正式签字日期方能作为有关国家成为条约签字国的日期。

暂签又称待核准签署，它与草签在形式上有所不同，暂签要求缔约各方代表都签写其完整的姓名。根据《维也纳条约法公约》第12条规定，代表对条约作待核准的签署，一旦经其本国确认，就构成条约的正式签署。暂签的日期可被追溯为条约签署日。暂签在本国确认前属于一种非正式签署方式，只构成对条约约文的认证，不具正式签署的效力。

4. 正式签署

正式签署，又称完全签署，指全权代表把其全名签在条约约文的下面。条约谈判结束时，请示了各自的政府，各方都无意见，即可正式签署。正式签署只有在约文已经确定而不再变更的情况下才能进行。签署可产生三种法律效果：(1) 只表示认证约文，即条约文本已经确定，不再更改；(2) 除认证约文外，还表示该方已确定同意缔结该条约，接受其约束；(3) 除认证条约文本外，表示该方已初步同意缔结该条约，但只有经过批准才能接受其约束。在某一个特定场合，签署代表哪种意义，应当依当事方的意思表示进行确定。①

按照《维也纳条约法公约》第12条规定，在下列情形之下，签署即表示该国同意承受条约的约束：条约规定签署有此效果；另经确定谈判国协议签署有此效果；该国使签署有此效果之意思可见诸其代表所奉之全权证书或已于谈判时有此表示。但对于一些重大条约，条约在签署后还要经过批准和互换批准书的程序方能生效。

依照国家平等原则，条约签署采取轮换制，即签署双边条约时，缔约方的全权代表分别在本国保存的约本上，在首位（左方）签字，对方则在同一份约本的次位（右方）签字。

5. 批准

所谓批准，是指缔约国的国家元首或其他有权机关对其全权代表签署的条约的确认，是同意接受条约约束的一种法律行为。根据《维也纳条约法公约》第14条规定，有下列情况是需要经过批准程序的：(1) 条约规定以批准方式表示同意；(2) 另经确定谈判国协议需要批准；(3) 该国代表已对条约作须经批准之签署；(4) 该国对条约作须经批准之签署之意思可见诸其代表所奉之全权证书，或已于谈判时有此表示。②

条约的批准程序是国家行使缔约权的体现，许多国家的宪法对此都有明确规定，条约须经最高权力机关的同意，由国家元首批准条约。条约批准的法律意义在于使条约发生拘束力，如果不予批准，条约也就不发生法律效力。

一国对其全权代表已签署的条约，可以批准，也可以不批准，也可以附保留的批准，这都是一国的主权。但一国对于已签字的条约，通常是给予批

---

① 饶戈平：《国际法》，北京大学出版社1999年版，第317页。
② 《维也纳条约法公约》第14条"以批准接受或赞同表示承受条约拘束之同意"之第一款："遇有下列情形之一，一国承受条约拘束之同意，以批准表示之。"中国人大官网，http://www.npc.gov.cn/wxzl/gongbao/2000-12/07/content_5003752.htm。

准的。在实践中，也发生过拒绝批准或延迟作出批准的实例，如1919年美国总统威尔逊虽然签署了《凡尔赛和约》，但由于参议院的反对而未能批准，美国最终也未参加《凡尔赛和约》。

6. 交换或交存批准书

双边条约获得批准后，通常要交换批准书。所谓交换批准书是指缔约双方互相交换各自国家权力机关批准该条约的证明文件，以专门文件形式完成。批准书是一项重要的国家文书，一般由三部分构成：（1）序文，声明该条约已由国家权力机关审查；（2）主文，写明条约的约文或仅写上条约的名称、序言；（3）尾文，声明该条约已经获得批准，表示条约将予以遵守。

按照国际惯例，双边条约一般是在缔约一方的首都签字，交换批准书则在另一方的首都。双边条约自交换批准书之日起生效。例如《中日和平友好条约》1978年8月在北京签署，同年10月在日本东京交换批准书。

（三）条约的公布、登记和保存

1. 公布

条约的公布是指条约缔结后，缔约各方以一定的方式向国内外公布。联合国会员国或非会员国也可以将自己与别国缔结的条约送交联合国秘书处登记、存档及记录，并予以公布。凡已登记、归档、备案的条约文本，均由秘书处用原有文字汇集在联合国《条约集》中公布，另附英文和法文两种译本。

2. 登记

条约的登记是指联合国会员国或非会员国将自己与别国缔结的条约送交联合国秘书处登记、存档及记录。条约的登记不是一项使条约生效的必备条件，未向联合国秘书处登记的条约，并不影响其法律效力，不过，根据《联合国宪章》第102条规定，条约如不进行登记，条约当事国不得在联合国的任何机构中援引该条约。非联合国会员国也可将本国与别国订立的条约送请联合国秘书处登记。

3. 保存

条约的保存是指双边条约的批准书交换后，通常存入缔约国的外交部，多边条约因多国签字，无法交换批准书，要把批准书交存于条约规定的负责保管批准书的保管者，可以是签字地所在国的外交部，也可以是负责主持召开国际会议的国际组织的总部机关。例如，二战以后，联合国主持下拟定的国际公约的批准书，都存放在联合国秘书处，联合国秘书长收到每一份批文后通知该公约的所有缔约国。《联合国宪章》是一个多边条约，宪章的第110

条规定，该宪章的批准书应交存美国政府，由美国政府通知其他联合国会员国及联合国秘书长。

二、条约的加入和保留

（一）条约的加入

1. 条约加入的定义

"条约的加入，是指未在条约上签字的国家参加已经签订的多边条约，从而成为缔约国的一种方式，也是该加入国接受条约拘束的一种法律行为。"[①] 加入通常适用于开放性的多边条约。闭锁性的多边条约和双边条约没有加入问题。

2. 条约加入的方式

如何加入多边条约，取决于缔结条约时各当事国的协议。有的无条件地允许非签字国加入，如 1949 年关于保护战争受难者的《日内瓦公约》；有的限制在一定范围内或须具备一定条件，如《北大西洋公约》第 10 条规定："欧洲任何其他国家，凡能发扬本公约原则，并对北大西洋区域安全有所贡献者，经缔约各国之一致同意，得邀请其加入本公约。"

根据《维也纳条约法公约》第 15 条规定，以加入表示同意承受条约的拘束有下列三种情形：（1）条约有加入的规定；（2）另经谈判国之间协议，确定允许以加入方式加入；（3）全体当事国嗣后协议允许以加入方式加入。

一般来说，国际组织召开的外交会议通过的国际公约，对加入国不做限制。例如，1982 年通过的《联合国海洋法公约》第 307 条规定，该公约应持续开放给各国和公约所允许的其他实体加入。

3. 条约加入的程序

加入条约的法律效果等同于签署式批准条约的法律效果，加入书和批准书的格式也是一样的。由加入国以书面通知条约保存国，由保存国转告其他缔约国。条约对加入国开始生效的时间取决于条约本身的规定。有的规定自交存加入书之日起生效；有的规定在加入书交存后的一定期限后生效。

（二）条约的保留

1. 条约保留的定义和形式

《维也纳条约法公约》第 2 条规定，保留是指一国在签署、批准、接受、赞同或加入条约时所提出的单方面声明，不论措辞或名称如何，其目的在摒

[①] 邵津：《国际法》，北京大学出版社、高等教育出版社 2014 年版，第 381—382 页。

除或更改条约中若干规定对该国适用时的法律效果；通常保留有以下 3 种形式：（1）宣布摒弃某一条款；（2）要求改变某一条款中的部分用语；（3）对条约作出特别解释。

允许缔约方提出保留，增加了条约适用范围的普遍性，但另一方面，又可能损害其内容的完整性，影响条约所确立的权利与义务关系。

2. 对条约保留的原因和目的

根据条约保留的定义可以看出，一国对条约提出保留的目的是为了免除该国的某项条约义务或变更某项条约义务。双边条约一般不发生保留问题。因为双边条约的任何一方提出保留，则表明双方对条约内容尚未达成协议。在这种情况下，双方可以重开谈判，以达成协议。而多边条约则不同，它所涉及的缔约方较多，各方的利益、政策又不尽相同，要想使多边条约的各项条款达到完全一致很困难，所以只有多边条约才会经常发生保留问题。根据国家主权原则，任何一个缔约国都可以提出保留，保留须在条约签署时提出，或在批准或核准等其他任何表示接受条约约束行为时提出。但是，有些多边条约并不允许保留。

3. 条约保留的接受与效力

对于保留，缔约方可以接受也可以反对。对此《维也纳条约法公约》第 20 条做以下规定：（1）凡是条约明示准许的保留，无须其他缔约国事后予以接受，除非条约有相反的规定；（2）对谈判国数目有限的条约，因为谈判方的有限数目、条约的目的与宗旨的关系，全体当事国同意接受条约拘束时，保留必须经全体当事国接受；（3）倘若条约是一个国际组织的组织约章，除条约另有规定外，保留须经该组织主管机关接受；（4）凡不属以上各项所说的情况，除条约另有规定外：a. 保留经另一缔约国接受，就该另一缔约国而言，保留国即成为条约之当事国，但须条约对各该国均已生效；b. 保留经另一缔约国反对，则条约在反对国与保留国间并不因此而不生效力，除非反对国确切表示相反的意思；c. 一国表示同意承受条约拘束而附以保留之行为，至少有另一缔约国接受保留，即发生效力。《维也纳条约法公约》第 20 条还规定保留可用默认方式接受。除条约另有规定外，倘若一国在接获关于保留之通知后 12 个月期间届满时或至其表示同意承受条约拘束之日为止，两者中以较后的日期为准，还未对保留提出反对，此项保留即视为已被该国接受。《维也纳条约法公约》第 21 条规定：保留只涉及保留方与其他缔约方之间的关系，并不影响其他缔约方相互之间的关系。

4. 条约保留的程序与撤回

《维也纳条约法公约》第 22 条规定：除条约另有规定外，保留可以随时撤回，保留的撤回无须经过已接受保留国家的同意；保留的撤回，应及时通知有关当事方；撤回自保留接受方或提出保留方收到通知时起方始发生效力。

有关保留的程序，《维也纳条约法公约》第 23 条做了明确规定：（1）保留、明示接受保留及反对保留，均必须以书面提出，并致送缔约国及有权成为条约当事国的其他国家；（2）撤回保留或撤回对保留的反对，必须以书面形式提出。

5. 不允许和不构成条约保留的情形

依据《维也纳条约法公约》第 19 条规定，在下列情形之下不允许对条约保留：（1）该项保留为条约所禁止，如《联合国海洋法公约》第 309 条规定："除非本公约其他条款明示许可，对本公约不得作出保留或例外"；（2）条约仅准许特定的保留，而提出的保留不在其内；（3）凡不属前两款所说的情形，该项保留与条约目的及宗旨不相容。

6. 对条约的解释性声明

解释性声明是指一个国家在签署、批准或加入条约时，表示它对该条约某些规定的立场态度的一种声明。在有关公约的"解释性声明"中，有的是真正"解释性"的，有的则是以解释性声明的名义对公约的某些规定提出保留。"关于解释性声明是否是保留问题，要根据具体声明是否具有更改或排除条约规定的法律效果来确定。"① 对不允许保留的条约，有时国家也会发表解释性声明，但不具有对该条约保留的法律意义。

第三节 条约的效力、适用、拘束力和条约与第三国

一、条约的效力与适用

（一）条约的生效和暂时适用

1. 条约生效的定义

条约的生效是指条约对缔约国开始发生法律拘束力。根据《维也纳条约法公约》第 24 条的规定，条约生效的方式及日期，应依据条约的规定或依据谈判国之间的协议。如无此种规定或协议，条约一旦确定所有谈判国同意承受条约

---

① 孙世彦：《国际法学的新发展》，中国社会科学出版社 2010 年版，第 79 页。

的拘束，即行生效。生效方式和日期取决于条约的规定或缔约各方的协议。

2. 双边条约的生效

在当代国际实践中，双边条约的生效大约有三种方式：(1) 自签字之日起生效，不需批准或交换批准书。这种条约多是一些经济、贸易、技术合作或文化等方面的协定。(2) 自双方批准之日起生效，相互通知批准日，但无需交换批准书。缔约双方如在同一天批准条约，条约即在该日生效；如果日期不同，则以缔约一方的最后批准日为生效日。(3) 自互换批准书之日起生效。

3. 多边条约的生效

多边条约的生效情况较为复杂，一般有以下几种方式：(1) 自全体缔约方批准之日或各缔约方明确表示接受条约约束之日起生效。(2) 自一定数目的缔约国交存批准书之日，或加入书之日，或以后的某个特定日期起生效，如《联合国海洋法公约》第380条第1款规定：该公约应自第60份批准书或加入书交存之日后12个月生效。(3) 自一定数目的国家——其中包括某些特定国家——交存批准书后生效，如《联合国宪章》110条第3款规定，在中、法、苏、英、美五国以及其他过半数的签字国向美国交存批准书后即生效；《维也纳条约法公约》第84条第2款规定，公约应在第35件批准书或加入书存放之日后第30日起发生效力。

4. 条约的暂时适用

条约的暂时适用一般涉及的是须经批准的条约。从条约的签字到批准通常需要一段时间，在这段时间里，条约不具有约束力，为了解决条约效力的延迟的问题，有些国际条约中规定暂时适用条款。对此，《维也纳条约法公约》第18条规定，在条约生效前，缔约国或缔约组织应本着善意的原则，有承担不破坏条约的宗旨和目的的义务，除非该缔约国已明确表示不成为条约的当事方。有时为了将条约的规定或部分规定尽早付诸实施，缔约国会约定条约在批准生效前暂时适用。为此，《维也纳条约法公约》第25条第1款规定，条约或条约的一部分于条约生效前在下列情形下暂时适用：(1) 条约本身有这样的规定；(2) 谈判国以其他方式约定这样的规定。从以上可以看出，条约是否可以暂时适用，取决与缔约国是否同意。暂时适用制度在《关贸总协定》等条约的执行中发挥了重要作用。

(二) 条约适用的范围

1. 条约适用的时间范围

条约适用的时间范围，指的是条约的时间效力，内容包括生效时间、失效时间、溯及力等。条约一般都是自生效之日起开始适用。有期限规定的自条约到期日失效。许多有期限条约规定到期可以延长，无期限条约则始终有效。

条约不溯及既往原则。《维也纳条约法公约》第28条规定："条约不溯既往，除条约表示不同意思，或另经确定外，关于条约对一当事国生效之日以前所发生之任何行为或事实或已不存在之任何情势，条约之规定不对该当事国发生拘束力。"也就是说，原则上，条约没有追溯效力，除非条约有不同的规定。但是，条约不溯既往并不是绝对的。某一项条约是否有溯及力，应该取决于缔约各方的共同意见。

2. 条约适用的空间范围

《维也纳条约法公约》第29条规定："除条约表示不同意思或另经确定外，条约对每一当事国之拘束力及于其全部领土。"一项条约适用的空间范围通常是依据各缔约国的协议及其有关当事国的意思决定，如果当事方没有异议，则认定为条约当适用于当事方的全部领土。在实践中，也存在一些限制领土适用范围的条约。例如，1985年中华人民共和国政府和丹麦王国政府签署《中华人民共和国政府和丹麦王国政府关于鼓励和相互保护投资协定》，就规定，该协定不适用于丹属法罗群岛和格陵兰。①

二、条约的拘束力和条约与第三方

(一) 条约的遵守与违约

1. 条约必须遵守的原则

"约定必须信守"（Pacta Sunt Servanda），即条约必须遵守，是一项古老的、公认的国际习惯法原则，具有重要意义。条约是国际法主体之间缔结的，只要是合法的、有效的，就对各当事方具有拘束力，必须由当事各方善意履行。一个合法缔结的条约，在其有效期限内，当事国必须依约行使自己的权利、履行自己的义务，而不得违反。"国家执行条约，就是实践自己作为缔约一方庄严的诺言，履行国际义务。"② 在不妨碍《维也纳条约法公约》

---

① 上述两地均为丹麦海外殖民领地。
② 周鲠生：《国际法》（下册），武汉大学出版社2007年版，第555页。

第 46 条①规定的前提下，"一当事国不得援引其国内法规定为理由而不履行条约"②。

国际法的有效性和国际法律秩序的稳定性在很大程度上取决于各国能否善意履行其所承担的国际义务。如果缔结条约以后可以任意破坏，条约也就失去了意义。长期以来，在国际法的理论与实践中，非常重视条约必须遵守的原则，该原则的基本精神也在一系列国际法文件与案例中反复得到确认和重申，如《联合国宪章》第 2 条规定："各会员国应一秉善意，履行其依宪章所担负之义务。"《维也纳条约法公约》第 26 条也明确规定："凡有效之条约对各当事国有拘束力，必须由各当事国善意履行。"

条约必须遵守在国际法上是一项非常重要的原则，但对该原则的理解与适用也不能绝对化。条约必须遵守的原则，只适用于在平等自愿基础上签订的符合国际法的条约，对于那些不平等的和非法的条约，不但不应遵守，还应坚决反对和废除。如果不区分条约的性质而一律强迫遵守，则同样不利于国际关系和国际法的发展。

另外，条约签订后，情势如果发生根本变迁，再按原定的条约规定履行时，对缔约国一方有失公允，此时可以修改或解除条约。《维也纳条约法公约》第 62 条对此做了专门规定，但公约也强调不能滥用这一例外规则，否则也是违反国际法的。

2. 违约必须承担国际法律责任

条约必须遵守的原则，为国际条约的实行奠定了基础，这也是开展国际交往与合作的重要保障。条约当事国若违反该国参与的条约规定，该国将必须承担由此产生的国际法律责任。"在实践上，当一个国家不履行条约义务时，他方即加以谴责，如果坚持违约而并无有理由的证明，由于违约而致无过失的一方遭受任何损害，无过失一方即要求赔偿。"③

---

① 《维也纳条约法公约》第 46 条："一国不得援引其同意承受条约拘束之表示为违反该国国内法关于缔约权限之一项规定之事实以撤销其同意，但违反之情事显明且涉及其具有基本重要性之国内法之一项规则者，不在此限。"

② 《维也纳条约法公约》第 27 条："国内法与条约之遵守"，中国人大官网，http://www.npc.gov.cn/wxzl/gongbao/2000-12/07/content_5003752.htm。

③ 李浩培：《条约法概论》，法律出版社 1987 年版，第 346 页。

（二）条约与第三方

1. 条约不拘束第三国原则

第三方即条约非当事方。条约的生效基于缔约国的自愿同意。因而，条约只能适用于缔约国之间，未经第三国同意，对该国不产生权利，也不产生义务。[1] 条约不拘束第三国原则是一项古老的法律原则，可溯源于罗马法中的"约定对第三国既无损，也无益"的原则，长期以来获得了各国的普遍采纳和国际判例的普遍遵守。《维也纳条约法公约》再次确认了这一原则。按照该公约第34、35、36等条款的规定：条约非经第三国同意，不为该国创设义务或权利；如果条约当事国有意在条约中确定一项义务，这种义务又经第三国书面明示接受，则该第三国可对此负有义务；如果条约当事国有意通过条约给予第三国以权利，而该第三国表示同意，或无相反的表示可推定其同意，第三国则可享受这一权利。

2. 条约不拘束第三国原则不能绝对化

在某些情况下，条约也会对第三国产生一定的拘束力。这一点在《维也纳条约法公约》第38条有明文规定：即"不妨碍条约所载规则成为对第三国有拘束力之公认国际法习惯规则"。这种情况下，对第三国有拘束力的权利义务的法律根据不是条约，而是国际习惯法。条约可能为第三者创设权利和义务有以下几种情况：

（1）条约所载某项规定。因为很多第三国认定它是必须遵守的，经过不断实践，逐渐形成国际惯例，从而对第三国具有拘束力；（2）关于边界和领土变更的条约。此类条约尽管只涉及缔约双方间边界的位置和领土归属，但理应为第三国所尊重；（3）按照最惠国待遇条款，条约会给享有最惠国待遇的若干第三国创设权利的机会；（4）某些国际公约也可能赋予第三国以权利，如1888年《关于苏伊士运河自由航行的公约》规定，该运河对一切国家开放。该公约的非缔约国在尊重运河所在国主权和有关航行规则的情况下，也享有自由通过运河的权利；（5）某些国际组织章程本身就做出拘束第三国的规定，如《联合国宪章》第35条第2款规定："非联合国会员国之国家如为任何争端之当事国时，经预先声明就该争端而言接受本宪章所规定和平解决之义务后，得将该项争端，提请大会或安全理事会注意。"[2]

---

[1] 周洪钧：《国际法》，中国政法大学出版社1999年版，第323页。
[2] 《联合国宪章》第六章"争端之和平解决"，第35条第2款，联合国官网，http://www.un.org/zh/documents/charter/chapter6.shtml。

第四节 条约的失效和无效、冲突和实施、解释和修订

一、条约的失效与无效

条约的失效与条约的无效是两个不同的概念。条约的失效是指依法律程序而造成条约丧失效力。条约的无效是指条约本身或缔约时存在违反国际法的因素,而不具法律效力。

(一) 条约的失效

条约的失效又称条约效力的终止,是指条约到期或由于某种事实或原因而失去了效力。① 条约的终止可根据是否经过缔约国协议而分为两大类。②

1. 经过缔约国的协议而终止条约

从国际关系实践来看,条约当事国一般在条约中事先规定条约失效的条件和形式,也有另外经过协议解除条约的情况。在下列情况下条约失效:

(1) 条约期满。许多条约规定有效期限,如无延长有效期的规定,则条约到期即失效。(2) 条约的解除条件成立。有的条约明文规定了条约的解除条件,一旦解除条件成立,条约随之失效。(3) 条约被代替。由于另订新条约,旧条约被代替而失效。这种情况一般会在新条约中明确规定旧条约的处理办法。(4) 因退出而对退出国失效。双边条约的当事国一方违背条约的主要义务,缔约他方有退约的权利,双边条约经缔约一方退出当即失效。多边条约当事国之一违背条约主要义务,其他当事国有权一致协议在各当事国与违约国关系上或在全体当事国之间将该条约终止。多边条约经某缔约国退出,便对该国失效。(5) 缔约各方同意终止条约。条约是缔约各方签订的,无论是双边条约,还是多边条约,都可以由缔约各方的一致同意而终止。依照《维也纳条约法公约》第 54 条:无论何时经全体当事国在咨商其他各缔约国后表示同意方可终止条约。

2. 非经过缔约国协议终止条约

这是根据一般国际法原则或规则所确认的某些法律事实或缔约国单方面行为而终止条约。③ 包括:

(1) 条约主体丧失国际人格。丧失国际人格是指一个国家分裂为数个国

---

① 王铁崖:《国际法》,法律出版社 1986 年版,第 356 页。
② 周洪钧:《国际法》,中国政法大学出版社 1999 年版,第 324 页。
③ 同上书,第 325 页。

家或并入其他国家，因而丧失其国际人格。双边条约的一方如果丧失国际人格，那么它所缔结的条约也就随之失效。在多边条约的情况下，该条约则减少一个缔约方。(2) 条约无法履行。如条约的客体不复存在，条约即告失效。(3) 一方违约。(4) 一方废弃不平等条约。不平等条约是非法条约，其根本背离了国际法的基本原则，受害国有权予以废除。(5) 情势变更。情势变更原则是指：在一般情况下，不得以缔结条约时存在的情况发生基本改变作为终止或退出条约的理由，但在构成当事国同意承受条约拘束的主要基础的情况发生根本变化，且该变化根本地改变了根据条约应予履行的义务范围时，缔约国可以终止条约。"即提出废约的理由必须既违背当事方主观的意志，又使当事国应履行的义务有了根本改变。"① 《维也纳条约法公约》第62条第一款规定："条约缔结时存在之情况发生基本改变而非当事国所预料者，不得援引为终止或退出条约之理由，除非：(甲)此等情况之存在构成当事国同意承受条约拘束之必要根据；(乙)该项改变之影响将根本变动依条约尚待履行之义务范围。"为了防止对这一原则的滥用，《维也纳条约法公约》第62条第二款规定："情况之基本改变不得援引为终止或退出条约之理由：(甲)倘该条约确定一边界；(乙)倘情况之基本改变系援引此项理由之当事国违反条约义务或违反对条约任何其他当事国所负任何其他国际义务之结果。""即对于边界条约，以及仅因当事国自己违反条约义务而引起的情势变更，不得援引这一原则退出或终止条约。"②

3. 条约的停止实施

条约的停止施行又称条约的暂停施行或条约的中止，是指一个有效的条约作为法律规范继续存在，但由于某种原因或理由，暂时中断其效力，但条约本身并不因此而终止，在必要时，依一定程序可以恢复条约的施行。条约的暂停施行与条约终止和条约的无效有本质的区别。条约的终止是指条约由于期满或其他原因在法律上终止存在，不再具有约束力。条约的无效是指一项条约从开始就无效，这样的条约是违反国际法而产生的。

根据《维也纳条约法公约》相关规定，条约暂停施行可以在以下情形下发生：(1) 条约本身有这样的规定；(2) 缔约各方表示同意，在签订后条约的情形下，如果从条约中可见或另经确定当事国有停止实施前条约的意思，前条约可视为停止实施；(3) 一方先行重大违约；(4) 战争的爆发。战争交

---

① 龙心荣：《论条约法的情势变迁原则》，《中山大学研究生学刊》，1994年第4期。
② 同上。

战国之间的条约可能失效，但有关战争法规的条约除外。

（二）条约的无效

条约的无效是指条约因不符合国际法所规定的条约成立的实质要件而自始或自撤销时无法律效力。① 根据《维也纳条约法公约》规定，导致条约无效有以下几种情况：

1. 无缔约能力

一般各国宪法或相关法律都对国家机关的缔约权限和缔约程序做明确规定。如果一项条约违反这些规定，则会导致该条约无效。但是这种违反国内法关于缔约的权限必须是明显的，且涉及到具有根本重要性的国内法规则，否则一国不能引用违反国内法的缔约权限为条约无效的理由。这一规定在《维也纳条约法公约》的第45条中做了严格的限定。

2. 错误

根据《维也纳条约法公约》第48条规定："一国可援引条约内的错误，主张该条约无效，但此项错误涉及该国在缔结条约时假定为存在且构成其同意承受该条约拘束的必要基础的事实或情势为限。"也就是说，缔约方在缔结条约时所依据的事实或情势是错误的，缔约方基于错误的事实同意受该条约约束，发现错误后可以主张该条约无效。但是，错误如果是由该国家本身行为所造成，或当时情况足以使该国知道有错误的可能，则该国不能以此为理由主张条约无效。只是条约约文措辞的错误，不影响该条约的效力，该种情况下，可根据《维也纳条约法公约》第79条的规定，对约文进行适当的更正。在缔结条约的实践中，因为错误而主张条约无效的情况并不多见。

3. 诈欺

根据《维也纳条约法公约》第49条规定，倘若一国是因另一谈判国的诈欺行为而缔结的条约，该国可援引诈欺为理由，宣布该条约无效。诈欺的结果是阻碍了缔约国表达承受条约拘束的真正同意。因此，当一国被另一谈判国的欺骗行为所诱而缔结条约时，该条约无效。

4. 贿赂

根据《维也纳条约法公约》第50条规定，倘若一方缔约国对条约的同意是由另一缔约国直接或间接贿赂其代表而取得的，则该国可以援引贿赂为理

---

① 赵建文：《国际法新论》，法律出版社2000年版，第444页。

由有权撤销其承受条约拘束的同意。

5. 强迫

所说的强迫包括以下两种情况：一是缔约国一方对缔约国另一方实施强迫；二是缔约国一方对缔约国另一方的谈判代表实施强迫。根据《维也纳条约法公约》第 51 条规定，一国同意承受约束的表示是以行为或威胁对其代表所施之强迫而取得者，应无法律效果。另据《维也纳条约法公约》第 52 条规定，条约违反《联合国宪章》所含国际法原则以威胁或使用武力而获缔结的条约无效。

6. 与强行法冲突

《维也纳条约法公约》第 53 条规定："条约在缔结时与一般国际法强制规律抵触者无效。就适用本公约而言，一般国际法强制规律指国家之国际社会全体接受并公认为不许损抑且仅仅以后具有同等性质之一般国际法规律始得更改之规律。"①

二、条约的冲突与冲突解决

（一）条约的冲突

1. 条约冲突的定义

条约冲突，也称条约抵触，是指几个条约的规定互相抵触。具体地说就是一缔约国就同一事项先后所缔结条约规定产生矛盾冲突。

2. 条约冲突的情况

（1）缔约双方在签订一个条约以后，又就同一事项签订另一新的条约；（2）一方已和另一方缔约，承担某种义务，后来该方又与第三方缔约，而该方在后约中承担的某种义务同前约中的义务不相容；（3）一个多边条约的两个当事国间缔结了一个违反该多边条约的条约。

（二）条约冲突的解决办法

条约之间发生冲突，就出现哪一个条约应优先适用的问题。对此，《维也纳条约法公约》第 30 条做了以下规定：

1. 与《联合国宪章》的冲突

应该按《联合国宪章》第 103 条的规定，联合国会员国相互间订立的条

---

① 《维也纳条约法公约》，中国外交部官网，http://www.fmprc.gov.cn/mfa_chn/ziliao_611306/tytj_611312/t83909.shtml。

约，如有与《联合国宪章》相冲突的，宪章的规定优先。

2. 条约之间的冲突

（1）如果条约明文规定，该条约不得违反先订或后订的条约，或不得视为与先订或后订的条约不符，则该先订或后订的条约应优先。[1]（2）如果先订条约全体当事国同时也是后订条约当事国，但先订条约依法并未终止或停止施行，则后订条约的规定适用优先。（3）如果后订条约的当事国不包括先订条约的全体当事国时：a. 在同为两条约当事国之间，后订条约适用优先；b. 在两条约的当事国与仅为其中一个条约的当事国之间，其彼此的权利与义务依照两国同为当事国的条约规定处理。

（三）条约与国内法的冲突与条约在国内法上的接受

1. 条约与国内法的冲突

在各国执行条约的实践中，如果条约和国内法相冲突，各个国家的作法不尽相同，大致归纳如下：（1）国内法优先原则；（2）国内法与条约地位相等的原则；（3）条约的地位优越于国内法；（4）条约的地位优越于宪法。[2]

2. 条约在国内法上的接受

在国际上生效的条约并不等于自动地在所有缔约国国内生效。一个在国际上已生效条约的规定若要在国内适用，必须通过某些国家行为将其接受为国内法。

国际法和国内法虽然是两个不同的法律体系，但二者却有着密切联系。由于国家既是国内法的制定者又是国际法的参与制定者，因此，国家在制定国内法时应考虑国际法的要求，在参与制定国际法时也要顾及国内法的相关规定。这样使二者相互渗透，相互补充，一般是不会发生冲突的，即使发生冲突，一般也是可以调整的。至于具体以何种方式来保证条约在国内的适用或调整条约与国内法的关系，这属于各国国内法予以规定的事项范围。

（四）条约在国内适用的原则和方法

1. 条约在国内适用的国际法规则

条约在国内适用应该遵守两项原则。一是不能以国内法改变国际法的原则。对此，《维也纳条约法公约》第27条明文规定，"各国不得援引国内法规定为理由而不履行条约。"二是内政不能干涉的原则。这也是当代国际法的一

---

[1] 王铁崖：《国际法》，法律出版社2000年版，第425页。
[2] 同上书，第427页。

项基本原则。国际法不能干涉国家依主权原则而制定的国内法。凡未承担国际义务的事项，均属国内管辖，由国内法调整，不在国际法效力范围之内。

2. 条约在国内适用的方式

各国有关条约在国内适用的法律规定和作法不尽相同。综观国际实践，对于条约的国内适用，各国所采取的立法措施，归纳起来分为三类情况：一种情况是纳入，由国家通过宪法或其他国内法把条约规定一次性地纳入国内法，而无须对每一个条约制定专门的国内法，以保证条约在国内得到执行。属于该种情况的国家有美国、日本、法国、瑞士、芬兰、奥地利、巴拉圭、厄瓜多尔、尼加拉瓜等国家。另一种情况则是由国家专门立法，把条约转化为国内法，才能得到执行。该种情况最具代表性的国家是意大利和英国。在意大利，国际法要在国内适用必须首先转化为国内法，英国也有类似的规定。[1] 第三种是混合方法，即根据条约的不同，分别使用上述两种方法处理。

直接适用是指一国法律适用的专门机构、司法及有关行政部门，以条约规定作为其适用法律的渊源，并以适用国内法的同样方式适用条约的规定。[2] 凡是能被直接适用的条约都可以成为有关当事人向法律适用的专门机构提出权利和义务主张的依据。

三、条约的解释和修订

（一）条约解释的含义和程序

1. 条约解释的意义

条约的解释是指因缔约国对条约约文的理解不同而影响到条约的实施和适用时，对条约的目的、宗旨及条约所具有的正确含义进一步加以解释说明。《维也纳条约法公约》第31条规定，条约缔结后，各有关当事方必须善意履行条约。而正确和善意履行条约的前提是必须首先弄清条约具体规定的正确含义。缔结条约时，条约的各当事方为了减少对条约的误解和歧意，会尽可能地厘清条约中含混的地方。但由于各当事国对约文的理解有时会出现认知差异，在某些问题上可能产生争议甚至纠纷，所以，正确阐明条约具体规定的含义是非常必要的。

---

[1] 李振华：《论国际条约在国内的适用问题》，《武汉大学学报（社会科学版）》，1993年第5期。

[2] 李浩培：《条约法概论》，法律出版社2003年版，第386页。

2. 条约解释的程序

原则上，双边条约的解释应由缔约双方达成协议后，用"解释性议定书"或换文形式加以记录，或发表"解释性声明"。多边条约的解释由缔约国召开国际会议共同协商，订立有关条约的补充议定书。不能达成协议时，在所有当事国同意下，可采用国际仲裁或国际司法方式解决。有些多边条约规定了条约解释的条款和解决解释争端的程序。如在联合国范围内遇有涉及条约解释的问题时，可请求国际法院对条约进行解释。

(二) 条约解释的机关

1. 当事国的解释

条约的当事方既是条约的制定者，又是条约履行者，有权对条约进行解释。因为当事国最了解缔约时的意图、背景和整个条约的确切含义。在对条约约文有分歧时，当事国通常通过外交途径协商解决。然而，有时各缔约国在牵涉到本国根本利益的关键性条款的解释上出现严重分歧，很难取得一致看法时，就必须由其他机关解释。

2. 国际组织的解释

国际组织原则上有权解释建立该组织的条约、公约或章程等，如国际劳工组织有权解释同国际劳工有关的公约。在国际组织的成员国之间发生条约解释争议而陷入僵局时，国际组织也可以充当条约解释者。国际组织的条约解释权只在该组织范围内有效。

3. 国际仲裁或司法机关的解释

如果条约当事方就条约具体规定的解释不能达成一致时，一般由国际仲裁或司法机关来解释。如1907年的《海牙关于和平解决国际争端公约》第38条规定，关于法律性质问题，特别是关于国际公约的解释和适用问题，各缔约国承认仲裁是解决外交手段未能解决的争端的最有效而且也是最公平的方法。[①] 另外，在条约中，常常列入"仲裁条款"，如《联合国海洋法公约》第287条规定，缔约国可以在仲裁法庭、特别仲裁法庭、国际法院、国际海洋法法庭4种方式中任选一种来解决有关该公约的解释或适用的争端。

(三) 条约解释之通则

《维也纳条约法公约》第31—33条规定了有关条约解释的规则。

[①] 曹建明：《国际公法学》，法律出版社1998年版，第211页。

1. 条约解释的原则

《维也纳条约法公约》中第31条"解释之通则"的第一款明确规定:"条约应依其用语按其上下文并参照条约之目的及宗旨所具有之通常意义,善意解释之。"① 根据这一规定,条约的解释应遵循以下原则:(1)善意原则:对条约用语的意思应该善意地加以解释。善意解释就是从诚实的立场进行解释,故意歪曲、强词夺理都不是善意的解释。(2)通常意义原则:应推定条约用语具有通常的意义,按照它们的通常含义合理地进行解释。(3)目的原则:条约用语的通常意义应按照上下文并参照条约的目的及宗旨来确定。(4)整体原则:就是说不能孤立地解释条约用语,应全面地考虑条约全部约文和相关文件。《维也纳条约法公约》中第32条明确规定:如果按照《维也纳条约法公约》第31条的解释原则后,条约意义仍属不明或者难以理解,或所获结果明显属于荒谬或不合理时,为确定其用语的意义,可以使用解释的补充资料,包括条约的准备工作及缔约的情况在内。条约的准备工作及缔约的情况的资料包括谈判记录、条约草案及讨论条约的会议记录等。但需指出的是,补充资料不具有权威性,只起补充说明的作用。

2. 用两种以上文字认证作准的条约的解释问题

缔结条约时,根据主权平等的原则,各个缔约方有权使用本国文字缔结条约。用多种语言缔结的条约,当因不同的语言文本发生解释问题时,就会产生哪种文字或哪几种文字是作准文字的问题,对此,《维也纳条约法公约》第33条做了明确规定:(1)条约约文经用两种以上文字认证作准者,除依条约之规定或当事国之协议遇意义分歧时应以某种约文为根据外,每种文字之约文应同一作准。(2)用认证作准文字以外的其他种文字作成的条约译本,仅限于条约有此规定或当事国有此协议时,才能视为作准约文。(3)条约用语推定在各作准约文内意义相同。(4)倘比较作准约文后发现意义有差别而适用按《维也纳条约法公约》第31条和32条也不能消除时,应采用顾及条约目的及宗旨之最能调和各约文之意义。

(四)条约的修订

1. 条约修订的含义

条约的修订是指缔约国在所定条约生效后,在该条约的有效期内改变条

---

① 《维也纳条约法公约》第31条解释之通则第1项:"条约应依其用语按其上下文并参照条约之目的及宗旨所具有之通常意义,善意解释之。"中国人大官网,http://www.npc.gov.cn/wxzl/gongbao/2000-12/07/content_ 5003752. htm。

约规定的行为。删除原条约的某个或某些条款，增加某个或某些条款，或者是变更某个或某些条款，都属于条约的修订。[①]

关于条约的修订问题，《维也纳条约法公约》使用了两个概念：修正与修改。依照该公约的第39、40、41的规定：条约的"修正"是指全体当事国对条约，包括多边条约的更改，而条约的"修改"是指仅在若干当事国之间修改多边条约的协定。

2. 条约修正的原则与规则

根据《维也纳条约法公约》第39条的规定：关于修正条约的原则是"条约得以当事国之协议修正之"。对双边条约而言，修正必须达成缔约双方当事国的协议，多边条约的修正则必须取得缔约国的全体一致或法定多数的同意。例如《联合国宪章》第108条规定，该宪章的任何修正案在经联合国大会出席并参加投票的2/3多数表决通过后，须由2/3会员国，包括安理会全体常任理事国批准后方能生效。

多边条约一般都明文规定其修正程序。根据《维也纳条约法公约》第39条的规定，除条约另有规定外，多边条约之修正依下列各项之规定：

（1）在全体当事国间修正多边条约之任何提议必须通知全体缔约国，各该缔约国均应有权参加并提出关于对条约修正的建议。（2）全体缔约国均有权参与修正条约的任何协定的谈判及缔结。（3）凡有权成为条约当事国之国家亦应有权成为修正后条约之当事国。（4）修正条约的协定对已为条约当事国而未成为该协定当事国的国家无拘束力，对这些当事国，仍适用没有修订过的条约。（5）凡是在修正条约的协定生效后成为条约当事国之国家，若没有不同意思的表示，应视为修正后条约的当事国；就其对不受修正条约协定拘束的条约当事国的关系而言，适用没有修正过的条约。

3. 条约的修改规则

条约的修改规则与修正规则略有不同，对于双边条约而言，只存在修正问题，而不存在修改问题，修改只适用于多边条约。关于多边条约的修改问题，在《维也纳条约法公约》的第41条中做了明确规定，如果多边条约两个以上当事国彼此间修改条约，必须满足下列条件：第一，条约内有做此种修改的规定；第二，有关的修改不是条约所禁止，而且不影响其他当事国享有

[①] 周洪钧：《国际法》，中国政法大学出版社1999年版，第329页。

条约上的权利或履行其义务；第三，该项条约的修改不涉及有效实行整个条约的目的及宗旨；第四，有关当事国应将其缔结协定的意思及协定对条约所规定的修改内容通知其他当事国。

第五节　中国关于缔结条约和适用条约的相关法律法规

《中华人民共和国缔结条约程序法》于 1990 年 12 月 28 日第七届全国人民代表大会常务委员会第十七次会议通过，并经国家主席令公布施行。《缔结条约程序法》适用于中华人民共和国同外国缔结的双边和多边条约、协定和其他具有条约、协定性质的文件。这是中国第一部关于缔结条约程序的法律，它体现了中国缔结条约程序的原则立场。《缔结条约程序法》共 21 条，主要内容包括适用范围、缔约代表权、缔约名义、谈判代表的委员、条约草案的拟定和审定、条约的签署和批准等。

一、权限和程序

（一）缔约权和批准权

1. 缔约权和缔约名义

关于缔约权，根据《中华人民共和国缔结条约程序法》第 3 条规定，中华人民共和国国务院，即中央人民政府，同外国缔结条约和协定；中华人民共和国全国人民代表大会常务委员会决定同外国缔结的条约和重要协定的批准和废除；中华人民共和国主席根据全国人民代表大会常务委员会的决定，批准和废除同外国缔结的条约和重要协定；中华人民共和国外交部在国务院领导下管理同外国缔结条约和协定的具体事务。

根据《中华人民共和国宪法》、《香港特别行政区基本法》和《澳门特别行政区基本法》的有关规定，这两个特别行政区可分别以"中国香港"和"中国澳门"的名义单独地同世界各国、各地区或国际组织缔结经济、贸易、金融、航运、通讯、旅游、文化、体育等方面的协定。这种有限的缔约权是国家通过立法赋予的，不能超越法律所规定的范围。这与国家本身的缔约能力和缔约权是不能相提并论的。

关于缔约名义，根据《中华人民共和国缔结条约程序法》第 4 条规定，中华人民共和国以下列名义同外国缔结条约和协定：（1）中华人民共和国；（2）中华人民共和国政府；（3）中华人民共和国政府部门。

2. 条约和重要协定的批准权和废除权

根据《中华人民共和国缔结条约程序法》第3条规定，中华人民共和国全国人民代表大会常务委员会决定同外国缔结的条约和重要协定的批准和废除；中华人民共和国主席根据全国人民代表大会常务委员会的决定，批准和废除同外国缔结的条约和重要协定。另据《中华人民共和国缔结条约程序法》第7条规定，应由国家主席根据全国人大常委会的批准决定予以批准的条约和重要协定有以下6项：（1）友好合作条约、和平条约等政治性条约；（2）有关领土和划定边界的条约、协定；（3）有关司法协助、引渡的条约、协定；（4）同中华人民共和国法律有不同规定的条约、协定；（5）缔约各方议定须经批准的条约、协定；（6）其他须经批准的条约和协定。

3. 缔约具体事务的管理部门

根据《中华人民共和国缔结条约程序法》第3条规定，中华人民共和国外交部在国务院领导下管理同外国缔结条约和协定的具体事务。

（二）决定程序与代表委派

1. 中方草案的拟定和审核

根据《中华人民共和国缔结条约程序法》第5条规定，谈判和签署条约、协定的决定程序如下：（1）以中华人民共和国名义谈判和签署条约、协定，由外交部或者国务院有关部门会同外交部提出建议并拟订条约、协定的中方草案，报请国务院审核决定。（2）以中华人民共和国政府名义谈判和签署条约、协定，由外交部提出建议并拟订条约、协定的中方草案，或者由国务院有关部门提出建议并拟订条约、协定的中方草案，同外交部会商后，报请国务院审核决定。属于具体业务事项的协定，经国务院同意，协定的中方草案由国务院有关部门审核决定，必要时同外交部会商。（3）以中华人民共和国政府部门名义谈判和签署属于本部门职权范围内事项的协定，由本部门决定或者本部门同外交部会商后决定；涉及重大问题或者涉及国务院其他有关部门职权范围的，由本部门或者本部门同国务院其他有关部门会商后，报请国务院决定。协定的中方草案由本部门审核决定，必要时同外交部会商。经国务院审核决定的条约、协定的中方草案，经谈判需要做重要改动的，重新报请国务院审核决定。

2. 代表委派和全权证书

根据《中华人民共和国缔结条约程序法》第6条规定，谈判和签署条约、协定的代表按照下列程序委派：（1）以中华人民共和国名义或者中华人民共和国政府名义缔结条约、协定，由外交部或者国务院有关部门报请国务院委派代表。代表的全权证书由国务院总理签署，也可以由外交部长签署。（2）以中华人民共和国政府部门名义缔结协定，由部门首长委派代表。代表的授权证书由部门首长签署，部门首长签署以本部门名义缔结的协定，各方约定出具全权证书的，全权证书由国务院总理签署，也可以由外交部长签署。

3. 无须出具全权证书者

下列人员谈判、签署条约、协定，无须出具全权证书：

（1）国务院总理、外交部长；（2）谈判、签署与驻在国缔结条约、协定的中华人民共和国驻该国使馆馆长，但是各方另有约定的除外；（3）谈判、签署以本部门名义缔结协定的中华人民共和国政府部门首长，但是各方另有约定的除外；（3）中华人民共和国派往国际会议或者派驻国际组织，并在该会议或者该组织内参加条约、协定谈判的代表，但是该会议另有约定或者该组织章程另有规定的除外。

4. 加入多边条约和协定

根据《中华人民共和国缔结条约程序法》第 11 条规定，加入多边条约和协定，分别由全国人民代表大会常务委员会或者国务院决定。

中国加入多边条约和协定的程序如下：（1）加入属于本法第 7 条第 2 款所列范围的多边条约和重要协定，由外交部或者国务院有关部门会同外交部审查后，提出建议，报请国务院审核；由国务院提请全国人民代表大会常务委员会做出加入的决定。加入书由外交部长签署，具体手续由外交部办理。（2）加入不属于本法第 7 条第 2 款所列范围的多边条约、协定，由外交部或者国务院有关部门会同外交部审查后，提出建议，报请国务院做出加入的决定。加入书由外交部长签署，具体手续由外交部办理。

5. 条约和协定的修改、废除或者退出

根据《中华人民共和国缔结条约程序法》第 19 条规定，中华人民共和国缔结的条约和协定的修改、废除或者退出的程序，比照各该条约、协定的缔结的程序办理。

（三）登记、公布、交存

1. 登记

根据《中华人民共和国缔结条约程序法》第 17 条规定，中华人民共和国缔结的条约和协定由外交部按照《联合国宪章》的有关规定向联合国秘书处登记。中华人民共和国缔结的条约和协定需要向其他国际组织登记的，由外交部或者国务院有关部门按照各该国际组织章程的规定办理。

2. 公布

根据《中华人民共和国缔结条约程序法》第15条规定，经全国人民代表大会常务委员会决定批准或者加入的条约和重要协定，由全国人民代表大会常务委员会公报公布。其他条约、协定的公布办法由国务院规定。

3. 交存

根据《中华人民共和国缔结条约程序法》第14条规定，以中华人民共和国或者中华人民共和国政府名义缔结的双边条约、协定的签字正本，以及经条约、协定的保存国或者国际组织核证无误的多边条约、协定的副本，由外交部保存；以中华人民共和国政府部门名义缔结的双边协定的签字正本，由本部门保存。

二、国际条约在中国的适用

（一）中国签署的国际条约及其保留

1. 条款保留

在实践中，国际条约和中国国内法相冲突的情况时有发生，所以，为了不和国内法相抵触，中国在缔结条约时有时会对条约的某项条款提出保留。例如，中国在1956年11月5日决定批准1949年4个《日内瓦公约》时，就曾对这些公约的一些条款做出保留。又如，1961年《维也纳外交关系公约》第14条和第16条是关于教廷使节的规定，而中国同罗马教廷一直没有外交关系，所以，中国1975年加入该公约时就这两项条款提出了保留。

表5—1　中国参加国际公约做出保留情况一览表（1875—2003年）①

公约中、英文名称	生效日期	中国参加情况
《保护工业产权的巴黎公约》（1967年斯德哥尔摩修订文本）(Paris Convention for the Protection of Industrial Property as Amended at Stockholm in 1967)	1900年7月6日	1984年12月19日交存加入书 对公约第28条第1款持有保留 斯德哥尔摩文本于1967年7月14日签订

---

① 中华人民共和国外交部官网，http://www.fmprc.gov.cn/xws/xgfg/t4985.html。

续表

公约中、英文名称	生效日期	中国参加情况
《世界气象组织公约》（Convention of the World Meteorological Organization）	1950年3月23日	1973年4月27日交存批准书 对公约第29条持有保留 1973年5月27日对中国生效
《关于战俘待遇之日内瓦公约》（Geneva Convention Relative to the Treatment of Prisoners of War）	1950年10月21日	1952年7月13日声明承认 1956年12月28日交存批准书 对公约第10、第12和第85条持有保留
《改善海上武装部队伤者病者及遇船难者境遇之日内瓦公约》（Geneva Convention for the Amelioration of the Condition of the Wounded Sick and Shipwrecked Members of Armed Forces at Sea）	1950年10月21日	1952年7月13日声明承认 1957年6月28日对中国生效 对公约第10条持有保留
《关于战时保护平民之日内瓦公约》（Geneva Convention Relative to the Protection of Civilian Persons in Time of War）	1950年10月21日	1952年7月13日声明承认 1956年12月28日交存批准书 对公约第11和第45条持有保留
《改善战地武装部队伤者病者境遇之日内瓦公约》（Geneva Convention for the Amelioration of the Condition of the Wounded and Sick in Armed Forces in the Field）	1950年10月21日	1952年7月13日声明承认 1956年12月28日交存批准书 对公约第10条持有保留
《维也纳外交关系公约》（Vienna Convention on Diplomatic Relations）	1964年4月24日	1975年11月25日交存加入书 1975年12月25日对中国生效 对公约的第14、16条及37条2、3、4款持有保留 1980年9月15日通知撤回对第37条2、3、4款的保留
《消除一切形式种族歧视国际公约》International Convention on the Elimination of All Forms of Racial Discrimination	1969年1月4日	1981年12月29日交存加入书 1982年2月28日对中国生效 对公约第22条持有保留
《1966年国际船舶载重线公约》（International Convention on Load Lines）	1968年7月21日	1973年10月5日交存加入书 对公约附则二第49和第50条持有保留

续表

公约中、英文名称	生效日期	中国参加情况
《国际水道测量组织公约》（Convention on the International Hydrographic Organization）	1970年9月22日	1979年5月15日通知承认 对公约第17条持有保留
《维也纳条约法公约》（Vienna Convention on the Law of Treaty）	1980年1月27日	1997年9月3日交存加入书 1997年10月3日对中国生效 对该公约等66条持有保留，并宣布台湾当局1970年4月27日的签署非法、无效
《1949年8月12日日内瓦四公约关于保护国际性武装冲突受难者附加议定书》（第一议定书）Protocol Additional to theGeneva Conventions of 12 August 1949 and Relating to the Protection of Victims of International Armed Conflicts（Protocol I）	1978年12月7日	1983年9月14日交存加入书 1984年3月14日对中国生效 对议定书第88条第2款持有保留
《消除对妇女一切形式歧视公约》（Convention on the Elimination of AllForms of Discrimination Against Women）	1981年9月3日	1980年7月17日签署 1980年11月4日交存批准书 对公约第29条第1款持有保留
《禁止酷刑和其他残忍、不人道或有辱人格的待遇或处罚公约》（Convention Against Torture and Other Cruel Inhuman or Degrading Treatment or Punishment）	1987年6月26日	1986年12月12日签署 1988年11月3日对中国生效 对公约第20条和第30条第1款持有保留

2. 解释性声明

中国政府对参加的一些国际条约做出了解释性的声明。

表5—2 中国参加国际公约做解释性声明情况一览表① (1875—2003年)

公约中、英文名称	生效日期	中国参与情况
《伯尔尼保护文学和艺术作品公约》 (Berne Convention for the Protection of Literary and Artistic Works)	1887年12月5日	1992年7月1日决定加入 声明中华人民共和国根据公约附件第一条的规定,享有附件第2条和第3条规定的权利 1992年10月5日对中国生效
《世界版权公约》 (Universal Copyright Convention as Revised at Paris on 24 July 1971)	1974年7月10日	1992年7月1日决定加入 声明中华人民共和国根据公约第5条之二的规定,享有该公约第5条之三、之四规定的权利
《关于防止和惩处侵害应受国际保护人员包括外交代表的罪行的公约》 (Convention on the Prevention of Crimes Against Internationally Protected Persons Including Diplomatic Persons)	1977年2月20日	1987年8月5日交存加入书 1987年9月4日对中国生效 不受第13条(1)款约束
《核材料实体保护公约》 (Convention on the Physical Protection of Nuclear Material)	1987年2月8日	1988年12月2日加入 不受公约第17条第2所规定的两种争端解决程序的约束
《联合国国际货物销售合同公约》 (United Nations Convention on Contracts for the International-Sale of Goods)	1988年1月1日	1981年9月30日签署 1986年12月11日交存核准书不受公约第1条1款(B)第11条及与第11条内容有关之规定的约束
《商品名称及编码协调制度的国际公约》 (Convention on Harmonized Commodity Description and Coding System)	1992年6月23日	1991年12月17日批准加入,同时声明该公约自1992年1月1日开始对中国生效 1992年6月23日交存加入书

---

① 中华人民共和国外交部官网, http://www.fmprc.gov.cn/xws/xgfg/t4985.html。

续表

《南太平洋无核区条约第二和第三号附加议定书》（Additional Protocol Ⅱ and Ⅲ to the South Pacific Nuclear Free Zone Treaty）	1988年3月21日	1987年2月10日签署 1988年10月21日交存批准书，签署两议定书不意味改变对《不扩散核武器条约》和《部分禁止核试验条约》原则立场；如其他有核国家和条约缔约国严重违反条约和议定书，改变无核区地位并危及我安全利益，保留重新考虑所承担义务的权利 批准书重申中国曾两次交批准书：1988年10月21日；1989年1月4日
《核事故或辐射紧急情况援助公约》（Convention on Assistance in the Case of A Nuclear Accident or Radiological Emergency）	1986年10月27日	1986年9月26日签署 1987年9月14日交存核准书 1. 在由于个人重大过失而造成死亡、受伤、损失或毁坏的情况下，中国不适用该公约第10条第2款；2. 中国不受公约第13条第2款所规定的两种争端解决程序的约束
《及早通报核事故公约》（Convention on Early Notification of A Nuclear Accident）	1986年10月27日	1986年9月26日签署 1987年9月14日交存核准书 不受公约第11条第2款所规定的两种争端解决程序的约束
《制止危及海上航行安全非法行为公约》（Convention for the Suppression on Unlawful Acts Against the Safety of Maritime Navigation）	1992年3月1日	1988年10月25日签署 1991年8月20日提交批准通知书 1992年3月1日始对中国生效 不受公约第16条第1款规定的约束
《关于国际清算银行豁免的议定书》（Protocol Regarding the Immunities of the Bank for International Settlement）		1997年12月30日签署（签署即生效），并声明适用于中华人民共和国全部领土，包括香港特别行政区
《外空物体所造成损害之国际责任公约》（Convention on International Liability for Damage Caused By Space Objects）	1972年9月1日	1988年12月14日交存加入书；同日对我生效 声明台湾当局用中国名义对条约的签署和批准是非法的、无效的

（二）国际条约与协定在中国国内的适用规则

有关条约在中国国内法上的效力问题，《中华人民共和国宪法》没有明文规定，在实践中，中国采取了以下立法措施来履行条约义务。根据现有的立法和司法实践，条约在中国的适用方式大体有以下方法：

1. 直接适用

对中国法律没有规定的事项，中国很多部门法都规定了优先适用国际条约的条款。对国际条约也没有规定的事项，则直接适用国际惯例。例如《中华人民共和国民法通则》第142条第2款规定："中华人民共和国缔结或者参加的国际条约同中华人民共和国的民事法律有不同规定的，适用国际条约的规定，但中华人民共和国声明保留的除外。中华人民共和国法律和中华人民共和国缔结或者参加的国际条约没有规定的，可以适用国际惯例。"

2. 国内法化

一是制定专门的法律规章将国际法转化为国内法。1986年制定的《外交特权与豁免条例》和1990年《领事特权与豁免条例》是制定专门法律法规的两个实例。二是融入中国单行法律规范。比如1990年颁布的《著作权法》规定："外国人、无国籍人的作品根据其作者所属国或者经常居住地国同中国签订的协议或者共同参加的国际条约享有的著作权，受本法保护。"①

3. 修改法典补充相应条文

如中国1979年刑法中并没有关于劫持航空器罪的专门规定，1992年12月，全国人大常委会通过了《关于惩治劫持航空器的犯罪分子的决定》，规定了这种新的罪名。

4. 确定管辖权

全国人大常务会1987年6月23日通过的《关于对中华人民共和国缔结或者参加的国际条约所规定的罪行行使刑事管辖权的决定》中规定："对于中华人民共和国缔结或者参加的国际条约所规定的罪行，中华人民共和国在所承担条约义务的范围内，行使刑事管辖权。"②

5. 国际条约在特别行政区的适用

中国缔结和加入的条约适用的空间范围包括中国全部领土。但是，依据1990年制定的《中华人民共和国香港特别行政区基本法》和1993年制定的《中华人民共和国澳门特别行政区基本法》的相关规定，中华人民共和国缔结

---

① 邵津：《国际法》，北京大学出版社、高等教育出版社2014年版，第24—25页。

② 1987年6月23日全国人大常委会通过《关于对中华人民共和国缔结或者参加的国际条约所规定的罪行行使刑事管辖权的决定》规定："对于中华人民共和国缔结或者参加的国际条约所规定的罪行，中华人民共和国在所承担条约义务的范围内，行使刑事管辖权。"中国刑法第9条规定："对于中华人民共和国缔结或者参加的国际条约所规定的罪行，中华人民共和国在所承担条约义务的范围内行使刑事管辖权的，适用本法。"

的国际条约，中央人民政府可根据香港特别行政区及澳门特别行政区的情况和需要，在征询香港特别行政区政府及澳门特别行政区政府的意见后，决定是否适用于香港特别行政区和澳门特别行政区。中华人民共和国尚未参加但已适用于香港和澳门的国际条约仍可继续适用。中央人民政府根据情况和需要授权或协助香港和澳门特别行政区政府做出适当安排，使其他与其有关的国际条约适用于香港和澳门特别行政区。

第六章 国际人权法

第一节 人权与人权法

一、国际法中的人权
（一）人权的基本概念
1. 人权的定义和特点

人权（human right），目前尚不存在普遍接受的定义，但可以简单地把人权概括为"人依其自然属性和社会本质所享有和应当享有的权利"[1]。这种权利可分为公民权利和政治权利；经济、社会和文化权利；生存权和发展权也属于基本人权。人权是人在生存和发展过程中所必不可缺少的权利，是人的自然性和社会性、个体性和群体性的统一，也是个人权利和集体权利的结合。《世界人权宣言》第 2 条宣布："人人有资格享受本宣言所载的一切权利和自由，不分种族、肤色、性别、语言、政治或其他见解、国籍或社会出身、财产、出生或者其他身份等任何区别。"[2]

2. 发达国家与发展中国家对人权问题的认知差异

西方发达国家认为，人权是个人权利，并且只是公民权利和政治权利。西方发达国家主张人权的普遍性和人权的"统一标准"，并将其绝对化，认为国际上应有统一的人权模式，只有建立和实行西式民主才是实现人权的唯一途径。在人权与主权的关系问题上，西方国家认为，当人权与主权发生冲突时，"人权高于主权"、"人权无国界"。不干涉内政原则不适用于人权领域，国际社会可以对"侵犯人权"的国家进行人道主义干涉。

发展中国家认为，人权不仅包括公民权利、政治权利，还包括经济、社会和文化等方面的权利；不仅包括个体人权，还包括集体人权；对发展中国家来说，生存权和发展权是首要人权。发展中国家认为，对不同社会条件、

---

[1] 刘海年、王家福：《中国人权百科全书》，中国大百科全书出版社 1998 年版，第 481 页。
[2] 董云虎：《世界人权约法总览》，四川人民出版社，第 961 页。

不同历史发展阶段的国家，人权的要求、性质和内容也不同。在人权与主权的关系问题上，发展中国家主张：人权在本质上是一国主权范围内的事项；国家主权与人权并不矛盾，它是一国人民享有人权的前提；没有主权或主权遭受践踏，就谈不上人权。各国应在平等基础上进行对话与合作，求同存异；反对对抗，反对将人权概念政治化、意识形态化，反对人权问题上的歧视，反对双重标准，反对强加于人。

发展中国家与西方国家在人权问题上的分歧，反映了发展中国家与发达国家在社会、历史、文化背景以及政治制度、经济发展水平、意识形态等方面存在的差异，实质上也体现了发展中国家与发达国家不同的利益要求和发展道路。

3. 国际人权法的定义

国际人权法是国际法主体之间有关规定和保护人的基本权利和自由的原则、规则和制度的总称。国际人权法的渊源包括：国际公约、国际习惯，以及判例等。

（二）国际人权法的历史发展

1. 三代人权观

1979年时任联合国教科文组织人权与和平处处长卡雷尔·瓦萨克（Karel Vaska）根据法国大革命的三大口号——自由、平等、博爱——提出了"三代人权"论。

根据瓦萨克的观点，第一代人权是形成于美国独立战争和法国大革命时期，一般被称为"消极权利"，强调保护公民的自由免遭国家不当干涉，以个人自由权对抗公权力，要求国家克制自己的行为，通常国家的不作为即可带来权利的满足。主要包括生命权、人身自由权和安全权、私有财产权、选举权与被选举权以及言论、出版、集会、结社自由和思想、良心和宗教自由，等等。

第二代人权形成于俄国十月革命时期，一般称之为"积极权利"，强调以生存权为本位，要求国家采取积极行动，保障公民的"经济、社会、文化权利"，保证人们真正获得实质性的社会、经济和文化利益，包括工作权、劳动条件权、同工同酬权、社会保障权、物质帮助权、受教育权、健康权等等。

第三代人权是集体人权，兴起于20世纪50年代，也称之为"连带权利"，以发展权为根本，其主题涉及到人类共同生存、发展所依赖的和平权、环境权与发展权，要求新型的国际合作，遂呼吁发展集体人权。主要包括民族自决权、发展权、环境权、和平与安全权以及享有人类共同继承的遗产权等。

2. 人权保护的国际意义

国际人权法是在二战以后逐步形成并发展起来的。一战以前，人权法完全属于国内法，一战以后，人权问题开始进入国际法领域，但仅限于保护少数者方面。二战中，德、意、日法西斯粗暴践踏人权、残害生灵，激起了全世界人民的愤慨，各国民众普遍提出了保护人权的要求。二战后，纽伦堡审判、东京审判等确认危害和平的战争及粗暴践踏人权的行为构成国际犯罪。

二战之后，人权国际保护的理论与实践迅速发展起来。《联合国宪章》将促进和保护人权确立为联合国的一项宗旨。1945 年《联合国宪章》，第一次将人权规定在一个普遍性的国际组织文件中。该宪章明确规定联合国的宗旨之一是增进并鼓励对于全体人类之人权及基本自由之尊重。同时规定了尊重国家主权和不干涉内政的原则。

但在国际实践中，人权问题也被某些发达国家歪曲和利用，以人权之名干涉别国内政，甚至作为发动侵略战争的借口。

二、当代国际人权保护的法律文件

（一）《联合国宪章》的相关条款

《联合国宪章》是联合国的总章程，它第一次将保护人权规定为一个国际组织的宗旨，这标志着人权开始成为国际社会普遍关心的问题和国际合作的事项。其对人权问题所做的原则性规定，一直是开展国际人权领域活动的重要法律依据。

1. 序言

《联合国宪章》序言中关于人权的部分："重申基本人权、人格尊严与价值，以及男女与大小各国平等权利之信念"，并"促成大自由中之社会进步及较善之民生"。[①]

2. 第一章第 1 条

《联合国宪章》第一章第 1 条规定的联合国宗旨之一是，"发展国际间以尊重人民平等权利和自决原则为根据之友好关系"，"促成国际合作，以解决

[①] 《联合国宪章》序言，联合国官网，http://www.un.org/zh/documents/charter/preamble.shtml。

国际间属于经济、社会、文化、及人类福利性质之国际问题，且不分种族、性别、语言或宗教，增进并激励对于全体人类之人权及基本自由之尊重"。[1]

3. 第四章第 13 条

《联合国宪章》第四章第 13 条授权联合国大会发动研究，并作成建议，以"助成全体人类之人权及基本自由之实现，不分种族、性别、语言或宗教"。[2]

4. 第九章第 55 条

《联合国宪章》第九章第 55 条规定："为造成国际间以尊重人民平等权利及自决原则为根据之和平友好关系所必要之安定及福利条件起见，联合国应促进……全体人类之人权及基本自由之普遍尊重与遵守，不分种族、性别、语言或宗教。"[3]

5. 第九章第 56 条

"各会员国担允采取共同及个别行动与本组织合作，以达成第五十五条所载之宗旨。"[4]

6. 第十章第 62 条

《联合国宪章》第十章第 62 条中还授权经社理事会"为增进全体人类之人权及基本自由之尊重及维护起见，得作成建议案"，"并得拟具关于其职权范围内事项之协约草案，提交大会"，还可召集"本理事会职务范围以内事项之国际会议"。[5]

7. 第十一章第 73 条

《联合国宪章》第十一章第 73 条规定，联合国各会员国于其所负有或承担管理责任之领土，其人民尚未臻自治之充分程度者，承认以领土居民之福利为至上之原则，并接受在本宪章所建立之国际平及安全制度下，以充量增进领土居民福利之义务为神圣之信托，且为此目的：于充分尊重关系人民之文化下，保证其政治、经济、社会及教育之进展，予以公平待遇，且保障其

---

[1] 《联合国宪章》第 1 条，联合国官网，http://www.un.org/zh/documents/charter/chapter1.shtml。
[2] 《联合国宪章》第 13 条，联合国官网，http://www.un.org/zh/documents/charter/chapter4.shtml。
[3] 《联合国宪章》第 55 条，联合国官网，http://www.un.org/zh/documents/charter/chapter9.shtml。
[4] 《联合国宪章》第 56 条，联合国官网，http://www.un.org/zh/documents/charter/chapter9.shtml。
[5] 《联合国宪章》第 62 条，联合国官网，http://www.un.org/zh/documents/charter/chapter10.shtml。

不受虐待。①

8. 第十二章第76条（寅）

《联合国宪章》第十二章第76条（寅）规定，按照本宪章第一条所载联合国之宗旨，托管制度之基本目的应为：（寅）不分种族、性别、语言或宗教，提倡全体人类之人权及基本自由之尊重，并激发世界人民互相维系之意识。②

上述这些规定为人权实体法的发展和使人权成为国际关切的事物，打下了概念性基础。③

（二）国际人权宪章

国际人权保护体系中最基本的文件，被称作"国际人权宪章"，它构成了现代国际人权法的核心。"国际人权宪章"体系包括：《世界人权宣言》、《经济、社会、文化权利国际公约》、《公民权利和政治权利国际公约》以及《公民权利和政治权利国际公约》的两个任择议定书。

1. 《世界人权宣言》

《世界人权宣言》（*Universal Declaration of Human Rights*）是国际社会第一次就人权和基本自由作出的世界性宣言，于1948年12月10日第三届联合国大会时通过。《世界人权宣言》由联合国人权委员会起草，并由联合国经济和社会理事会正式提交联合国大会，在一系列修正案的基础上，经过大会认真讨论和审议后予以通过。该宣言包括序言和30项条款，其中19项涉及公民权利和政治权利，6项涉及经济、社会和文化权利。1950年，联合国大会将每年的12月10日定为"世界人权日"。1968年是《世界人权宣言》通过20周年，这一年被联合国定为"国际人权年"。《世界人权宣言》是国际人权宪章体系的第一个文件，它明确提出了联合国人权活动的基本原则，其序言称：鉴于"对人类家庭所有成员的固有尊严及其平等的和不移的权利的承认，乃是世界自由、正义与和平的基础"，"各会员国业已誓愿同联合国合作以促进对人权和基本自由的普遍尊重和遵行"，④ 因此制定这一宣言。序言中还说，宣言作

---

① 《联合国宪章》第73条，联合国官网，http://www.un.org/zh/documents/charter/chapter11.shtml。

② 《联合国宪章》第76条，联合国官网，http://www.un.org/zh/documents/charter/chapter12.shtml。

③ [美] 托马斯·伯根索尔、肖恩·D.墨尔著，黎作恒译：《国际公法》法律出版社2005年版，第90页。

④ 《世界人权宣言》序言，联合国官网，http://www.un.org/zh/documents/udhr/index.shtml。

为所有人民和国家努力实现的共同标准，期望每一个人和社会机构努力促进权利和自由的实现，并通过国家和国际社会的措施，使这些权利和自由得到普遍和有效的承认与尊重。

2.《经济、社会、文化权利国际公约》

《经济、社会、文化权利国际公约》（International Covenant on Economic, Social and Cultural Rights），1966年12月16日由第21届联大通过，1976年1月3日生效。它是继《世界人权宣言》之后，国际人权宪章体系的第二个文件。

《经济、社会、文化权利国际公约》确认，"按照《世界人权宣言》，只有在创造了使人可以享有其经济、社会及文化权利，正如享有其公民和政治权利一样的条件的情况下，才能实现自由人类享有免于恐惧和匮乏的自由的理想。"[1] 该公约包括工作权，享受公正和良好的工作条件的权利，组织和参加工会的权利和罢工权，享受社会保障和社会保险的权利，对家庭的保护和协助，获得相当的生活水准的权利，享有能达到的最高的身心健康标准的权利，受教育权和享受文化和享受科学进步利益的权利。《经济、社会、文化权利国际公约》第一次在世界范围内以具有法律约束力的条约形式确立了经济、社会、文化权利，强调了经济、社会、文化权利与公民、政治权利的同等重要性和不可分割性，确立了人民自决权，对于维护和促进发展权和建立公正的国际政治经济新秩序产生了积极影响。

3.《公民权利和政治权利国际公约》

《公民权利和政治权利国际公约》（International Covenant on Civil and Political Rights），在1966年12月16日由第21届联合国大会通过，1976年3月23日生效。

《公民权利和政治权利国际公约》规定了公民个人所应享有的权利和基本自由，主要包括：生命、自由和人身安全的权利，不得使为奴隶和免于奴役的自由，免受酷刑的自由，法律人格权，司法补救权，不受任意逮捕、拘役或放逐的自由，公正和公开审讯权，无罪推定权，私生活、家庭、住房或通信不受任意干涉的自由，迁徙自由，享有国籍的权利，婚姻家庭权，财产所有权，思想、良心和宗教的自由，享有主张和发表意见的自由，结社和集会的自由，参政权。

---

[1]《经济、社会、文化权利国际公约》序言，联合国官网，http://www.un.org/chinese/hr/issue/esc.htm。

4.《公民权利和政治权利国际公约任择议定书》

《公民权利和政治权利国际公约任择议定书》（Optional Protocol to the International Covenant on Civil and Political Rights），在1966年12月16日由联大第2200A（XXI）号决议通过，1976年3月23日生效。

《公民权利和政治权利国际公约任择议定书》规定，人权事务委员会有权接受并审查个人因权利受到侵害而向联合国人权事务委员会进行的投诉。该议定书规定了个人因权利受到侵害向人权事务委员会进行投诉的事项和细节。

5.《旨在废除死刑的公民权利和政治权利国际公约第二项任择议定书》

1989年12月15日，第44届联大以59票赞成、26票反对、48票弃权的表决结果通过了《旨在废除死刑的公民权利和政治权利国际公约第二项任择议定书》（Second Optional Protocol to the International Covenant on Civil and Political Rights, Aiming at the Abolition of the Death Penalty）。该议定书得到了西欧、东欧和拉美国家的支持，而伊斯兰国家、日本、美国、中国等投了反对票。议定书于1991年7月11日生效。

该议定书认为"废除死刑有助于提高人的尊严和促使人权的持续发展"，并"深信废除死刑的所有措施应被视为是在享受生命权方面的进步"。[①] 该议定书规定：在缔约国管辖范围内的任何人不得被处以死刑，此种权利不应根据《公民权利和政治权利国际公约》第4条予以克减，即缔约国必须执行这项规定，每一个缔约国在管辖范围内应采取一切必要措施废除死刑。

（三）专门性国际人权法规

1. 儿童问题

《儿童权利公约》（Convention on the Rights of the Child），1989年由第44届联合国大会决议通过。根据《儿童权利公约》，凡18周岁以下者均为儿童，除非各国或地区法律有不同的定义。《儿童权利公约》确立了儿童权利的四项基本原则：（1）生存权：每个儿童都有其固有的生命权、健康权和医疗保健获得权。儿童出生后应立即登记，并有获得姓名和国籍的权利。（2）受保护权：确保儿童享有其幸福所必需的保护和照料的权利。保护儿童免受虐待、遗弃、照料不周、性侵犯、剥夺自由等任何形式的身心摧残。保护儿童与家庭团聚的权利，保护儿童隐私权。禁止买卖儿童，禁止童工和娃娃兵。（3）发展权：儿童享有充分发展其个性、才智和身心能力的权利，儿童有受教育

---

① 《旨在废除死刑的公民权利和政治权利国际公约第二项任择议定书》序言，联合国官网，http://www.un.org/chinese/hr/issue/docs/5.PDF。

的权利，实现全面的免费义务小学教育，鼓励发展不同形式的中学教育，包括普通和职业教育，使所有儿童均能享有和接受这种教育。（4）参与和表达权：儿童享有参与家庭、文化和社会生活的权利，有对影响他们的一切事项发表自己意见的权利。

《儿童权利公约关于儿童卷入武装冲突问题的任择议定书》（Optional Protocol to the Convention on the Rights of the Child on the Involvement of Children in Armed Conflict）于2000年5月在第55届联合国大会上正式通过。这是一项关于未满18岁的儿童不得参加武装部队进行战争的议定书，保护未满18岁的儿童不受战争侵害。

2. 妇女问题

《妇女政治权利公约》（Convention on the Political Rights of Women），于1952年12月20日的联合国大会通过，目的是确保妇女享有平等的政治权利。《妇女政治权利公约》规定，"实行《联合国宪章》所载男女权利平等之原则，承认人人有权直接或经其自由选择之代表参加其本国政府，并有以平等机会在其本国服公职之权，并切愿依《联合国宪章》及《世界人权宣言》之规定使男女皆能居于平等地位以享有并行使政权。"① 该公约是联合国第一次在国际文书中宣布各个成员国在男女平等原则上负有法律义务。

《消除对妇女一切形式歧视公约》（The Convention on the Elimination of All Forms of Discrimination against Women, CEDAW），由1979年12月18日联合国大会通过。该公约第1条界定："'对妇女的歧视'一词指基于性别而作的任何区别、排斥或限制，其影响或其目的均足以妨碍或否认妇女不论已婚未婚在男女平等的基础上认识、享有或行使在政治、经济、社会、文化、公民或任何其他方面的人权和基本自由。"② 《消除对妇女一切形式歧视公约》要求缔约国必须承担义务，将男女平等原则写入国家宪法和法律；采取立法和其他措施禁止对妇女的一切歧视；通过法庭及公共机构，切实保护妇女不受任何歧视；保证当局和公共机构不采取任何歧视妇女的行为或作法；采取一切适当措施，消除任何个人、组织或企业对妇女的歧视；采取包括立法在内的一切适当措施，修改或废除歧视妇女的现行法律、规章、习俗和惯例；废止本

---

① 《妇女政治权利公约》序言，中国妇女研究网，http://www.wsic.ac.cn/internationalwomenmovementliterature/13418.htm。

② 《消除对妇女一切形式歧视公约》第1条，联合国官网，http://www.un.org/chinese/esa/women/cedawtext.htm。

国刑法内构成对妇女歧视的一切规定。为审查公约的执行情况,《消除对妇女一切形式歧视公约》设立了"消除对妇女歧视委员会"。

3. 酷刑和囚犯待遇问题

《禁止酷刑和其他残忍、不人道或有辱人格的待遇或处罚公约》(The United Nations Convention against Torture and Other Cruel, Inhuman or Degrading Treatment or Punishment),于 1984 年 12 月 10 日由联合国大会第 39/46 号决议通过。该公约将"酷刑"界定为"为了向某人或第三者取得情报或供状,为了他或第三者所做或涉嫌的行为对他加以处罚,或为了恐吓或威胁他或第三者,或为了基于任何一种歧视的任何理由,蓄意使某人在肉体或精神上遭受剧烈疼痛或痛苦的任何行为,而这种疼痛或痛苦是由公职人员或以官方身分行使职权的其他人所造成或在其唆使、同意或默许下造成的。纯因法律制裁而引起或法律制裁所固有或附带的疼痛或痛苦不包括在内"。①《禁止酷刑和其他残忍、不人道或有辱人格的待遇或处罚公约》要求缔约国采取有效的立法、行政、司法或其他措施,防止在其管辖的任何领土内出现施行酷刑的行为;要求缔约国将酷刑行为定为触犯刑法罪;缔约国应经常审查其审讯规则、指示、方法、惯例和安排,以避免发生任何酷刑事件;缔约国主管当局应对其管辖的领土内施用酷刑的行为进行公正的调查;缔约国应在其法律体制内确保酷刑受害者得到公平和足够的补偿。为审查公约的执行情况,《禁止酷刑和其他残忍、不人道或有辱人格的待遇或处罚公约》设立了"反对酷刑委员会"。

《联合国囚犯待遇最低限度标准规则》(Standard Minimum Rules for the Treatment of Prisoners)是联合国关于囚犯待遇问题的最系统和最详尽的重要法律文书。该规则规定:监狱应具有良好秩序,不存在对生命、健康和身体完整的危险的地方;监狱是对任何囚犯都不存在歧视的地方;监狱的规章制度应有助于囚犯适应和重返正常的社会生活。

4. 种族歧视问题

《消除一切形式种族歧视国际公约》(International Convention on the Elimination of All Forms of Racial Discrimination),由 1965 年 12 月联合国大会决议通过。《消除一切形式种族歧视国际公约》将"种族歧视"界定为"基于种族、肤色、世系或民族或人种的任何区别、排斥、限制或优惠,其目的或效果为

---

① 《禁止酷刑和其他残忍、不人道或有辱人格的待遇或处罚公约》第 1 条,中国人大网,http://www.npc.gov.cn/wxzl/gongbao/2000-12/26/content_ 5002161.htm。

取消或损害政治、经济、社会或公共生活任何其他方面人权及基本自由在平等地位上的承认、享受或行使"。①《消除一切形式种族歧视国际公约》明确要求缔约国谴责种族歧视并承诺立即以一切适当方法消除一切形式种族歧视;缔约国国内法庭或国家机关对种族歧视的受害者进行有效保护与救济;保证人人有不分种族、肤色或民族或人种在法律上一律平等的权利;为审查公约的执行情况,《消除一切形式种族歧视国际公约》设立了"消除种族歧视委员会"。

《禁止并惩治种族隔离罪行国际公约》(International Convention on the Suppression and Punishment of the Crime Apartheid),由1973年11月联合国大会决议通过。该公约规定,必须终止殖民主义以及相关联的一切隔离和歧视做法;防止、禁止和根除种族分离和种族隔离;被列为种族隔离的行为构成国际法的罪行,"达到全世界对于全人类的人权和基本自由的尊重和遵守,不因种族、性别、语言、宗教而有任何区别","人人生而自由,在尊严和权利上人人平等"。②

《防止及惩治灭绝种族罪公约》(Convention on the Prevention and Punishment of the Crime of Genocide)是联合国主持制定的第一个关于人权问题的国际公约,由1948年12月联合国大会决议通过。《防止及惩治灭绝种族罪公约》将"灭绝种族罪"定义为:"灭绝种族系指蓄意全部或局部消灭某一民族、人种、种族或宗教团体,包括杀害该团体的成员;致使该团体的成员在身体上或精神上遭受严重伤害;故意使该团体处于某种生活状况下,以毁灭其生命;强制施行办法,意图防止该团体内的生育;强迫转移该团体的儿童至另一团体之一种行为者即为灭绝种族罪。"③ 该公约规定,对灭绝种族、预谋灭绝种族、直接公然煽动灭绝种族、意图灭绝种族及共谋灭绝种族行为均应予惩治;灭绝种族罪不得视为政治罪行,不能被引渡。

《反对体育领域种族隔离公约》(International Convention against Apartheid in Sports)1985年12月10日签订于纽约。这是一项关于消除体育领域的种族隔离行径,促进以奥林匹克原则为基础的国际体育公约。该公约要求各缔约

---

① 《消除一切形式种族歧视国际公约》第1条,联合国官网,http://www.un.org/chinese/hr/issue/docs/15.PDF。
② 《禁止并惩治种族隔离罪行国际公约》序言,联合国官网,http://daccess-dds-ny.un.org/doc/RESOLUTION/GEN/NR0/279/89/IMG/NR027989.pdf?OpenElement。
③ 《防止及惩治灭绝种族罪公约》第2条,联合国官网,http://daccess-dds-ny.un.org/doc/RESOLUTION/GEN/NR0/045/29/IMG/NR004529.pdf?OpenElement。

国禁止其体育机构、体育队和运动员同实行种族隔离的国家进行体育接触。各缔约国应拒绝对实行种族隔离的国家及参加其活动的体育机构、体育队和运动员提供财政或其他协助。对参加实行种族隔离的国家活动的体育机构、体育队和运动员采取适当行动。为审查公约的执行情况，《反对体育领域种族隔离公约》设立了"反对体育领域种族隔离委员会"。

5. 移民劳工问题

《保护所有移民工人及其家属权利的国际公约》（International Convention on the Protection of the Rights of All Migrant Workers and Members of Their Families）于1990年12月通过。该公约处理的是一个需要保护的特定群体的权利问题：所有移徙工人及其家庭成员。《保护所有移民工人及其家属权利的国际公约》列出了两类权利：一是，关于所有合法的和非法的移徙工人及其家属的权利；二是，有证件的移徙工人及其家属的额外权利。该公约考虑到移徙工人的特殊情况，例如在被逮捕时的领事通知权和禁止集体驱逐的具体规定。着重提出保护移徙工人的财产权，以及移民工人的子女有权获得教育等。为审查公约的执行情况，《保护所有移民工人及其家属权利的国际公约》设立了"保护所有移徙工人及其家庭成员权利委员会"。

6. 奴役问题

《废除奴隶制及奴隶贩卖之国际公约》（简称《禁奴公约》，Slavery Convention），1926年9月25日在日内瓦签订。《禁奴公约》规定各签字国禁止奴隶贩卖并禁止一切形式的奴役制度。该公约1953年12月7日由联合国制定的议定书予以修正。《废止奴隶制、奴隶贩卖及类似奴隶制的制度与习俗补充公约》于1956年由联合国制定。该补充公约要求缔约国规定奴隶贩卖为刑事罪，并宣布某些类似奴隶制的制度与习俗是违法行为，要求各缔约国采取各种立法和其他有效措施，消除任何形式的奴隶制度和奴隶贩卖。

《废除强迫劳动公约》（Abolition of Forced Labour Convention），1957年6月在日内瓦签订。这是一项关于禁止强迫或强制劳动的公约。该公约规定各缔约国承诺不以任何形式强迫或强制劳动。采取有效措施保证废除强迫劳动。

7. 难民问题

《关于难民地位的公约》（Convention Relating to the Status of Refugees），1951年7月在联合国难民和无国籍人地位会议上通过。《关于难民地位的公约》界定了难民定义；要求难民遵守所在国的法律和规章以及为维持公共秩序而采取的措施；缔约国应对难民不分种族、宗教或国籍，适用本公约的规定；缔约国应对合法居留在其领土内的难民，在各个方面给予国民待遇；当难民到他国重新定居时，缔约国应在符合其法律和规章的情况下准许难民将其携入的资产移转到为重新定居目的而已获准入境的他国；对于未经许可而进入或逗留于一国领土的难民，如向当局说明其正当理由，该缔约国不得因该难民的非法入境或逗留而处以刑罚。除因国家安全或公共秩序理由外，缔约国不得将合法留在领土内的难民驱逐出境；任何缔约国不得以任何方式将难民驱逐或送回至其生命或自由受威胁的领土边界；缔约国应尽可能便利难民的入籍和同化。

8. 就业问题

《1958年关于消除就业和职业歧视的公约》［Discrimination（Employment and Occupation）Convention，1958］，于1958年6月在日内瓦第42届国际劳工组织会议通过。《1958年关于消除就业和职业歧视的公约》对"就业和职业歧视"作出界定，基于种族、肤色、性别、宗教、政治见解、民族血统或社会出身等原因，具有取消或损害就业或职业机会均等或待遇平等作用的任何区别、排斥或优惠。有关会员国经与有代表性的雇主组织和工人组织（如存在此种组织）以及其他适当机构协商后可能确定的、具有取消或损害就业或职业机会均等或待遇平等作用的其他此种区别、排斥或优惠；[1] 要求缔约国宣布并执行消除就业和职业歧视的国家政策；提出了适合缔约国条件和习惯的改善就业和职业歧视的方法；并对不被视为歧视的行为做出了详细规定。

9. 残疾人问题

《残疾人权利公约》（Convention of the Rights of Persons with Disabilities），2006年12月，由第61届联大通过。该公约的宗旨是促进、保护和确保所有残疾人充分和平等地享有一切人权和基本自由，并促进对残疾人固有尊严的尊重；核心是确保残疾人享有与健全人相同的权利。《残疾人权利公约》涵盖了残疾人应享的各项权利，如平等、不受歧视和在法律面前平等的权利，健康、就业、受教育和无障碍环境的权利，参与政治和文化生活的权利等。

10. 有组织犯罪问题

《联合国打击跨国有组织犯罪公约》（U. N. Convention Against Transnational Organized Crime），2000年11月由第55届联大通过。这是目前世界上第一项针对跨国有组织犯罪的全球性公约。《联合国打击跨国有组织犯罪公约》为各

---

[1] 《1958年关于消除就业和职业歧视的公约》第1条，联合国官网，http://www.un.org/chinese/esa/women/protocol4.htm。

国开展打击跨国有组织犯罪的合作提供了法律基础；该公约规定缔约国应采取必要的立法和其他措施，将参加有组织犯罪集团、洗钱、腐败和妨碍司法等行为定为刑事犯罪；要求所有愿意遵守该公约的国家在法律上采取协调措施，以打击有组织犯罪集团与腐败行为、打击洗钱等非法活动、简化引渡程序、扩大引渡范围；还要求有关国家采取措施，保护那些在法庭上提供对犯罪团伙不利的证据的证人。

《联合国打击跨国有组织犯罪公约关于预防禁止和惩治贩运人口特别是妇女和儿童行为的补充议定书》(Protocol to Prevent, Suppress and Punish Trafficking in Persons, Especially Women and Children, Supplementing the United Nations Convention against Transnational Organized Crime)，2000年11月由第55届联合国大会通过。该议定书补充了联合国打击跨国有组织犯罪公约，对人口贩运做出了明确的解释："指为剥削目的而通过暴力威胁或使用暴力手段，或通过其他形式的胁迫，通过诱拐、欺诈、欺骗、滥用权力或滥用脆弱境况，或通过授受酬金或利益取得对另一人有控制权的某人的同意等手段招募、运送、转移、窝藏或接收人员。剥削应至少包括利用他人卖淫进行剥削或其他形式的性剥削、强迫劳动或服务、奴役或类似奴役的做法、劳役或切除器官"；[①] 规定缔约国应采取必要的立法和其他措施，将人口贩运行为规定为刑事犯罪；在适当情况下根据本国法律尽量保护人口贩运活动被害人的隐私和身份。确保本国法律或行政制度中包括各种必要措施，向人口贩运活动被害人提供保护和援助；允许人口贩运活动被害人在适当情况下在本国境内临时或永久居留。该公约对人口贩运活动被害人的遣返做出详细要求，明确规定了人口贩运活动的预防、合作和其他措施。

（四）区域人权保护法规

1.《欧洲人权公约》

《欧洲人权公约》(Convention for the Protection of Human Rights and Fundamental Freedoms)，1950年11月于罗马在欧洲理事会主持下签署。《欧洲人权公约》是二战后人权保护的第一个区域性条约，设立了集体保护机制。规定集体保障和施行《世界人权宣言》中所规定的权利和基本自由，主要保护公民权利和政治权利。《欧洲人权公约》规定，缔约国应保护其管辖下的每个人的权利与自由，包括生命权，人身安全权，思想、良心及宗教自由的权利，

[①] 《联合国打击跨国有组织犯罪公约关于预防禁止和惩治贩运人口特别是妇女和儿童行为的补充议定书》第1条，联合国官网，http://www.un.org/chinese/esa/women/protocol1.htm。

言论自由的权利及人人有和平集会与结社自由的权利,结婚和成立家庭的权利,法律平等的权利,任何人不得加以酷刑或使受非人道的或侮辱的待遇或惩罚,不得被蓄为奴隶或受到奴役,实行无罪推定。公约还强调,任何人在本公约规定的权利与自由受到侵犯时,有权向国家当局要求有效的补救。保证人人享受公约列举的权利与自由,不得因性别、种族、肤色、语言、宗教、政治的或其他见解、民族或社会出身、同少数民族的联系、财产、出生或其他地位而有所歧视。《欧洲人权公约》规定,设立欧洲人权委员会和欧洲人权法院,以确保公约得以有效执行。随后,欧洲理事会部长委员会又先后拟定了《欧洲人权公约》的10项议定书。

2. 《欧洲社会宪章》

《欧洲社会宪章》(European Social Charter)于1961年10月18日在都灵通过。《欧洲社会宪章》第一部分指出各缔约国拥有实现各自政策宗旨的19项权利原则,第二部分规定了劳动权等普遍权利,如工作权,公正、安全和卫生的工作条件权,公平报酬权,结社权和集体交涉权,工人的劳动保障和职业培训权,以及儿童、青年、女工受保护的权利。此外,还规定了社会保障、社会和医疗帮助权等。第三部分是关于缔约国义务范围的特殊规定,为使第一部分和第二部分中规定的权利得以实现,为缔约国规定了72项法律义务。第四部分规定了确保履行宪章的措施,设立了报告制度。第五部分是最后条款以及关于非常时期的国家权限和履行劳动协约的规定。该宪章生效后,欧洲理事会于1988年、1991年、1995年通过三个议定书分别对宪章规定的权利、宪章建立的监督机构和执行措施进行了修改和补充。

1996年5月3日,欧洲理事会部长委员会对《欧洲人权宪章》进行了全面修改。新的《欧洲人权宪章》已经于1999年7月1日生效。新宪章将受保护的权利由原来的19项增加到31项。新增加的受保护权利包括:所有劳动者在雇佣和职业中享有平等机会和平等待遇,不得有性别歧视;劳动者享有企业内的知情权和协商权;劳动者享有参与企业内工作条件和工作环境的决定和改善的权利;老年人享有社会保障权;所有劳动者有权在雇佣终止时得到保护;所有劳动者在雇主破产时有权要求赔偿保护;所有劳动者享有工作中的尊严权;所有有家庭责任并从事或希望从事职业的人有权从事此职业,不得有歧视,并应尽可能消除职业与家庭责任的冲突;劳动者在企业内的代表有权保护劳动者以免他们遭到侵害;所有劳动者享有知情及协商的权利;人人享有抗御贫穷及社会排斥的权利。

3. 《美洲人权公约》

1969年11月7—22日，在哥斯达黎加的圣约瑟召开的美洲人权会议上，12个国家签署了《美洲人权公约》（American Convention on Human Rights）。《美洲人权公约》保护公民的政治权利，包括：法律人格的权利，生命权，对政治犯罪不得处以死刑，人道待遇的权利；免受奴役或非自愿的劳役的自由；个人自由和安全的权利；公平审判权，不受溯及既往约束的权利，错判受到赔偿的权利；享有私生活的权利；良心和宗教自由、思想和发表意见的自由；答辩的权利；集会的权利和结社自由；婚姻和建立家庭的权利，姓名的权利；儿童的权利；国籍的权利；财产权；迁移和居住的自由，寻求庇护的权利，禁止集体驱逐外侨；法律面前人人平等权和司法保护权等。

4. 《非洲人权和民族权利宪章》

《非洲人权和民族权利宪章》（African Charter on Human and Peoples' Rights）是发展中国家通过的第一个具有法律约束力的区域性国际人权文书，1981年6月28日在肯尼亚首都内罗毕通过。《非洲人权和民族权利宪章》不仅规定了个人人权，而且还专门规定了民族权利。该宪章规定的个人权利包括：平等权、生命权、尊严权、人身权、获得公平审判权、良心和信仰及宗教自由权、信息权、集会权、迁徙和居留权、参政权、财产权、同工同酬权、健康权、受教育权、家庭权等。该宪章所规定的民族权利有：民族平等权、民族生存权和自决权以及自由处置天然财富和资源权、发展权、和平与安全权、环境权，等等。《非洲人权和民族权利宪章》第一次全面系统地将集体人权规定在一个国际人权文书中，并将其提高到一个非常重要的地位，指出公民权利和政治权利与经济、社会和文化权利不可分割，满足经济、社会和文化权利是享有公民权利和政治权利的保证。该宪章还强调了权利和义务的一致性，在规定各项人权和民族权利的同时，还规定了相应的义务，明确指出每一个人享有权利和自由的同时也意味着对义务的履行。《非洲人权和民族权宪章》所规定的义务包括：人人对家庭和社会、国家和社区及国际社会负有义务，行使权利和自由时须适当顾及他人的权利、集体安全、道德和共同利益；不歧视同胞，促进相互尊重和宽容关系的义务；维护家庭和谐，尊重、赡养父母的义务；为本国服务的义务；不危害国家安全的；维护和加强国家团结；维护和巩固本国领土完整；维护非洲文化和促进社会道德；维护非洲的统一。

(五) 人权相关决议和宣言

1. 《关于人权新概念的决议案》

《关于人权新概念的决议案》（Resolution on the New Concepts of Human Rights）1977年12月由联大决议通过。决议案一方面接受了西方某些传统的人权原则，同时也比较明确地反映了发展中国家关于人权问题要求的新内容。决议案要求各缔约国对于公民权利和政治权利以及经济、社会和文化权利应当给予同等的注意和考虑；健全有效的国家和国际经济和社会发展政策增进人权发展；承认一切人权和基本自由是不可剥夺的；在全球范围内对人权问题加以审议并参考发生人权问题国家的各种社会情况；明确大规模严重侵犯人权的活动是联合国系统内处理人权问题的优先事项来解决；努力实现新的国际经济秩序增进基本人权和自由；鼓励联合国系统树立人权标准的工作，并鼓励有关国际文书得到普遍接受和执行；要求联合国系统处理人权问题时应当考虑到发达国家和发展中国家两者的经验和贡献。

2. 发展权利宣言

《发展权利宣言》（Declaration on the Right to Development），1986年12月在联合国大会决议通过。

《发展权利宣言》明确指出发展权利是一项不可剥夺的人权，每个人均有权参与、促进并享受经济、社会、文化和政治发展；人是发展的主体，应成为发展权利的积极参与者和受益者；各缔约国有责任创造有利于实现发展权利的国家和国际条件；缔约国制订国际发展政策，促成发展权的实现；要求各缔约国消除大规模公然侵犯各国人民和个人人权的现象；所有国家应合作以促进、鼓励并加强普遍尊重和遵守全体人类的所有人权和基本自由；所有国家促进和维护世界和平与安全，加强全面裁军，将省出的资源用于发展；缔约国采取一切必要措施实现发展权利；缔约国应采取适当的步骤以确保充分行使和逐步增进发展权利。

第二节 国际人权保护机制与内容

一、国际人权保护机制

(一) 联合国人权保护机构

1. 联合国大会及相关委员会

联合国大会（简称"联大"，United Nations General Assembly）是联合国的主要审查、审议和监督机构。

联合国经济和社会理事会（简称"经社理事会"，Economic and Social Council，ECOSOC）是协调 14 个联合国专门机构、10 个职司委员会和 5 个区域委员会的经济、社会和相关工作的主要机构，是《联合国宪章》规定的联合国 6 个主要机构之一。①

社会、人道和文化委员会，即第三委员会（Social, Humanitarian and Cultural Committee, Third Committee）。1985 年由经济及社会理事会根据 1976 年 1 月 3 日生效的《经济、社会、文化权利国际公约》设立。审查人权问题是该委员会工作的重要组成部分。委员会关注提高妇女地位、保护儿童、土著问题、难民待遇问题、通过消除种族主义和种族歧视促进基本自由和自决权利。该委员会还讨论重要的社会发展问题，如青年、家庭、老龄化、残疾人、预防犯罪、刑事司法和国际药物管制。

2. 联合国人权理事会

联合国人权理事会（United Nations Human Rights Council），主要职责是根据《联合国宪章》宗旨和原则，在人权领域进行专题研究、提出建议和起草国际人权文书并提交联合国大会。其前身联合国人权委员会（United Nations Commission on Human Rights），为联合国经济社会理事会的职司委员会，②帮助联合国人权事务高级专员办事处（Office of the United Nations High Commissioner for Human Rights）开展工作。1946 年，联合国人权委员会根据《联合国宪章》在联合国经济社会理事会第一次会议上成立，它是联合国最早的两个功能委员会之一，另一个是妇女地位委员会。2006 年 3 月 15 日，联合国大会以 170 票支持、4 票反对和 3 票弃权通过决议，成立联合国人权理事会，取代联合国人权委员会。3 月 27 日第 62 届会议通过决议，结束联合国人权委员会的工作，交由新成立的人权理事会。自此联合国人权委员会正式被联合国人权理事会所取代。人权理事会的 47 个席位按公平地域原则分配。其中，亚洲和非洲各占 13 席，拉美及加勒比地区占 8 席，西欧（包括北美及大洋洲发达国家）占 7 席，东欧占 6 席。理事会成员每届任期 3 年，连续两任后须间隔一年方可寻求新任期。人权理事会的总部仍设在瑞士日内瓦。

3. 联合国人权事务高级专员

人权事务高级专员（简称"人权高专"，High Commissioner for Human

---

① 联合国主要机构：大会、安全理事会、秘书处、经济及社会理事会、托管理事会、国际法院。
② 职司委员会：经社理事会有六个职司委员会，它们是统计委员会、人口委员会、社会发展委员会、人权委员会、妇女地位委员会和麻醉药品委员会。

Rights）是联合国系统内负责人权事务的最高行政长官，由联合国秘书长任命，经联合国大会核准产生。人权高专主要负责协调联合国在人权领域的活动。根据规定，人权高专应是有崇高道德威望和个人品行的人，具有人权领域的专门知识和有效地履行高级专员职责所需要的对不同文化的一般知识和理解。人权高专由联合国秘书长任命，经联合国大会批准，任期4年，可连任一次。联合国人权高专在联合国秘书长的指导和授权之下对人权委员会（现人权理事会）负责，同时通过经济及社会理事会对联合国大会负责。为了确保对人权的尊重和防止侵权行为，人权高专积极与各国政府开展对话。

4. 联合国人权高专办公室

联合国人权事务高级专员办公室（简称"人权高专办"，Office of the High Commissioner for Human Rights），是联合国人权事务高级专员的办事机构。1993年12月20日，根据联合国第48届大会通过的决议设立，联合国秘书长授权负责协调联合国人权领域的活动。根据联合国大会的决议，人权高专办应在《联合国宪章》、《世界人权宣言》和其他国际人权文件以及国际法的框架内活动。该机构的主要职责是，促进和保护所有人享有全部经济、社会和文化权利以及公民权利和政治权利；执行联合国系统人权领域主管机构交给的任务，并提出促进和保护人权的建议；促进和保护发展权的实现；提供咨询服务和技术、财政援助，支持人权领域的活动和项目；与各国政府进行对话，保证对各项人权的尊重；推动促进和保护人权的国际合作；对联合国人权工作进行全面监督。

5. 促进和保护人权小组委员会

促进和保护人权小组委员会（简称"小组委员会"，Sub-Commission on the Promotion and Protection of Human Rights）前身为防止歧视及保护少数民族小组委员会。由联合国前人权委员会根据经济及社会理事会1947年9月号决议的授权设立。1999年7月27日，依照联合国经社委员会的决定，该小组委员会正式更名为"促进和保护人权小组委员会"。该委员会职能主要有：承担研究项目，就防止与人权和基本自由有关的任何类型的歧视和保护在种族、宗教和语言上属于少数人等问题向人权委员会提出建议；履行经社理事会或人权委员会赋予的任何其他任务。

6. 妇女地位委员会

妇女地位委员会（Commission on the Status of Women）是联合国经社理事

会9个职司委员会之一，1946年6月成立。其初创时有15名成员，1967年扩大到32名。其成员由联合国会员国的代表组成，代表由经社理事会按区域分配原则选举选出，其中亚洲4名、非洲8名、拉丁美洲6名、东欧4名、西欧及其他地区共8名，任期4年，可连选连任。该机构的职责是研究妇女在经济和社会发展中的作用；在全球范围内就保障妇女在政治、经济、社会、教育和法律等方面的权利的进展情况，向经济及社会理事会提交报告，并对在妇女权益方面需立即引起注意的事项向经济及社会理事会提出建议；制定有关妇女地位的公约、宣言；监督重要国际文件的执行；就有关妇女问题筹备和召开会议；制定提高妇女地位的计划和预算；协调联合国系统的妇女活动等。

（二）依国际条约建立的国际人权保护机构

1. 国际人权条约机构

以国际人权公约为依据建立的国际人权机构简称为条约机构，主要有10个，分别是：根据《公民权利和政治权利国际公约》设立的人权事务委员会（HRC）；根据《经济、社会、文化权利国际公约》设立的经济、社会和文化权利委员会（CESCR）；根据《消除一切形式种族歧视国际公约》设立的消除种族歧视委员会（CERD）；根据《消除对妇女一切形式歧视公约》设立的消除对妇女歧视委员会（CEDAW）；根据《〈禁止酷刑和其他残忍、不人道或有辱人格的待遇或处罚公约〉任择议定书》设立的禁止委员会（CAT）；根据《〈禁止酷刑和其他残忍、不人道或有辱人格的待遇或处罚公约〉任择议定书》设立的防范酷刑小组委员会（SPT）；根据《儿童权利公约》设立的儿童权利委员会（CRC）；根据《保护所有迁徙工人及其家庭成员权利国际公约》设立的移徙工人委员会（CMW）；根据《残疾人权利公约》设立的残疾人权利委员会（CRPD）；根据《保护所有人免遭强迫失踪国际公约》设立的强迫失踪问题委员会（CED）。这些国际人权条约机构的主要任务是负责监督公约缔约国履行公约义务。

2. 与联合国人权机构的异同

（1）依据不同。条约机构是根据相关条约建立的为监督缔约国执行该公约保护人权的机构；联合国人权机构是根据《联合国宪章》和联合国主要机关的决议建立的保护和促进人权的机构。（2）组成不同。条约机构是由以个人身份的人权专家组成，他们不代表任何国家或组织；联合国人权机构是由联合国会员国指派的代表组成，是政府间官方机构。它们与联合国人权机构的主要相同之处是：均不是司法机构，对处理的案件作出的决定或提出的意见不具有法律约束力。

(三) 国际人权保护制度

1. 个人申诉制度

个人申诉制度，也称个人来文制度，"是指个人依据国际人权公约的规定对国家侵犯其人权行为而向联合国有关人权机构投诉并寻求救济的制度"[①]。该制度源于《消除一切形式种族歧视国际公约》。除该公约外，《公民权利与政治权利国际公约》、《消除对妇女一切形式歧视公约》、《禁止酷刑和其他残忍、不人道的或有辱人格的待遇或处罚公约》也建立了该制度。

2. 国家间指控制度

国家间指控制度，也称政府间指控制度，"是指条约机构可以接受并审议某一缔约国指称另一缔约国未履行该条约义务的来文制度。也是人权条约机构普遍实行的一种制度，一般为任择性质"[②]。《公民权利和政治权利国际公约》规定，缔约国可以随时声明承认人权事务委员会有权接受和审议一缔约国指控另一缔约国不履行公约义务的通知。

3. 国家报告制度

国家报告制度是指"缔约国向条约监督机构提具报告，陈述他们在履行条约义务、保障条约所确认的权利方面所采取的措施和取得的进展以及遇到的问题的一种制度"[③]。缔约国提交的报告可分为初次报告、定期报告和其他报告，其时间依有关人权条约的规定。尽管许多人权条约规定了审议报告的程序，但审议机构有所不同。有些条约规定由依据该条约成立的专门机构审议报告，而有些条约则规定由联合国的既存机构审议报告。国家报告制度是国际人权条约广泛采用的监督缔约履行义务的程序。

4. 1503 程序

1503 程序是指 1970 年联合国经社理事会通过的 1503 号决议规定的程序，题目为"有关侵犯人权及基本自由的来文处理程序"。程序要求证明存在"一贯和严重的侵害基本人权的情形"，[④] 防止歧视及保护少数小组委员会即有权受理个人的来文，可决定将具有一贯侵犯人权特点的情况提交人权委员会审

[①] 何群：《国际法学》，厦门大学出版社 2012 年版，第 215 页。
[②] 同上书，第 214 页。
[③] 同上书，第 215 页。
[④] 《有关侵犯人权及基本自由的来文处理程序》，联合国官网，http://www.un.org/chinese/documents/ecosoc/2000/r2000 – 3. pdf。

议。人权委员会可以自行研究并向经社理事会提出报告和建议，也可以在征得有关国家同意的情况下任命一个特设委员会去进行调查。但在实际运用中，因该程序没有条约做依据，人权委员会和防止歧视及保护少数小组委员会基于"1503 程序"所做决议对当事国没有法律上的拘束力。

5. 普遍定期审议制度

"普遍定期审议"（universal periodical review）机制是联合国大会通过 60/251 决议赋予人权理事会的一项重要职权，这一机制旨在确保联合国全部会员国履行人权义务和承诺的情况都得到审查。负责执行这一职权的是人权理事会（替代原人权委员会），"普遍定期审议"机制集中体现了其作为联合国人权活动机关的职权范围、法律机制和执行能力。

6. 特别报告员与专家工作组制度

1949 年以来，在联合国体系内逐步建立了各种维护人权的特别机制。特别报告员与专家工作组制度是这些特别机制之一。特别报告员制度是通过联合国人权理事会（替代原人权委员会）授权，由若干专家来实现的。他们通常由人权理事会（替代原人权委员会）的主席选定，如果特别报告员是联合国秘书长的代表或独立专家，则由联合国秘书长根据联合国人权高级专员的建议选定。

二、国际人权保护措施与内容

（一）国际人权法的国内实施

1. 国内立法措施

国际人权公约要求缔约国履行通过宪法和法律等国内法措施来保障人权的义务。《经济、社会和文化权利国际公约》第 2 条第 1 款要求："每一缔约国应尽最大能力用适当方法，尤其是用立法方法，逐渐达到公约中所承认的权利。"[①]《公民权利和政治权利国际公约》第 2 条第 2 款也要求："缔约国按照其宪法程序或本公约的规定，实施立法或其他措施。"[②] 因此，通过国内立法手段来保障人权的实现是人权保障机制中最重要的步骤。通过立法来建立各项人权保障制度是各国实现人权的最重要的国内法措施。人权实现首先是依靠各国立法手段实现的，把需要加以保障的各种形式和各种层次的人权加

[①] 《经济、社会、文化权利国际公约》第 2 条，联合国官网，http://www.un.org/chinese/hr/issue/esc.htm。

[②] 同上。

以具体化和规范化，通过法律制度来保障人权的实现。

2. 国内司法措施

通过司法审判程序来实现人权的有效法律救济是大多数国家在人权保障中采取的配套手段。在人权实现的保障机制中，基于诉权产生的司法审判程序是保障人权实现的最有效的机制。许多国家都将司法审判程序作为本国国内法上保障人权的最终和最有效的环节。

3. 克减权

克减权（right of derogation from protection of rights），允许国家在某些情况下单方面决定不履行条约义务的条款称为克减条款，国家的这项权利被称为克减权。在社会紧急状态、国家危难或战争等情形下，一个国家可能难以履行其国际义务，平时可能被认为是违反条约义务的作为或不作为，可以因为该特殊情形而被暂时接受。根据《公民权利和政治权利国际公约》第 4 条，该公约规定了 8 项不可克减的权利，即第 4 条第 1 款规定的禁止歧视；第 4 条第 2 款规定的生命权（第 6 条），禁止酷刑（第 7 条），禁止奴隶制、奴隶买卖和强迫役使（第 8 条第 1、2 款），禁止因无力履行债务而被监禁（第 11 条），罪刑法定和刑法无追溯力（第 15 条），法律前的人格（第 16 条）以及思想、良心和宗教自由（第 18 条）。[①]

（二）国际人权保护的主要内容

1. 公民权利和政治权利

根据《公民权利和政治权利国际公约》，公民权利和政治权利主要包括：(1) 不受酷刑和其他残忍、不人道的或有辱人格的待遇或处罚的权利，不受奴役和强迫劳动的权利。(2) 不受任意逮捕或拘禁的权利。(3) 迁徙和选择住所的自由。(4) 法律面前一律平等的权利。所有的人在法庭和裁判所前一律平等。(5) 私生活、家庭、通信和住宅不受侵犯的权利。(6) 思想、良心和宗教信仰自由的权利。(7) 和平集会、结社、游行示威的权利。和平集会的权利应被承认。人人有权享受与他人结社的自由，包括组织和参加工会以保护他的利益的权利。(8) 持有和发表见解的自由。(9) 选举权和被选举权。(10) 宗教、语言、民族或种族上属于少数者的平等权利。[②]

[①] 《公民权利和政治权利国际公约》第 4 条，联合国官网，http：//www.un.org/chinese/esa/social/youth/hr.htm。

[②] 《公民权利和政治权利国际公约》，联合国官网，http：//www.un.org/chinese/esa/social/youth/hr.htm。

2. 经济、社会和文化权利

根据《经济、社会及文化权利国际公约》，经济、社会及文化权利主要包括：(1) 工作和闲暇的权利；(2) 公正和良好的工作条件的权利；(3) 组织和加入工会的权利；(4) 社会保障的权利；(5) 家庭、母亲、儿童和少年受特殊保护的权利；(6) 相当生活水准的权利；(7) 身心健康的权利；(8) 受教育的权利和参加文化生活的权利。[①]

3. 生存权和发展权

生存权和发展权是首要人权。生存权是指人的生命权、温饱权和人身安全权。没有生存权，其他一切人权均无从谈起。《世界人权宣言》确认，人人有权享有生命、自由和人身安全。发展权就是要让人民平等地参与世界的发展，全面享有发展的成果。1993年第二次世界人权大会最后文件《维也纳宣言和行动纲领》指出："极端贫穷的广泛存在妨碍人权的充分和有效享受；立即减轻和最终消除贫穷仍然必须是国际社会的高度优先事项。"

第三节 中国与国际人权法

一、中国的人权观

(一) 中国对人权问题的基本立场

中国积极参与国际人权活动，对人权保护做出了应有的贡献。中国在国际人权保护问题上的立场与态度是：

1. 人权普遍性的原则必须同各国国情相结合

人权具有普遍性。第一是指人权主体的普遍性，即人权是一切人，或至少是一个国家的一切公民或一个社会的一切成员，不分种族、肤色、性别、语言、宗教、政见、国籍、社会出身、财产状况、文化水平等，都应当享有的权利；从国际上说，则是所有民族和国家都应当享有的自由和平等权利。第二是指人权原则和人权内容的普遍性。人权所表达的自由平等的价值观，是人类的普遍追求，反映了人类的共同理想。因此，人权的基本原则和内容适用于一切个人，是所有国家和人民都应当努力追求实现的。但是，在不同经济发展水平的社会，人们面临的人权问题不一样，优先要解决的人

---

① 《经济、社会及文化权利国际公约》，联合国官网，http://www.un.org/chinese/hr/issue/esc.htm。

权问题也不同,这决定了人权的具体内容次序上的差别。由于社会制度、文化传统和经济发展水平不同,各个国家在实施和实现人权普遍性原则时,所采取的政策、措施、方法、形式、步骤和道路必然会有所不同。贯彻人权普遍性原则时,必须从各国的具体情况出发,必须同各国的具体情况相结合。

2. 人权不仅包括公民政治权利,而且包括经济、社会、文化权利

人权是全面的、相互联系的,经济、社会、文化权利与公民、政治权利是人权体系中两个不可分割的组成部分。公民权利和政治权利是公民享有人格尊严和实现充分人权的基本政治保证。经济、社会、文化权利是公民享有公民权利和政治权利的基础条件。

3. 人权不仅包括个人人权,还包括集体人权

人权包含个人人权和集体人权两种形式。个人人权的主体是个人,集体人权的主体是民族和国家。集体人权与个人人权是辨证统一的关系。首先,任何人权包括集体人权最终都必须体现为个人人权,个人人权若得不到保障,也就谈不上集体人权。其次,集体人权是个人人权得以充分实现的先决条件和必要保障。

4. 生存权和发展权是首要人权

没有生存权、发展权,其他一切人权均无从谈起。生存权、发展权是最基本的人权,是享受其他人权的前提。生存权、发展权是首要的人权的观点,是中国人民从自己的历史和国情出发,在人权问题上得出的一个基本结论,也符合广大发展中国家的历史和国情。[①]

5. 稳定是实现人权的前提,发展是实现人权的关键,法治是实现人权的保障

人权的实现离不开稳定的社会政治环境和经济、社会、文化的发展,离不开民主和法制的保障。没有稳定的社会政治环境,人权的实现就没有起码的社会条件。没有经济、社会、文化的发展,人权的实现就没有必不可少的物质基础。而没有建立在民主基础上的法治,人权的实现就没有基本政治和法律保障。[②]

[①] 《生存权和发展权是首要人权》,新华网,http://news.xinhuanet.com/ziliao/2003-01/20/content_ 698249. htm。

[②] 《稳定是实现人权的前提,发展是实现人权的关键,法治是实现人权的保障》,新华网,http://news.xinhuanet.com/ziliao/2003-01/20/content_ 698251. htm。

6. 人权在本质上是一国主权范围内的问题

首先，主权国家是保护人权的主体，人权的国际保护主要要通过各国的国内立法来实施。世界各国都有自己的人权问题，解决这些人权问题是每个国家应承担的责任和义务。第二，人权具有国际保护的一面，但是人权的国际保护并不排斥和否定国家主权，相反，其是以主权国家的相互合作和承担国际义务为基础和原则的。主权原则和不干涉内政原则是保证公正的世界政治经济秩序的必不可少的前提，也是现代国际法中最基本的原则。第三，失去了主权，就谈不上人权。①

7. 评价一国的人权状况不能割断历史、脱离国情

人权是一个历史的发展过程，必然受到各国历史、社会、经济、文化等条件的制约。因此，观察和评价一个国家的人权状况，不能割断该国的历史，不能脱离该国的国情，更不能按照一个模式或某个国家和地区的情况来简单套用。对待中国的人权状况，也必须结合中国的历史、国情和发展态势来做出客观的评价。②

8. 对话与合作是促进国际人权发展的唯一途径

国际社会维护和促进人权的唯一正确的途径是对话和合作。中国主张在平等和相互尊重的基础上开展人权领域的对话和合作。③

（二）中国的人权保障措施

1. 定期发布人权白皮书

1991 年 11 月 1 日，中国国务院新闻办公室发表《中国的人权状况》白皮书，这是中国政府发表的第一份以人权为主题的官方文件。此后，中国几乎每年都发表人权白皮书（见表6—1）。中国的人权白皮书涉及了中国人权的各个方面，囊括了中国人权事业的进展，以及中国的人权状况、罪犯、妇女、计划生育、儿童、环保、粮食、宗教信仰、少数民族、农村、新疆、西藏等等问题。2011 年中国发表了人权蓝皮书《中国人权事业发展报告 NO.1（2011）》

---

① 《人权在本质上是一国主权范围内的问题》，新华网，http：//news.xinhuanet.com/ziliao/2003-01/20/content_698252.htm。
② 《评价一国的人权状况不能割断历史脱离国情》，新华网，http：//news.xinhuanet.com/ziliao/2003-01/20/content_698253.htm。
③ 《对话与合作是促进国际人权的唯一途径》，新华网，http：//news.xinhuanet.com/ziliao/2003-01/20/content_698254.htm

表 6—1　历年中国发布的人权白皮书情况

时间	白皮书名称
1991 年 11 月	《中国的人权状况》
1992 年 8 月	《中国改造罪犯的状况》
1992 年 9 月	《西藏的主权归属与人权状况》
1994 年 6 月	《中国妇女的状况》
1995 年 8 月	《中国的计划生育》
1995 年 12 月	《中国人权事业的进展》
1996 年 4 月	《中国的儿童状况》
1996 年 6 月	《中国的环境保护》
1996 年 10 月	《中国的粮食问题》
1997 年 3 月	《1996 年中国人权事业的进展》
1997 年 10 月	《中国的宗教信仰自由状况》
1998 年 2 月	《西藏自治区人权事业的新进展》
1999 年 4 月	《1998 年中国人权事业的进展》
1999 年 9 月	《中国的少数民族政策及其实践》
2000 年 2 月	《中国人权发展 50 年》
2000 年 6 月	《西藏文化的发展》
2000 年 6 月	《中国的禁毒》
2000 年 12 月	《中国 21 世纪人口与发展》
2001 年 4 月	《2000 年中国人权事业的进展》
2001 年 10 月	《中国的农村扶贫开发》
2001 年 11 月	《西藏的现代化发展》
2001 年 10 月	《中国的农村扶贫开发》
2002 年 4 月	《中国的劳动和社会保障状况》
2003 年 5 月	《新疆的历史与发展》
2004 年 3 月	《2003 年中国人权事业的进展》
2005 年 4 月	《2004 年中国人权事业的进展》
2005 年 8 月	《中国性别平等与妇女发展状况》
2005 年 10 月	《中国的民主政治建设》
2006 年 12 月	《中国老龄事业的发展》
2008 年 2 月	《中国的法治建设》

续表

时间	白皮书名称
2009 年 9 月	《中国的民族政策与各民族共同繁荣发展》
2009 年 9 月	《2009 年中国人权事业的进展》
2010 年 9 月	《中国的人力资源状况》
2013 年 5 月	《2012 年中国人权事业的进展》
2014 年 5 月	《2013 年中国人权事业的进展》

2. 人权入党政规章和国家法律

2004 年,"国家尊重和保障人权"被写入《中华人民共和国宪法》。2006 年 3 月,"尊重和保障人权,促进人权事业的全面发展"被写入《国民经济和社会发展第 11 个五年规划纲要》。2007 年中共十七大将"尊重和保障人权"①写入《中国共产党章程》总纲。2012 年"尊重和保障人权"被写入《刑事诉讼法》。《刑事诉讼法》第 1 章第 2 条规定:"中华人民共和国刑事诉讼法的任务,是保证准确、及时地查明犯罪事实,正确应用法律,惩罚犯罪分子,保障无罪的人不受刑事追究,教育公民自觉遵守法律,积极同犯罪行为作斗争,维护社会主义法制,尊重和保障人权,保护公民的人身权利、财产权利、民主权利和其他权利,保障社会主义建设事业的顺利进行。"②

3. 长期出任国际人权组织成员

2002 年中国高票当选联合国人权委员会成员。2013 年 11 月 12 日第 68 届联合国大会改选联合国人权理事会成员,中国以 176 票当选。

二、国际人权法在中国的适用

(一) 中国参加的国际人权法公约

中国政府高度重视国际人权公约履约工作。中国政府已加入包括《经济、社会及文化权利国际公约》在内的 27 项国际人权公约。中国政府积极履行已参加的国际人权条约的义务,③ 对加入的这些国际人权公约,中国政府通过国内立法、司法和行政等各种渠道认真履行公约所规定的法律义务,严格执行

---

① 《中国共产党章程》编写组:《中国共产党章程》,中国方正出版社 2007 年版。
② 《中华人民共和国刑事诉讼法》,中国法制出版社 2013 年版。
③ 白皮书:《2012 年中国人权事业的进展》,新华网,http://news.xinhuanet.com/politics/2013-05/14/c_115758619.htm。

公约的规定，并向公约监督执行机构按期提交执行情况报告。中国自1980年，先后签署、批准加入的国际人权公约包括：

（1）《消除对妇女一切形式歧视国际公约》，1980年11月4日中国加入，12月4日对中国生效。(2)《消除一切形式种族歧视国际公约》，1981年1月29日中国加入，1982年1月28日对中国生效。(3)《关于难民地位公约》，1982年9月24日中国加入，12月23日对中国生效。(4)《关于难民地位议定书》，1982年9月24日中国加入，当天对中国生效。(5)《禁止并惩治种族隔离罪行国际公约》，1983年4月18日中国加入，5月18日对中国生效。(6)《防止并惩治灭绝种族罪公约》，1983年4月18日中国批准。[1] 7月17日对中国生效。(7)《1949年8月12日日内瓦四公约关于保护国际性武装冲突受难者的附加议定书》（第一议定书），1983年9月14日中国加入[2]，1984年3月14日对中国生效。(8)《1949年8月12日日内瓦四公约关于保护非国际性武装冲突受难者的附加议定书》（第二议定书），1983年9月14日中国加入，1984年3月14日对中国生效。(9)《反对体育领域种族隔离国际公约》，1987年10月21日中国批准，1988年4月3日对中国生效。(10)《禁止酷刑和其他残忍、不人道或有辱人格的待遇或处罚的公约》，1988年10月4日中国批准，11月3日对中国生效。(11)《男女同工同酬公约》，1990年9月7日中国加入，1990年11月2日对中国生效。(12)《儿童权利公约》，1992年3月1日中国批准，4月1日对中国生效。(13)《经济、社会和文化权利国际公约》，1997年10月27日中国批准，2001年3月27日中国加入，同年5月27日对中国生效。(14)《就业政策公约》，中国1997年12月17日中国加入。1998年12月17日对中国生效。(15)《公民权利和政治权利国际公约》，1998年10月5日中国签署，但是全国人大尚未批准通过。(16)《儿童权利公约关于买卖儿童、儿童卖淫和儿童色情制品问题的任择议定书》，2002年12月3日中国加入，2003年1月3日对中国生效。(17)《儿童权利公约关于儿童卷入武装冲突的任择议定书》，2007年12月29日中国批准，2008年3月20日起对中国生效。(18)《跨国收养方面保护儿童及合作公约》，2000年5月1日中国批准，2005年5月27日加入，2006年1月对中国生效。(19)《联合国人

---

[1] 根据中华人民共和国《缔结条约程序法》（第7条）的规定，条约和重要协定在谈判和签署后，由外交部或者国务院有关部门会同外交部，报请国务院审核；由国务院提请全国人民代表大会常务委员会决定批准；中华人民共和国主席根据全国人民代表大会常务委员会的决定予以批准。

[2] 根据《缔结条约程序法》（第11条）的规定，中国加入重要的多边条约和协定，必须由国务院提请全国人民代表大会常务委员会做出加入的决定。

员和联合国有关人员安全公约》，2004年9月22日中国加入，同年10月22日对中国生效。(20)《联合国反腐败公约》，2005年10月27日中国加入，同年12月14日对中国生效。(21)《残疾人权利公约》，2008年6月27日中国加入，同年9月对中国生效。(22)《禁止和立即行动消除最有害的童工形式公约》，2002年8月8日中国加入，2003年8月8日对中国生效。(23)《〈联合国打击跨国有组织犯罪公约〉关于预防、禁止和惩治贩运人口特别是妇女和儿童行为的补充议定书》，2009年12月26日中国加入，2010年3月10日起对中国生效。

(二) 中国声明保留的条款及该条款内容

中国奉行独立自主的和平外交政策，维护中国独立的主权，奉行和平共处五项原则，其中互不干涉内政是重要原则之一。一些国际人权公约中关于提交国际法院或国际仲裁的条款，与中国的相关政策抵触，所以在签署和批准一些国际人权公约的同时，中国对其中的某些条款宣布保留。

《消除对妇女一切形式歧视公约》第29条第1款：两个或两个以上的缔约国之间关于本公约的解释或适用方面的任何争端，如不能谈判解决，经缔约国一方要求，应交付仲裁。如果自要求仲裁之日起6个月内，当事各方不能就仲裁的组成达成协议，任何一方得依照《国际法院规约》提出请求，将争端提交国际法院审理。

《消除一切形式种族歧视国际公约》第22条：两个或两个以上缔约国间关于本公约的解释或适用的任何争端不能以谈判或以本公约所明定的程序解决者，除争端各方商定其他解决方式外，应于争端任何一方请求时提请国际法院裁决。

《关于难民地位的公约》第14条后半部分：在出席法院的权利方面给予难民以他经常居住国家的国民所享有的待遇；第16条第3款：在艺术权利和工业财产方面给难民以他经常居住国家的国民所享有的同样保护。

《关于难民地位的议定书》第4条：本议定书缔约国间关于议定书解释或执行的争端，如不能以其他方法解决，应依争端任何一方当事国的请求，提交国际法院。

《防止及惩治灭绝种族罪公约》第9条：缔约国间关于本公约的解释、适用或实施的争端，包括关于某一国家对于灭绝种族罪或第3条所列任何其他行为的责任的争端，经争端一方的请求，应提交国际法院。

《禁止酷刑和其他残忍、不人道或有辱人格的待遇或处罚公约》第20条：

（1）如果委员会收到在它看来是可靠的情报，有确凿证据证明在一个缔约国境内正经常施行酷刑，委员会应请该缔约国合作研究该情报并为此目的提出它对这一情报的说明。（2）考虑到有关缔约国可能提出的任何说明以及可能得到的其他有关情报，如果委员会认为有正当理由，它可以指派1名或1名以上成员进行秘密调查并立即向委员会报告。（3）如果该调查是根据本条第2款进行的，委员会应谋求该有关缔约国的合作。在该缔约国的同意下，这种调查可以包括对其领土的访问。（4）委员会在对其成员或成员们根据本条第2款所提交的调查结果进行审查后，应将这些结果连同任何适合于当时形势的意见或建议一起转交该有关缔约国。（5）本条第1至4款所指委员会所有程序应是保密的，在程序的所有阶段，均应寻求该缔约国的合作。在根据第2款所进行的这种调查程序完成之后，委员会可在与该有关缔约国协商后，决定将关于这种程序结果的简要报告载入其根据第24条所编写的年度报告中。第30条第1款：两个或两个以上缔约国之间有关本公约的解释或适用的任何争端，如不能通过谈判解决，在其中一方的要求下，应提交仲裁。如果自要求仲裁之日起6个月内各方不能就仲裁之组织达成一致意见，任何一方均可按照国际法院规约要求将此争端提交国际法院。

《儿童权利公约》第6条：（1）缔约国确认每个儿童均有固有的生命权；（2）缔约国应最大限度地确保儿童的存活与发展。

《经济、社会、文化权利国际公约》第8条第1款：本公约缔约各国承担保证。第1项：人人有权组织工会和参加他所选择的工会，以促进和保护他的经济和社会利益；这个权利只受有关工会的规章的限制。对这一权利的行使，不得加以除法律所规定及在民主社会中为了国家安全或公共秩序的利益或为保护他人的权利和自由所需要的限制以外的任何限制。

第七章 边界领土法

第一节 领土概述

一、领土的概念与意义

领土（state territory）是国家构成的基本要素之一。国家领土可大可小，但是，"完全没有领土的国家是不可能的"①。

（一）领土的内容和范围

1. 国家领土

国家所领有的土地，即国家领土。国家领土是国家主权支配管辖下的地球的确定部分，包括领陆、领水、领空和底土，共同构成国家领土整体，处于国家主权的完全支配之下。但有些国家为内陆国，其领土则无领海部分。

2. 国际领土

世界上"还存在着一些不属于国家所领有、或者国家的主权要求未被确认的土地"②，即国家主权管辖范围以外，不为任何国家所独有的区域。"相对于国家领土的是国际领土"③，它们不属于国家所有，而由整个国际社会所共有，有些已被宣布为"人类共同继承财产"，有些已被冻结领土要求。例如：国际海底区域、公海、公空、南极洲等。国际领土虽然不是任何国家的领土，但这并不意味着其处于无法的状态，其法律地位由相关国际条约所规范。

（二）国家领土的构成和法律地位

一个国家的领土由各种不同的部分组成，它包括：领陆、领水、领空和底土。这四个部分都是国家领土不可分割的部分，国家对它们享有绝对的主权和支配的权利。

---

① 周鲠生：《国际法》（上册），武汉大学出版社2007年版，第274页。
② 饶戈平：《国际法》，北京大学出版社1999年版，第162页。
③ 王铁崖：《国际法》，法律出版社1995年版，第230页。

1. 领陆（land territory）

领陆是国家领土的基本组成部分，它是指一国边界以内的陆地，一国拥有的大陆和岛屿都属于领陆的内容。领陆是国家领土必须的构成部分。领陆是国家领土的主体，领水和领空是陆地领土的附属部分，而不能独立于陆地领土之外。国家对领陆享有完全的主权和排他的管辖权。

2. 领水（territorial waters）

领水是指在国家陆地疆界以内或与其陆地疆界连接的一定宽度的水域。包括内水（internal waters）和领海（territorial sea）两个部分。国家的内水包括一国领陆内的一切水域，如自然河流、运河、湖泊等，还包括领海基线以内的海域、内海湾、内海峡。国家领海是从沿海国家领海基线向外量起不超过 12 海里宽度的海水带。内水与领陆一样在国家主权的完全管辖和支配下。国家领海也在国家主权的支配下和管辖下，但外国船舶享有"无害通过权"。

3. 领空（territorial aerian）

领空是指国家领陆和领水之上一定高度的空间，但其具体高度还没有明确规定。国家对领空享有完全的主权和排他的管辖权。

4. 底土（subsoil）

底土包括领陆以下和领水下面的底土。国家对底土享有完全的主权和排他的管辖权。

（三）国家领土的意义

1. 领土是国家构成的基本要素之一

领土是国家构成的基本要素之一，固定的领土是国家必不可少的条件。任何国家都必须存在于一定的领土之内，而不论其面积大小。没有领土的政治实体不是国际法意义上的国家。

2. 领土是国家行使主权的空间和客体

领土是国家行使主权的空间和客体。国家领土是国家主权独立的物质表现，主权意味着对内的最高统治权和对外的独立权。国家最高统治权及于领土的所有空间。国家独享对领土的主权，禁止其他国家在自己的领土内行使主权。

3. 领土是国家和居民赖以生存的物质基础

领土是国家和居民赖以生存的物质基础。没有领土作为物质基础，提供居住和活动的空间场所，任何国家及其人民要生存下去是不可能的。

二、国家领土主权与领土完整

（一）国家领土主权的定义和内容

1. 国家领土主权的定义

国家领土主权是指国家对其领土所享有的排他性的所有权和管辖权。领土所有权是指：国家对其领土及资源拥有占有、使用、处置的权利，其他国家不得侵犯。领土管辖权是指：国家的属地管辖权，即国家对其领土范围内的一切人、物和发生的事拥有排他的管辖权，其他国家不得干涉。因此，领土所有权与领土管辖权作为法律概念是有区别的，但二者又是不可分割的，前者是后者的基础，后者是前者的体现。

2. 国家领土完整与领土主权不容侵犯

国家领土不容侵犯是国际法的基本原则之一。《联合国宪章》第2条规定："各会员国在其国际关系上不得使用威胁或武力，或以与联合国宗旨不符合之任何其他方法，侵害任何会员国或国家之领土完整或政治独立。"和平共处五项原则将"互相尊重主权和领土完整"列为第一项，都说明主权和领土完整是紧密相联的，都是国家独立的重要标志。尊重一个国家的领土主权，就必须尊重一个国家的领土完整。侵犯一国的领土就是侵犯该国的主权和危害该国人民的生存基础。

3. 领土所有权与领土管辖权暂时分离的情况

一般情况下，领土所有权与领土管辖权是统一的，两者都由领土所属国家行使。国家既然拥有领土所有权，自然就拥有领土管辖权。但是，在特殊情况下，两者可能分离，即国家对其领土全部或部分地区，只享有领土所有权，而不享有领土管辖权，即主权与治权分离。这种情况往往发生在国土被外国侵占或因为战败而被战胜国占领期间。

（二）对国家领土主权的限制

国家对其全部领土具有排他的主权，国家领土完整不容侵犯，这已经成为国际法的一项基本原则。但是国家对领土的主权并不排除国际法或国际条约对其加以限制。国家领土的限制有以下两种情况。

一种是适用于一切国家或者大多数国家的一般性限制。这种限制是各国旨在促进建立友好平等关系和巩固相互和平合作而自愿承担的。如关于外国船舶享有无害通过本国领海的权利、外交官在接受国享有外交特权与豁免、国家在其领土上的活动不得损害其他国家的利益，等等。

另一种是适用于特定国家的特殊限制。即根据条约对特定国家的领土主权施加的特殊限制，这种对领土主权的限制合法与否，主要取决于其据以产生的条约是否合法。属于此类特殊限制的形式主要有四种。

1. 共管（condo minium）

共管是指两个或者两个以上国家对同一领土共同行使主权。这种情况可以理解为有关国家对该领土的主权互相限制。共管有的是有关国家通过协议规定，对某一尚未划定的边境地区暂时共同管理，或者经某一领土上人民的自由同意，由有关国家对该领土实行共管；也有的是战胜国对战败国的共同占领，但这并不取得对领土的主权，只是对战败国国家领土主权的一种限制而已。

2. 租借（lease）

租借是指根据条约一国将部分领土出租或抵押给另一国。此种情况下，承租国在租借期内将租借地用于条约规定的目的并行使相应的管辖权，出租国保留对租借地的主权，租借期满后予以收回。在世界历史上，租借大多是根据不平等条约产生的，是强国对弱小国家领土主权的非法限制，违反了国家主权平等的原则。而如果是基于承租国与租借国双方的自愿与平等，通过租借条约进行的领土租借，则是符合现代国际法的。

3. 国际地役（international servitude）

国际地役是指一个国家根据相关条约，将自己的领土在特定范围内给另一国提供服务。它是一国对其领土主权的一种特殊限制，目的在于满足他国的某种需要或目的。国际地役的主体是国家，非国家不能成为国际地役的主体；国际地役的客体是国家领土，非国家领土不能成为国际地役的客体。作为国际地役的国家领土可以是领陆，也可以是内水、领海、领空等。国际地役有积极地役和消极地役两种区分：积极地役，是指允许他国在本国领土内做出某种行为，如允许他国在本国领土内建筑设施、经营铁路、通过军队、派驻军队、开矿捕鱼，等等；消极地役，是指一国为另一国之利益而不在本国领土内作出某种行为，如一国为他国之要求而不在本国某些地区设防，或不得允许外国军舰在本国某一港口内停泊等。"积极地役的要素是容忍，消极地役的要素是不作为。"[1]

---

[1] 何群：《国际法学》，厦门大学出版社 2012 年版，第 105 页。

4. 势力范围（sphere influence）

势力范围是指根据不平等条约，一国承允在其某一部分领土内行使主权时必须符合某外国的意志和利益。19世纪欧洲列强侵占非洲，建立自己的殖民地，并从沿海向内地不断深入。为避免冲突，它们以订立国际条约的方式来确定各自管辖的区域或范围，保障其在非洲殖民地的利益，由此就产生了势力范围这一概念。后来，这一做法逐步扩展，并用于其他大洲的国家。划分势力范围这一做法严重地侵犯了所划分地区国家的主权，违背国际法的基本原则和国际关系准则。

第二节 河流与湖泊

一、河流的分类与地位

河流按其形成方式，可分为自然河流和人工河流。按其流经国家的数目，可分为国内河流和多国河流，按其法律地位的不同，可分为国内河流、多国河流、边界河流、国际河流，等等。需要指出的是，现实中，河流并不是只有一种流经状态和法律地位。有些河流可能同时具有上述两种或多种状态，例如，有的河段处于一国境内，有的河段处于两国边界。界河本身也是一种多国河流；多国河流与国际河流的一部分也都有可能是界河。

（一）河流的法律地位

1. 国内河流

国内河流即内河（internal rivers），是指从河源至河口全部位于一国境内的河流。内河处于一国主权的完全支配之下，国家对国内河流的航行、自然资源的开发、行政管理和环境保护等享有完全的管辖权。外国船舶没有要求在一国国内河流自由航行或无害通过的权利。

但是，根据国际条约和国内法的规定，一国有权决定对外国开放全河或某一河段，或把某一个或数个港口交给国际航运所用。

2. 边界河流

边界河流（boundary rivers）是指流经两国之间并分隔两国疆界的河流。界河是分别属于沿岸国家的内水。不可航行的河流以河道的中心线为界，可通航的河流以河的主航道中心线为界，其界线两边的水域分别属于各沿岸国所有，沿岸国对其所属的一边水域行使管辖权。河上的桥梁一般以中间线为界。

但由于界河的利用、开发和保护，实际上涉及到两个邻国，需要有关沿岸国共同协商，做出安排，以签订协定的方式加以解决。

3. 多国河流

多国河流（multi-national river）是指流经两个或两个以上国家领土的河流。多国河流流经各国的河段分属各沿岸国所有，分别由各国行使主权管辖。在国际实践中，一般情况下，多国河流对所有沿岸国的船舶开放，但禁止非沿岸国船舶自由航行。

由于多国河流涉及所有流经国的利益，因此，对河流的航行、使用和管理等事宜，应由相关国家签订条约来加以规定。沿岸国不能有害地利用河水，不得将河流改道，或阻碍河流的畅通而导致其他沿岸国受到损害。

4. 国际河流

国际河流（international rivers）"这个术语实际上有两种不同的意义：一种是地理的意义，……另一种是法律的意义"。[①] 地理意义上的国际河流，泛指一切通过两个或两个以上国家的河流。法律意义上的国际河流即"国际化河流"，是指流经数国并通航海洋，根据国际条约允许所有国家商船自由航行的河流。

"国际河流"与"多国河流"的相同之处在于：国际河流与多国河流都是流经多国的河流，流经各沿岸国境内的河段分属于各沿岸国的领水，各沿岸国对本国境内的河段享有主权；不同之处在于所谓"国际河流"，是由专门的国际条约规定其对国际开放航行的河流，其法律地位由国际条约或协定规范。

5. 国际河流制度

国际河流制度始于欧洲。1815年维也纳会议制定的《河流自由航行规则》，宣布一切国家的商船可以在欧洲的河流上自由航行，确定了国际河流的地位。

国际河流制度适用的国际法规则主要包括：（1）沿岸国对位于本国境内河段享有主权；（2）沿岸国负责管理和维护本国所属河段的航运，行使包括警察、卫生、关税等事项的管辖权，公平征收必要的税费；（3）对一切国家的商船开放航行和运输；（4）沿岸国保留"沿岸航行权"，即外国船舶无权从事同一沿岸国各港口之间的运输；（5）沿岸国的军舰享有在河流上的自由航行权，非沿岸国的军舰不享有此权利；（6）沿岸国组成国际委员会统一管理，

[①] 周鲠生：《国际法》（上册），武汉大学出版社2007年版，第287页。

制定规则，保障自由航行制度的实施。

但是国际现实中，每一条国际河流的具体航行规则不是完全一样的。"因此，在某个国际河流进行航行时必须符合并遵守该特定的国际公约。"[1]

(二) 运河的法律地位

运河是指人工挖掘形成的水道，包括内河运河和国际运河。

1. 内河运河

一条运河如果全部位于一国境内，则该运河属于内河，其法律地位与内河的法律地位相同，完全隶属于该国排他的管辖权之下。

2. 国际运河

有些运河尽管完全位于一国境内，但由于其两端连接海洋，构成海上交通要道，对国际航运具有重大价值，所以被确立为国际化运河，即国际运河。世界上主要的国际运河有苏伊士运河、巴拿马运河以及基尔运河。这些河流在法律上都是所属国家的内河，但由所属国政府保证国际自由通航。通过这些国际运河均需付过河费。

二、湖泊与内陆海

(一) 湖泊与内陆海的概念

1. 湖泊

湖泊是指被陆地环绕的水域。因含盐量的差异，湖泊有"淡水湖"与"咸水湖"之分，一般以含盐量是否超过1%为咸、淡水湖的区分标准。

2. 内陆海

咸水湖亦称为"内陆海"。通常是湖水不排出或排出不畅，蒸发造成湖水盐分富集而形成的。在法律意义上，咸水湖与淡水湖没有区别。

(二) 湖泊的法律地位

1. 内湖

内湖是指完全被一国陆地所包围的湖泊，属于该国内水，为该国领土的一部分。该国对其享有完全主权，行使绝对的和排他的管辖权。

2. 界湖

界湖是指被两个或者两个以上国家的陆地所包围的湖泊。界湖的法律地位，首先要看事先有无相关国际条约和协定。在无特别规定的情况下，一般

---

[1] 白桂梅、朱利江：《国际法》，中国人民大学出版社2004年版，第150页。

可以按中间线划界。在有分歧的情况下，应由相关沿岸国协商解决，对划归本国的部分，各沿岸国拥有主权。

3. 通洋湖泊

有些湖泊虽为陆地领土所包围，但有狭窄的水道通向海洋。如果这类湖泊及其通向海洋的水道沿岸均在一国领土内，则为该国的内水；若湖泊及其通向海洋的水道由两个或两个以上国家的领土所包围，其法律地位除由相关国家协议确定外，有的还由有关的国际条约来确定。

第三节　领土的取得与变更

领土的取得与变更是指由于自然和人为的原因，国家取得领土或者丧失领土的法律行为。"国家作为活的有机体，在领土方面是时有增减。"[①] "国际法上领土取得和变更最初基于罗马法上关于取得私有财产的规则。"[②] 当时国家的领土属于君主个人的财产，君主有随意处置权。殖民主义与帝国主义时代，"战争的结局亦被认为是国家取得和变更领土的合法依据"。[③] 随着国际关系中国家主权平等、领土不容侵犯、民族与人民自决的现代国际关系准则的确立，传统国际法承认的关于领土变更的一些方式，在现代国际法中失去了合法性。

一、传统国际法上领土取得的方式

传统国际法将先占、添附、时效、割让和征服五种方式，作为国家领土变更的主要方式。奥本海认为，割让为转承的取得方式，而先占、添附、征服和时效则都是原始的取得方式。

（一）先占

先占（occupied）指一国对不属于他国的无主土地通过有效占领使其成为本国领土一部分的行为。"先占是一个国家的占取行为，通过这种行为，该国有意识地取得了当时不在其他国家主权之下的土地的主权。"[④] 先占权利的成

[①] ［英］劳特派特修订，王铁崖译：《奥本海国际法》第 8 版（上卷，第 2 分册），商务印书馆 1972 年版，第 68 页。

[②] 王铁崖：《国际法》，法律出版社 1995 年版，第 236 页。

[③] 周洪钧：《国际法》，中国政法大学出版社 1999 年版，第 128 页。

[④] ［英］詹宁斯、瓦茨著，王铁崖等译：《奥本海国际法》（第 1 卷，第 2 分册），中国大百科全书出版社 1998 年版，第 74 页。

立必须符合下列条件：

1. 行为主体是国家

先占是一种国家行为。先占的主体必须是国家或以国家名义实施行为的个人，单纯的个人行为不构成先占行为。除非事先经国家授权或事后获国家批准。"私人的独立行为没有任何意义，除非有足够的证据证明这些私人的行为是经过国家的授权或者国家对他们的行为进行了具体的指导和管辖。"①

2. 行为客体是"无主地"

先占的客体只限于"无主地"。所谓"无主地"是指不属于任何国家的土地，或者曾经属于某个国家，但已被放弃的土地。"无主地"可能是完全无人居住的陆地或岛屿，或者是散居着还未形成国家的土著居民的土地。这里要注意的是"无人地"与"无主地"的区别，尽管"无主地"有许多是无人的，但是"无人地"并不一定就是"无主地"。

3. 符合"有效占领原则"

先占必须是"有效的占领"。其含义包括两个基本要求：一是主观上有占领意图的意思表示；如以国家声明或宣言，政府公告或外交照会、国内立法与行政措施，公开划入本国政区和版图等方式，表明本国对所占无主地拥有统治权；二是客观上确实进行了实际有效的管辖，如建立主权碑，悬挂本国旗，设立居民点、运作行政机构等国家统治管理行为。即使在无人或人烟稀少、地理条件恶劣或交通极为不便的地区，也要有某种主权管辖行为。不过对此类条件下的管辖行为要求要比普通地区宽松一些。

在国际法中，先占的法理基础是随着国际实践逐步发展变化的。"发现"曾被作为先占成立的重要条件。但随着国际法法理的发展，单纯"发现"无主地并不当然产生主权，只能产生"不完全的权利"。仅有象征性的占领也是不够的，只有连续平稳地对无主地行使管辖，才能拥有先占的权利。而尚未建立国家政权的土著人地区，也不再被认为是无主土地。

4. 先占在现代国际法上的意义

现在，地球上所谓"无主地"几乎不存在了。现代国际法已规定，公海是"共有物"，国际海底区域属于"全人类的共同财产"，对南极洲的领土要求已被永久冻结。因此，国家以先占方式取得领土已经失去现实意义，但是，在处理某些历史上遗留下来的领土争端问题时，先占规则还有其证据

---

① 英国/挪威"渔业案"国际法院判词。

作用。

（二）时效

时效（prescription），亦称取得时效。这原是民法上的概念，应用于国际法，成为国家领土变更的一种方式。但国际法中的时效与民法中的时效概念有很大不同。

1. 国际法上时效的定义

国际法上的时效是指一国占有他国的部分领土，而不论最初的占有是否合法或善意，被占领土国未表示抗议反对，"或曾有过抗议和反对，但已经停止了这种抗议和反对，从而使该国对他国领土的占有不再受干扰"[1]，占领国对该领土经过长期稳定地管辖，从而取得对该领土的主权。

2. 时效的特征

（1）所占领土是他国领土，而且并不以善意占有为前提。通过时效取得的领土是他国的领土，有时明知是他国领土而恶意占领。但只要不遭到反对抗议，或曾有过反对和抗议，但已停止或放弃，即使占领国在当时是非法占有，但经过长期无干扰的管辖，遂消除了占有的非法性，而取得了对相关领土的主权。（2）占有持续一定长的时间。但对"一定长"的时间标准，是一个视情况而定的情形，国际法对此没有规定明确的年限。（3）没有外来反对抗议的情况下持续稳定地管辖。这一点对于时效的成立与否非常关键。只有在被占领土国"表示了明示或默示同意之下依据时效取得领土才有可能成立"[2]。如果被占领土国一直坚持对被占领土的收复要求，不断宣示对被占领土的主权，则不管占领国实际控制该领土的时间有多长，也不能被认为符合"没有干扰地有效统治"的先决条件。在此种情况下，占领国对该土地的占领时效是不能成立的。这也是国际关系实践中，许多认为本国领土被他国侵占的国家，始终坚持用各种方式进行"主权宣示"声索本国被占领土的原因。而如果不发声、不动作，会形成法律上的"默认"状态，这将被视为自动放弃被占领土的主权。

3. 时效的适用与现实意义

第一，时效取得领土的方式，允许恶意占有他国领土，在国际实践上为非法侵占他国领土提供了借口。当代国际社会，没有任何国家会对本国领土被侵占保持沉默。现代国际法已彻底排除了以时效方式恶意占有他国领土取

---

[1] 王铁崖：《国际法》，法律出版社1995年版，第273页。
[2] 白桂梅、朱利江：《国际法》，人民大学出版社2004年版，第156页。

得主权的合法性。第二，在处理具体的领土纠纷时，时效并不能单独作为一项创设权利的法律原则运用，而必须综合考虑领土取得的其他因素，"其适用在很大程度上取决于对某一特定情势的评估"①，需与其他的领土取得规则结合起来使用。

(三) 添附

1. 添附的定义

添附（accretion）是指由于自然的作用或人为的因素，形成新的领土，添附属于国家领土原始取得方式的一种。自然添附和人为添附是添附的两种基本形态。

2. 自然添附及人为添附

自然添附指是自然力所致的土地增加。例如，因海水冲击在海岸形成涨滩、因河流泥沙在河口形成三角洲、因自然原因在领海内出现新的岛屿，等等。

人为添附是指人工作用导致的土地增加。例如，筑堤建堰、围海造田等。实行人为添附的限制条件是不得影响他国的利益。一国在界河本国水域一侧筑堤或围滩造田，致使河水冲刷对方的堤岸，会导致原有界线的变化，人工填海造田有可能影响领海基线的划法，扩大本国海域。人为添附也不能破坏本地区的环境。

根据《联合国海洋法公约》，一国在专属经济区、大陆架和公海上建立的人工岛屿、结构与设施，均不构成领土的添附。

3. 添附的国际法意义

因添附增加的领土，国家无需通过专门的法律和外交程序来获得主权与国际承认。添附作为国家取得和扩大领土的一种方式，在现代国际法中属于合法行为。不过在现实中，因添附而导致增加的领土面积一般不会很大。

(四) 割让

1. 割让定义

割让（cession）是指根据条约一国将本国的部分领土乃至全部领土转让给另一国的法律行为。作为国家领土取得的一种继有方式，割让可分为强制性割让和非强制性割让两种类型。

---

① 周洪钧：《国际法》，中国政法大学出版社1999年版，第130页。

2. 强制性割让与非强制性割让

强制性割让是一国通过武力或武力威胁，迫使他国签订条约将其领土移转给自己的行为。强制性割让导致的领土转移对割让国来说是被迫的。

非强制性割让是指在平等自愿的基础上，国家之间和平地转让部分领土。领土转让的具体方式主要有：（1）交换；（2）买卖；（3）赠与。这种情况下的国家领土转移，既有单向转移，也有双向转移；有的是有偿的，有的是无偿的。

3. 割让在现代国际法上的地位

在殖民主义和帝国主义时代，将战争作为处理国家间关系的合法手段，"因此在当时强制性割让被承认为国家领土变更的合法方式之一"[①]。现代国际法禁止以武力或武力威胁，强迫他国订立不平等条约割让土地。所以，强制性割让已失去作为领土变更方式的合法性；而非强制性割让，依然是合法的领土变更方式。

（五）征服

1. 征服定义

征服（conquest）亦称兼并，是指一国使用武力占领他国领土的部分或全部，在战后不经过条约而将所占领土加以兼并的一种领土取得方式。

征服与强制性割让的区别在于，征服方式无需缔结条约或协定，战胜国单方面宣布将其占领的战败国领土的一部分乃至全部并入本国。

2. 有效的征服必须满足的条件

有效的征服须满足一定的条件：（1）战胜国兼并战败国领土意思的明确表达；（2）战胜国对兼并的领土实现了完全有效的控制；（3）战败国已放弃抵抗和收复要求。

3. 征服在现代国际法上的地位

以征服方式兼并他国领土，是当代国际关系准则定义的侵略行为。现代国际法认为以武力兼并他国领土属于非法。对此行为，不仅国际社会不会承认其合法性，而且还会采取一切手段反对和制止。

二、现代国际法上的领土变更方式

在现代国际法中，添附和自愿割让方式继续有效；征服和强制割让方式

---

① 周洪钧：《国际法》，中国政法大学出版社1999年版，第131页。

被完全否定；先占与时效的方式几无可能。"但是，这并不意味着这五项领土取得和变更的方式已经毫无价值，他们对于解释国家领土的现状以及解决领土争端是非常重要的。"[1] 其"现实意义在于：当国家之间发生领土争端时，为了查明有关国家领土的来历，这些方式常被引用。在现代国际法理论和实践中，在处理领土归属问题时，对于当事国以历史上按照上述方式取得领土为法律根据的，也承认其效力"[2]。

现代国际法将当代国际实践中经常采用的自决、公投等方式，纳入领土变更规则。

（一）自决

自决是指殖民地人民与民族脱离殖民宗主国，成立独立主权国家或加入他国而发生的领土变更。二战胜利以后，人民与民族自决原则成为国际法的一项基本原则。据此，各殖民地与附属国掀起了民族独立和人民解放运动的浪潮，绝大多数地区经过艰苦的斗争已获得独立，诞生了众多的新国家。

（二）公投

公投即全民公决，是指由某一地区的居民以充分自主的投票方式决定其地区的领土归属。以全民投票方式变更领土的结果合法有效的条件是：第一，必须是该地居民意愿的真实自由表达；第二，在武力威胁和胁迫下进行的投票所导致的领土变更结果非法无效。

（三）恢复领土主权

恢复领土主权又称收复失地，是指国家收回历史上被他国非法占有的领土，恢复本国对该土地的主权。现代国际法否认侵占别国领土的合法性。谈判和司法是和平方式恢复领土主权的两种手段，在上述两种手段不能实现时，也可以武力方式实现。但在国际现实中，不是每个当事国都具备以武力解决的能力。

（四）国家分合

既存国家发生的分合，必然导致领土的变更。主要情形有：（1）解体，指一个原有国家裂解为多个国家，原母国不复存在；（2）分离，指一个国家的一部分脱离母国独立，另立新国家；（3）合并，指两个或两个以上现有国家合并成一个新的国家；（4）割让，两个国家达成成协议，其中一国将本国领土的一部分转交另一国，或者双方相互交换领土。

---

[1] 白桂梅、朱利江：《国际法》，人民大学出版社2004年版，第160页。
[2] 饶戈平：《国际法》，北京大学出版社1999年版，第171—172页。

上述情形必须以符合国际法的方式进行，否则由此产生的领土变更就不能被承认为是合法。这里特别要指出的是：无论是自决还是公投都不能解释为有权任意损害主权国家的领土完整。1960年，联合国《给予殖民地国家和人民独立宣言》在庄严地宣布"所有的人民都有自决权"[①] 的同时，又郑重地指出"任何旨在部分地或全面地分裂一个国家的团结和破坏其领土完整的企图都是与联合国宪章的目的和原则相违背的"[②]。1970年，联合国《关于各国依联合国宪章建立友好关系及合作之国际法原则之宣言》也在宣布"各民族享有平等权利与自决权"时，强调此项权利"不得解释为授权或鼓励采取任何行动，局部或全部破坏或损害……国家之领土完整或政治统一"。

第四节　国界与边境

一、国家边界

边界（boundaries）是确定国家领土范围的界限，是划分一国领土与他国领土、一国领土与专属经济区或公海以及一国领空与外层空间的界限。其作用在于确定各国之间的领土范围和国家行使属地管辖权的界限，是维护一个国家领土主权的屏障。根据国家边界不同的地理位置，边界可分为陆地边界、水域边界、空中边界和地下层边界。

（一）边界的形成

国家边界并不是自然地存在于一国与他国的领土之间，其形成主要有三种情况：

1. 因传统习惯形成的边界

这种边界也称为历史边界，它是指在长期的历史过程中，相邻国家相互尊重各自的行政管理范围而形成的边界。它是相邻国家相互间的一种默示协议。

2. 因条约形成的边界

这种边界是指相邻国家间通过协议和实地勘察，以签订条约的形式来划定的边界。通过条约划定的边界不仅明确，而且具有长期性和稳定性。条约边界在现代国家边界中十分普遍。

---

① 联合国《给予殖民地国家和人民独立宣言》第2条。
② 联合国《给予殖民地国家和人民独立宣言》第6条。

3. 因继承形成的边界

继承边界主要是指新国家的边界是从原国家的外部边界，或者原国家内部行政区界继承而来的边界。这种边界既有可能是条约边界，也可能是习惯边界。国家的合并、解体、分离、独立都是产生继承边界的原因。

（二）划界的方法

划分国家间边界的方法，一般国际法教科书中通常提到的有自然划界法、几何划界法、天文学划界法三种方法。

1. 自然地形划界法

自然划界法即地形划界法，它是根据自然地形来确定边界线的划界方法。如以山脉、河流、湖泊、丘陵、森林、沙漠、海峡等的走向分布来划定国家之间的边界。除因特殊情况或条约另有规定外，自然划界法适用的具体原则是：

（1）以山脉为界时，通常以分水岭为界。（2）以河流为界时，如果是可以航行的河流，以主航道的中心线（水流最深处）为界；如果是不可航行的河流，则以河流的中心线为界；界河上的桥梁，一般以桥梁的中心线为界。（3）以湖泊为界时，各沿岸国一般在湖泊上划定中间线作为边界。

必须说明的是，上述划界原则只是在通常情况下的一般性原则，并不排除当事国家根据实际情况平等自愿达成协议，把边界线划定在山脉的山脊或某一边山麓，或采用非中间线方法划定湖泊的水域。

2. 几何学划界法

几何学划界法是指以一个固定点到另一个固定点所划的直线作为国家之间的边界线的方法。几何学划界法一般用于人烟稀少，无明显标志物、不易勘察的地区。这种方法在殖民时代曾被用来瓜分殖民地，而不考虑当地的实际情况，因而遗留了诸多问题。

3. 天文学划界法

天文学划界法是以地图上一定的经纬度确定国家边界的方法。这种方法的适用情况与几何划界法类似。这种方法在殖民时代也曾被用来瓜分殖民地，而不考虑当地的实际情况，也遗留了诸多问题。

4. 综合划界法

但在国际现实中，由于实际情况多种多样，国家间的边界，不可能只按上述三种方法划分，往往是综合运用了多种方法加以划分。无论是从保障国防和安全的角度，还是从方便管理和便利交通的角度，亦或是考量历史沿革和文化联系的角度，都要求划界时必须同时兼顾河流和山脉的走向、湖泊和海峡的分布、城市和村庄的坐落、经济联系和道路分布、历史归属与人文地理等多种因素。

(三) 条约划界的程序

通过签订条约来划定国家间边界的程序，一般分为定界，也就是签订边界条约（母约）；勘界和标界；制定标界文件（子约）等三个步骤。

1. 定界

定界（delimitation）是指当事国家经过边界谈判，签订边界条约，确定两国边界。边界条约载明两国边界的位置和走向，规定处理涉及边界各种问题的原则和规则。还应附有标示有边界线走向的地图（在实地勘界后制作）。边界条约是确定国家边界的基本文件，具有"母约"地位。

2. 勘界和标界

勘界和标界（demarcation）是指签约后，按照相关规定，缔约双方各派代表组成划界委员会，对条约规定的边界线，进行实地勘察，将书面确定的边界，具体落实在实地，此为勘界。在勘界的同时，树立界桩或界碑作为标志，此为标界。

3. 制定"子约"

边界"子约"是指除边界"母约"——边界条约外，双方制定的有关划界问题的专门文件。主要包括有：边界证书、边界议定书、边界地图、记载界桩的议定书，等等。这些文件称为"子约"，是确定边界线的具体依据。边界"母约"与"子约"均经双方批准后，边界是为正式划定。

(四) 划界文件发生矛盾的处理原则

划界过程中形成的各种文件内容上必须保持严格一致。若有误差，除有特别约定的外，惯例按照"母约"高于"子约"，"子约"高于地图，地图高于界标的原则处理。

界桩、界碑位置与边界地图和边界议定书不符时，以地图和议定书为准。边界地图与边界议定书和边界条约不符时，以边界议定书和边界条约为准。边界议定书与边界条约不符时，以边界条约为准。

二、边境制度

(一) 边境与边境制度的定义

1. 边境

边境（frontier）是指边界线两边的一定宽度的区域。在一般用语中，有时会混用边界和边境的概念。在法律上,边界指的是划分国界的"线",边境指的是国界两边一定区域的"面"。

2. 边境制度

边境制度是指管理边境地区,规范边境活动的法律、规章、惯例的总体。一般由国内涉边法和相邻国家间的涉边双边协定两大部分组成。

(二) 边境制度的主要内容

1. 边界标识的维护

界标是边界的物理标识,界标的任何位移和毁灭,将直接关系到边界走向,影响国家领土完整,进而引发边界争端。所以,维护界标原状原貌是相邻国家的共同责任。"如果一方发现界桩已被移动、损坏或毁灭,应尽量通知另一方,负责维护该界桩应当采取必要措施,在另一方在场的情况下,在原地按照原规格予以恢复、修理或重建。"[1] 如果移动和损毁系人为故意造成,则应追究有关人员的责任。

2. 边境地区与界水的开发利用养护

不损害邻国利益是边境地区开发利用时必须考虑的原则。对边境地区的开发不能给对方造成污染;靶场或武器试验不得在靠近边界的地方设立和进行;不应越界射击和追捕鸟兽。例如,中国与缅甸商定:"一、除非以维护各自安全的目的,双方禁止在边界线两侧纵深各2000米的地带内进行军事演习。二、双方禁止向境外射击。一方如果需要在边界线附近地区引爆炸药,应至少提前24小时通知对方。"[2]

沿岸双方对界水享有共同使用权和负有共同维护责任。使用界水时,不得损害邻国的合法利益,不得污染环境,如需进行可能会对界水的航行、水位、河岸、生态产生影响的建筑工程,应通过协商征得对方的同意。双方均不得人为地使界河改道,不得人为地造成界水枯竭或泛滥,沿岸国在界水中享有平等的航行权和捕鱼权。沿岸国共同协商处理有关捕鱼和禁渔、生物养殖等事项。

3. 边民往来

边境地区往往居住着跨界民族,存在着跨国婚姻,坐落着宗教圣地,开

---

[1] 《中华人民共和国政府和缅甸联邦政府关于两国边界的议定书》第38条,1961年,全国人大官网,http://www.npc.gov.cn/wxzl/gongbao/2000-12/25/content_5000717.htm。

[2] 《中华人民共和国政府和缅甸联邦政府关于中缅边境管理与合作的协定》第16条,全国人大官网,http://www.npc.gov.cn/wxzl/gongbao/2000-12/25/content_5000717.htm。

设有边贸市场。边境地区山水相依相连，居民交往频繁，经济联系密切，有别于内地情况。为了照顾边民与香客的特殊需要，便利边民与香客往来，在探亲访友、求医问药、旅游、朝圣、航行、边贸、教育等方面，相邻两国政府往往都会采取简化出入境手续和减免税费的便利优惠措施。

4. 一般涉边问题的处理

边境地区有时会发生非法越境、损坏界标、人畜越界、治安案件、环境污染、天灾人祸等涉边事件。边界双方通常根据条约或协定，设置边界委员会或指定某边境管理机关，负责协调和处理边境地区发生的一般性涉边事件。边界委员会由双方代表共同组成。对于边界委员会在处理时未能达成协议的事件和特别严重的事件，则须通过国家外交途径解决。

5. 边防合作

边界沿线一般驻有边防部队和边防警察；边界口岸设有边防检查站、海关、卫生检疫、商品检验、交通运输管理等国家机构；不少口岸有国际公路、国际铁路、国际管线通过。为更好地管理边界口岸事物，维护边界和口岸地区的安全与秩序，双方各个边界管理部门，尤其是边防军、警部门，需要建立联系与会晤制度，通报相关信息，协调管理措施，维护本国利益、处理双方分歧，预防矛盾激化。

第五节　两极地区的国际法律地位

南极和北极，统称两极。两极地区有许多相似之处，也有很大的不同。

一、北极地区

北极（Arctic）的狭义含义是指地球自转轴的北端，即北纬 90 度的点——北极点（North Pole）；广义含义是指北极地区，北极地区是以北极点为中心的广阔地区。通常将北纬 66 度 33 分（北极圈）以内的地区作为北极地区的范围。北极圈内地区，总面积为 2100 万平方公里，其中北冰洋面积约 1470 万公里，略大于南极洲；北极地区陆地面积共约 800 万平方公里。北冰洋大部分终年冰封，周边地区是美洲大陆和欧亚大陆的北部边缘地区，还有格陵兰岛。这些地区分别属于环北冰洋的八个国家。

（一）北极地区领土与海域划界争端

一些环北极国家在北冰洋岛屿，海域划分和外大陆架范围问题上存在争端。

1. 扇形原则

一些北极国家主张以扇形原则（Sector Principle）瓜分北冰洋海域和底土。扇形原则是指以极点为圆心，以经线为腰线，以连接声索国领陆东西两端的纬线为底边，所形成的一个扇面形状的地理空间。1907年，加拿大提出拥有以北极点为顶点，以穿过该国领陆东西两端的纬线为底边，以从北极点到该国领陆东西两端的两条经线为腰的扇形空间内的一切海域与岛屿，此即扇形原则的首次提出。1926年4月，苏联将扇形理论纳入国内法，遭到美国和挪威等国的反对。

2. 北极国际争端凸显

在地球气候变暖的大背景下，北冰洋冰川不断融化，使得进行大规模能源开发出现可能性。据统计，北极地区的石油储量超过1亿吨，未探明天然气储量占全球储量的1/3。北极航道的开通也显露希望，北极航道包括有：（1）加拿大沿岸的"西北航道"；（2）西伯利亚沿岸的"东北航道"（"北方航道"）；（3）北极点航道。北极航道如果开通，将对世界海洋航运格局产生重大影响。环北冰洋国家对北极地区的争夺主要集中在海域和海底划分以及未来北极航线问题上。

《联合国海洋法公约》的正式实施和气候变暖给北极带来的变化，激发了新一轮的争夺在北极地区展开。北冰洋周边各国纷纷宣示本国在北极地区的各项权利与利益，采取各种方法"宣示主权"，如加拿大、俄罗斯、丹麦、美国等国家在提出各种权益要求的同时不断采取措施加强在北极的存在。

（二）北极理事会

北极理事会（Arctic Council，AC）是北极地区国家建立的高层论坛组织，同时也是北极地区八国政府当局与北极原住民沟通与合作的平台。

1. 宗旨和目的

为讨论和协调北极问题，1996年9月，北极地区八国发表《渥太华宣言》，宣告北极理事会成立，"旨在为北极国家间增进合作、协调和交流提供工具"。[①] 北极治理的机制化程度因北极理事会的成立得到很大提升。

[①] 《北极理事会成立宣言》，转引自陆俊元：《北极地缘政治与中国应对》，时事出版社2010年版，第349页。

2. 成员

北极理事会的成员分为正式会员和观察员。

(1) 正式会员。只有位于北极地区的国家和北极原住民社群才能成为北极理事会的正式会员。会员国有加拿大、芬兰、挪威、俄罗斯、瑞典、美国和丹麦（含属地格陵兰和法罗群岛），共八个国家；北极原住民组织为永久参与者，共六个组织。永久参与者可以参与理事会的所有活动和讨论，理事会的任何决议应事先咨询其意见，以保障原住民的利益诉求在理事会的决策中得到充分考虑。

(2) 观察员。观察员身份开放给非北极国家、国际组织和非政府组织，并分为正式观察员和特殊观察员两类。正式观察员的国家成员有：法国、德国、荷兰、波兰、西班牙、英国、中国、印度、意大利、日本、韩国和新加坡。还有一些国际组织拥有正式观察员身份。正式观察员自动享有参与理事会的权利，拥有发言权、项目提议权，但无表决权。正式观察员和特殊观察员的区别在于，正式观察员自动获邀出席所有会议，特殊观察员出席每一次会议都需要批准。

（三）北极地区的法律地位

关于北极地区，只有一些分散的条约，没有形成一套国际条约体系来规范北极事务。国际社会普遍认为，北极与南极一样，都应是全人类的共同财富，不支持任何国家或集团对其进行划分和占有。国际社会现在需要一个监管北极地区的全套法律机制，以保护这里环境和安全。

二、南极地区

南极（Antarctica），狭义含义是指地球自转轴的南端，即南纬90度的点——南极点（South Pole）；广义含义是指南极地区，包括以南极点为中心的广阔地区，范围包括南纬60度以南的海域和南极洲大陆及其附近岛屿。南极洲面积为1400万平方公里，占世界陆地面积的近10%。南极洲是地球上唯一无固定居民的大陆。95%以上的大陆表层被平均厚度达2000米的冰雪覆盖。南极地区冰层下面蕴藏着极其丰富的自然资源。

（一）对南极大陆的领土要求

18世纪，人类发现南极大陆。从19世纪起许多国家对此地进行了探险考察。一些国家陆续对南极大陆提出了领土主权要求。

1. 提出领土主权要求的国家

英国、澳大利亚、新西兰、阿根廷、智利、法国、挪威等七个国家对南极大陆提出领土要求。英国、阿根廷、智利在南极大陆上的领土主张在地理上相互重叠，争执很大。另外南非、德国、日本、比利时、乌拉圭、巴西、秘鲁等国也对南极提出某种权利主张。但是所有上述国家的领土要求都未获得国际社会的普遍承认。

2. 美国和苏联的立场

美国和苏联声明不承认别国对南极的领土要求，同时保留本国公民在南极考察和发现所取得的一切权利并保留以后自己提出领土要求的权利。1924年美国宣布：任何对南极"无主地"的发现，如无名副其实的定居，不构成有效的主权要求。1950年，苏联致有关国家的备忘录称："未经苏联参加的有关南极洲制度的任何解决办法都是非法的。"其后，苏联进一步强调俄国航海家最早发现南极，要求"优先的历史权利"，并保留提出领土要求的权利。

（二）声索南极洲领土的理由和划分主张

1. 先占

提出领土要求的国家认为南极洲为无主地，认为本国声索的地区是由本国最先宣布拥有权，符合国际法的先占原则。

2. 相邻

一些对南极地区提出领土要求的国家，以自己的国土或海外属地与南极大陆邻近，作为声索的理由之一。

3. 扇形划分

对南极提出领土要求的国家，要求以扇形方式划分领有区域。分割南极洲的扇形原则与分割北冰洋的扇形原则是一样的，即以极点为圆心，以经线为腰线，以连接声索地区东西两端的纬线为底边，所形成的一个扇面形状的地理空间。

（三）《南极条约》体系

南极条约及其相关条约、协定、措施总称南极条约体系。南极条约体系是有关南极法律地位和制度的国际法原则和规则的主要渊源。南极的法律地位和活动规则由南极条约体系规定和调整。

1.《南极条约》体系的形成

（1）《南极条约》。1959年12月1日，参加国际地球物理年（IGY）南极考察的美国、苏联、挪威、英国、比利时、日本、阿根廷、智利、南非、法国、澳大利亚、新西兰共12个国家，在华盛顿召开南极会议，签订了《南极条约》，1961年6月23日条约生效。《南极条约》共计14条，"条约的规定应适用于南纬60以南的地区"①。条约实行开放签署。迄今签署南极条约的有50个国家，其中28个"在南极建立科学站或派遣科学考察队"②，即有实质性科学研究活动的国家，享有南极条约协商国地位，22个国家为非协商国。

(2) 构成南极条约体系的其他法律文件。在《南极条约》的宗旨和框架内，南极条约协商国还签署了一系列关于南极地区的公约和协定，主要包括有：《保护南极动植物议定措施》（1964年）、《保护南极海豹公约》（1972年）、《南极海洋生物资源保护公约》（1980年）、《关于环境保护的南极条约议定书》（1991年）。这些公约和议定书在环境、资源、动植物方面补充、丰富和完善了《南极条约》，构成了南极条约体系的又一重要内容。《南极条约》和上述公约协定以及在历次南极条约协商会议上通过的具有法律效力的160余项建议措施，统称为南极条约体系。

2.《南极条约》体系的主要内容

(1) 南极只用于和平目的，实行非军事化和无核化。"南极应只用于和平目的。一切具有军事性质的措施，例如建立军事基地，建筑要塞，进行军事演习以及任何类型武器的试验等等，均予禁止。"③ "禁止在南极进行任何核爆炸和在该区域处置放射性尘埃。"④ 但是，"不禁止为了科学研究或任何其它和平目的而使用军事人员或军事设备"⑤。

(2) 促进南极科学考察与合作自由。"在南极促进科学调查方面的国际合作……交换南极科学规划的情报……在南极各考察队和各考察站之间交换科学人员；南极的科学考察报告和成果应予交换并可自由得到。"⑥

(3) 冻结对南极洲的领土主权要求。"在本条约有效期间所发生的一切行为或活动，不得构成主张、支持或否定对南极的领土主权的要求的基础，也不得创立在南极的任何主权权利。在本条约有效期间，对在南极的领土主权

----

① 《南极条约》（第6条），转引自国家海洋局极地考察办公室网页，http://www.chinare.gov.cn/caa/gb_ article.php? modid=07001。
② 《南极条约》（第9条第2款），转引自国家海洋局极地考察办公室网页，http://www.chinare.gov.cn/caa/gb_ article.php? modid=07001。
③ 《南极条约》（第1条第1款），转引自国家海洋局极地考察办公室网页，http://www.chinare.gov.cn/caa/gb_ article.php? modid=07001。
④ 《南极条约》（第5条第1款），转引自国家海洋局极地考察办公室网页，http://www.chinare.gov.cn/caa/gb_ article.php? modid=07001。
⑤ 《南极条约》（第1条第2款），转引自国家海洋局极地考察办公室网页，http://www.chinare.gov.cn/caa/gb_ article.php? modid=07001。
⑥ 《南极条约》（第3条第1款），转引自国家海洋局极地考察办公室网页，http://www.chinare.gov.cn/caa/gb_ article.php? modid=07001。

不得提出新的要求或扩大现有的要求。"① 与此同时,"本条约的任务规定不得解释为:(甲)缔约任何一方放弃在南极原来所主张的领土主权权利或领土的要求;(乙)缔约任何一方全部或部分放弃由于它在南极的活动或由于它的国民在南极的活动或其他原因而构成的对南极领土主权的要求的任何根据;(丙)损害缔约任何一方关于它承认或否认任何其他国家在南极的领土主权的要求或要求的根据的立场"②。

(4)"南极条约协商会议"机制。根据《南极条约》,建立了"南极条约协商会议"机制,"以便交换情报、共同协商有关南极的共同利益问题,并阐述、考虑以及向本国政府建议旨在促进本条约的原则和宗旨的措施"③,制定促进科学合作的方案等。协商国会议现在每年举行一次,协商国拥有表决权,非协商国列席会议。

(5)南极为自然保护区。1991年《关于环境保护的南极条约议定书》"将南极指定为自然保护区,仅用于和平与科学"④。在南极地区的任何活动都必须事先对生态环境影响进行评估,不得对南极环境及生态系统造成破坏。

(6)长期禁止开发矿产。在南极大陆"任何有关矿产资源的活动都应予以禁止,但与科学研究有关的活动不在此限"⑤。1991年在马德里签订的《关于环境保护的南极条约议定书》规定,在该条约生效满50年后,如有任一协商国以书面方式提出请求,则应举行审查实施情况的会议,包括讨论修改或修正议定书的议题。"除非存在一项有效的并有法律拘束力的关于南极矿产资源活动的制度,且该制度包括一项议定办法,用以判定任何此种活动可否接受;如果可以,则在何种条件下可予接受,否则该条规定的关于南极矿产资源活动的禁止应当继续有效。"⑥

---

① 《南极条约》(第4条第2款),转引自国家海洋局极地考察办公室网页,http://www.chinare.gov.cn/caa/gb_article.php?modid=07001。
② 《南极条约》(第4条第1款),转引自国家海洋局极地考察办公室网页,http://www.chinare.gov.cn/caa/gb_article.php?modid=07001。
③ 《南极条约》(第9条第1款),转引自国家海洋局极地考察办公室网页,http://www.chinare.gov.cn/caa/gb_article.php?modid=07001。
④ 《关于环境保护的南极条约议定书》(第2条"目标与指定"),http://www.hflib.gov.cn/law/law/falvfagui/GJTY/HJ/HJ1009.htm。
⑤ 《关于环境保护的南极条约议定书》(第7条"禁止矿产资源活动"),http://www.hflib.gov.cn/law/law/falvfagui/GJTY/HJ/HJ1009.htm。
⑥ 《关于环境保护的南极条约议定书》(第25条"修改或修正"),http://www.hflib.gov.cn/law/law/falvfagui/GJTY/HJ/HJ1009.htm。

3. 南极条约的意义

《南极条约》以既不否认，也不承认的方式，冻结了对南极洲的领土主权要求，缓和了对南极领土的争执，维持了南极地区的和平稳定局面，达到了使南极专用于和平和不成为国际纠纷的场所或对象的目的，体现了《联合国宪章》的宗旨和原则。《南极条约》为人类在南极的活动提供了法律规范，推动了南极考察的依法管理，保护了南极地区的环境和资源，促进了对南极的科学研究，为南极管理制度的系统化奠定了基础。

三、中国与两极地区

1981年5月11日，中国成立了国家南极考察委员会，1994年国家南极考察委员会撤销，其办公室更名并改建为国家海洋局南极考察办公室；后又更名并改建为国家海洋局极地考察办公室，简称"极地办"，其基本任务是组织协调和管理中国的极地考察和研究工作。

（一）中国与两极地区的法律关系

中国于1983年6月8日加入《南极条约》，1985年10月7日被接纳为南极条约协商国。中国2007年成为北极理事会"特别观察员"，2013年5月15日中国被一致接纳为北极理事会"正式观察员"。

（二）中国在两极地区的科考活动

1985年，中国在南极乔治王岛建立起第一个常年科学考察站"长城站"；1989年，在南极建立第二个科考站"中山站"；2009年在南极内陆建立第三座科考站"昆仑站"；2013年破冰建设第四个科考站"泰山站"，于2014年建成。

中国认为，北冰洋应适用《联合国海洋法公约》的有关规定。从1990年开始，中国对北极先后进行了四次科学考察。1995年4月，中国科考队成功到达了北极点。1996年中国正式加入北极国际科学委员会。2004年在隶属挪威的斯瓦尔巴群岛上的新奥尔松科考营地，建立了中国第一个北极科学考察站"黄河站"。

第六节　中国的边界领土问题

一、中国与绝大多数陆地邻国和平解决了边界领土问题

中国是世界上陆地邻国最多的两个国家之一，共有14个陆地邻国，中国陆地边界总长约22000多公里。由于历史上帝国主义侵略遗留的问题，中国与

邻国的边界领土存在着许多争议。中国在尊重历史事实和国际法的基础上，陆续与12个陆地邻国谈判解决了陆地边界领土问题。只有与印度和不丹两个陆地邻国的边界领土问题还未获得解决。目前90%的中国陆地边界已通过与邻国签订的双边条约划定。

中国在和平谈判解决边界领土争端方面有着许多成功的实践。与缅甸（1960年）、与尼泊尔（1961年）、与蒙古（1962年）、与朝鲜（1962年）、与阿富汗（1963年）、与巴基斯坦（1963年）、与老挝（1991年）、与哈萨克斯坦（国界协定1994年，国界补充协定1997年、国界补充协定的规定1998年）、与越南（陆地边界协定1999年）、与吉尔吉斯斯坦（国界协定1996年、国界补充协定1999年）、与塔吉克斯坦（国界协定1999年，国界补充协定2002年）、与俄罗斯（国界东段协定1991年，国界西段协定1994年，国界东段补充协定2004年），先后划定了陆地边界。

几十年来中印边界问题一直是影响两国关系的主要问题。1962年两国曾发生边界冲突。中印两国为缓和紧张局势，和平解决争端，于1993年签订了《解决中印边界问题政治指导原则的协定》和《关于在中印边境实际控制线地区保持和平与安宁的协定》，1996年签署了《关于在中印边境实际控制线地区军事领域建立信任措施的协定》，2003年签署了《中印关系原则和全面合作宣言》，2005年签订了《关于在中印边境实际控制线地区军事领域建立信任措施的实施办法的议定书》，2013年达成《建立中印边境事务磋商和协调工作机制的协定》（简称《中印边境事务协定》）。[①] 目前，中印边界领土问题虽然尚未解决，但两国都同意通过平等协商，寻求公正合理和双方都能接受的解决方案。在最终解决之前，双方应共同努力保持边境地区的和平与安宁。

二、中国面临的海洋岛屿主权争端

中国也是世界上海洋邻国最多的两个国家之一，有八个海洋邻国。在东海，中国与日本之间存在着钓鱼岛主权争端问题。在南海，与周边越南、菲律宾、马来西亚等海洋邻国存在南海岛屿归属争端。

中国政府对南海岛屿归属的立场是一贯的和明确的：南海诸岛自古以来就是中国领土的一部分，中国对这些岛屿及其附近海域拥有无可争辩的主权。

---

① 中国外交部官网，http://www.fmprc.gov.cn/mfa_chn/ziliao_611306/tytj_611312/tyfg_611314/t947958.shtml。

任何其他国家对南海诸岛提出的领土主权要求，都是非法的和无效的。

  2002年11月，中国同东盟签署了《南海各方行为宣言》（DOC），就和平解决争议、开展南海合作达成共识。该宣言确认："强调通过友好协商和谈判，以和平方式解决南海有关争议。"中国与东盟发表联合声明："强调共同维护南海和平稳定，确保海上安全，维护航行自由，根据包括1982年《联合国海洋法公约》在内的国际法和平解决争议，加强海上合作，遵守《南海各方行为宣言》（DOC）和《纪念〈南海各方行为宣言〉签署10周年联合声明》中所述原则。……将在协商一致的基础上，朝着达成'南海行为准则'（COC）而努力。"①

---

① 《纪念中国—东盟建立战略伙伴关系10周年联合声明》，《人民日报》，2013年10月10日星期四第三版。

第八章 海洋法

海与洋总称为海洋，海水的中心部分为洋，边缘部分为海。海洋面积占地球总表面积的近71%。人类自古就开始在海洋上活动。随着人类对海洋的利用和开发不断发展和深入，逐渐形成调整海洋活动的原则与规则、规章与制度等法律规范。

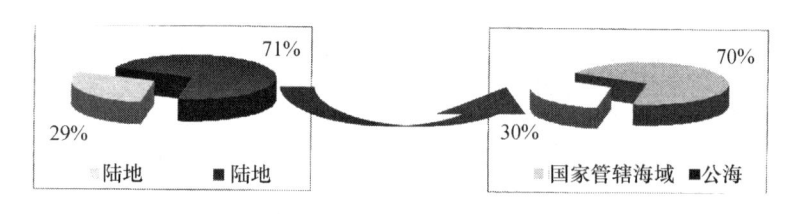

图8—1 世界海洋概况图

来源：张海文、贾宇、吴继陆、李明杰、李军、丘君：《联合国海洋法公约图解》，法律出版社2009年版，第10页。

第一节 海洋法概述

一、海洋法基本概念与历史演进

（一）海洋法的定义和海洋的各种区域划分

1. 海洋法定义和内容

海洋法是指确定海洋各种海域的法律地位、调整世界各国在各种海域中从事各种活动、保护海洋环境的原则和规则、规章和制度的总称。

海洋法的内容主要包括：各种不同性质海域的区划；各种海域的法律地位和管理制度；世界各国在海洋活动中的权利和义务；使用、开发、利用海洋的国际法原则和规则；解决海洋争端的程序和方法等。

2. 海洋的各种海域

《联合国海洋法公约》从不同角度，将海洋区分为内水、领海、毗连区、专属经济区、大陆架、公海、国际海底区域、用于国际航行的海峡、群岛水域等多种区域，并为上述海区确立了不同的法律地位和管理制度。

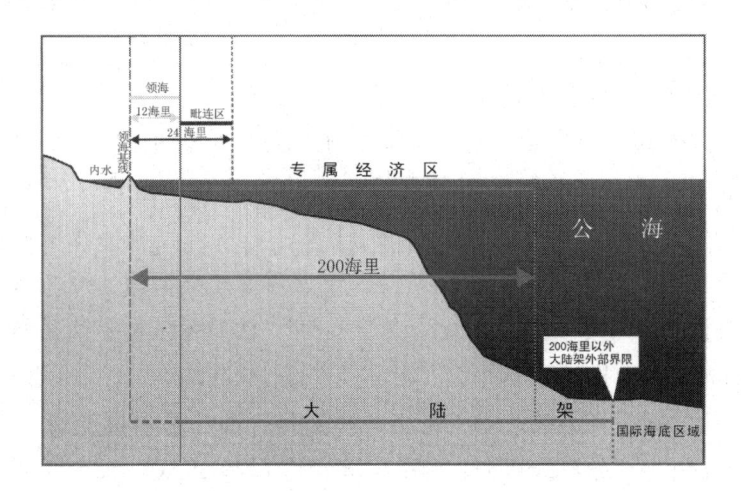

图8—2　各类海域剖面示意图

来源：张海文、贾宇、吴继陆、李明杰、李军、丘君：《联合国海洋法公约图解》，法律出版社2009年版，第20页。

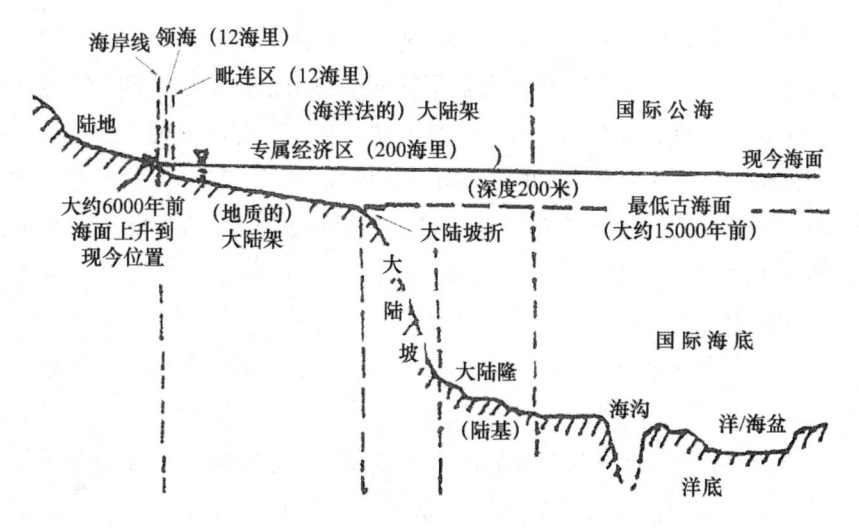

图8—3　海洋的地质地理划分和国际法上的划分

来源：张植荣：《中国边疆与民族问题——当代中国的挑战及其历史由来》，北京大学出版社2005年版，第158页。

(二) 海洋法的历史演进

海洋法是国际法最古老的部门之一。海洋法的发展是一个漫长的历史进程。

1. 海洋权利的提出和垄断海洋的要求

对海洋的权利要求始自古代。早期海上贸易繁盛的国家，最早提出海洋权利的要求，主张垄断邻近的海洋。15—16 世纪，地理大发现引发了海上强国瓜分海洋领有权的激烈角逐。1493 年 10 月，罗马教皇亚历山大六世颁布教谕，以大西洋上的一条经线作为西班牙与葡萄牙行使权利的分界线，史称"教皇子午线"。该线位于大西洋中部佛得角群岛以西 100 里格（league，一里格约合三海里）的地方，别国船只非经控制国许可，不得在这些地区航行和通商。1494 年 6 月 7 日，西、葡两国签订《托德西利亚斯条约》，将分界线再向西移 270 里格。1529 年双方又签订《萨拉戈萨条约》，在摩鹿加群岛以东 17 度处再线出一条线，作为两国在东半球的分界线，线西和线东分别为葡萄牙和西班牙的势力范围。西葡两国由此瓜分了全球的陆地和海洋。

2. 海洋自由论的提出

海上割据和垄断引起了以荷兰和英国为代表的新兴海洋国家的反对。荷兰法学家 H. 格劳秀斯于 1609 年发表了《海上自由论》一书，抨击了对海上航线和贸易的垄断；他认为，"海洋是取之不尽，用之不竭的，是不可占领的；应向所有国家和所有国家的人民开放，供他们自由使用。"尽管最初曾遭到反对，格劳秀斯的"海洋自由论"理论到 19 世纪时已被国际社会普遍接受，成为国际习惯法。

3. 领海与公海的区分和制度的确立

17 世纪初意大利法学家真提利斯提出了沿岸海域是沿海国领土的延续的观点。他认为，"沿岸水是其所冲洗的海岸所属国家的领土的一部分。因此，国家领土所拥有的领土主权全部都及于与它的海岸毗连的海。"真提利斯将毗连的海称为"领水"，这是海洋法"领海"概念的最初表述。领水概念的提出将海洋区分为领海和公海。18 世纪，公海的观念逐渐被接受。19 世纪上半叶，法、英、美、俄等大国都接受了公海自由原则，公海制度由此形成。与此同时，领海制度也逐渐得到了国际社会的认可，直至 20 世纪中叶，国际法一直把海洋划分为领海和公海两大部分，当时有"领海以外即公海"之说。

4. 大炮射程论和三海里主张

但领海的宽度,一直是一个有争议的问题。荷兰学者宾刻舒克(1673—1743)首先提出大炮射程规则,在 1703 年发表的《海上主权论》一书中,宾刻舒克主张陆地对海上的控制权"以其炮火射程所及的范围为限"。鉴于当时大炮射程的最大距离约为 3 海里,意大利人加利安尼于 1782 年提出领海宽度为 3 海里的建议,即所谓"3 海里规则"。① 但是,随着大炮射程逐渐增大,不少国家主张扩大领海宽度。但其主张的距离不尽相同,有的主张 6 海里,有的主张 12 海里,有的甚至主张 60 海里。实践中当时各国规定的领海宽度也不尽一致。以英、美为代表的西方海洋强国坚持主张"3 海里规则",国际社会为此展开了长期的斗争。20 世纪下半叶时,拉美国家又提出了 200 海里领海权的要求。1958 年和 1960 年举行的两次海洋法会议,都未能就领海宽度达成一致意见。直到 1982 年订立《联合国海洋法公约》,才确定了 12 海里领海和 200 海里专属经济区的制度。

二、海洋法的编纂

海洋法的编纂,首先是指通过国际协商和谈判,对已有的以国际习惯法形式存在的海洋行为规则全面系统地整理和归纳,以条约法典的形式使其成文化;同时还包括对已成文的海洋规则和条约进行修改补充,乃至新订的海洋立法工作。

(一) 历史上的海洋法编纂

1. 20 世纪 20 年代的海洋法编纂

海洋规则是从古代以来由习惯形成的。现代"海洋法的编纂活动始于 20 世纪"。② 1926 年和 1928 年国际法学会讨论过领海问题,"并草拟过《和平时期海上管辖权法公约(草案)》"。③

2. 1930 年国际联盟海牙国际法会议

一战后,1930 年 3 月至 4 月在荷兰海牙,国际联盟组织了首次海洋法编纂会议。会议讨论了领海问题,英、日、美等国为便于其军舰和商船横行于海上,主张领海越窄越好,力图使国际社会普遍承认"3 海里规则";但大多数国家主张较为宽阔的领海。会议拟定了《领海法律地位草案》,

---

① 1 海里 = 1.852 千米。
② 张海文、李海清:《〈联合国海洋法公约〉释义集》,海洋出版社 2006 年版,第 1 页。
③ 同上。

但因分歧太大，最终未能成为国际条约。不过，海牙国际法编纂会议对很多问题的讨论和关于领海制度的草案，为以后的海洋法编纂提供了一些思路。

(二) 联合国海洋法会议

二战后，在联合国的主持下，于1958年、1960年、1973—1982年先后召开过三次海洋法会议，进行海洋法的编纂工作。特别是第三次海洋法会议制订了《联合国海洋法公约》，构成了一部比较完整的海洋法法典。

1. 1958年联合国第一次海洋法会议

1958年2月至4月，在日内瓦召开了联合国主持下的第一次海洋法会议。会议的成果是制订了《领海与毗连区公约》(Convention on the Territorial Sea and Contiguous Zone)、《公海公约》(Convention on the High Sea)、《大陆架公约》(Convention on the Continental Shelf)、《公海捕鱼与生物资源养护公约》(Convention on Fishing and the Conservation of the Living Resources of the High Sea)，统称"日内瓦海洋法四公约"。但是，在领海宽度和捕鱼区问题上仍未获得一致意见。

2. 1960年联合国第二次海洋法会议

1960年3月至4月，联合国在瑞士日内瓦主持召开了第二次海洋法会议，重点讨论1958年第一次海洋法会议未获解决的两个重要问题，即领海宽度和捕鱼区范围问题，因而这是一次具有专门性质的会议。但是与会国家仍分歧严重，美国坚持6海里领海，苏联坚持12海里领海，在沿岸国对捕鱼区是否享有排他性捕鱼权问题上也无法达成一致。对立双方相互否决对方的提案，导致联合国第二次海洋法会议无果而终。

3. 1973年联合国第三次海洋法会议

第三次联合国海洋法会议1973年12月3日在纽约开幕，1982年12月在牙买加结束，历时九年。先后在纽约、加拉加斯、日内瓦召开过11期，共16次会议，是联合国史上最长的会议。167个国家的代表以及近50个国际组织和有关机构的观察员参加了此次会议。会议经过激烈讨论，于1982年4月30日通过了《联合国海洋法公约》，赞成130票，美国、土耳其、委内瑞拉、以色列4票反对，英国、苏联、意大利等17票弃权。《联合国海洋法公约》的最终通过，标志着国际海洋法的编纂立法工作取得了里程碑式的结果。

(三)《联合国海洋法公约》

1. 《联合国海洋法公约》的基本框架及与日内瓦海洋法的关系

《联合国海洋法公约》(United Nations Convention on the Law of the Sea, UNCLOS)（以下简称为《公约》），1980年制定草案，1982年签字，1994年11月16日正式生效。《公约》包括一个正文，九个附件。正文分为17个部分，内含320项条款。正文与九个附件共计446项条款，附件属于公约的组成部分。

在各缔约国间，《公约》"应优于1958年4月29日日内瓦海洋法公约"。①

2. 《公约》的加入、退出、保留、修正

《公约》开放加入，也允许退出。加入时，"除非本公约其他条款明示许可，对本公约不得作出保留或例外"。② 国际组织也可以在一定条件下加入《公约》。缔约国如有修正《公约》的要求，可书面通知联合国秘书长。"秘书长应将这种通知分送所有缔约国。"③ 如果在一年以内，有不少于半数的缔约国赞成此要求，秘书长应召开会议协商修正问题。

3. 《公约》的国际法意义

《公约》建立了一个完整的法律框架体系，对所有海洋区域、海洋划界、海洋权益、海洋利用、海洋保护做出全面规定。《公约》解决了领海宽度问题，确认和修订了已有的一些海洋法规则，特别是发展和制订了一些全新的海洋制度，如专属经济区、国际海底区域、用于国际航行的海峡、群岛水域等。《公约》是世界海洋史上第一部最全面最系统的综合性国际法典，是海洋法发展史上的重要里程碑。《公约》是发展中国家为维护和扩大海洋权益团结斗争的结果，也是多种利益诉求博弈和妥协的产物。它顺应了人类开发海洋的客观进程，反映了人类发展对海洋提出的新需求。在国际关系层面，协调了发展中国家与发达国家的利益，统合了海洋国与内陆国的权利与义务，提供了海洋争端的解决机制。"将海洋所有相关问题，基本

---

① 《联合国海洋法公约》第十七部分第311条"与其他公约和国际协定关系"，傅崐成：《海洋法相关公约及中英文索引》，厦门大学出版社2005年版，第113页。

② 《联合国海洋法公约》第十七部分第309条"保留和例外"，傅崐成：《海洋法相关公约及中英文索引》，厦门大学出版社2005年版，第113页。

③ 《联合国海洋法公约》第十七部分第312条"修正"，傅崐成：《海洋法相关公约及中英文索引》，厦门大学出版社2005年版，第114页。

上都规范在内了，十足可以称为一部《海洋宪章》。"①

4.《公约》存在的主要问题

同时，《公约》也存在一些不足乃至缺陷之处。主要是在海洋划界问题上的一些规则存在模糊和不确定之处，如海洋相向国家间的外大陆架划界、岩礁的判定标准、专属经济区的军事活动、领海中军舰能否无害通过、直线基线的适用和长度，等等。因而在国际实践中导致海洋划界争端频发，成为当代世界领土和海权争端的一个重要内容。

第二节 基线、领海、毗连区

一、基线

(一) 基线的概念

基线（baseline）是海洋法最重要的概念之一。基线是海洋划界的基础，如何划定基线，直接关系着沿海国各类海域的范围。

1. 基线的定义与作用

基线是测算不同海域宽度的起算线。领海、毗连区、专属经济区、大陆架等海域的宽度都以基线为起算线。《联合国海洋法公约》规定"每一国家有权确定其领海的宽度，直至从按照本公约确定的基线量起不超过12海里的界限为止"②；"毗连区从测算领海宽度的基线量起，不得超过24海里"③；"专属经济区从测算领海宽度的基线量起，不应超过200海里"；大陆架"如果从测算领海宽度的基线量起到大陆边的外缘的距离不到200海里，则扩展到200海里的距离"④；宽大陆架国家的大陆架外部界限"不应超过从测算领海宽度的基线量起350海里，或不应超过连接2500公尺深度各点的2500公尺等深线100海里"⑤。

---

① 傅崐成：《海洋法相关公约及中英文索引》，厦门大学出版社2005年版，序言。
② 《联合国海洋法公约》第二部分第二节第3条"领海的宽度"，傅崐成：《海洋法相关公约及中英文索引》，厦门大学出版社2005年版，第3页。
③ 《联合国海洋法公约》第二部分第四节第33条"毗连区"，傅崐成：《海洋法相关公约及中英文索引》，厦门大学出版社2005年版，第11页。
④ 《联合国海洋法公约》第六部分第76条"大陆架的定义"，傅崐成：《海洋法相关公约及中英文索引》，厦门大学出版社2005年版，第29页。
⑤ 《联合国海洋法公约》第六部分第76条"大陆架的定义"，傅崐成：《海洋法相关公约及中英文索引》，厦门大学出版社2005年版，第29页。

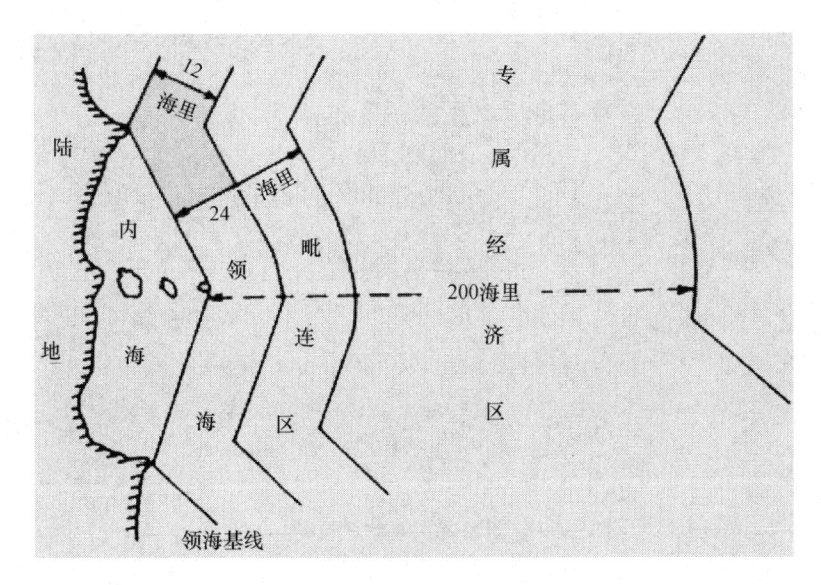

图8—4 基线作用示意图

来源：何群：《国际法学》，厦门大学出版社2012年版，第124页。

2. 领海基线向陆一面水域的法律地位

基线也是内水和领海的分界线。"领海基线向陆一面的水域构成国家内水的一部分。"① 即领海基线以内的海域属于沿岸国的内水。

（二）基线的类别

《联合国海洋法公约》规定了海洋基线有两种：正常基线和直线基线。《公约》第5—11条、第13—14条规定了确定领海基线的规则。

1. 正常基线

正常基线（normal baseline），也称自然基线，是指海水的低潮线，即退潮时海水退到离海岸最远的那条线。《联合国海洋法公约》规定，"除本公约另有规定外，测算领海宽度的正常基线是沿海国官方承认的大比例尺海图所标明的沿岸低潮线。"② 正常基线一般适用于海岸比较平直的情况。

---

① 《联合国海洋法公约》第二部分第二节第8条"内水"，傅崐成：《海洋法相关公约及中英文索引》，厦门大学出版社2005年版，第4页。
② 《联合国海洋法公约》第二部分第二节第5条"正常基线"，傅崐成：《海洋法相关公约及中英文索引》，厦门大学出版社2005年版，第3页。

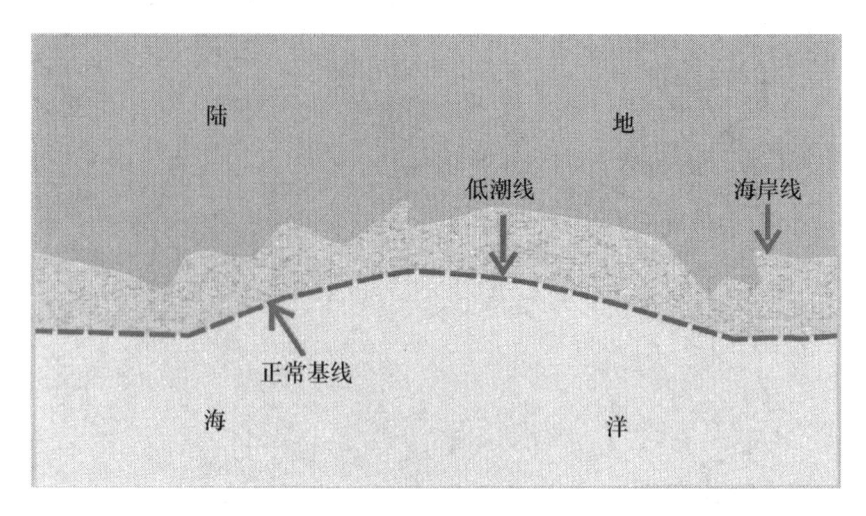

图8—5 正常基线

来源：张海文、贾宇、吴继陆、李明杰、李军、丘君：《联合国海洋法公约图解》，法律出版社2009年版，第16页。

2. 直线基线

直线基线（straight baseline），是指在大陆岸上和沿海岸外缘岛屿上选定适当的点，用直线连接起来形成的基线。传统海洋法曾经只承认正常基线，但这种方法明显地不适合于海岸线比较曲折或沿岸有众多岛屿的情况，一些有类似情况的国家，采用了直线基线。1951年国际法院对英国诉挪威的渔业案判决中，认为挪威政府1935年采用的领海直线基线并不违反国际法。1958年的《领海和毗连区公约》和1982年的《联合国海洋法公约》均规定可以采用直线基线。

《联合国海洋法公约》规定条件：在海岸线极为曲折的地方，或者如果紧接海岸有一系列岛屿，可采用连接各适当点的直线基线。直线基线的划定不应在任何明显的程度上偏离海岸的一般方向，而且基线内的海域必须充分接近陆地领土，使其受内水制度的支配。一国不得采用直线基线制度，致使另一国的领海同公海或专属经济区隔断。[①]

[①] 《联合国海洋法公约》第二部分第二节第7条"直线基线"，傅崐成：《海洋法相关公约及中英文索引》，厦门大学出版社2005年版，第4页。

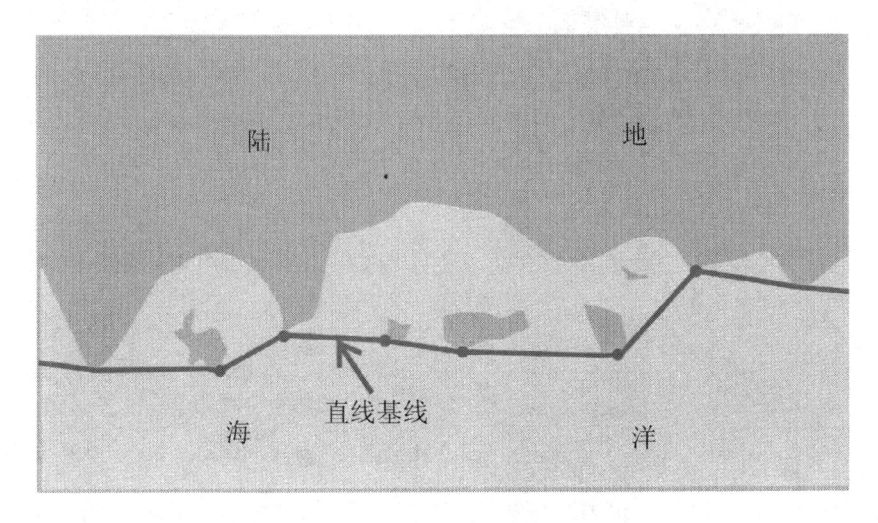

图8—6 直线基线

来源：张海文、贾宇、吴继陆、李明杰、李军、丘君：《联合国海洋法公约图解》，法律出版社2009年版，第16页。

3. 确定基线的混合办法

沿海国可以根据海岸的具体情况，自主决定采用何种基线方法来确定领海基线；"沿海国为适应不同情况，可交替使用以上各条规定的任何方法以确定基线"①。即如果情况需要，也可以将正常基线和直线基线两种方法混合使用，此种基线称为混合基线。

二、领海

（一）领海的概念与内容

1. 领海的定义

领海（territorial sea）是指沿海国基线以外，处于该国主权下的一定宽度的海水带。

---

① 《联合国海洋法公约》第二部分第二节第14条"确定基线的混合办法"，傅崐成：《海洋法相关公约及中英文索引》，厦门大学出版社2005年版，第6页。

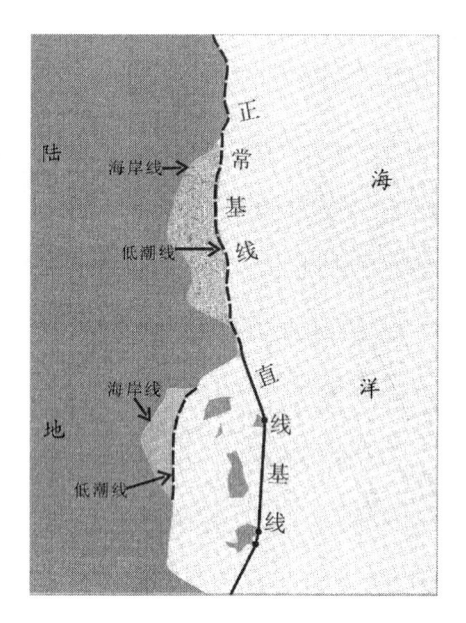

图 8—7 混合基线法示意图

来源：张海文、贾宇、吴继陆、李明杰、李军、丘君：《联合国海洋法公约图解》，法律出版社 2009 年版，第 16 页。

2. 领海的宽度

在历史上，各国的领海宽度不尽相同，曾经有 3 海里、4 海里、6 海里、12 海里等主张和实践，其主张的依据有"大炮射程论"、"目视说"、"航程论"等等。《联合国海洋法公约》做出了统一规定，国家领海的宽度从领海基线量起不超过 12 海里。

（二）领海的外部界线

"领海的外部界限是一条其每一点同基线最近点的距离等于领海宽度的线。"[1] 根据国际实践，划分领海外部界线的方法通常有：平行线法（method of the trace parallel）、交圆法（method of intersecting circles）、共同正切法（method of common tangent）三种方法。

1. 平行线法

无论是采用正常基线还是采用直线基线，从基线向外推出一条平行的线，形成领海的外部界限，是为平行线法。

---

[1] 《联合国海洋法公约》第二部分第二节第 4 条 "领海的外部界限"，傅崐成：《海洋法相关公约及中英文索引》，厦门大学出版社 2005 年版，第 3 页。

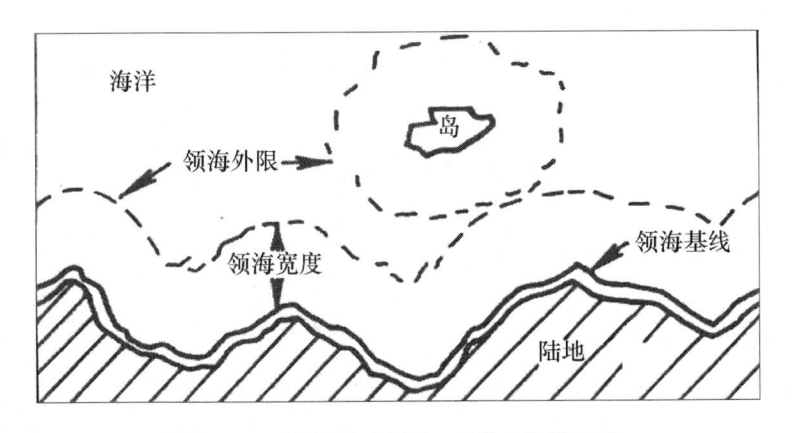

图 8—8　平行线法示意图（正常基线情况下）

来源：饶戈平：《国际法》，北京大学出版社 1999 年版，第 196 页。

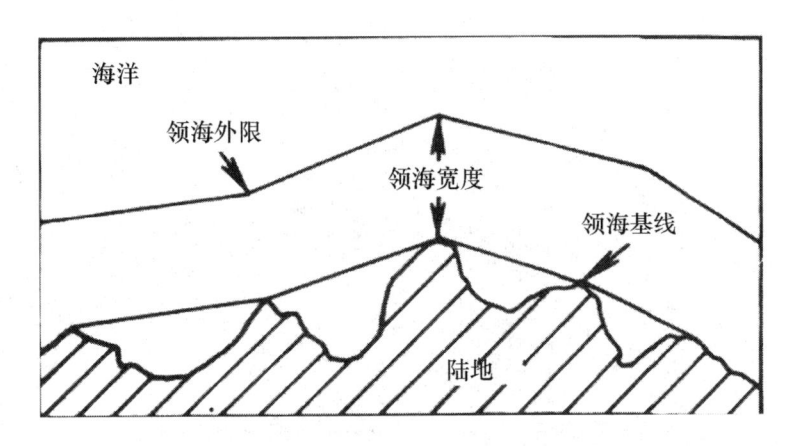

图 8—9　平行线法示意图（直线基线情况下）

来源：饶戈平：《国际法》，北京大学出版社 1999 年版，第 196 页。

2. 交圆法

采用正常基线时，在基线上确定若干适当的点，分别以这些点为圆心、以领海宽度为半径，向外划出一系列相交的半圆，各交点之间的一系列相连的弧形成的波纹线，形成领海的外部界限，是为交圆法。

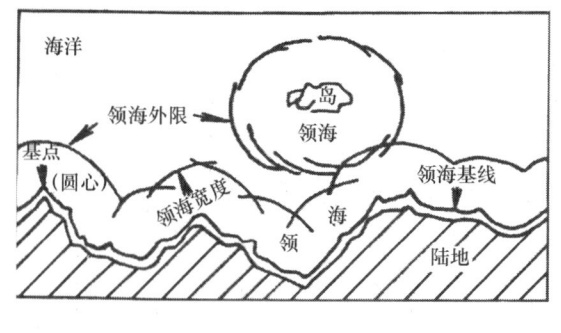

图 8—10　交圆法示意图

来源：饶戈平：《国际法》，北京大学出版社1999年版，第195页。

3. 共同正切法

采用直线基线时，以每个基点为中心，以领海宽度为半径，向外画出一系列半圆，然后画出每两个半圆的共同正切线，这些正切线连接在一起形成领海的外部界限，是为共同正切法。

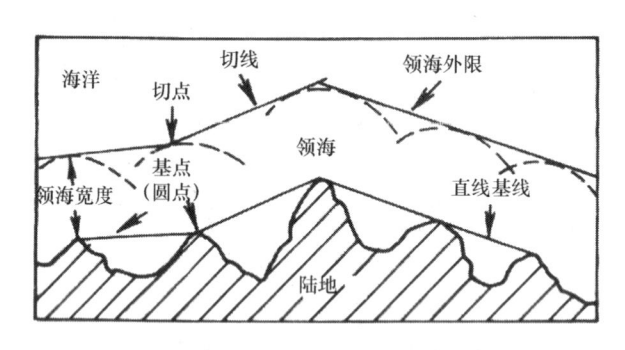

图 8—11　共同正切法示意图

来源：饶戈平：《国际法》，北京大学出版社1999年版，第195页。

（三）海岸相向或相邻国家间领海界限的划定

如果两个国家的海岸彼此相向或相邻，一般以中间线为界，即该线上的任何一点到两边国家领海基线最近点的距离都是相等的。但是，如果"因历史性所有权或其他特殊情况"，① 则不适用上述规定。不过，对于"历史性所

---

① 《联合国海洋法公约》第二部分第二节第15条"海岸相向或相邻国家间领海界限的划定"，傅崐成：《海洋法相关公约及中英文索引》，厦门大学出版社2005年版，第6页。

有权"确立的条件,《联合国海洋法公约》没有具体阐述。①

(四) 领海的法律地位与司法管辖

1. 领海的领土主权地位

(1) 领海国的主权及于领海海域、海床、底土和上空,享有领海的属地优越权,人与物的排他管辖权;(2) 领海国对领海内的一切资源享有专属权;未经允许外国无权开发利用;(3) 领海上空属于领空,外国飞机未经许可不得进入。

2. 对外国船舶的民事管辖权

(1) 沿海国不应(should not)为对通过领海的外国船舶上某人行使民事管辖权的目的而停止其航行或改变其航向;(2) 沿海国不得(may not)为任何民事诉讼的目的而对船舶从事执行或加以逮捕,但涉及该船舶本身在通过沿海国水域的航行中或为该航行的目的而承担的义务或因而负担的责任,则不在此限。②

3. 外国船舶上的刑事管辖权

沿海国不应在通过领海的外国船舶上行使刑事管辖权,以逮捕与在该船舶通过期间船上所犯任何罪行有关的任何人或进行与该罪行有关的任何调查。但下列情形除外:(1) 罪行的后果及于沿海国;(2) 罪行属于扰乱当地安宁或领海的良好秩序的性质;(3) 经船长或船旗国外交代表或领事官员请求地方当局予以协助的;(4) 取缔违法贩运麻醉药品或精神调理物质所必要的。③

4. 对军舰和非商业性政府船舶的管辖规则

(1) 如果任何军舰不遵守沿海国关于通过领海的法律和规章,而且不顾沿海国向其提出遵守法律和规章的任何要求,沿海国可要求该军舰立即离开领海;(2) 对于军舰或其他用于非商业目的的政府船舶不遵守沿海国有关通过领海的法律和规章或不遵守海洋法公约的规定或其他国际法规则,而使沿海国遭受的任何损失或损害,船旗国应负国际责任;(3) 上述规定不影响军

---

① 1962 年国际法委员会为联合国秘书处准备了题为《包括历史性海湾在内的历史性水域的法律制度》的文件,但一直未获审议,迄今也未形成有关历史性水域的明确规则。一般认为,主张历史性权利的沿岸国取得历史性水域的条件是:(1) 沿岸国对该水域在国防上和经济上拥有实际的和重要的利益;(2) 沿岸国将该水域作为内海而长期连续有效地行使主权权利;(3) 其他国家长期以来一直明示或默示地承认沿岸国对该水域的权利。

② 《联合国海洋法公约》第二部分第三节 B 分节第 28 条"对外国船舶的民事管辖权"(10),联合国官网,http://www.un.org/zh/law/sea/los/。

③ 《联合国海洋法公约》第二部分第三节 B 分节第 27 条"外国船舶上的刑事管辖权"(9),联合国官网,http://www.un.org/zh/law/sea/los/。

舰和其他用于非商业目的的政府船舶的豁免权。

(五) 领海的"无害通过"

一国领海虽然属于该国的领土，但是领海与内水在法律地位上有一个重要的区别，即外国船舶享有在不经事先申请和批准的情况下"无害通过"别国领海的权利。

1. 无害通过权

无害通过权（right of innocent passage）是指："所有国家，不论为沿海国或内陆国，其船舶均享有无害通过领海的权利。"①"无害通过权"是外国在别国领海的唯一权利。

2. "无害通过"的意义

"通过"是指：(1) 穿过领海但不进入内水或停靠内水以外的泊船处或港口设施；(2) 驶往或驶出内水或停靠这种泊船处或港口设施；(3) 通过应继续不停和迅速进行；(4) 停船和下锚必须"以通常航行所附带发生的或由于不可抗力或遇难所必要的或为救助遇险或遭难的人员、船舶或飞机的目的为限"。②

"无害"是指：(1) 通过的进行必须符合海洋法和其他国际法规则；(2) "通过只要不损害沿海国的和平，良好秩序或安全，就是无害的"。③

3. 违反"无害通过"规则的有害行为

《联合国海洋法公约》采用排除法，列举了12种被视为违反"无害通过"规则的有害行为。

(1) 对沿海国的主权、领土完整或政治独立进行任何武力威胁或使用武力，或以任何其他违反《联合国宪章》所体现的国际法原则的方式进行武力威胁或使用武力；(2) 以任何种类的武器进行操练或演习；(3) 任何目的在于搜集情报使沿海国的防务或安全受损害的行为；(4) 任何目的在于影响沿海国防务或安全的宣传行为；(5) 在船上起落或接载任何飞机；(6) 在船上发射、降落或接载任何军事装置；(7) 违反沿海国海关、财政、移民或卫生的法律和规章，上下任何商品、货币或人员；(8) 违反本公约规定的任何故意和严重的污染行为；(9) 任何捕鱼活动；(10) 进行研究或测量活动；(11)

---

① 《联合国海洋法公约》第二部分第三节 A 分节第 17 条"无害通过权"(6)，联合国官网，http://www.un.org/zh/law/sea/los/。

② 《联合国海洋法公约》第二部分第三节 A 分节第 18 条"通过的意义"(6)，联合国官网，http://www.un.org/zh/law/sea/los/。

③ 《联合国海洋法公约》第二部分第三节 A 分节第 19 条"无害通过的意义"(7)，联合国官网，http://www.un.org/zh/law/sea/los/。

任何目的在于干扰沿海国任何通讯系统或任何其他设施或设备的行为；（12）与通过没有直接关系的任何其他活动。

4. 潜水艇/器的通过

潜水艇和潜水器通过别国领海时，除要符合无害通过的一般规则外，潜水艇和潜水器应露出海面，并展示其旗帜。

5. 军舰通过领海的问题

"无害通过"制度是否包括军舰，是一个存在争议的问题。在法理上，对于《联合国海洋法公约》第三节 A 分节所说的"所有船舶"，一种解释认为当然包括军舰，另一种解释认为不包括军舰。在国际实践中，一些国家允许外国军舰"无害通过"领海，一些国家不允许外国军舰享有无害通过权。

（六）沿海国维护和保障"无害通过"的权利和义务

1. 沿海国有权制定规范无害通过的相关法律和规章

沿海国可依照《联合国海洋法公约》的规定和其他国际法规则，制定关于无害通过领海的法律和规章。行使无害通过领海权利的外国船舶应遵守所有这种法律和规章以及关于防止海上碰撞的一切一般接受的国际规章。

2. 沿海国的保护权

沿海国可采取下列措施：（1）沿海国可在其领海内采取必要的步骤以防止非无害通过；（2）在船舶驶往内水或停靠内水外的港口设备的情形下，沿海国也有权采取必要的步骤，以防止对准许这种船舶驶往内水或停靠港口的条件的任何破坏；（3）如为保护国家安全包括武器演习在内而有必要，沿海国可在对外国船舶之间在形式上或事实上不加歧视的条件下，在其领海的特定区域内暂时停止外国船舶的无害通过。这种停止仅应在正式公布后发生效力。

3. 规定海道和分航道制度

沿海国为无害通过的外国船舶规定海道和分道通航制的权限包括：（1）沿海国考虑到航行安全认为必要时，可要求行使无害通过其领海权利的外国船舶使用其为管制船舶通过而指定或规定的海道和分道通航制；①（2）特别是沿海国可要求油轮、核动力船舶或载运核物质或材料或其他本质上危险或有毒物质或材料的船舶只在上述海道通过。外国核动力船舶或载运核物质或材

---

① 《联合国海洋法公约》第二部分第三节第 22 条"领海内的海道和分道通航制"，联合国官网，http：//www.un.org/zh/law/sea/los/。

料或其他本质上危险或有毒物质或材料的船舶应持国际协定为这种船舶所规定的证书并遵守国际协定所规定的特别预防措施。[①]

4. 沿海国的义务

沿海国在拥有对无害通过进行规范管理权利的同时，担负有保障无害通过实行的义务：（1）沿海国不应对外国船舶强加要求，其实际后果等于否定或损害无害通过的权利；（2）沿海国不应对任何国家的船舶、或对载运货物来往任何国家的船舶或对替任何国家载运货物的船舶，有形式上或事实上的歧视；（3）沿海国应将其所知的在其领海内对航行有危险的任何情况妥为公布；（4）沿海国"对外国船舶不得仅以其通过领海为理由而征收任何费用"。[②]

三、毗连区

（一）毗连区的基本概念

1. 毗连区的定义和宽度

毗连区（contiguous zone）指邻接领海，沿海国可以为海关、财政、移民、卫生等类事项行使必要的管制而划定的海域。"毗连区从测算领海宽度的基线量起，不得超过24海里。"[③]

2. 毗连区概念的历史演进

1958年《领海与毗连区法》规定，沿海国可在毗连其领海的毗连区内行使海关、财政、移民、卫生等类事项的管制，毗连区的范围不得延伸到从领海基线起12海里以外。在联合国第三次海洋法会议上，由于12海里领海和200海里专属经济区已为各国普遍接受，有代表质疑毗连区继续存在的意义，但大多数代表认为毗连区与专属经济区各有不同的功能和作用，主张继续保留该制度。会议最后通过的海洋法公约保留了毗连区，但对原有定义进行了修订，取消了1958年《领海与毗连区公约》中关于毗连区属于公海的提法，并将其范围的外部界限从12海里改为从领海基线量起不得超过24海里。

[①] 《联合国海洋法公约》第二部分第三节第23条"外国核动力船舶和载运核物质或其他本质上危险或有毒物质的船舶"，联合国官网，http://www.un.org/zh/law/sea/los/。

[②] 《联合国海洋法公约》第二部分第三节A分节第26条"可向外国船舶征收的费用"，联合国官网，http://www.un.org/zh/law/sea/los/。

[③] 《联合国海洋法公约》第二部分第四节第33条"毗连区"，联合国官网，http://www.un.org/zh/law/sea/los/。

（二）毗连区的法律地位

1. 毗连区的法律地位有别于领海

毗连区的法律地位不同于领海。毗连区是领海以外的海域，沿海国不享有毗连区的主权，只是在毗连区行使某些方面的管制权，而这种管制权也不及于毗连区的上空。

2. 沿海国在毗连区内的管制权

沿海国在毗连区内，行使为下列事项所必要的管制："（1）防止在其领土或领海内违反其海关、财政、移民或卫生的法律和规章；（2）惩治在其领土或领海内违反上述法律和规章的行为。"[①]

第三节 内水（内海）、港口、海湾

一、内水（内海）

内水（internal waters），有广义和狭义之分。狭义的内水是指领海基线以内向陆地一侧的水域，也称为内海或内海水。广义的内水则包括一国领陆上的河流与湖泊等水域。国家领陆内以及领海基线向陆一面的水域，包括港口、河流、湖泊、内海、封闭性海湾，均属于内水。沿岸国对这些水域拥有和自己陆地领土同样的完全主权。

（一）内水（内海）定义与法律地位

1. 内水（内海）定义

狭义的内水（内海）是指一国领海基线内侧的全部海水。"领海基线向陆一面的水域构成国家内水的一部分。"[②] 内水（内海）属于一国领土之一部分。

2. 内水（内海）的法律地位

内水（内海）与陆地领土具有相同地位，国家享有完全的与排他的管辖权，非经许可，他国船只不得进入，外国船舶在此类水域不享有无害通过权。但是，如果采用直线基线的效果使原来并未认为是内水的区域被包围在内成为内水，则在此种水域内应有无害通过权。

[①]《联合国海洋法公约》第二部分第四节第33条"毗连区"，联合国官网，http://www.un.org/zh/law/sea/los/。

[②]《联合国海洋法公约》第二部分第二节第8条"毗连区"，联合国官网，http://www.un.org/zh/law/sea/los/。

(二)港口

港口,是指沿海国具有天然条件或者人工设备而"具备船舶进出、停泊、靠泊,旅客上下,货物装卸、驳运、储存等功能,具有相应的码头设施,由一定范围的水域和陆域组成的区域。港口可以由一个或者多个港区组成"。[①] "构成海港体系组成部分的最外部永久海港工程视为海岸的一部分。"[②] 港口水域属于国家的内水。外国船舶进出沿海国港口或者在港内航行、移泊等,一般须由沿海国港口主管机关指派引航(水)员引航。

二、海湾

(一)海湾的法律定义与判定标准

海湾(gulfs and bays)是指海洋伸入陆地的部分。"海湾是明显水曲,其凹入程度和曲口宽度的比例,使其有被陆地环抱的水域,而不仅为海岸的弯曲。但水曲除其面积等于或大于横越曲口所划的直线作为直径的半圆形的面积外,不应视为海湾。"[③] 即只有当水曲的面积等于或大于以湾口宽度为直径划成的半圆;或者反过来说,该半圆的面积等于或小于水曲的面积时,才是海洋法上的海湾。

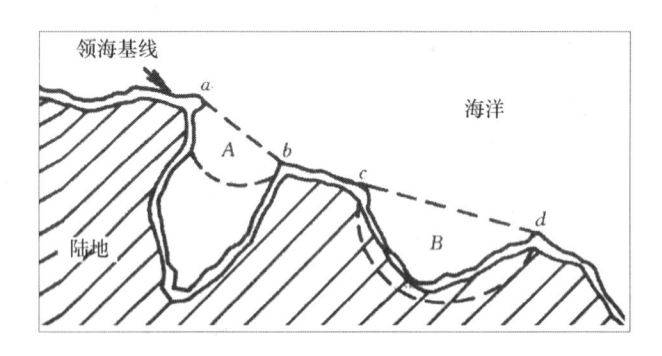

图8—12 法律上的海湾与非海湾对比示意图

来源:饶戈平:《国际法》,北京大学出版社1999年版,第202页。

[①] 《中华人民共和国港口法》第3条,中国政府官网,http://www.gov.cn/flfg/2005-06/27/content_9916.htm。

[②] 《联合国海洋法公约》第二部分第二节第11条"港口",联合国官网,http://www.un.org/zh/law/sea/los/。

[③] 《联合国海洋法公约》第二部分第二节第10条"海湾",联合国官网,http://www.un.org/zh/law/sea/los/。

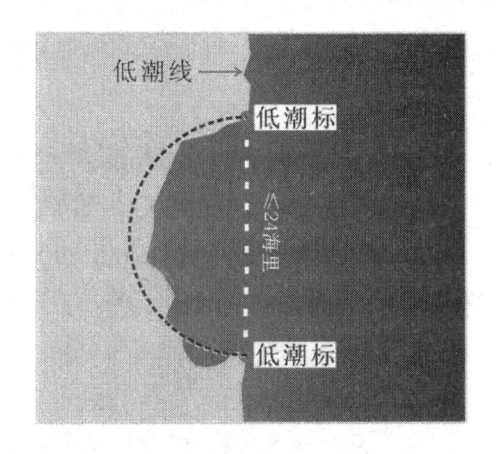

图 8—13 非海洋法意义上的海湾

来源：张海文、贾宇、吴继陆、李明杰、李军、丘君：《联合国海洋法公约图解》，法律出版社 2009 年版，第 18 页。

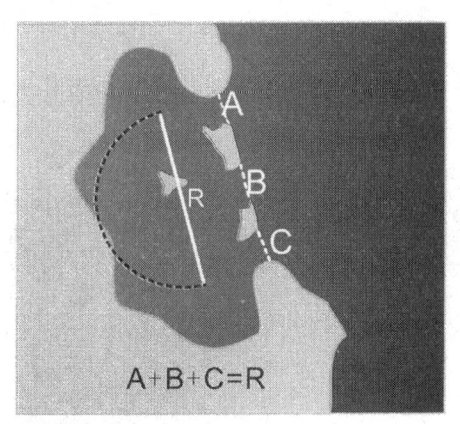

图 8—14 湾口有岛屿的海洋法意义上的海湾

来源：张海文、贾宇、吴继陆、李明杰、李军、丘君：《联合国海洋法公约图解》，法律出版社 2009 年版，第 18 页。

（二）内水海湾

当海岸只属于一国时，"如果海湾天然入口处两端的低潮标之间的距离不超过 24 海里，则可以在这两个低潮标之间划出一条封口线，该线所包围的水域应视为内水"。① "如果海湾天然入口两端的低潮标之间的距离超过 24 海里，24 海

---

① 《联合国海洋法公约》第二部分第二节第 10 条 "海湾"，联合国官网，http://www.un.org/zh/law/sea/los/。

里的直线基线应划在海湾内，以划入该长度的线所可能划入的最大水域。"①

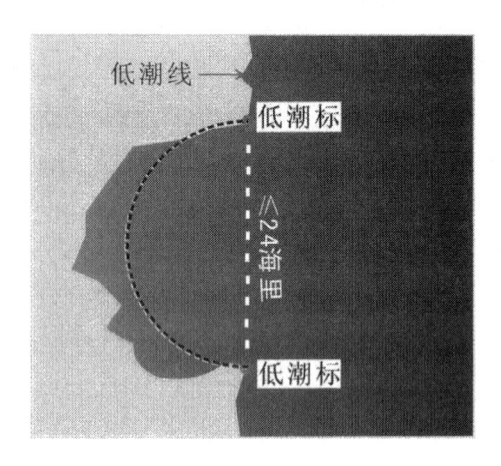

**图 8—15　天然入口两端低潮标之间距离不超过 24 海里的
海湾封口线（直线基线）划法示意图**

来源：张海文、贾宇、吴继陆、李明杰、李军、丘君：《联合国海洋法公约图解》，法律出版社 2009 年版，第 18 页。

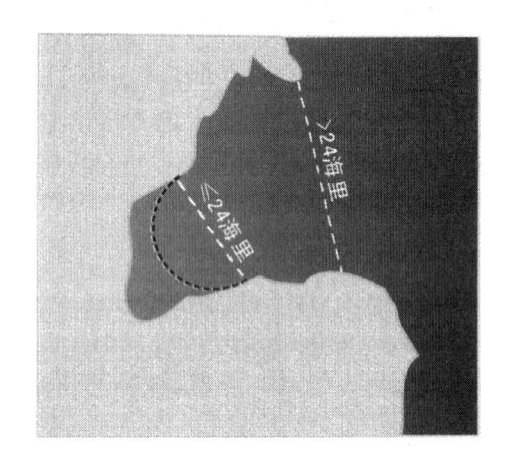

**图 8—16　天然入口两端低潮标之间距离超过 24 海里的
海湾封口线（直线基线）划法示意图**

来源：张海文、贾宇、吴继陆、李明杰、李军、丘君：《联合国海洋法公约图解》，法律出版社 2009 年版，第 18 页。

---

① 《联合国海洋法公约》第二部分第二节第 10 条"海湾"，联合国官网，http://www.un.org/zh/law/sea/los/。

(三) 历史性海湾

历史性海湾（historic bay）是指沿岸属于一国，湾口宽度虽然超过24海里，但历史上一向处于沿岸国的管理之下，被承认为属于该沿岸国内水（内海）的海湾。历史性海湾享有内水的法律地位。

第四节 专属经济区、大陆架、岛屿制度

一、专属经济区

(一) 专属经济区的范围和法律地位

1. 专属经济区定义

专属经济区（Exclusive Economic Zone，EEZ）是指沿海国"领海以外并邻接领海的一个区域"。[①] 专属经济区的宽度"从测算领海宽度的基线量起，不应超过200海里"。[②]（370.4公里）

2. 专属经济区的法律地位

专属经济区既不是领海，也不是公海，而是自成一类的海域。它不像领海那样属于领土的组成部分，沿海国只对专属经济区内的自然资源拥有主权权利；它也不像公海那样属于全世界的公共海域，由于沿海国拥有一定的管辖权，从而限制了其他国家在该地区的活动。

3. 专属经济区的划界

《联合国海洋法公约》第五部分第74条[③]规定：（1）海岸相向或相邻的国家间专属经济区的界限，应在国际法院规约第38条[④]所指国际法的基础上以协议划定，以便得到公平解决；（2）有关国家如在合理期间内未能达成任

[①] 《联合国海洋法公约》第五部分第55条"专属经济区的特定法律制度"，联合国官网，http://www.un.org/zh/law/sea/los/。

[②] 《联合国海洋法公约》第五部分第57条"专属经济区的宽度"，联合国官网，http://www.un.org/zh/law/sea/los/。

[③] 《联合国海洋法公约》第五部分第74条"海岸相向或相邻国家间专属经济区界限的划定"（28），联合国官网，http://www.un.org/zh/law/sea/los/。

[④] 《国际法院规约》第38条的内容："一、法院对于陈诉各项争端，应依国际法裁判之，裁判时应适用：（1）不论普通或特别国际协约，确立诉讼当事国明白承认之规条者。（2）国际习惯，作为通例之证明而经接受为法律者。（3）一般法律原则为文明各国所承认者。（4）在第59条规定之下，司法判例及各国权威最高之公法学家学说，作为确定法律原则之补助资料者。二、前项规定不妨碍法院经当事国同意本'公允及善良'原则裁判案件之权。"

何协议,应诉诸第十五部分所规定的程序;①(3)在达成第1款规定的协议以前,有关各国应基于谅解和合作精神,尽一切努力做出实际性的临时安排,并在此过渡期间内,不危害或阻碍最后协议的达成。这种安排应不妨害最后界限的划定;(4)如果有关国家间存在现行有效的协定,关于划定专属经济区界限的问题,应按照该协定的规定加以决定。

(二)沿海国在专属经济区内的权利与义务

1. 对专属经济区自然资源与经济性开发和勘探的主权权利

沿海国拥有在专属经济区内勘探和开发、养护和管理海床上覆水域和海床及其底土的自然资源(不论生物或非生物资源)的主权权利;在该区内从事经济性开发和勘探,如利用海水、海流和风力生产能等其他活动的主权权利。②

2. 对专属经济区相关事项的专属管辖权

沿海国拥有对专属经济区内人工岛屿、设施和结构的建造和使用;海洋科学研究;海洋环境的保护和保全的专属管辖权。

3.《联合国海洋法公约》规定的其他权利和义务

沿海国在专属经济区拥有诸如航行和飞越、铺设海底电缆和管道、拿捕海盗、登临权和紧追权等权利和义务。

4. 制定和执行有关专属经济区的法规的权利和义务

(1)沿海国行使其在专属经济区内的生物资源的主权权利时,为确保其为专属经济区所定法律和规章得到遵守,可采取必要的措施,包括登临、检查、逮捕和进行司法程序;(2)被逮捕的船只及其船员,在提出适当的保证书或其他担保后,应迅速获得释放;(3)沿海国对于在专属经济区内违犯渔业法律和规章的处罚,如有关国家无相反的协议,不得包括监禁,或任何其他方式的体罚;(4)在逮捕或扣留外国船只的情形下,沿海国应通过适当途径将其所采取的行动及随后所施加的任何处罚迅速通知船旗国。

5. 顾及他国的权利和义务,合法行事

沿海国在其专属经济区内行使权利和履行义务时,应适当顾及其他国家在专属经济区内的权利和义务。并应以符合《联合国海洋法公约》规定的方式行事。

---

① 《联合国海洋法公约》第十五部分"争端的解决"。
② 《联合国海洋法公约》第五部分第56条"沿海国在专属经济区内的权利、管辖权和义务",联合国官网, http://www.un.org/zh/law/sea/los/。

（三）其他国家在专属经济区的权利和义务

1. 航行和飞越自由，铺设海底电缆和管道的自由

所有国家在专属经济区内享有《联合国海洋法公约》第 87 条所指的"航行和飞越的自由，铺设海底电缆和管道的自由，以及与这些自由有关的海洋其他国际合法用途"。① 诸如同船舶和飞机的操作及海底电缆和管道的使用有关的，并符合海洋法公约其他规定的用途。

2. 凡与专属经济区制度不相抵触的关于公海的规定均适用

《联合国海洋法公约》第七部分"公海"中第 88 条至第 115 条以及其他国际法有关其他国家权利和义务的规则，只要与第五部分"专属经济区"不相抵触，均适用于专属经济区。

3. 内陆国和地理不利国有权公平地参与开发

内陆国和地理不利国，有权在公平的基础上，参与开发同一分区域或区域的沿海国专属经济区的生物资源的适当剩余部分；参与开发的方式由有关国家通过双边、分区域和区域协定加以制订。"'地理不利国'是指其地理条件使其依赖于开发同一分区域或区域的其他国家专属经济区内的生物资源，以供应足够的鱼类来满足其人民或部分人民的营养需要的沿海国，包括闭海或半闭海②沿岸国在内，以及不能主张有自己的专属经济区的沿海国。"③

4. 顾及沿海国的权利和义务，遵守沿海国的法规

各国在专属经济区内根据《联合国海洋法公约》行使其权利和履行其义务时，应适当顾及沿海国的权利和义务，并应遵守沿海国按照《联合国海洋法公约》的规定和其他国际法规则所制定的与《联合国海洋法公约》第五部分"专属经济区"规定不相抵触的法律和规章。

（四）专属经济区内的人工岛屿、设施和结构

1. 沿海国建造人工设施的权利

沿海国在专属经济区内应有专属权利建造并授权和管理建造、操作和使用：（1）人工岛屿；（2）为第 56 条④所规定的目的和其他经济目的的设施和

---

① 《联合国海洋法公约》第五部分 58 条"其他国家在专属经济区内的权利和义务"，联合国官网，http://www.un.org/zh/law/sea/los/。

② "闭海或半闭海"是指两个或两个以上国家所环绕并由一个狭窄的出口连接到另一个海或洋，或全部或主要由两个或两个以上沿海国的领海和专属经济区构成的海湾、海盆或海域。

③ 《联合国海洋法公约》第五部分第 70 条"地理不利国的权利"，联合国官网，http://www.un.org/zh/law/sea/los/。

④ 《联合国海洋法公约》第五部分第 56 条"沿海国在专属经济区内的权利、管辖权和义务"，联合国官网，http://www.un.org/zh/law/sea/los/。

结构;(3)可能干扰沿海国在区内行使权利的设施和结构。①

2. 沿海国对人工设施的专属管辖权

沿海国对这种人工岛屿、设施和结构应有专属管辖权,包括有关海关、财政、卫生、安全和移民的法律和规章方面的管辖权。

3. 可为人工设施设置宽度不得超过周边500公尺的安全带

沿海国可于必要时在这种人工岛屿、设施和结构的周围设置合理的安全地带,并可在该地带中采取适当措施以确保航行以及人工岛屿、设施和结构的安全。

安全地带的宽度应由沿海国参照可适用的国际标准加以确定。这种地带的设置应确保其与人工岛屿、设施或结构的性质和功能有合理的关联;这种地带从人工岛屿、设施或结构的外缘各点量起,不应超过这些人工岛屿、设施或结构周围500公尺的距离,但为一般接受的国际标准所许可或主管国际组织所建议者除外。安全地带的范围应妥为通知。

一切船舶都必须尊重这些安全地带,并应遵守关于在人工岛屿、设施、结构和安全地带附近航行的一般接受的国际标准。

人工岛屿、设施和结构及其周围的安全地带,不得设在对使用国际航行必经的公认海道可能有干扰的地方。

4. 人工岛等设施不具备岛屿地位,没有领海等海洋权益

人工岛屿、设施和结构不具有岛屿地位。它们没有自己的领海,其存在也不影响领海、专属经济区或大陆架界限的划定。

(五)专属经济区生物资源的养护和利用

1. 保护生物资源

沿海国应决定其专属经济区内生物资源的可捕量。沿海国应通过正当的养护和管理措施,确保专属经济区内生物资源的维持不受过度开发的危害,使捕捞鱼种的数量维持在或恢复到能够生产最高持续产量的水平。

2. 提供和交换科学情报与资料信息

沿海国应通过各主管国际组织,并在所有有关国家参加下,经常提供和交换可获得的科学情报、渔获量和渔捞努力量统计,以及其他有关养护鱼的种群的资料。②

---

① 《联合国海洋法公约》第五部分第60条"专属经济区内的人工岛屿、设施和结构",联合国官网,http://www.un.org/zh/law/sea/los/。

② 《联合国海洋法公约》第五部分第61条"生物资源的养护",联合国官网,http://www.un.org/zh/law/sea/los/。

3. 沿海国要促进生物资源最适度的利用

沿海国应在不妨害专属经济区生物资源养护的情形下促进专属经济区内生物资源最适度利用的目的。沿海国在没有能力捕捞全部可捕量的情形下，应通过协定或其他安排，准许其他国家捕捞可捕量的剩余部分，特别顾及内陆国和地理不利国，尤其是其中的发展中国家。

4. 外国渔民应遵守沿海国相关法律和规章

在专属经济区内捕鱼的其他国家的国民应遵守沿海国所指定的符合《联合国海洋法公约》规则的法律和规章中所制订的养护措施和其他条款和条件。沿海国应将养护和管理的法律和规章妥为通知。①

(六) 专属经济区内军事活动的法律问题

"和平时期专属经济区及其上空的军事活动，大致可以分为：仅为通过专属经济区而进行的航行和飞越、海空军事侦察、军事测量和军事演习。"② 外国在别国专属经济区及其上空是否有权进行军事活动？沿海国是否有权对外国在专属经济区内的军事活动实行限制乃至禁止？回答这些问题的法理关键在于外国军舰在别国专属经济区是享有完全的自由航行权还是仅有无害通过权？国际社会对此问题的解释存在截然对立的立场和观点。美国为代表的海洋强国认为专属经济区的航行制度应等同于公海（国际水域），而包括中国在内的许多发展中国家则持反对立场。由于《联合国海洋法公约》在此问题上的表述是妥协的产物，给有关国家对专属经济区内军事行动进行弹性解释和灵活利用的法律空档。在当代国际关系现实中，这一问题已经超出一般的法理争论，成为传统海洋强权国家与新兴海洋国家之间，发展中国家与发达国家之间的政治斗争。

二、大陆架

主张国家对大陆架行使主权权利，是美国首先提出的。在1945年9月28日《关于美国对大陆架底土和海床自然资源的政策声明》中，杜鲁门总统宣布："处于公海之下但毗连美国海岸的大陆架的底土和海床的自然资源属于美国，受美国的管辖和控制。"此后，陆续有国家发表类似声明，逐步形成一项国际习惯

---

① 《联合国海洋法公约》第五部分第62条"生物资源的利用"，联合国官网，http://www.un.org/zh/law/sea/los/。

② 任筱峰：《专属经济区及海峡水道军事利用的法律问题》，北大法律网—法学在线，2005年，http://article.chinalawinfo.com/Article_Detail.asp?ArticleID=31540。

法制度。1958年日内瓦《大陆架公约》以条约的形式确认了这项制度。

（一）大陆架的定义与宽度

1. 地理学上的大陆架概念

大陆架（continental shelf）又称陆架，本是地质地理学上的概念，是指陆地土地从海岸起在海面下伸延的一个地势平缓的海底地区。大陆架蕴藏着丰富的石油、天然气等其他矿物资源。

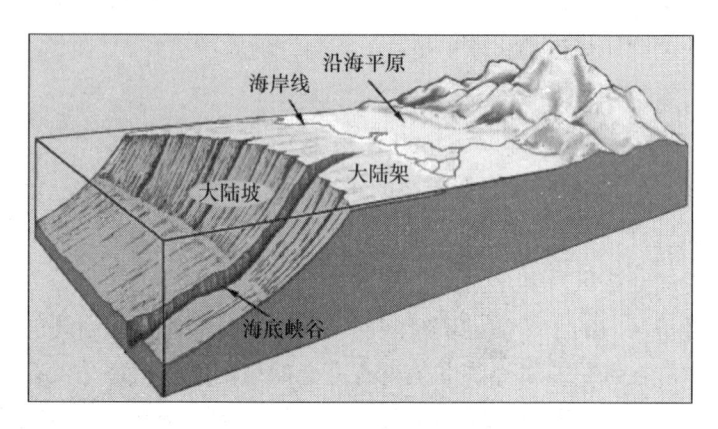

图8—17 大陆架立体图

来源：庄炜：《大陆架划界的国际法原则与实践》，华东政法大学2011年博士论文，导师王虎华，第3页。

2. 国际法上的大陆架概念

大陆架的法律概念与其在地理学上的概念有所差别。国际法上的大陆架是指邻接一国海岸但在"领海以外依其陆地领土的全部自然延伸，扩展到大陆边外缘的海底区域的海床和底土"。[①] 并不包括领海的海床和底土。地理学上的大陆架与法律上的大陆架的关键不同之处在于起讫点，前者始于海岸，后者始于领海的外部界限处。另外，法律上的大陆架的外部界限的起算线则是从领海基线开始的。

3. 大陆边

大陆边（continental margin）指"包括沿海国陆块没入水中的延伸部分，由陆架、陆坡和陆基的海床和底土构成，它不包括深洋洋底及其洋脊，也不

[①]《联合国海洋法公约》第六部分第76条"大陆架的定义"，联合国官网，http://www.un.org/zh/law/sea/los/。

包括其底土"。①

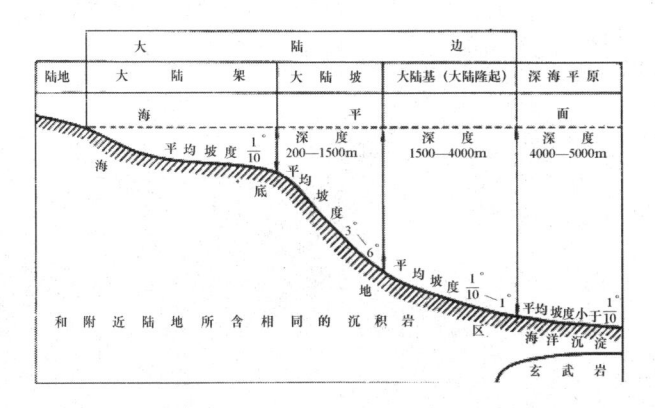

图 8—18 大陆边剖面示意图

来源：刘斌：《南极大陆架的国际法学探析》，《海洋开发与管理》，2010（05），第9页。

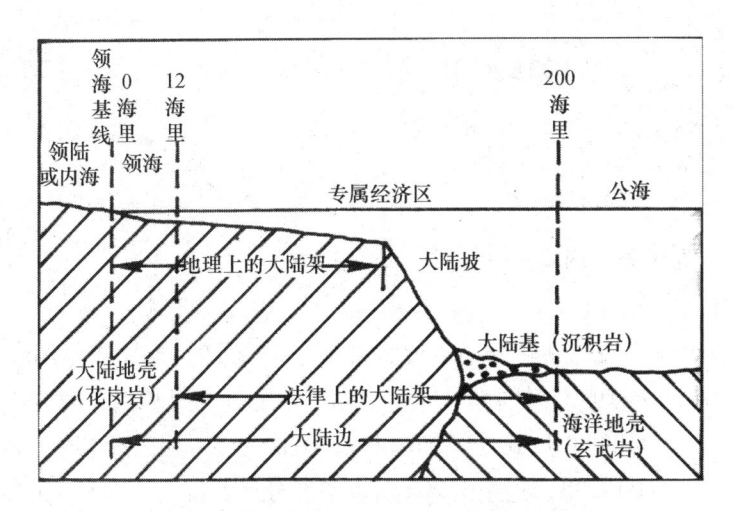

图 8—19 地理上的大陆架与法律上的大陆架对比示意图

来源：饶戈平：《国际法》，北京大学出版社1999年版，第220页。

4. 大陆架的宽度

沿海国的大陆架"如果从测算领海宽度的基线量起到大陆边的外缘的距

---

① 《联合国海洋法公约》第六部分第76条"大陆架的定义"（29），联合国官网，http：//www.un.org/zh/law/sea/los/。

离不到200海里，则扩展到200海里的距离"。沿海国的大陆架最远"不应超过从测算领海宽度的基线量起350海里，或不应超过连接2500公尺深度各点的2500公尺等深线100海里"。①

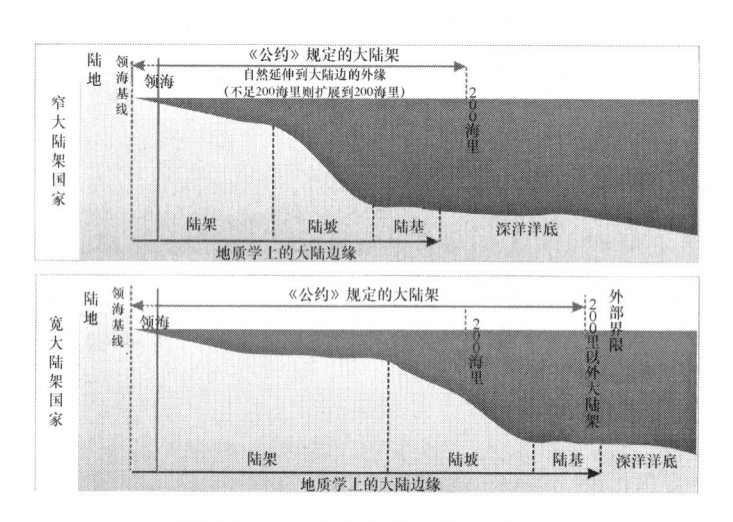

图表8—20 宽窄大陆架对比示意图

来源：张海文、贾宇、吴继陆、李明杰、李军、丘君：《联合国海洋法公约图解》，法律出版社2009年版，第36页。

（二）外大陆架问题

1. 外大陆架的含义

"外大陆架"是"200海里以外大陆架"的简称。按《联合国海洋法公约》的规定，所有的沿海国都可以主张200海里宽的大陆架。而对于大陆架宽阔的国家，还可以扩展到200海里以外，但最远不得超过350海里或者2500米等深线以外100海里，这超出200海里的部分通常称之为"外大陆架"。不过，在自然现实中，不是每个沿海国家都有外大陆架，只有拥有相应的自然条件的宽大陆架国家，才有资格提出外大陆架的主张，窄大陆架国家不能扩大到200海里以外。

---

① 《联合国海洋法公约》第六部分第76条"大陆架的定义"，联合国官网，http://www.un.org/zh/law/sea/los/。

2. 大陆架界限委员会

根据《联合国海洋法公约》（附件 2）[①] 的规定，于 1997 年专门成立了大陆架界限委员会（Commission on the Limits of the Continental Shelf；CLCS）。大陆架界限委员会的主要职务有：（1）审议沿海国提出的关于扩展到 200 海里以外的大陆架外部界限的资料和其他材料，并提出建议；（2）经有关沿海国请求，在编制上述资料时，提供科学和技术咨询意见。

3. 大陆架界限委员会的权限

（1）200 海里以外大陆架界限的情报应由沿海国提交大陆架界限委员会。委员会应就有关划定大陆架外部界限的事项向沿海国提出建议，沿海国在这些建议的基础上划定的大陆架界限应有确定性和拘束力；[②]（2）在沿海国不同意大陆架界限委员会建议的情形下，沿海国应于合理期间内向委员会提出订正的或新的划界案；（3）大陆架界限委员会的"行动不应妨害海岸相向或相邻国家间划定界限的事项"。[③]

也就是说，大陆架界限委员会只对外大陆架界限的划定进行审议和提出建议，并不能对存在争议的外大陆架划界问题进行裁决。《大陆架界限委员会议事规则》规定："一国向委员会提交划界案后，需经过三个月的公示期，相关国家可能在此期间就此提交是否同意委员会审议该案的外交照会。"[④] 如果一国提交的划界案涉及与邻国的陆地或海洋争端，只要争端当事国提出异议，大陆架界限委员会就不会审议划界案。《大陆架界限委员会议事规则》（附件 1）第 5（a）款规定：如果已存在陆地或海洋争端，委员会不应审议和认定争端任一当事国提出的划界案。[⑤] 不审议并不表示大陆架界限委员会否定了提案国的权利和主张，而是因为《联合国海洋法公约》没有赋予其裁判国家之间边界领土和海洋划界争端的权力。"但在争端所有当事国事前表示同意的情况下，委员会可以审议争端区域内的一项或多项划界案。因此，在委员会举行届会要求沿海国代表就划界案进行相应陈述时，会审议与划界案有关的争

[①]《联合国海洋法公约》（附件 2）的标题和内容为"大陆架界限委员会"，联合国官网，http://www.un.org/zh/law/sea/los/。

[②]《联合国海洋法公约》第六部分第 76 条"大陆架的定义"，联合国官网，http://www.un.org/zh/law/sea/los/。

[③]《联合国海洋法公约》（附件 2）"大陆架界限委员会"第 9 条，联合国官网，http://www.un.org/zh/law/sea/los/。

[④] 李金蓉：《东海划界案有力加强了中国在东海的权利主张》，国家海洋局网站，2012 年 12 月 18 日，中新网，http://www.chinanews.com/gn/2012/12-18/4418258.shtml。

[⑤] 同上。

端的资料,并根据《大陆架界限委员会议事规则》第 46 条和附件一决定是否对划界案或部分划界案进行审议。"①

4. 外大陆架信息材料的提交和时限

拟划定其 200 海里以外大陆架外部界限的沿海国,应将这种界限的详情连同支持这种界限的科学和技术资料,尽早提交大陆架委员会,而且无论如何应于《联合国海洋法公约》对该国生效后十年内提出。② 2001 年 5 月《联合国海洋法公约》缔约国大会第 11 次会议通过决议,凡是在 1999 年 5 月 13 日之前批准公约并生效的国家,如果主张 200 海里以外的大陆架,必须在 2009 年 5 月 13 日前完成 200 海里以外大陆架外部界限的划定和有关的法律程序工作。但由于 200 海里外大陆架的确认涉及复杂的技术问题,很多国家表示难以如期完成。因此,2008 年 6 月《联合国海洋法公约》第 18 次缔约国会议又做出决议,允许有关沿海国家在 2009 年 5 月 13 日之前先提交一份"初步信息","载有关于其 200 海里外大陆架外部界限的指示性资料,说明编制划界案的情况和拟提交划界案的日期,即可视为遵守了关于划界案期限的规定"。③ 而不需要立即提交正式划界案。所提交的划界案可以是部分区域,也可以是全部区域;可以单独提交,也可以几个国家联合提交。④ 按照各沿海国提交划界案的时间先后顺序进行排队,排队轮到时,提案国对该提案进行陈述。委员会对提案国所提交的资料审议后,以"建议"的方式对沿海国提交的外大陆架主张做出认可、部分认可或否定的决定;最后,沿海国应依据该建议划定其大陆架外部界限。⑤

从 2001 年 12 月 20 日俄罗斯提交第一个划界案起,包括中国在内,大陆架界限委员会"共收到 63 正式划界案以及 45 个能够表明申请国外大陆架大致范围的'初步信息'"。⑥ "截止目前,委员会完成审议并最终给出建议的划界

---

① 李金蓉:《东海划界案有力加强了中国在东海的权利主张》,国家海洋局网站 2012 年 12 月 18 日,中新网,http://www.chinanews.com/gn/2012/12-18/4418258.shtml。
② 《联合国海洋法公约》(附件二)"大陆架界限委员会"第 4 条,联合国官网,http://www.un.org/zh/law/sea/los/。
③ 张海文、贾宇、吴继陆、李明杰、李军、丘君:《联合国海洋法公约图解》,法律出版社 2009 年版,第 39 页。
④ 李金蓉:《东海划界案有力加强了中国在东海的权利主张》,国家海洋局网站,2012 年 12 月 18 日,中新网,http://www.chinanews.com/gn/2012/12-18/4418258.shtml。
⑤ 同上。
⑥ 同上。

案有 17 个。"①

(三) 大陆架的法律地位

1. 既非沿海国领土，也非国际共有

大陆架不是沿海国领土的组成部分，也不是国际共有的海底区域。沿海国主要拥有勘探开发大陆架资源的主权权利和由此产生的专属管辖权。

2. 沿海国勘探大陆架和开发其自然资源的主权权利

(1) 沿海国为勘探大陆架和开发其自然资源的目的，对大陆架行使主权权利；(2) 这种权利是专属的，任何人未经沿海国的明示同意，均不得从事勘探和开发大陆架的活动；(3) 沿海国对大陆架的权利不取决于有效或象征性的占领或任何明文公告。

3. 沿海国的专属管辖权

(1) 沿海国有权在大陆架上建造人工岛屿、设施和其他结构，并享有专属管辖权；(2) 沿海国有授权和管理为一切目的在大陆架上进行钻探的专属权利。

4. 沿海国的义务及其他国家的权利

(1) 沿海国对大陆架的权利不影响上覆水域或水域上空的法律地位。沿海国对大陆架权利的行使，不得对航行和其他国家的其他权利和自由有所侵害，或造成不当的干扰。(2) 所有国家有权在其他国家大陆架铺设电缆和管道，但其线路的划定须经沿海国的同意，并应顾及已有的电缆和管道。

(四) 海岸相向或相邻国家间大陆架界限的划定

大陆架是大陆在海水下的自然延伸，在海域相向的海洋邻国中，大陆架的宽度有时不尽相同，有的可能是宽大陆架国家，有的可能是窄大陆架国家，特别是当其相向海域宽度不足 400 海里时，容易出现大陆架宽窄不同的海域相向邻国之间大陆架如何划分的争议。

1. 《联合国海洋法公约》规定的大陆架划界原则

《联合国海洋法公约》第 83 条规定：(1) 海岸相向或相邻国家间大陆架的界限，应在国际法院规约第 38 条所指国际法的基础上以协议划定，以便得到公平解决。② (2) 有关国家如在合理期间内未能达成任何协议，应诉诸《联

---

① 李金蓉：《东海划界案有力加强了中国在东海的权利主张》，国家海洋局网站，2012 年 12 月 18 日，中新网，http://www.chinanews.com/gn/2012/12-18/4418258.shtml。
② 《联合国海洋法公约》第六部分第 83 条"海岸相向或相邻国家间大陆架界限的划定"，联合国官网，http://www.un.org/zh/law/sea/los/。

合国海洋法公约》第十五部分"争端的解决"所规定的程序。(3) 在达成划界协议以前，有关各国应基于谅解和合作的精神，尽一切努力做出实际性的临时安排，并在此过渡期间内，不危害或阻碍最后协议的达成。这种安排应不妨害最后界限的划定。(4) 如果有关国家间存在现行有效的协定，关于划定大陆架界限的问题，应按照该协定的规定加以决定。由此，《联合国海洋法公约》确立了协议划定，公平解决的大陆架划界基本原则。

2. 等距离中间线方法

1958 年《大陆架公约》第 6 条规定：(1) 同一大陆架邻接两个以上海岸相向国家之领土时，其分属各该国部分之界线由有关各国以协议定之。倘无协议，除因情形特殊应另定界线外，以每一点均与测算每一国领海宽度之基线上最近各点距离相等之中央线为界线。(2) 同一大陆架邻接两个毗邻国家之领土时，其界线由有关两国以协议定之。倘无协议，除因情形特殊应另定界线外，其界线应用与测算每一国领海宽度之基线上最近各点距离相等之原则定之。《大陆架公约》主张的海洋划界方法实质是：在没有划界协议和特殊情况下的前提下，海岸相向或相对国家的大陆架分界线依照等距离中间线确定。因此被称为"等距离中间线—特殊情况方法"。

对等距离中间线方法一直存在着激烈的争议。如何划分大陆架，曾是第三次联合国海洋法会议争论最激烈的问题之一，主要集中在等距离中间线方法与公平原则的争论，形成了"中间线集团"和"公平集团"两个意见相左的阵营。

赞成的观点认为，根据《大陆架公约》第 6 条和各国的实践，"等距离中间线"方法已成为大陆架划界的习惯国际法和一般国际法规则。反对的观点则认为，"等距离中间线"方法并不具有习惯国际法的地位，而且《联合国海洋法公约》并没有把等距离中间线作为一项划界原则。如果将等距离中间线作为普遍性或一般性规则来适用，在某些地理环境下将会导致划分结果不公平，如宽大陆架国家和窄大陆架国家之间，按等距离中间线划分就违背了自然伸延原则。"在海岸线凹进或凸出的情况下，如果用等距离法从海岸划分大陆架区域，海岸线越不整齐所引起的后果就越不合理。"[①]

[①] 北海大陆架案国际法院判词。转引自梁淑英：《国际法教学案例》，中国政法大学出版社 1999 年版，第 104 页。

3. 公平原则

美国总统杜鲁门在 1945 年的《关于大陆架底土和海床的自然资源政策的第 3667 号总统公告》提出:"在大陆架延伸至他国海岸或与邻国共处于同一大陆架的情况下,边界应由美国与有关国家根据公平原则予以确定。"1982 年《联合国海洋法公约》确立了"协议划定,公平解决"的大陆架划界原则。

公平原则(principles of equity)(the equity principles)"包括三个基本准则:一是划界须'以协议划定';二是'在国际法的基础上';三是'公平解决'"。[1] 公平原则要求在划界中不仅必须采用公平的方法,而且必须达成公平的结果。[2] 鉴于每个划界案都是个案,所以无论何种划界方法,只有当其在特定的案例中能够体现公平原则和实现公平结果时才可采用。由于没有一种方法能够在不同的个案中都保证公平结果,因此,公平原则要求不能单方面将某种划界方法作为普遍性强制性公式自动适用。协商协议是公平原则的基础,"采用划界方法的一个先决条件是,按照公平原则,通过谈判达成公平合理的协议,至于所涉及的区域究竟采用何种方法,单独使用一种方法还是几种方法同时并用,则应视具体情况而定";[3] 公平不等于平分,适用于特定案件的划界方法,应取决于对该案情况全面考察后的判断,全面充分考虑到涉及划界地区的具体情况,包括划界区域范围、大陆架自然延伸的距离和范围、海岸长度与大陆架面积的比例、海岸地貌、近岸岛屿的存在和位置、历史性权利、经济开发等各种情形,只要当事国家双方达成协议,可以采取任何它们认为公平的划分方法和原则,包括等距离中间线方法,划分它们之间的界线。所谓结果公平,取决于相关各方各自的满意程度。[4] 但是在国际海域划界实践中,对如何适用公平原则仍然存在分歧。

4. 自然延伸原则

自然延伸(natural prolongation)原则"是与大陆架有关的所有法律规则中最基本的规则"[5],是国家对大陆架权利主张的重要依据。大陆架的自然延

---

[1] 李春:《从国际海洋法实践看中日东海划界争议》,《海洋开发与管理》,2008 年 04 期,第 57 页。
[2] 贾宇:《海洋划界必须公平》,《环球时报》,2004 年 7 月 21 日第 16 版。
[3] 北海大陆架案国际法院判词。转引自梁淑英:《国际法教学案例》,中国政法大学出版社 1999 年版,第 106 页。
[4] 贾宇:《海洋划界必须公平》,《环球时报》,2004 年 7 月 21 日第 16 版。
[5] 梁淑英:《国际法教学案例》,中国政法大学出版社 1999 年版,第 107 页。

伸是公平原则适用时应首先和必须考虑的因素。大陆架划界并不是共同平分大陆架，"而是要将本来就属于某一国家的大陆架明确地划归该国所有"。① 自然延伸原则体现了大陆架"天然归属"的公平性。"如一特定的海底区域并不构成沿海国陆地领土的自然延伸，即使该区域可能比任何其他国家的领土更靠近沿海国，也不能被认为是属于该国的。"② 公平原则体现的是大陆架划界所应遵循的规则和应做出的考虑，自然延伸反映的是大陆架同陆地的自然联系和国家与大陆架的法律联系。按照公平原则划分大陆架的结果，应当使"每一个当事国都尽可能地得到构成其陆地领土自然伸延的大陆架的一切部分，而不侵犯另一当事国陆地领土的自然延伸部分"。③

（五）大陆架划界的国际司法与仲裁实践

20世纪60年代迄今，国际法院和国际仲裁审理了多起大陆架和涉及大陆架划界的海洋划界争端。其判例对海洋法关于大陆架划分原则的确立产生了明显的影响。

1. 国际司法审理与仲裁的大陆架划界案

《联合国海洋法公约》制订前，有1969年德/荷/丹三国北海大陆架案、1977年英/法大陆架案、1978年爱琴海大陆架案、1981年冰岛/挪威扬马延大陆架调解案、1981年迪拜/沙迦边界案。《联合国海洋法公约》制订后，有1982年突尼斯/利比亚案，1984年美国/加拿大缅因湾案，1985年利比亚/马耳他大陆架划界案，1985年几内亚/几内亚比绍海洋划界仲裁案，1989年几内亚比绍/塞内加尔海洋划界仲裁案，1992年萨尔瓦多/洪都拉斯关于陆地、岛屿及海洋边界案，1992年法属圣皮埃尔和密克隆岛/加拿大海洋划界仲裁案，1993年丹麦格陵兰/挪威扬马延海洋划界案，1995年巴林/卡塔尔海洋划界与领土争端案。其中，有8个涉及大陆架划界的案例是国际法院做出判决的，有5个是通过国际仲裁做出裁决的，有一个是通过国际调解委员会做出的。

---

① 李超：《论大陆架划界中的公平原则——兼论公平原则在东海大陆架划界中的作用》，法学在线—北大法律信息网，http://article.chinalawinfo.com/Article_Detail.asp?ArticleID=2087。
② 北海大陆架案国际法院判词，转引自梁淑英：《国际法教学案例》，中国政法大学出版社1999年版，第106页。
③ 同上书，第108页。

2. 国际司法判决对大陆架制度的影响

北海大陆架案作为国际法院审理的首个大陆架划界争端案，其判决结果和阐述的法理根据，对其后的国际海洋划界理论和实践，以及《联合国海洋法公约》相关原则和法条的制定，都产生了重要的影响。1966年，德国与荷兰和丹麦在如何划定北海大陆架界线上发生争议：荷兰和丹麦主张按等距离规则划界；德国认为这种划法不公平，因为德国的海岸是凹入的，从其两端划出的等距离线会形成交叉，使德国得到的大陆架只是一个与其海岸长度小得不成比例的三角形。1967年，德国与丹麦和荷兰达成协议，将争议提交国际法院，请求法院判定"在划分属于该三国的北海大陆架区域时应适用什么国际法原则和规则"。1969年国际法院做出判决，指出法院不否认等距离划界方法是一种非常便利的方法，并在很多情况下被采用。但这些因素本身还不足以使该方法成为一项法律规则，从而把接受使用该方法的结果看作是在所有情况下必须履行的义务。等距离方法不是习惯法的强制性规则。"划界应通过协议，按照公平原则，并考虑到所有有关情况，以使每一个国家得到构成其陆地领土向海洋中和海底的自然延伸的全部大陆架部分，并且不侵犯另一国陆地领土的自然延伸"，该案确认了公平原则和自然延伸原则的效力。1977年英法大陆架仲裁案再次论证了公平原则。国际法院指出："当协议失败时，国家之间在同一大陆架上划定的界限应基于公平原则产生。"[①] 在几内亚/几内亚比绍仲裁案中，仲裁法庭指出，无论领海划界或专属经济区与大陆架划界，都应适用公平原则。在利比亚/马耳他案、突尼斯/利比亚案的判决中都采纳了公平原则。

（六）**专属经济区与大陆架的区别**

在200海里内，专属经济区和大陆架是一个重叠区域，但在设立目的、权利基础、范围内容、成型时间等方面均有不同。专属经济区和大陆架作为海洋法中各自独立的两种海洋制度，并不能相互等同和取代。

1. 法理依据不同

沿海国对专属经济区和大陆架二者权利的依据不同。专属经济区的设立需要国家宣布，否则这部分海域仍属公海，其实现的法律效力依赖于国家的明示行为。而沿海国对大陆架的权利不依据于其对大陆架的占领或宣布，而是客观存在的现实，其实现的法律效力的产生无需国家的明示行

[①] 转引自蔡高强、徐徐：《论海洋边界争端与国际海洋法的发展——兼谈中日东海油气争端的解决》，《甘肃政法学院学报》，2006年06期，第40页。

为。

2. 形成时间不同

大陆架的概念"是在自然科学的基础上，根据国际习惯法形成，并为1958年《大陆架公约》所承认"。[①] 专属经济区概念在20世纪70年代出现，1982年由《联合国海洋法公约》确立，时间上相差24年，而按条约生效年份则相差30年。

3. 距离标准有别

专属经济区和大陆架二者的距离标准有别。专属经济区采用的是"距离标准"；而大陆架采用的是陆地支配海洋原则的"自然延伸标准"。200海里是专属经济区的最大宽度，却是大陆架的最小宽度。当沿海国大陆架的自然延伸不足200海里时，该国可将其大陆架扩展到200海里。在此情况下，大陆架的外界与专属经济区的外界是重合的。而当沿海国大陆架的自然延伸超过200海里时，两者的外界则是不同的。宽大陆架国家其拥有权最远可达到350海里或2500米等深线外100海里。外大陆架的上覆水域有可能是公海或其他国家的专属经济区。

4. 权利和对象既有交叉又各有侧重

专属经济区和大陆架二者权利和对象既有交叉又各有侧重。按照海洋法规定，专属经济区的权利和对象涉及其海域的水体及海床和底土，大陆架只涉及其海床及底土。而沿海国对专属经济区的海床和底土的权利，应该按照大陆架制度的有关规定行使。

在专属经济区，沿海国对海床上覆水域和海床及其底土的不论生物或非生物资源的自然资源拥有主权权利，对在该区内从事经济性开发和勘探，如利用海水、海流和风力生产能等其他活动拥有主权权利。在大陆架，沿海国对勘探大陆架和开发其自然资源行使主权权利。自然资源包括海床和底土的矿物和其他非生物资源，以及属于定居种的生物。因此，专属经济区开发利用的对象比大陆架更为丰富，在拥有宽大陆架条件下，大陆架开发利用的海底范围比专属经济区可能更加宽阔。

[①] 薛桂芳：《联合国海洋法公约与国家实践》，海洋出版社2011年版，第17页。

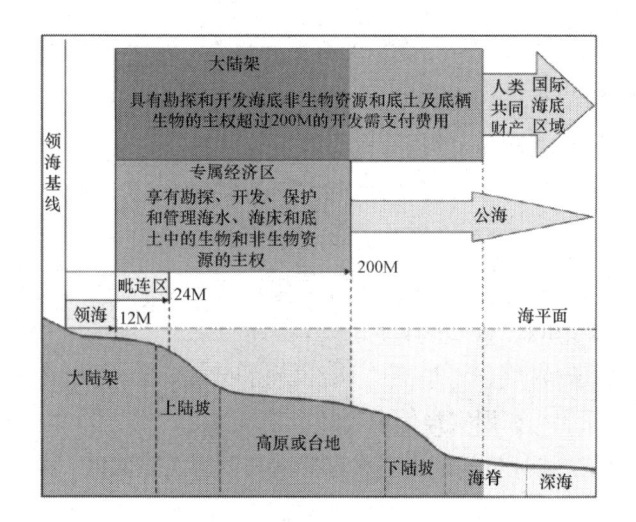

图 8—21　沿海国在大陆架和专属经济区的示意图

来源：Maritime zones defined by the convention andtheir relationship to subsea topography；

J. C. 彼特等著，吕文正、张海文、方银霞编译：《大陆架外部界限——科学与法律的交汇》，海洋出版社 2012 年版；

Peter J. Cook, et al. Continental Shelf Limits—The Scientific and Legal Inter-face (in Chinese). Translated by Lu W Z, Zhang H W, Fang Y X et al. Beijing：Ocean Press, 2012；

转引自李家彪、方银霞、吴自银、唐勇：《200 海里以外大陆架划界技术及其应用》，《地球物理学进展》，2013 年第 02 期，第 532 页。

三、岛屿制度

（一）岛屿定义与法律地位

1. 岛屿的定义

《联合国海洋法公约》第八部分第 121 条规定："岛屿是四面环水并在高潮时高于水面的自然形成的陆地区域。"

这一定义确立了判定国际法意义上的岛屿的四个基本要素：一是四面环水，这是岛屿有别于其他陆地形态的根本标志；二是高潮时高于水面，也就是说退潮时高出水面，而涨潮时被水面淹没的低潮高地不是岛屿，无论低潮还是高潮时都没于水面下的暗礁更不是岛屿；三是自然形成，从而排除了人造岛享有自然岛屿的海洋权益的可能；四是陆地区域，即不是漂浮的，而是从海底底土上形成的地质实体。

2. 岛屿在海洋划界中的效力

"岛屿的领海、毗连区、专属经济区和大陆架应按照本公约适用于其他陆地领土的规定加以确定。"①《联合国海洋法公约》的这一规定赋予岛屿在海洋划界和权益分配中举足轻重的地位。假如有一个岛屿，其形状是规则的圆型，面积为 1 平方千米，则该岛的拥有国可以为该岛主张的领海面积达到 1629 平方千米，可主张的 200 海里专属经济区和大陆架面积为 430470 平方千米。如果存在大陆架自然延伸超过 200 海里的情形，则还可以主张更大面积的大陆架。②

3. "岛"与"礁"的区分和岩礁的法律地位

《联合国海洋法公约》第八部分第 121 条规定："不能维持人类居住或其本身的经济生活的岩礁，不应有专属经济区或大陆架。"但这一表述偏于笼统，缺少具体标准，在现实操作中容易产生歧义。

(二) 岛屿法律地位问题的当代国际法与国际关系实践

由于《联合国海洋法公约》关于专属经济区和大陆架的规定，海洋岛屿承载着很高的海权期望值，导致海岛争端频繁出现，成为当代世界边界领土争端的重要目标和内容。由于《联合国海洋法公约》没能列出"不能维持人类居住或其本身的经济生活"的具体标准，给了各缔约国各自认知解释的空间，一些国家为获得更多的海洋利益，指"礁"为"岛"，乃至指暗礁为领土，并以此要求拥有大陆架和专属经济区，导致了一些划界争端的发生。

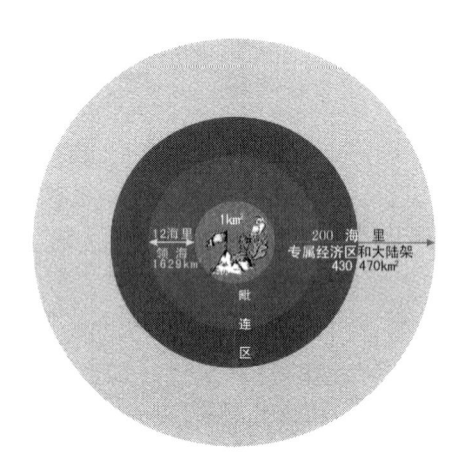

图 8—22　岛屿制度示意图

来源：张海文、贾宇、吴继陆、李明杰、李军、丘君：《联合国海洋法公约图解》，法律出版社 2009 年版，第 46 页。

---

① 《联合国海洋法公约》第八部分第 121 条，联合国官网，http://www.un.org/zh/law/sea/los/。
② 张海文、贾宇、吴继陆、李明杰、李军、丘君：《联合国海洋法公约图解》，法律出版社 2009 年版，第 47 页。

日本对冲之鸟礁法律地位的解读和实践，是一个典型的事例。冲之鸟珊瑚礁在海水涨潮时露出水面的面积不足10平方米，露出海面的高度不到1米。日本却将此礁称为"冲之鸟岛"，并将其定为日本国家版图最南端的岛屿，并以此为依据要求获得约25万平方公里的200海里专属经济区和大陆架。日本的主张遭到邻国的一致反对，认为冲之鸟是礁不是岛。2008年11月，日本政府提交了外大陆架划界申请，总面积约达74万平方公里。中、韩两国分别向联合国秘书长提交照会，要求大陆架界限委员会不对日本划界案涉及冲之鸟礁的部分采取行动。2012年5月，大陆架界限委员会表示，不认可日本依据冲之鸟礁主张的"外大陆架"，回绝日本将大陆架伸延至冲之鸟礁以南的要求。

第五节　用于国际航行的海峡、群岛国

一、海峡

全世界有上千个大小不同的海峡，其中用于航行的海峡约有130个，而经常用于国际航行的主要海峡约有40多个。

（一）海峡的基本概念

1. 海峡的定义与特征

海峡是指夹在两块陆地之间连接两个海或洋的较狭窄的天然水道。

海峡定义反映了海峡的基本特征：一是位于两块陆地之间，二是连接两个海或洋，三是天然形成。

2. 海峡的位置状态

海峡的位置状态可分为：（1）大陆之间的海峡，位于两块大陆的陆地之间；（2）大陆与岛屿之间的海峡，位于大陆和岛屿的陆地之间；（3）岛屿与岛屿之间的海峡，位于岛屿与岛屿的陆地之间。

（二）海峡的法律地位

海峡按法律地位来区分，可分为内水（内海）海峡、领海海峡、非领海海峡。

1. 内水（内海）海峡

内水（内海）海峡，简称内海峡，是指处于一国领海基线以内的海峡。海峡两岸同属一国领土，海峡的宽度不超过领海宽度的两倍。在一国领海

基线以内属于内水（内海）的海峡，如同基线以内的其他水域一样，构成该国内水的一部分，该国对其具有完全的和排他的主权，其法律制度由该国国内法规定，外国船舶未经许可不得驶入，沿海国有权拒绝外国船舶通过该海峡。

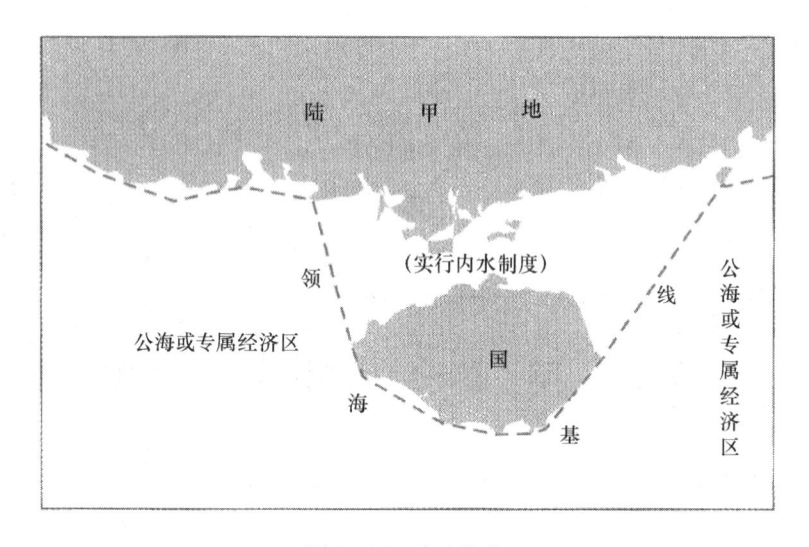

图 8—23　内水海峡

来源：张海文、贾宇、吴继陆、李明杰、李军、丘君：《联合国海洋法公约图解》，法律出版社 2009 年版，第 26 页。

2. 领海海峡

领海海峡，简称领峡，是指海峡宽度在两岸领海宽度之和以内的海峡。海峡两岸同属一国领土，海峡的宽度不超过领海宽度的两倍，则该海峡是沿岸国的领海海峡，适用该国的领海制度，外国船舶可以实行无害通过。如果海峡两岸分属不同国家，则该海峡的划分、使用、通航办法由沿岸国家商定。在没有条约另做规定的情况下，其疆界线应是海峡的航道中心线。

3. 非领海海峡

非领海海峡，简称非领峡，是指海峡宽度超过两岸领海宽度之和的海峡。此种海峡在领海外部界限以内的部分，属于领海，适用领海制度；其余部分依海域性质不同，分别适用毗连区、专属经济区或公海制度，外国船舶和飞机享有航行和飞越自由。

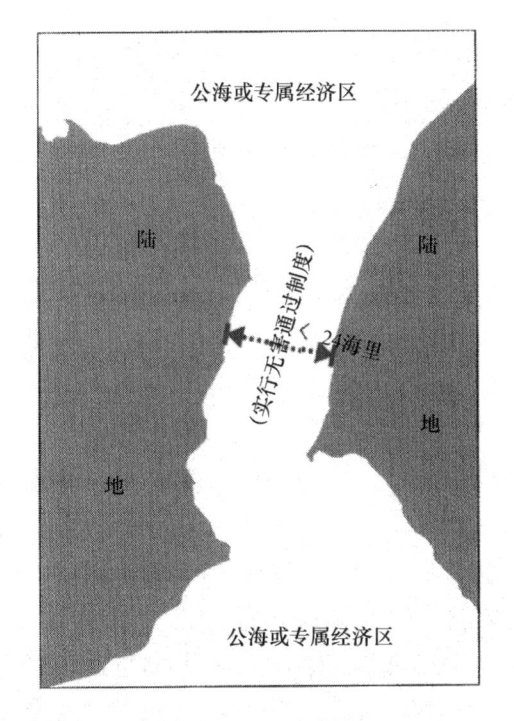

图 8—24　领海海峡

来源：张海文、贾宇、吴继陆、李明杰、李军、丘君：《联合国海洋法公约图解》，法律出版社2009年版，第26页。

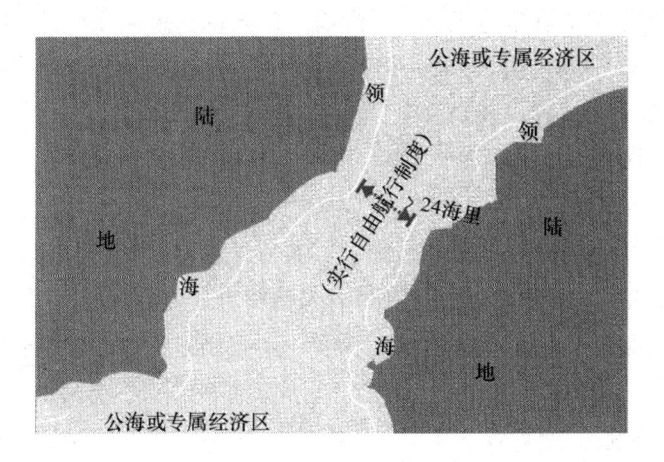

图 8—25　非领海海峡

来源：张海文、贾宇、吴继陆、李明杰、李军、丘君：《联合国海洋法公约图解》，法律出版社2009年版，第26页。

二、用于国际航行的海峡

（一）用于国际航行的海峡的基本概念

用于国际航行的海峡有广义和狭义之分。

1. 广义含义

广义指所有的用于国际航行的海峡（international straits），而不论其具有何种法律地位，包括具有内海或领海、专属经济区或公海地位，以及由专门条约规定通行制度的海峡。

2. 狭义含义

狭义概念是《联合国海洋法公约》中特指的"用于国际航行的海峡"（straits used for international navigation）。它是指两端连接公海或专属经济区的具有领海地位的且未受专约限制的又频繁用于国际航行的海峡。

（二）用于国际航行的海峡的基本特点

1. 两端连接公海或专属经济区，或连接领海与公海或专属经济区

这种海峡就两端连接区域看，是指两端连接公海或专属经济区；或一端为公海或专属经济区，另一端为领海的海峡。

2. 具有领海地位

这种海峡从法律地位上讲属于领海。这意味着：（1）其宽度在最窄处不超过 24 海里，且处在沿海国领海范围内；（2）除通过制度外，其在法律地位上仍属于领海，沿岸国对海峡水域、上空、海床和底土仍行使其主权。这一特征将内海峡和非领峡排除在外。

3. 未受专约拘束

在国际海峡中，有一些海峡由于历史原因和特殊地理位置而由专项国际条约规定了专门的通行制度。譬如，直布罗陀海峡的航行制度由 1904 年和 1907 年英、法、西三国间的协定确立，黑海海峡制度则主要由 1936 年的《蒙特娄公约》规定，麦哲伦海峡的通行制度由智利和阿根廷 1881 年的双边协定规定，上述海峡均实行自由航行制度。对此类海峡，《联合国海洋法公约》承认其特定的通过制度有效，其规定不影响这类海峡的法律地位。因此这类海峡被排除在该公约关于用于国际航行的海峡的规定适用范围之外，该公约适用的海峡是未被专门条约确定通过制度的海峡。

4. 经常用于国际航行

这种海峡频繁用于国际航运，构成了世界性的海洋通道。这就排除了用

于国内航行的海峡。

(三) 用于国际航行的海峡的过境通行制度和无害通过制度

用于国际航行的海峡数量多、分布广,据统计,采用 12 海里领海宽度后,世界上有 116 个海峡因宽度不足 24 海里,而处于沿海国领海之内,其中有 30 余个被认为是"用于国际航行的海峡"。关于用于国际航行的海峡的通过制度,在第三次海洋法会议上展开了激烈斗争,海洋大国竭力主张航行和飞越自由,而第三世界国家则坚持主张实行无害通过制度。《联合国海洋法公约》采用了折衷的方案,规定在用于国际航行的海峡中分别适用过境通行和无害通过两种制度。

1. 过境通行和过境通行权的定义与意义

过境通行(transit passage)是指,"专在为公海或专属经济区的一个部分和公海或专属经济区的另一部分之间的海峡继续不停和迅速过境的目的而行使航行和飞越自由"。[1] 过境通行权(right of transit passage)是指在海洋法所定义的用于国际航行的海峡中,"所有船舶和飞机享有过境通行的权利,过境通行不应受阻碍。"[2]

过境通行制度是介于无害通过制度和自由通行制度之间的海洋法新制度。其既保留了海峡沿岸国对海峡行使主权和管辖权,又给予外国船舶比领海的无害通过权更多的通行权利,外国飞机也被赋予飞越海峡的权利。

2. 外国船舶和飞机在过境通行时的义务与责任

外国船舶和飞机在过境通行时必须:(1) 毫不迟延地通过或飞越海峡;(2) 不对海峡沿岸国的主权、领土完整或政治独立进行任何武力威胁或使用武力;(3) 除因不可抗力或遇难而有必要外,不得从事其继续不停和迅速过境及其附带活动以外的任何活动;(4) 船舶要遵守关于海上安全与控制来自船舶的污染的国际规章、程序和惯例;(5) 飞机要遵守国际民航的"航空规则",在操作时随时顾及航行安全,随时监听无线电频率;(6) 外国船舶,包括海洋科学研究和水文测量的船舶在内,在过境通行时,非经海峡沿岸国事前准许,不得进行任何研究或测量活动;[3] (7) 尊重海峡沿岸国制定的适用的海道和分道通航制;(8) 遵守海峡沿岸国按照《联合国海洋法公约》第三部

---

[1] 《联合国海洋法公约》第三部分第二节第 38 条"过境通行权",联合国官网,http://www.un.org/zh/law/sea/los/。

[2] 同上。

[3] 《联合国海洋法公约》第三部分第二节第 40 条"研究和测量活动",联合国官网,http://www.un.org/zh/law/sea/los/。

分第二节"过境通行"规定制定的相关法律和规章;① (9) 享有主权豁免的船舶的船旗国或飞机的登记国,在该船舶或飞机不遵守这种法律和规章或《联合国海洋法公约》第三部分的其他规定时,应对海峡沿岸国遭受的任何损失和损害负国际责任。

3. 海峡沿岸国对过境通行的管理权责和义务

(1) 在符合《联合国海洋法公约》过境通行规定的条件下,海峡沿岸国可以制定关于通过海峡的过境通行的法律和规章。(2) 这种法律和规章不应在形式上或事实上在外国船舶间有所歧视,或在其适用上有否定、妨碍或损害过境通行权的实际后果。(3) 海峡沿岸国应将所有这种法律和规章妥为公布。② (4) 海峡沿岸国不应妨碍过境通行,并应将其所知的海峡内或海峡上空对航行或飞越有危险的任何情况妥为公布。过境通行不应予以停止。③ (5) 海峡沿岸国可于必要时为海峡航行指定海道和规定分道通航制,以促进船舶的安全通过。④

4. 仅适用于无害通过制度的用于国际航行的海峡

《联合国海洋法公约》规定,在下列用于国际航行的海峡中,不适用过境通行制度,而适用无害通过制度。

(1) 如果海峡是由海峡沿岸国的一个岛屿和该国大陆形成,而且该岛屿向海一面有在航行和水文特征方面同样方便的一条穿过公海或穿过专属经济区的航道,过境通行就不应适用。⑤ (2) 在公海或专属经济区的一部分和外国领海之间的海峡。⑥ (3) 在这种海峡中的无害通过不应予以停止。⑦

在这里,用于国际航行的海峡的"无害通过"与领海中的"无害通过"有所不同——"在这种海峡中的无害通过不应予以停止"。

---

① 《联合国海洋法公约》第三部分第二节第42条"海峡沿岸国关于过境通行的法律和规章",联合国官网,http://www.un.org/zh/law/sea/los/。
② 同上。
③ 《联合国海洋法公约》第三部分第二节第44条"海峡沿岸国的义务",联合国官网,http://www.un.org/zh/law/sea/los/。
④ 《联合国海洋法公约》第三部分第二节第41条"用于国际航行的海峡内的海道和分道通航制",联合国官网,http://www.un.org/zh/law/sea/los/。
⑤ 《联合国海洋法公约》第三部分第二节第38条"过境通行权",联合国官网,http://www.un.org/zh/law/sea/los/。
⑥ 《联合国海洋法公约》第三部分第三节第45条"无害通过",联合国官网,http://www.un.org/zh/law/sea/los/。
⑦ 同上。

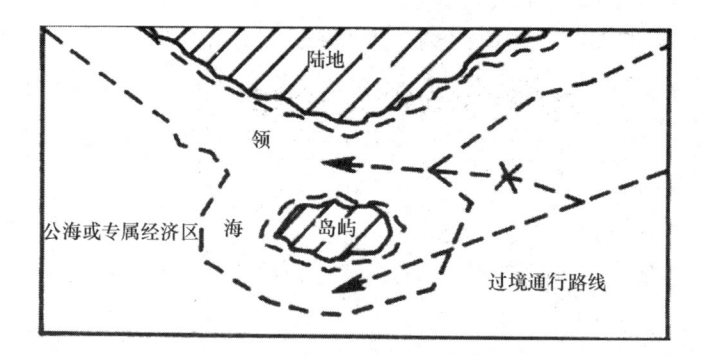

图 8—26 岛屿向海一面有在航行和水文特征方面同样方便的一条穿过公海或穿过专属经济区的航道，因此不适用过境通行而适用无害通过的海峡示意图

来源：饶戈平：《国际法》，北京大学出版社 1999 年版，第 214 页。

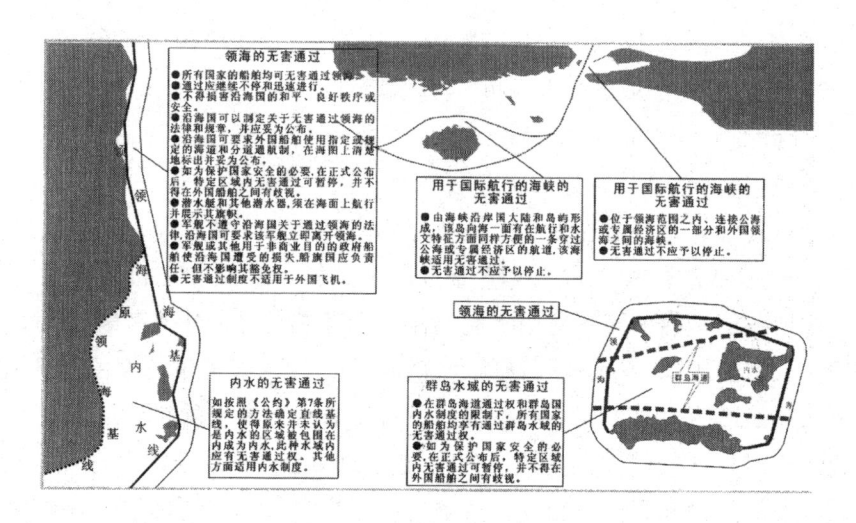

图 8—27 无害通过示意图

来源：张海文、贾宇、吴继陆、李明杰、李军、丘君：《联合国海洋法公约图解》，法律出版社 2009 年版，第 24 页。

5. 用于国际航行海峡的水域的法律地位

（1）"用于国际航行海峡的通过制度，不应在其他方面影响构成这种海峡的水域的法律地位，或影响海峡沿岸国对这种水域及其上空、海床和底土行使其主权或管辖权。"[①]（2）海峡沿岸国的主权或管辖权的行使受《联合国海

---

① 《联合国海洋法公约》第三部分第一节第 34 条 "构成用于国际航行海峡的水域的法律地位"，联合国官网，http://www.un.org/zh/law/sea/los/。

洋法公约》第三部分"用于国际航行的海峡"和其他国际法规则的限制。(3) 用于国际航行海峡的通过制度的任何规定不影响:"(a) 海峡内任何内水区域,(b) 海峡沿岸国领海以外的水域作为专属经济区域或公海的法律地位;(c) 某些海峡的法律制度,这种海峡的通过已全部或部分地规定在长期存在、现行有效的专门关于这种海峡的国际公约中。"①

(四) 过境通行与航行自由和无害通过的联系与区别

1. 过境通行与航行自由的区别

过境通行赋予了所有外国船舶和飞机在用于国际航行的海峡中享有航行和飞越自由,但这种自由与航行自由制度有本质的区别——航行自由是指在不属于沿海国管辖的海域内船舶自由行动,可缓行、可停驶,甚至可从事军事行动,它不仅包括在水面航行,而且包括对水体、海床洋底及其上空的使用权利。而过境通行除保障"通行"外,在其他方面沿岸国仍享有领海的权利,过境通行只限于以继续不停和迅速过境为目的而行使的航行和飞越自由,而不包括其他任何方面的活动和权利。

2. 过境通行与无害通过的区别

过境通行与无害通过有不少相同之处,但又有许多差异,主要区别在于:(1) 过境者有所不同。过境通行适用于所有船舶和飞机。而无害通过则主要适用于船舶,不适用于航空器。无害通过时,外国潜艇必须上浮水面并展示其旗帜,过境通行则未有此要求。(2) 权利和义务有所不同。无害通过制度下,沿岸国对海峡拥有较过境通行制度下的海峡更广泛的管辖权。而对外国船舶在无害通过时所规定的义务,《联合国海洋法公约》规定的要更严格和具体。相反,过境通行作为介于无害通过与航行自由之间的航行制度,既保持了沿岸国的主权和管辖权,又使过境船舶和飞机享有更多的权利和自由。

三、群岛国和群岛水域制度

(一) 群岛、群岛国、群岛基线的基本概念和内容

1. 群岛和群岛国的定义

《联合国海洋法公约》用语中的"群岛"(archipelago)"是指一群岛屿,

---

① 《联合国海洋法公约》第三部分第一节第 35 条"本部分的范围",联合国官网,http://www.un.org/zh/law/sea/los/。

包括若干岛屿的若干部分、相连的水域和其他自然地形，彼此密切相关，以致这种岛屿、水域和其他自然地形在本质上构成一个地理、经济和政治的实体，或在历史上已被视为这种实体"。①

"'群岛国'（archipelagic state）是指全部由一个或多个群岛构成的国家，并可包括其他岛屿。"②

2. 群岛基线的划定

划定群岛基线（Archiplagic Baselines）的规则是：（1）群岛国可依据直线基线法，"划定连接群岛最外缘各岛和各干礁的最外缘各点的直线群岛基线，但这种基线应包括主要的岛屿和一个区域，在该区域内，水域面积和包括环礁在内的陆地面积的比例应在1∶1到9∶1之间。（2）每条基线的长度一般不应超过100海里，但是允许基线总数中至多有3%可以超过100海里，但最长不能超过125海里。（3）此种基线的划定不应在任何明显程度上偏离群岛的一般轮廓。（4）除在低潮高地上筑有永久高于海平面的灯塔或类似设施，或者低潮高地全部或一部分与最近的岛屿的距离不超过领海的宽度外，这种基线的划定不应以低潮高地为起讫点。（5）群岛国不应采用一种基线制度，致使另一国的领海同公海或专属经济区隔断。③

3. 群岛国内水、领海、毗连区、专属经济区和大陆架的界限

"群岛国的领海、毗连区、专属经济区和大陆架的宽度，应从群岛基线量起。"④ 群岛国可按照《联合国海洋法公约》第9条"河口"、第10条"海湾"、第11条"港口"的规定，"在其群岛水域内用封闭线划定内水的界限"。⑤

（二）群岛水域的法律地位和通过制度

群岛基线所包围的水域，属于群岛水域（archipelagic waters），群岛国的主权及于群岛基线所包围的水域及其上空、海床和底土。《联合国海洋法公约》为外国船舶通过群岛水域规定了"群岛水域无害通过权"和"群岛海道

---

① 《联合国海洋法公约》第四部分第46条"用语"，联合国官网，http：//www.un.org/zh/law/sea/los/。

② 同上。

③ 《联合国海洋法公约》第四部分第47条"群岛基线"，联合国官网，http：//www.un.org/zh/law/sea/los/。

④ 《联合国海洋法公约》第四部分第48条"领海、毗连区、专属经济区和大陆架宽度的测算"，联合国官网，http：//www.un.org/zh/law/sea/los/。

⑤ 《联合国海洋法公约》第四部分第50条"内水界限的划定"，联合国官网，http：//www.un.org/zh/law/sea/los/。

通过权"两种权利规则。

1. 群岛水域及其上空、海床和底土的法律地位

(1) 群岛国的主权及于群岛基线所包围的水域,称为群岛水域,不论其深度或距离海岸的远近如何。(2) 此项主权及于群岛水域的上空、海床和底土,以及其中所包含的资源。(3) 此项主权的行使受《联合国海洋法公约》第四部分"群岛国"规定的限制。(4)《联合国海洋法公约》第四部分"群岛国"所规定的群岛海道通过制度,不应在其他方面影响包括海道在内的群岛水域的地位,或影响群岛国对这种水域及其上空、海床和底土以及其中所含资源行使其主权。

2. 群岛水域的无害通过权

群岛水域的无害通过权是指,所有国家的船舶均享有通过除群岛国内水界限以外的群岛水域的无害通过权。如为保护国家安全所必要,群岛国可在对外国船舶之间在形式上或事实上不加歧视的条件下,暂时停止外国船舶在其群岛水域特定区域内的无害通过。这种停止仅应在正式公布后发生效力。[①]

3. 群岛海道通过权

群岛海道通过权(right of archipelagic sea lanes passage)是指:"群岛国可指定适当的海道和其上的空中航道,以便外国船舶和飞机继续不停地迅速通过或飞越其群岛水域和邻接的领海,所有船舶和飞机均享有在这种海道和空中航道内的群岛海道通过权。"[②] 群岛海道通过是指:"专为在公海或专属经济区的一部分和公海或专属经济区的另一部分之间继续不停、迅速和无障碍地过境的目的,行使正常方式的航行和飞越的权利。这种海道和空中航道应穿过群岛水域和邻接的领海,并应包括用作通过群岛水域或其上空的国际航行或飞越的航道的所有正常通道。"[③] "这种海道和空中航道应以通道进出点之间的一系列连续不断的中心线划定,通过群岛海道和空中航道的船舶和飞机在通过时不应偏离这种中心线 25 海里以外,但这种船舶和飞机在航行时与海岸的距离不应小于海道边缘各岛最近各点之间的距离的百分之十。"[④] 如果群

[①] 《联合国海洋法公约》第四部分第 52 条 "无害通过权",联合国官网,http://www.un.org/zh/law/sea/los/。

[②] 《联合国海洋法公约》第四部分第 53 条 "群岛海道通过权",联合国官网,http://www.un.org/zh/law/sea/los/。

[③] 《联合国海洋法公约》第四部分第 52 条 "群岛海道通过权",联合国官网,http://www.un.org/zh/law/sea/los/。

[④] 《联合国海洋法公约》第四部分第 53 条 "群岛海道通过权",联合国官网,http://www.un.org/zh/law/sea/los/。

岛国没有指定海道或空中航道,可通过正常用于国际航行的航道,行使群岛海道通过权。①

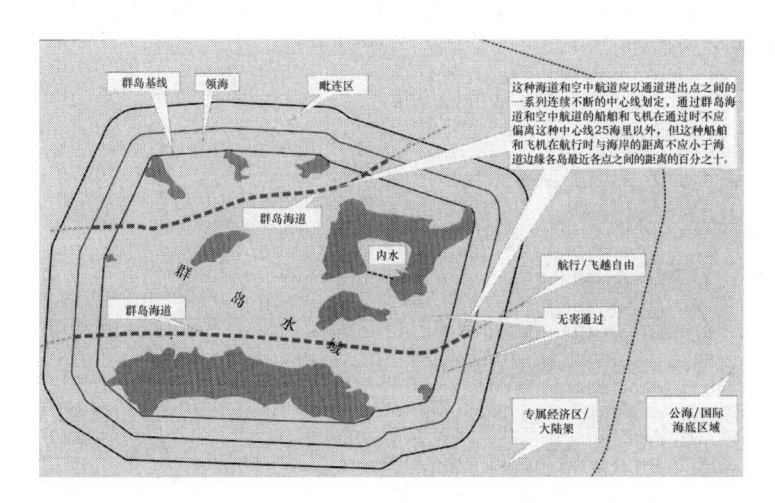

图 8—28　群岛水域及相关制度示意图

来源:张海文、贾宇、吴继陆、李明杰、李军、丘君:《联合国海洋法公约图解》,法律出版社2009年版,第28页。

第六节　公海、国际海底区域

一、公海

(一)公海的概念

公海制度是一项古老的国际法制度。

1. 公海的定义

在传统国际法上,国家领海以外的海域通称为"公海"(High Seas)。但是随着人类利用和开发海洋的需要及相关海洋法律的演进,划分出许多赋予不同法律地位的全新海域,公海的范围逐步被缩小。在《联合国海洋法公约》制定以前,不仅专属经济区,而且国际海底区域也属于公海的范围。但由于第三次海洋法会议建立了一个新的"国际海底区域制度",国际海底不再是公海的组成部分,并且实行一种与公海完全不同的制度。

---

① 《联合国海洋法公约》第四部分第53条"群岛海道通过权",联合国官网,http://www.un.org/zh/law/sea/los/。

1958年《公海公约》对公海的定义是:"不包括在一国领海或内水内的全部海域。"1982年《联合国海洋法公约》对公海的定义则是:"公海是不包括国家的专属经济区、领海或内水或群岛国的群岛水域的全部海域。"

2. 公海的性质

公海不属于任何国家领土的组成部分,"任何国家不得有效地声称将公海的任何部分置于其主权之下"。① 公海是不受任何国家主权支配的水域,公海对所有国家自由开放,平等使用。公海制度仅适用于公海水域,而不适用位于其下的海床和底土。"公海应只用于和平目的。"②

(二) 公海自由原则

公海自由原则 (freedom of the High Seas),是古老的国际法海洋规则,得到了国际社会的公认。公海对所有国家开放,不论其为沿海国或内陆国。公海自由是公海法律制度的基础与核心。

1. 公海四大自由

1958年《公海公约》规定"公海四大自由":航行自由、捕鱼自由、铺设海底电缆和管道自由、公海上空飞行自由。

2. 公海六大自由

1982年《联合国海洋法公约》又增加了两项自由,成为"公海六大自由":"(1) 公海对所有国家开放,不论其为沿海国或内陆国。公海自由是在本公约和其他国际法规则所规定的条件下行使的。公海自由对沿海国和内陆国而言,除其他外,包括:(a) 航行自由;(b) 飞越自由;(c) 铺设海底电缆和管道的自由,但受第六部分的限制;(d) 建造国际法所容许的人工岛屿和其他设施的自由,但受第六部分的限制;(e) 捕鱼自由,但受第二节规定条件的限制;(f) 科学研究的自由,但受第六和第十三部分的限制。(2) 这些自由应由所有国家行使,但须适当顾及其他国家行使公海自由的利益,并适当顾及本公约所规定的同"区域"内活动有关的权利。"③

---

① 《联合国海洋法公约》第七部分第一节第89条"对公海主权主张的无效",联合国官网,http://www.un.org/zh/law/sea/los/。

② 《联合国海洋法公约》第七部分第一节第88条"公海只用于和平目的"(33),联合国官网,http://www.un.org/zh/law/sea/los/。

③ 《联合国海洋法公约》第七部分"公海",联合国官网,http://www.un.org/zh/law/sea/los/。

(三) 公海航行船舶的管辖制度和救助义务

1. 公海航行权与船舶的国籍和旗帜

(1) "每个国家,不论是沿海国或内陆国,都有权在公海上行驶悬挂其旗帜的船舶。"[1] (2) 每个国家应确定对船舶给予国籍、船舶在其领土内登记及船舶悬挂该国旗帜的条件。船舶具有其有权悬挂的旗帜所属国家的国籍。国家和船舶之间必须有真正联系。[2] (3) 每个国家应向其给予悬挂该国旗帜权利的船舶颁发给予该权利的文件。[3] (4) 船舶航行应仅悬挂一国的旗帜,而且除国际条约或《联合国海洋法公约》明文规定的例外情形外,在公海上应受该国的专属管辖。除所有权确实转移或变更登记的情形外,船舶在航程中或在停泊港内不得更换其旗帜。(5) 悬挂两国或两国以上旗帜航行并视方便而换用旗帜的船舶,对任何其他国家不得主张其中的任一国籍,并可视同无国籍的船舶。(6) 以上各条不影响用于为联合国、其专门机构或国际原子能机构正式服务并悬挂联合国旗帜的船舶的问题。

2. 方便旗问题

为获取不菲的船舶登记费收入,有些国家允许外国船舶悬挂其国旗航行,许多船东为逃避本国的重税,以及雇工和运价的管理制度,也纷纷将所属船舶在外国登记。这种情形被称为"方便旗"(flag of convenience)和"方便旗船"(ship of flag of convenience)。[4] 由于方便旗船与船旗国没有密切的联系,船旗国难以实现真正的管辖。但是,为谋取利益,方便旗船却发展得非常迅速,约占现今世界船队总吨位的1/3。

3. 军舰与公务船的管辖豁免权

军舰和由一国所有或经营并专用于政府非商业性服务的船舶,在公海上享有不受船旗国以外任何其他国家管辖的完全豁免权。

4. 航行事故的刑事和纪律责任管辖权

(1) 遇有船舶在公海上碰撞或任何其他航行事故涉及船长或任何其他为船舶服务的人员的刑事或纪律责任时,对此种人员的任何刑事诉讼或纪律程

---

[1] 《联合国海洋法公约》第七部分第一节第90条"航行权",联合国官网,http://www.un.org/zh/law/sea/los/。

[2] 《联合国海洋法公约》第七部分第一节第91条"船舶的国籍",联合国官网,http://www.un.org/zh/law/sea/los/。

[3] 《联合国海洋法公约》第七部分第一节第91条"船舶的地位",联合国官网,http://www.un.org/zh/law/sea/los/。

[4] 世界上提供方便旗服务较多的国家有巴拿马、利比里亚、圣文森特、塞浦路斯、马绍尔群岛等小国和岛国。

序，仅可向船旗国或此种人员所属国的司法或行政当局提出。（2）在纪律事项上，只有发给船长证书或驾驶资格证书或执照的国家，才有权在经过适当的法律程序后宣告撤销该证书，即使证书持有人不是发给证书的国家的国民也不例外。（3）船旗国当局以外的任何当局，即使作为一种调查措施，也不应命令逮捕或扣留船舶。

5. 公海救助义务

（1）每个国家应责成悬挂该国旗帜航行的船舶的船长，在不严重危及其船舶、船员或乘客的情况下：（a）救助在海上遇到的任何有生命危险的人；（b）如果得悉有遇难者需要救助的情形，在可以合理地期待其采取救助行动时，尽速前往拯救；（c）在碰撞后，对另一船舶、船员和乘客给予救助，并在可能情况下，将自己船舶的名称、船籍港和将停泊的最近港口通知另一船舶。（2）每个沿海国应促进有关海上和上空安全的足敷应用和有效的搜寻和救助服务的建立、经营和维持，并应在情况需要时为此目的通过相互的区域性安排与邻国合作。[①]

（四）公海普遍管辖权

1. 禁止船舶贩奴

奴隶制度被国际法所禁止。贩运奴隶是一种世界各国拥有普遍管辖权的国际犯罪行为。《联合国海洋法公约》规定：每个国家应采取有效措施，防止和惩罚准予悬挂该国旗帜的船舶贩运奴隶，并防止为此目的而非法使用其旗帜。在任何船舶上避难的任何奴隶，不论该船悬何国旗帜，均当然获得自由。

2. 合作制止海盗行为

海盗行为（piracy）是指私人船舶或私人飞机的船员、机组人员或乘客，为了私人的目的，在公海上或任何国家管辖范围以外的地方，对另一船舶或飞机，或对另一船舶或飞机上的人或财物，进行非法的暴力或扣留行为，或任何掠夺行为。如果军舰、政府船舶或政府飞机由于船员或机组人员发生叛变控制该船舶或飞机，而从事上述行为，也属于海盗行为。

海盗行为被认为是"人类公敌"，是一种国际罪行。国际法要求各国通力合作予以制止。各国的军舰、军用飞机或经授权的政府船舶或飞机，都可以在公海上拿捕海盗船或飞机，逮捕船、机上的人员，并扣押船、机上的财物。

[①] 《联合国海洋法公约》第七部分第一节第98条"救助的义务"，联合国官网，http://www.un.org/zh/law/sea/los/。

拿捕国的法院应对海盗进行审判，并决定对船舶、飞机或财物的处理。如果拿捕无适当理由，拿捕国应赔偿因拿捕而造成的损失或损害。

3. 制止船舶贩运毒品

吸毒严重危害人类健康与安全，毒品泛滥是国际社会面临的严峻问题。制止非法贩运毒品已成为各国的一项普遍性义务。国际社会制定了多项禁毒规约。《联合国海洋法公约》规定：所有国家应进行合作，以制止船舶违反国际公约在海上从事非法贩运麻醉药品和精神调理物质。任何国家如有合理根据认为一艘悬挂其旗帜的船舶从事非法贩运麻醉药品或精神调理物质，可要求其他国家合作，制止这种贩运。[1]

4. 制止从公海进行未经许可的广播

"未经许可的广播"，是指船舶或设施违反国际规章在公海上播送旨在使公众收听或收看的无线电传音或电视广播，但遇难呼号的播送除外。[2] 没有按照国际公约统一分配的无线电波段而进行的广播，影响了正常的无线电波段的使用，必须禁止。《联合国海洋法公约》规定所有国家应进行合作，以制止从公海从事未经许可的广播；对于从公海从事未经许可的广播的任何人，可向下列国家的法院起诉：船旗国、设施登记国、广播人所属国、可以收到这种广播的任何国家、得到许可的无线电通信受到干扰的任何国家。这些按《联合国海洋法公约》规定享有管辖权的国家，可依照公约第110条"登临权"的规定，逮捕从事未经许可的广播的任何人或船舶，并扣押广播器材。

（五）登临权

1. 登临权定义

登临权（right of visit）又称临检权，是指一国的军舰在公海上对于有合理根据被认为犯有国际罪行或其他违反国际法行为嫌疑的船舶，有登临和检查的权利。但享有豁免权的军舰和用于政府非商业性服务的船舶除外。

2. 可以行使登临权的情形

《联合国海洋法公约》规定，"有合理根据认为有下列嫌疑"之一者，军舰可以行使登临权：（1）该船从事海盗行为；（2）该船从事奴隶贩卖；（3）

---

[1] 《联合国海洋法公约》第七部分第一节第108条"麻醉药品和精神调理物质的非法贩运"，联合国官网，http：//www.un.org/zh/law/sea/los/。

[2] 《联合国海洋法公约》第七部分第一节第109条"从公海从事未经许可的广播"，联合国官网，http：//www.un.org/zh/law/sea/los/。

该船从事非法广播；(4) 该船无国籍；(5) 该船虽悬挂外国国旗或拒不展示其旗帜，而事实上却与实行检查的军舰属同一国籍。

3. 登临权不得滥用

登临"检查需尽量审慎进行"[1]，"如果嫌疑经证明为无根据，而且被登临的船舶并未从事嫌疑的任何行为，对该船舶可能遭受的任何损害或损失"[2]应由军舰所属国予以赔偿。

（六）紧追权

1. 紧追权的定义

紧追权（right of hot pursuit）是指沿海国对违反该国法律和规章的外国船舶进行追赶的权利。只要追逐未曾中断，可在公海中继续进行。这是海洋法为保护沿海国权益，赋予沿海国在公海上追赶外国船只的一项特殊权利。

2. 行使紧追权应遵循的规则

（1）紧追必须从国家管辖范围内的水域开始，即紧追必须在沿海国的内水、领海或毗连区之内开始。（2）如外国船舶在专属经济区内或大陆架上违法，也可以从专属经济区或大陆架海域开始紧追。（3）紧追权在被追逐的船舶进入其本国领海或第三国领海时立即终止。[3]（4）追逐只在外国船舶视听所及的距离内发出视觉或听觉的停驶信号后，才可开始。[4]（5）紧追权只可由军舰、军用飞机或其他有清楚标志可以识别的为政府服务并经授权紧追的船舶或飞机行使。[5]（6）在无正当理由行使紧追权的情况下，在领海以外被命令停驶或被逮捕的船舶，对于可能因此遭受的任何损失或损害应获赔偿。[6]（7）紧追必须连续不断地进行，一旦中断，就不能再继续进行。

---

[1] 《联合国海洋法公约》第七部分第一节第110条"登临权"，联合国官网，http：//www.un.org/zh/law/sea/los/。

[2] 同上。

[3] 《联合国海洋法公约》第七部分第一节第111条"紧追权"，联合国官网，http：//www.un.org/zh/law/sea/los/。

[4] 同上。

[5] 《联合国海洋法公约》第七部分第一节第111条"紧追权"，联合国官网，http：//www.un.org/zh/law/sea/los/。

[6] 同上。

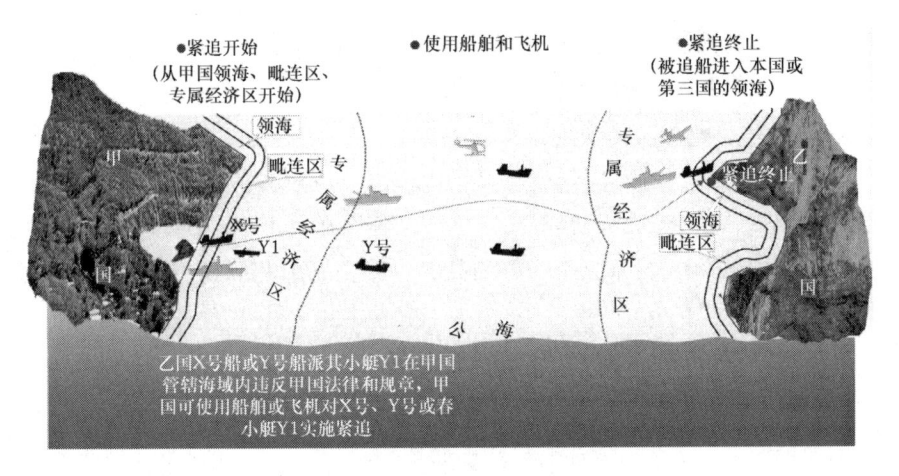

图 8—29 紧追权示意图

来源：张海文、贾宇、吴继陆、李明杰、李军、丘君：《联合国海洋法公约图解》，法律出版社 2009 年版，第 42 页。

（七）在公海铺设海底电缆和管道的制度

1. 海底电缆或管道的铺设权

所有国家均有权在大陆架以外的公海海底上铺设海底电缆和管道。《联合国海洋法公约》第六部分"大陆架"第 79 条"大陆架上的海底电缆和管道"的第 5 款关于"铺设海底电缆和管道时，各国应适当顾及已经铺设的电缆和管道。特别是，修理现有电缆或管道的可能性不应受妨碍"的规定，也适用于在公海海底铺设电缆和管道。

2. 制定必要的法规追究破坏或损害海底电缆或管道的责任

（1）每个国家均应制定必要的法律和规章，对故意或因重大疏忽而破坏或损害公海海底电缆，致使电报或电话通信停顿或受阻的行为，以及类似的破坏或损害海底管道或高压电缆的行为，予以处罚。但对于仅为了保全自己的生命或船舶的正当目的，在采取避免破坏或损害的一切必要预防措施后，仍然发生的任何破坏或损害，此项规定不应适用。（2）每个国家应制定必要的法律和规章，规定受其管辖的公海海底电缆或管道的所有人，如果在铺设或修理该项电缆或管道时使另一电缆或管道遭受破坏或损害，应负担修理的费用。

3. 因避免损害海底电缆或管道而遭受的损失的赔偿

每个国家应制定必要的法律和规章，确保船舶所有人在其能证明因避免损害海底电缆或管道而牺牲锚、网或其他渔具时，应由电缆或管道所有人予以赔偿，但须船舶所有人事先曾采取一切合理的预防措施。

（八）公海生物资源的养护和管理制度

1. 公海捕鱼权和法律限制

"所有国家均有权由其国民在公海上捕鱼"，① 但要遵守其参加的国际条约和《联合国海洋法公约》的相关限制规定。各国在公海上不仅有捕鱼的权利，同时也有养护海洋生物和渔业资源的义务。在公海上的捕鱼量和可捕捞的鱼种均要受到国际法的相应限制。

2. 公海生物资源的养护义务和措施

《联合国海洋法公约》规定：所有国家均有义务为各该国国民采取，或与其他国家合作采取养护公海生物资源的必要措施。②

各国在对公海生物资源决定可捕量和制订其他养护措施时，应采取措施，使捕捞的鱼种的数量维持在或恢复到能够生产最高持续产量的水平。《联合国海洋法公约》第65条关于专属经济区内"海洋哺乳动物"的规定，也适用于养护和管理公海的海洋哺乳动物。第65条内容为："本部分的任何规定并不限制沿海国的权利或国际组织的职权，对捕捉海洋哺乳动物执行较本部分规定更为严格的禁止、限制或管制。各国应进行合作，以期养护海洋哺乳动物，在有关鲸类动物方面，尤应通过适当的国际组织，致力于这种动物的养护、管理和研究。"③

（九）海洋科研

1. 海洋科学研究的权利

所有国家，不论其地理位置如何，以及各主管国际组织，在《联合国海洋法公约》"所规定的其他国家的权利和义务的限制下，均有权进行海洋科学研究"。④ 但是，海洋科学研究活动不能成为任何权利主张的法律根据。

2. 进行海洋科研的一般原则

（1）海洋科研应为和平目的进行；（2）海洋科研应以符合《联合国海洋法公约》的科学方法和工具进行；（3）海洋科研不应对符合《联合国海洋法

---

① 《联合国海洋法公约》第七部分第二节第116条"公海上捕鱼的权利"，联合国官网，http://www.un.org/zh/law/sea/los/。
② 《联合国海洋法公约》第七部分第二节第117条"各国为其国民采取养护公海生物资源的义务"，联合国官网，http://www.un.org/zh/law/sea/los/。
③ 《联合国海洋法公约》第五部分第65条"海洋哺乳动物"，联合国官网，http://www.un.org/zh/law/sea/los/。
④ 《联合国海洋法公约》第十三部分第238条"进行海洋科学研究的权利"，联合国官网，http://www.un.org/zh/law/sea/los/。

公约》的海洋其他正当用途有不当干扰；（4）海洋科研应遵守依照《联合国海洋法公约》制定的一切有关规章，包括关于保护和促使海洋环境的规章。

3. 在不同法律地位海域内的海洋科研规则

领海内的海洋科研，应经沿海国明示同意并在沿海国规定的条件下，才可进行。在专属经济区内和大陆架上进行海洋科研，应经沿海国同意。海洋科研不应对沿海国行使《联合国海洋法公约》所规定的主权权利和管辖权所进行的活动有不当的干扰。

所有国家，不论其地理位置如何，和各主管国际组织均有权依《联合国海洋法公约》第 11 部分的规定在国际海底区域内进行海洋科研。所有国家，不论其地理位置如何，和各主管国际组织均有权依《联合国海洋法公约》在专属经济区范围以外的水体内进行海洋科研。

4. 海洋科研设施和装备的法律地位

进行科学研究的国家或国际组织根据需要可以使用装备和设施，这些设施或装备不具有岛屿的地位，没有自己的领海，不影响领海、专属经济区或大陆架的界限的划定。但在其周围可以设立不超过 500 米的合理宽度安全带。装备或设施的部署不应对确定的国际航路构成障碍。

5. 海洋科研的国际责任

各国和各主管国际组织应负责确保海洋科研均按照《联合国海洋法公约》进行。各国和各主管国际组织对其他国家、其自然人或法人或主管国际组织进行的海洋科学研究所采取的措施如果违反《联合国海洋法公约》，应承担责任，并对这种措施所造成的损害提供补偿。各国和主管国际组织对从事的海洋科研产生海洋环境污染所造成的损害，应依据《联合国海洋法公约》第 235 条承担责任。

二、国际海底区域

（一）国际海底区域的概念和法律地位

1. 国际海底区域的定义

国际海底区域（international seabed area），是指大陆架以外的，不属于国家管辖范围的海床、洋底及其底土。《联合国海洋法公约》第十一部分确立了国际海底区域［简称"区域"（area）］制度。"区域"是国际海洋法中的新概念和新制度，它将公海与海底进行了区别分割。"区域"的概念不同于以往公海海底，它不具有"公共"的性质，而具有"共有"的特性。

2. 国际海底区域的法律地位

（1）国际海底区域及其资源是人类的共同继承财产。任何国家不应对"区域"的任何部分或其资源主张或行使主权或主权权利；任何国家或自然人或法人，也不得将"区域"的任何部分据为己有。（2）对"区域"内资源的一切权利属于全人类，由国际海底管理局代表人类行使。（3）在"区域"内的开发活动应为全人类的福利而进行，不论各国地理位置如何，也不论是沿海国或是内陆国，并特别考虑到发展中国家和仍未取得独立或其他自治地位的人民的利益和需要。管理局在无歧视的基础上公平分享从"区域"内活动取得的财政及其他经济利益。（4）各国在"区域"内的一切行为应符合国际法。（5）"区域"的法律地位不影响上覆水域和水域上空的法律地位。

3. 《关于执行1982年12月10日〈联合国海洋法公约〉第十一部分协定》

以美国为首的一些西方国家对"国际海底区域"制度中关于开发条件和利润分配的有关规定极为不满。美国政府承认《联合国海洋法公约》的大部分规定"同美国的利益相一致"，但认为"国际海底区域"制度有损美国利益，在表决海洋法公约时美国因此投了反对票。美、英、联邦德国等国将深海底采矿的法律制度问题能否获得妥善解决作为其加入公约的先决条件。1982年美国、法国、联邦德国、英国等西方大国签署了《关于深海海底多金属矿结核的临时措施的协议（开发暂行规定）》，即所谓"小条约"，与《海洋法公约》第十一部分的规定对抗。苏联以国内命令表达的立场与美国等国的立场也很相似。为防止出现两部海洋法，联合国秘书长组织了有关国际海底区域问题的长达十余年的两轮共15次磋商。1994年7月第48届联大通过《关于执行1982年12月10日〈联合国海洋法公约〉第十一部分协定》，简称《执行协定》，对《联合国海洋法公约》第十一部分做了实质修改。

4. 国际海底管理局

国际海底管理局是以所有成员国主权平等为基础建立的，代表全人类行使职权，负责"组织和控制'区域'内活动，特别是管理区域资源的组织"。[①] 管理局的主要机关有：

（1）大会。大会是管理局的最高权力机关，由全体成员国组成，每年召开一届年度常会，必要时可召开特别会议。大会职权相当广泛，管理局的一

---

① 《关于执行1982年12月10日〈联合国海洋法公约〉第十一部分协定》附件二第一节第1款。

般政策应由大会同理事会制订。(2) 理事会。理事会是管理局的执行机关，由 36 个成员国组成，通过大会选举产生，任期四年。理事会下设几个专门委员会，如财务委员会、法律和技术委员会、经济规划委员会等。(3) 企业部。企业部是直接进行"区域"内资源勘探、开发等活动以及从事运输、加工和销售从"区域"回收的矿物的管理机关。企业部由大会和理事会领导，但具有相对独立性，在进行业务时拥有自主权。企业部设董事会、总干事及所需的工作人员。(4) 秘书处。秘书处由秘书长一人和若干工作人员组成。秘书长是管理局的行政首长，由大会选举，任期四年，可连选连任。秘书长应就管理局的工作向大会提出年度报告。

(二) 国际海底区域的平行开发制度

关于国际海底区域的开发制度，在第三次海洋法会议上曾有过激烈的斗争。广大发展中国家主张由国际海底管理局负责"区域"的勘探和开发等一切活动。而某些大国极力主张开发工作由缔约国及其企业进行。反复争论和协商的结果是采用了"平行开发制度"，由缔约国及其自然人和法人，与国际海底管理局以协作方式开发，开发申请者须向管理局提出两块经探明具有同等商业价值的海底矿址，由管理局选择其中一块作为保留区，留待管理局的企业部自己开发；另一块为双方合同区，由申请者开发。

第七节　海洋争端的解决

为解决在《联合国海洋法公约》的解释或适用方面可能出现的争端，其第十五部分"争端的解决"，规定了解决海洋争端的基本原则、规则和司法机制，并在附件五、六、七、八中对调解和司法仲裁机制做出了详尽具体的规定。上述原则和规定要求缔约国按照《联合国宪章》以和平方法解决它们之间有关《联合国海洋法公约》的解释或适用的任何争端；如果争端各方未能以自己选择的和平方式解决争端，那么应该诉诸于有约束力的强制性争端解决程序，但《联合国海洋法公约》含有限制和例外规定的除外。

一、解决原则和机制

(一) 以和平方法政治解决争端

1. 和平解决争端的义务

《联合国海洋法公约》规定各缔约国应按照《联合国宪章》第 2 条第 3 项

以和平方法解决它们之间有关海洋法公约的解释或适用的任何争端，并应为此目的以《联合国宪章》第 33 条第 1 项规定的"谈判、调查、调停、和解、公断、司法解决、区域机关或区域办法之利用，或各该国自行选择之其他和平方法，求得解决"。①《联合国海洋法公约》的"任何规定均不损害任何缔约国于任何时候协议用自行选择的任何和平方法解决它们之间有关本公约的解释或适用的争端的权利"。②

2. 交换意见的义务

（1）如果缔约国之间对《联合国海洋法公约》的解释或适用发生争端，争端各方应迅速就以谈判或其他和平方法解决争端一事交换意见。（2）如果解决这种争端的程序已经终止，而争端仍未得到解决，或如已达成解决办法，而情况要求就解决办法的实施方式进行协商时，争端各方也应迅速着手交换意见。

3. 调解

（1）作为争端一方的缔约国，可邀请他方按照附件五《调解》第一节规定的程序或另一种调解程序，将争端提交调解。（2）如争端他方接受邀请，而且争端各方已就适用的调解程序达成协议，任何一方可将争端提交该程序。（3）如争端他方未接受邀请，或争端各方未就程序达成协议，调解应视为终止。

（二）有拘束力裁决的强制性争端解决程序

如已诉诸上述方法而仍未得到解决，经争端任何一方请求，应提交《联合国海洋法公约》规定的具有管辖权的法院或法庭。

1. 选择法庭

《联合国海洋法公约》规定了司法解决海洋争端的四种可供选择的机构：（1）国际法院；（2）国际海洋法法庭（按照附件六组建）；（3）仲裁法庭（按照附件七组建）；（4）特别仲裁法庭（按照附件八组建）。一国在签署、批准或加入公约时，或在其后任何时间，可自由选择这些方法中的一种或几种，并以书面声明交存联合国秘书长。如果争端各方没有选择相同的解决程序，那么只能按照附件七的规定将争端提交仲裁，除非争

---

① 《联合国宪章》第六章"争端之和平解决"第 33 条第 1 项，联合国官网，http：//www.un.org/zh/documents/charter/chapter6.shtml。

② 《联合国海洋法公约》第十五部分争端的解决第一节"一般规定"第 280 条"用争端各方选择的任何和平方法解决争端"，联合国官网，http：//www.un.org/zh/law/sea/los/。

端各方另有约定。

2. 提交和进入审议程序的前提

提交的前提是，仅在依照国际法的要求用尽当地救济途径后，才可提交规定的司法程序。

上述法院或法庭，就《联合国海洋法公约》第 297 条[①]所指争端向其提出的申请，应经一方请求决定，或可自己主动决定，该项权利主张是否构成滥用法律程序，或者根据初步证明是否有理由。法院或法庭如决定该项主张构成滥用法律程序或者根据初步证明并无理由，即不应对该案采取任何进一步行动。

3. 临时措施

（1）如果争端已经正式提交法院或法庭，而该法庭或法庭认为其具有管辖权，该法院或法庭可在最后裁判前，采取临时措施，以保全争端各方的各

[①] 《联合国海洋法公约》第 297 条"适用第二节的限制"：

1. 关于因沿海国行使本公约规定的主权权利或管辖权而发生的对本公约的解释或适用的争端，遇有下列情形，应遵守第二节所规定的程序：(a) 据指控，沿海国在第 58 条规定的关于航行、飞越或铺设海底电缆和管道的自由和权利，或关于海洋的其他国际合法用途方面，有违反本公约的规定的行为；(b) 据指控，一国在行使上述自由、权利或用途时，有违反本公约或沿海国按照本公约和其他与本公约不相抵触的国际法规则制定的法律或规章的行为；或 (c) 据指控，沿海国有违反适用于该沿海国、并由本公约所制订或通过主管国际组织或外交会议按照本公约制定的关于保护和保全海洋环境的特定国际规则和标准的行为。

2. (a) 本公约关于海洋科学研究的规定在解释或适用上的争端，应按照第二节解决，但对下列情形所引起的任何争端，沿海国并无义务同意将其提交这种解决程序：(1)沿海国按照第 246 条行使权利或斟酌决定权；或(2)沿海国按照第 253 条决定命令暂停或停止一项研究计划。(b) 因进行研究国家指控沿海国对某一特定计划行使第 246 和第 253 条所规定权利的方式不符合本公约而引起的争端，经任何一方请求，应按照附件五第二节提交调解程序，但调解委员会对沿海国行使斟酌决定权指定第 246 条第 6 款所指特定区域，或按照第 246 条第 5 款行使斟酌决定权拒不同意，不应提出疑问。

3. (a) 对本公约关于渔业的规定在解释或适用上的争端，应按照第二节解决，但沿海国并无义务同意将任何有关其对专属经济区内生物资源的主权权利或此项权利的行使的争端，包括关于其对决定可捕量、其捕捞能力、分配剩余量给其他国家、其关于养护和管理这种资源的法律和规章中所制订的条款和条件的斟酌决定权的争端，提交这种解决程序。(b) 据指控有下列情事时，如已诉诸第一节而仍未得到解决，经争端任何一方请求，应将争端提交附件五第二节所规定的调解程序：(1)一个沿海国明显地没有履行其义务，通过适当的养护和管理措施，以确保专属经济区内生物资源的维持不致受到严重危害；(2)一个沿海国，经另一国请求，对该另一国有意捕捞的种群，专断地拒绝决定可捕量及沿海国捕捞生物资源的能力；或(3)一个沿海国专断地拒绝根据第 62、第 69 和第 70 条以及该沿海国所制订的符合本公约的条款和条件，将其已宣布存在的剩余量的全部或一部分分配给任何国家。(c) 在任何情形下，调解委员会不得以其斟酌决定权代替沿海国的斟酌决定权。(d) 调解委员会的报告应送交有关的国际组织。(e) 各缔约国在依据第 69 和第 70 条谈判协定时，除另有协议外，应列入一个条款，规定各缔约国为了尽量减少对协定的解释或适用发生争端的可能性所应采取的措施，并规定如果仍然发生争议，各缔约国应采取何种步骤。

自权利或防止对海洋环境的严重损害；（2）争端各方应迅速遵从这种临时措施；（3）临时措施所根据的情况一旦改变或不复存在，即可修改或撤销；（4）临时措施仅在争端一方提出请求并使争端各方有陈述意见的机会后，才可予以规定、修改或撤销。

4. 法庭裁决的法律效力

（1）上述法院或法庭对争端所作的任何裁判在争端各方间和对该特定争端具有拘束力，争端所有各方都应遵从；（2）对于上述法院或法庭是否具有管辖权如果发生争端，这一问题应由该法院或法庭以裁定解决。

二、适用"导致有拘束力裁判的强制程序"的限制和例外

（一）不接受有拘束力裁判的强制程序的例外情况

缔约国在不违背和平解决争端的义务的情形下，可在任何时间以书面声明方式，不接受对下列各类争端的有拘束力裁判的强制程序。《联合国海洋法公约》第 298 条"适用第二节的任择性例外"的第 1 款明确规定：一国在签署、批准或加入本公约时，或在其后任何时间，在不妨害根据第一节所产生的义务的情形下，可以书面声明对于下列各类争端的一类或一类以上，不接受第二节规定的一种或一种以上的程序：

1. 涉及海洋划界和领土主权的争端

（1）《联合国海洋法公约》关于划定海洋边界的第 15 条（领海划界）、第 74 条（专属经济区划界）和第 83 条（大陆架划界）在解释或适用上的争端，或涉及历史性海湾或所有权的争端。但如这种争端发生于海洋法公约生效之后，经争端各方谈判仍未能在合理期间内达成协议，则作此声明的国家，经争端任何一方请求，应同意将该事项提交公约附件五第二节所规定的调解；此外，任何争端如果必然涉及同时审议与大陆或岛屿陆地领土的主权或其他权利有关的任何尚未解决的争端，则不应提交这一程序。（2）在调解委员会提出其中说明所根据的理由的报告后，争端各方应根据该报告以谈判达成协议；如果谈判未能达成协议，经彼此同意，争端各方应将问题提交公约第二节所规定的程序之一，除非争端各方另有协议。（3）此项规定不适用于争端各方已以一项安排或已有对争端各方有拘束力的双边或多边协定确定解决的任何海洋边界争端。

2. 军事活动及行使主权权利或管辖权的争端

关于军事活动，包括从事非商业服务的政府船只和飞机的军事活动的争

端，以及根据第297条第2和第3款不属法院或法庭管辖的关于行使主权权利或管辖权的法律执行活动的争端。

3. 正由联合国安理会处理的争端

正由联合国安理会执行《联合国宪章》所赋予的职务的争端，但安理会决定将该事项从其议程删除或要求争端各方用《联合国海洋法公约》规定的方法解决该争端者除外。

（二）发表新声明和撤回原声明的方式和效力

1. 缔约国可随时撤回声明，同时承担义务

（1）根据《联合国海洋法公约》第298条第1款做出声明的缔约国，可随时撤回声明，或同意将该声明所排除的争端提交海洋法公约规定的任何程序。（2）根据《联合国海洋法公约》第298条第1款做出声明的缔约国，应无权对另一缔约国，将属于被除外的一类争端的任何争端，未经该另一缔约国同意，提交海洋法公约规定的任何程序。

2. 新声明和撤声明不影响进行中的司法程序

新的声明，或声明的撤回，对按照《联合国海洋法公约》第298条在法院或法庭进行中的程序并无任何影响，除非争端各方另有协议。

三、国际海洋法法庭

（一）法庭的组织结构

国际海洋法法庭（International Tribunal for the Law of the Sea，ITLOS），是《联合国海洋法公约》设立的一个专门审理海洋法案件的独立的国际海洋司法机构，目的是裁决在解释和适用《联合国海洋法公约》方面产生的争端。其组织和运作、职责和权限由《联合国海洋法公约》附件六《国际海洋法法庭规约》所规定。法庭始建于1996年，总部设在德国汉堡。海洋法公约的缔约国都可参加法庭。国际海洋法法庭拥有联合国观察员地位。

1. 管辖权限

法庭的管辖权包括按照《联合国海洋法公约》"向其提交的一切争端和申请，和将管辖权授予法庭的任何其他协议中具体规定的一切申请"。[1] 法庭还设有专门的"海底争端分庭"，与国际海底区域中的活动有关的争端应提交该

---

[1] 《联合国海洋法公约》附件六《国际海洋法法庭规约》第21条"管辖权"，联合国官网，http://www.un.org/zh/law/sea/los/。

分庭。国际海洋法法庭有权设立特别分庭以处理特定种类的争端。"迄今已成立了简易程序分庭、渔业争端分庭、海洋环境争端分庭。"①

2. 法官与庭长

法庭由21名独立法官组成,法官由《联合国海洋法公约》缔约国通过无记名投票选出。各缔约国可以从享有公平和正直的最高声誉,在海洋法领域内具有公认资格的人士中提名不超过两名候选人。正副庭长由法庭全体法官无记名多数票选出,任期三年,可连选连任。庭长指导工作的开展,监督法庭的行政部门,并且在与国家和其他实体的关系中代表法庭。庭长主持法庭的所有会议。一切问题应由出庭的法官的过半数决定,在票数相同的情况下,庭长拥有决定票。

(二) 裁判程序和判决

1. 程序提起的方式

争端以将特别协定通知或以将申请书送达法庭书记官长的方式提交法庭。两种方式均应载明争端事由和争端各方。书记官长应立即将特别协定或申请书通知有关各方和所有缔约国。

2. 管辖权审查和庭审公开

(1) 法庭在做出裁判前,必须不但查明对该争端确有管辖权,而且查明所提要求在事实上和法律上均确有根据。(2) 除非法庭另有决定或当事各方要求拒绝公众旁听,审讯应公开进行。

3. 不到案和缺席审理

"当事一方不出庭或对其案件不进行辩论时,他方可请求法庭继续进行程序并做出裁判。当事一方缺席或对其案件不进行辩护,应不妨碍程序的进行。"② 即法庭可以进行缺席审判。

4. 判决

判决结果由出庭法官过半数票决定;在票数相等情况下,庭长或代理庭长应投决定票;判决书应叙明其所根据的理由;如果判决书全部或一部不能代表法庭法官的一致意见,任何法官均有权发表个别意见;判决书在正式通知争端各方后,应在法庭上公开宣读。

---

① 中国常驻国际海底管理局代表处官网,http://china-isa.jm.china-embassy.org/chn/hyfzl/gjjgy-hy/t220341.htm。

② 《联合国海洋法公约》附件六《国际海洋法法庭规约》第28条"不到案",联合国官网,http://www.un.org/zh/law/sea/los/。

5. 裁判的确定性和拘束力

（1）对法庭的裁判争端各方均应遵行；（2）裁判只对当事各方之间及对该特定争端有拘束力；（3）对裁判的意义或范围发生争端时，经当事任何一方的请求，法庭应予以解释。

四、国际海洋仲裁法庭

国际海洋仲裁法庭的组织和运行，职责和权限是由《联合国海洋法公约》附件七《仲裁》具体规定的。

（一）仲裁程序和仲裁员提名

1. 程序提起的方式

在《联合国海洋法公约》第十五部分的限制下，争端任何一方可向争端他方发出书面通知，将争端提交仲裁程序。通知应附有一份关于其权利主张及该权利主张所依据理由的说明。除非争端各方另有协议，仲裁法庭应确定其自己的程序，保证争端每一方有陈述意见和提出其主张的充分机会。

2. 仲裁员的提名

（1）"每一缔约国应有权提名四名仲裁员，每名仲裁员均应在海洋事务方面富有经验并享有公平、才干和正直的最高声誉。"[①]（2）联合国秘书长应编制并保持一份仲裁员名单，该名单应由按上述要求提名的人员名字构成。

（二）仲裁法庭的组成

《联合国海洋法公约》附件七《仲裁》规定，除非争端各方另有协议，仲裁法庭应依下列规定组成：

1. 仲裁员与庭长的指派

（1）仲裁法庭应由仲裁员五人组成；（2）提起程序的一方应指派一人，最好从联合国秘书长长存的仲裁员名单中选派，并可为其本国国民；（3）争端他方应在收到提起程序一方的通知30天内指派一名仲裁员，最好从联合国秘书长编存的仲裁员名单中选派，并可为其国民；（4）另三名仲裁员应由当事各方间以协议指派。他们最好从联合国秘书长编存的仲裁员名单中选派，并应为第三国国民。除非各方另有协议。争端各方应从这三名仲裁员中选派一人为仲裁法庭庭长。

[①] 《联合国海洋法公约》附件七《仲裁》第2条"仲裁员名单"，联合国官网，http://www.un.org/zh/law/sea/los/。

2. 争端他方未能如期指派仲裁员的处理方法

如争端他方在规定期限内未做出指派，提起程序的一方，可在该期限届满后两星期内，请求国际海洋法法庭庭长做出指派。除非争端各方协议将指派交由争端各方选定的某一人士或第三国做出，如果庭长不能依据本项办理，或为争端一方的国民，这种指派应由可以担任这项工作并且不是争端任何一方国民的国际海洋法法庭年资次深法官做出。指派应于收到请示后 30 天内，在与当事双方协商后，从联合国秘书长编存的仲裁员名单中做出。被指派的仲裁员应属不同国籍，且不得为争端任何一方的工作人员，或其境内的通常居民或其国民。

3. 争端各方未能如期指派其他三名仲裁员或庭长的处理方法

如果在收到提起程序一方的通知后 60 天内，各方未能就应以协议指派的其他三名仲裁法庭一名或一名以上仲裁员的指派达成协议，或未能就指派庭长达成协议，则经争端一方请示，所余指派应请求国际海洋法法庭庭长做出指派。这种请示应于上述 60 天期间届满后两星期做出；除非争端各方协议将本规定的任何指派交由争端各方选定的某一人士或第三国做出，如果庭长不能依据本项办理，或为争端一方的国民，这种指派应由可以担任这项工作并且不是争端任何一方国民的国际海洋法法庭年资次深法官做出。指派应于收到请示后 30 天内，在与当事双方协商后，从仲裁员名单中做出。这样指派的仲裁员应属不同国籍，且不得为争端任何一方的工作人员，或其境内的通常居民或其国民。

（三）裁决

1. 管辖权和事实与法律根据审查

"仲裁法庭在做出裁决前，必须不但查明对该争端确有管辖权，而且查明所提要求在事实上和法律上均确有根据。"[①]

2. 做出裁决所需要的多数

仲裁法庭的裁决应以仲裁员的过半数票做出。不到半数的仲裁员缺席或弃权，应不妨碍法庭做出裁决，如果票数相等，庭长应投决定票。

3. 不到案和缺席审理

如争端一方不出庭或对案件不进行辩护，他方可请示仲裁法庭继续进行程序并做出裁决。争端一方缺席或不对案件进行辩护，应不妨碍程序的进行。

---

① 《联合国海洋法公约》附件七《仲裁》，联合国官网，http://www.un.org/zh/law/sea/los/。

既仲裁法庭可以进行缺席审理和仲裁。

4. 裁决书

仲裁法庭的裁决书应以争端的主题事项为限，并应叙明其所根据的理由。任何仲裁员均可在裁决书上附加个别意见或不同意见。

5. 不得上诉

"除争端各方事前议定某种上诉程序外，裁决应有确定性，不得上诉，争端各方均应遵守裁决。"①

6. 裁决的解释或执行

"（1）争端各方之间对裁决的解释或执行方式的任何争议，可由任何一方提请做出该裁决的仲裁法庭决定。为此目的，法庭的任何出缺，应按原来指派仲裁员的方法补缺。（2）任何这种争执，可由争端所有各方协议，提交《联合国海洋法公约》第287条所规定的另一法院或法庭。"②

（四）国际海洋法法庭与国际海洋仲裁法庭的关系

1. 两者不是同一个法庭

国际海洋法法庭与国际海洋仲裁法庭是《联合国海洋法公约》规定的司法解决机制中的四种方法中的两种不同方法，双方互不隶属。

2. 国际海洋法法庭庭长不主持国际海洋仲裁法庭仲裁

《联合国海洋法公约》只是赋予国际海洋法法庭庭长指派国际海洋仲裁法庭仲裁员的职责，并没有规定国际海洋法法庭庭长主持国际仲裁法庭的仲裁。而且，国际海洋法法庭庭长只是在当事一方没有或拒绝指定仲裁员或当事双方没有就指派的仲裁员和仲裁庭庭长的人选达成一致意见时，应当事一方的请求，担负指派责任。

第八节　中国的海洋法规与实践

一、中国的海洋制度与法律法规

（一）中国制订的主要海洋法规和参加的海洋国际条约

1. 中国制定的主要的海洋法律法规和加入的海洋条约

中国制定的主要海洋法规包括：《中华人民共和国政府关于领海的声明》

---

① 《联合国海洋法公约》附件七《仲裁》，联合国官网，http://www.un.org/zh/law/sea/los/。

② 同上。

(1958)、《中华人民共和国领海及毗连区法》(1992)、《中华人民共和国政府关于领海基线的声明》(1996)、《中华人民共和国专属经济区和大陆架法》(1998)。

另外，还制定了一系列有关海洋管理、保护和航行的专门法律，例如《中华人民共和国海洋环境保护法》(1982)、《中华人民共和国海上交通安全法》(1983)、《中华人民共和国海域使用管理法》(2001)、《中华人民共和国港口法》(2003)、《中华人民共和国渔业法》(1986)。

中国于1996年5月15日批准《联合国海洋法公约》，6月7日向联合国秘书长交存批准书，7月7日对中国生效。

2. 中国批准《联合国海洋法公约》时的附加声明

中国第八届全国人民代表大会常务委员会第19次会议在批准《联合国海洋法公约》的同时声明：

(1) 按照《联合国海洋法公约》的规定，中华人民共和国享有200海里专属经济区和大陆架的主权权利和管辖权。(2) 中华人民共和国将与海岸相向或相邻的国家，通过协商，在国际法基础上，按照公平原则划定各自海洋管辖权界限。(3) 中华人民共和国重申对1992年2月25日颁布的《中华人民共和国领海及毗连区法》第2条所列各群岛及岛屿的主权。(4) 中华人民共和国重申：《联合国海洋法公约》有关领海内无害通过的规定，不妨碍沿海国按其法律规章要求外国军舰通过领海必须事先得到该国许可或通知该国的权利。

3. 中国依《联合国海洋法公约》第298条规定提交的排除性声明

2006年8月25日，中国依据《联合国海洋法公约》第298条规定，向联合国秘书长提交书面声明，对于《联合国海洋法公约》第298条第1款(a)、(b) 和 (c) 项所述的任何争端（即涉及海洋划界、领土争端、军事活动等争端），中国政府不接受《联合国海洋法公约》第十五部分第二节规定的任何国际司法或仲裁管辖。[①]

(二) 中国领海与毗连区制度

1. 中国的领海基线、内水（内海）、领海和毗连区

1958年9月4日《中华人民共和国政府关于领海的声明》宣布：中国的领海宽度为12海里。中国大陆及其沿海岛屿的领海以连接大陆岸上和沿海岸外缘岛屿上各基点之间的各直线为基线，从基线向外延伸12海里的水域为中

[①] 中国外交部官网，http://www.fmprc.gov.cn/mfa_chn/gjhdq-603914/gjhdqzz_609676/lhg_609678/zywj_609690/t270754.shtml。

国的领海，在基线以内的水域，包括渤海湾、琼州海峡在内都是中国的内海。1996年5月15日《中华人民共和国政府关于中华人民共和国领海基线的声明》，宣布了中国大陆领海的部分基线和西沙群岛的领海基线。2012年9月10日，《中华人民共和国政府关于钓鱼岛及其附属岛屿领海基线的声明》，宣布了钓鱼岛及其附属岛屿的领海基线。

1992年2月25日《中华人民共和国领海及毗连区法》规定：中国领海为邻接中国陆地领土和内水的一带海域。中国的陆地领土包括中国大陆及其沿海岛屿、台湾及其包括钓鱼岛在内的附属各岛、澎湖列岛、东沙群岛、西沙群岛、中沙群岛、南沙群岛以及其他一切属于中国的岛屿。中国领海基线向陆地一侧的水域为中国的内水。中国领海的宽度从领海基线量起为12海里。中国领海基线采用直线基线法划定，由各相邻基点之间的直线连线组成。中国领海的外部界限为一条其每一点与领海基线的最近点距离等于12海里的线。中国毗连区为领海以外邻接领海的一带海域，宽度为12海里。中国毗连区的外部界限为一条其每一点与领海基线的最近点距离等于24海里的线。中国对领海的主权及于领海上空、领海的海床及底土。[①]

2. 关于外国船舶和航空器在中国领海的通过制度

《中华人民共和国领海及毗连区法》规定：外国非军用船舶，享有依法无害通过中国领海的权利。外国军用船舶进入中国领海，须经中国政府批准。外国潜水艇和其他潜水器通过中国领海，必须在海面航行，并展示其旗帜。外国船舶通过中国领海，必须遵守中国法律、法规，不得损害中国的和平、安全和良好秩序。外国核动力船舶和载运核物质、有毒物质或者其他危险物质的船舶通过中华人民共和国领海，必须持有有关证书，并采取特别预防措施。中国政府有权采取一切必要措施，以防止和制止对领海的非无害通过。外国船舶违反中国法律、法规的，由中国有关机关依法处理。为维护航行安全和其他特殊需要，中国政府可以要求通过中国领海的外国船舶使用指定的航道或者依照规定的分道通航制航行。外国军用船舶或者用于非商业目的的外国政府船舶在通过中国领海时，违反中国法律、法规的，中国有关主管机关有权令其立即离开领海，对所造成的损失或者损害，船旗国应当负国际责任。中国有权在毗连区内，为防止和惩处在其陆地领土、内水或者领海内违反有关安全、海关、财政、卫生或者入境出境管理的法律、法规的行为行使

---

① 《中华人民共和国领海及毗连区法》，中国政府门户网站，http://www.gov.cn/ziliao/flfg/2005-09/12/content_ 31172.htm。

管制权。外国航空器只有根据该国政府与中国政府签订的协定、协议，或者经中国政府或者其授权的机关批准或者接受，方可进入中国领海上空。①

3. 中国的紧追权

《中华人民共和国领海及毗连区法》规定：中国有关主管机关有充分理由认为外国船舶违反中国法律、法规时，可以对该外国船舶行使紧追权。追逐须在外国船舶或者其小艇之一或者以被追逐的船舶为母船进行活动的其他船艇在中国的内水、领海或者毗连区内时开始。如果外国船舶是在中国毗连区内，追逐只有在《中华人民共和国领海及毗连区法》第13条所列有关法律、法规规定的权利受到侵犯时方可进行。追逐只要没有中断，可以在中国领海或者毗连区外继续进行。在被追逐的船舶进入其本国领海或者第三国领海时，追逐终止。紧追权由中国军用船舶、军用航空器或者中国政府授权的执行政府公务的船舶、航空器行使。②

4. 关于外国在中国领海进行科研的管理制度

《中华人民共和国领海及毗连区法》规定：任何国际组织、外国的组织或者个人，在中国领海内进行科学研究、海洋作业等活动，须经中国政府或者其有关主管部门批准，遵守中国法律、法规。违反前款规定，非法进入中国领海进行科学研究、海洋作业等活动的，由中国有关机关依法处理。③

（三）中国的专属经济区制度和大陆架制度

1. 中国的专属经济区

《中华人民共和国专属经济区和大陆架法》规定：中国的专属经济区，为中国领海以外并邻接领海的区域，从测算领海宽度的基线量起延至二百海里。中国在专属经济区为勘查、开发、养护和管理海床上覆水域、海床及其底土的自然资源，以及进行其他经济性开发和勘查，如利用海水、海流和风力生产能等活动，行使主权权利。中国对专属经济区的人工岛屿、设施和结构的建造、使用和海洋科学研究、海洋环境的保护和保全，行使管辖权。④

任何国际组织、外国的组织或者个人进入中国的专属经济区从事渔业

---

① 《中华人民共和国领海及毗连区法》，中国政府门户网站，http://www.gov.cn/ziliao/flfg/2005-09/12/content_31172.htm。

② 同上。

③ 同上。

④ 《中华人民共和国专属经济区和大陆架法》，中国政府门户网站，http://www.gov.cn/ziliao/flfg/2005-09/12/content_31086.htm。

活动,必须经中国主管机关批准,并遵守中国的法律、法规及中国与有关国家签订的条约、协定。中国主管机关有权采取各种必要的养护和管理措施,确保专属经济区的生物资源不受过度开发的危害。中国在行使勘查、开发、养护和管理专属经济区的生物资源的主权权利时,为确保中国的法律、法规得到遵守,可以采取登临、检查、逮捕、扣留和进行司法程序等必要的措施。[1] 中方反对任何一方未经允许在中国专属经济区内采取任何军事行动。[2]

2. 中国的大陆架

《中华人民共和国专属经济区和大陆架法》规定:中国的大陆架,为中国领海以外依本国陆地领土的全部自然延伸,扩展到大陆边外缘的海底区域的海床和底土;如果从测算领海宽度的基线量起至大陆边外缘的距离不足200海里,则扩展至200海里。中国为勘查大陆架和开发大陆架的自然资源,对大陆架行使主权权利。中国对大陆架的人工岛屿、设施和结构的建造、使用和海洋科学研究、海洋环境的保护和保全,行使管辖权。中国拥有授权和管理为一切目的在大陆架上进行钻探的专属权利。[3]

3. 中国与海洋邻国专属经济区和大陆架划界原则

《中华人民共和国专属经济区和大陆架法》规定:中国与海岸相邻或者相向国家关于专属经济区和大陆架的主张重叠的,在国际法的基础上按照公平原则以协议划定界限。[4]

4. 中国对专属经济区和大陆架的专属管辖权

《中华人民共和国专属经济区和大陆架法》规定:任何国际组织、外国的组织或者个人对中国的专属经济区和大陆架的自然资源进行勘查、开发活动或者在中国的大陆架上为任何目的进行钻探,必须经中国主管机关批准,并遵守中国的法律、法规。中国在专属经济区和大陆架有专属权利建造并授权和管理建造、操作和使用人工岛屿、设施和结构。中国对专属经济区和大陆

---

[1] 《中华人民共和国专属经济区和大陆架法》,中国政府门户网站,http://www.gov.cn/ziliao/flfg/2005-09/12/content_31086.htm。

[2] 《中国外交部发言人洪磊:我们反对任何一方未经允许在中国专属经济区内采取任何军事行动》,2010年11月26日,新华网,http://news.xinhua.net.com/politics/2010-11/26/C_12821325.htm。

[3] 《中华人民共和国专属经济区和大陆架法》,中国政府门户网站,http://www.gov.cn/ziliao/flfg/2005-09/12/content_31086.htm。

[4] 同上。

架的人工岛屿、设施和结构行使专属管辖权,包括有关海关、财政、卫生、安全和出境入境的法律和法规方面的管辖权。中国主管机关有权在专属经济区和大陆架的人工岛屿、设施和结构周围设置安全地带,并可以在该地带采取适当措施,确保航行安全以及人工岛屿、设施和结构的安全。任何国际组织、外国的组织或者个人在中国的专属经济区和大陆架进行海洋科学研究,必须经中国主管机关批准,并遵守中国的法律、法规。中国主管机关有权采取必要的措施,防止、减少和控制海洋环境的污染,保护和保全专属经济区和大陆架的海洋环境。中国对在专属经济区和大陆架违反中国法律、法规的行为,有权采取必要措施,依法追究法律责任,并可以行使紧追权。① 《中华人民共和国专属经济区和大陆架法》规定:中国在专属经济区和大陆架享有的权利,本法未做规定的,根据国际法和中国其他有关法律、法规行使。本法的规定不影响中国享有的历史性权利。中国政府可以根据本法制定有关规定。②

5. 外国在中国专属经济区和大陆架的权利和义务

《中华人民共和国专属经济区和大陆架法》规定:任何国家在遵守国际法和中国的法律、法规的前提下,在中国的专属经济区享有航行、飞越的自由,在中国的专属经济区和大陆架享有铺设海底电缆和管道的自由,以及与上述自由有关的其他合法使用海洋的便利。铺设海底电缆和管道的路线,必须经中国主管机关同意。③

(四) 中国参与国际海底区域开发活动的实践

1. 建立国内专门研发管理机构

经中国国务院批准,成立国际海底区域资源开发的国内管理机构——中国大洋矿产资源研究开发协会。

中国大洋矿产资源研究开发协会1991年获得联合国批准,成为第五个在联合国登记注册的国际海底"先驱投资者"。④ 1991年8月28日,联合国秘书长向中国签发"先驱投资者登记证书"。取得"先驱投资者"身份后,中国在东北太平洋获得15万平方公里的多金属结核采矿开发区。现已投资近2亿美

---

① 《中华人民共和国专属经济区和大陆架法》,中国政府门户网站,http://www.gov.cn/ziliao/flfg/2005-09/12/content_31086.htm。
② 同上。
③ 同上。
④ 先驱投资者(pioneer investor)是指《联合国海洋法公约》正式生效前,已经对大洋底多金属结核等资源的勘查活动,进行了至少3000万美元投资的国家或其控制下的法人和自然人。

元，成为第五个最大投资国。在国际海底区域获得的多金属结核合同区拓展了中国战略资源的储备总量。

2. 不断提升在国际海底区域管理局的地位

中国于 1996 年以海底投资国的身份成为国际海底管理局第一届理事会 B 组成员，2000 年连任理事会 B 组成员，2004 年中国顺利当选理事会 A 组成员。[1] 作为消费者集团的 A 组成员在国际海底管理局影响最大。中国以主要投资国和主要消费国的双重身份，显著提高了在管理局中的地位和作用。中国作为国际海底区域管理局理事会的主要成员，长期以来在国际海底区域资源的勘探和研发方面开展了大量工作。在管理局以及在国际海底区域规章制定过程中，中国作用日益重要。[2] 近年来，中国在国际海底区域资源研究方面取得较大进展，完成大洋环球航行。

2001 年 5 月中国大洋协会与国际海底管理局在北京签订了《国际海底多金属结核资源勘探合同》，"以合同形式确定了中国对 7.5 万平方公里多金属结核矿区拥有的专属勘探权和优先商业开采权"。[3] 在签订该合同后，严格按照合同有关规定进行了多金属结核合同区的勘探工作。

二、中国与邻国的大陆架划界问题

中国濒临的渤海和黄海海底全部为大陆架。东海有 2/3 的海底是大陆架，南海大陆架占海底面积的 1/2 以上。除渤海大陆架全部属于中国外，中国在其他海域都存在着与邻国的大陆架划界问题。在黄海与朝鲜和韩国，在东海与日本和韩国，在南海与越南、马来西亚、菲律宾、文莱以及印尼，都存在着划界争议。中国政府在坚决维护自己海洋权益的同时一贯主张与海上邻国在国际法基础上，按照公平原则，通过和平谈判进行海洋划界。

---

[1] 国际海底区域管理局理事会由 36 个成员国组成，分成 A、B、C、D、E 共五组成员。其中，A 组四个成员代表各类海底矿物所含金属的主要消费国；B 组四个成员代表对国际海底区域活动做出了主要投资的国家，应来自前八名最大的海底投资国；C 组四个成员代表与海底生产竞争的有关金属的主要陆地生产国；D 组六个成员代表具有特殊利益的发展中国家，包括人口众多的国家、内陆国或地理不利国、各类海底矿物的主要进口国、此类矿物的潜在生产国和最不发达国家；E 组 18 个成员按公平地域分配产生，代表非洲、亚洲、东欧、拉丁美洲区域集团、西欧和其他国家集团，以确保各地理区域之间的总体平衡。理事会成员每两年选举其中一半，轮任期四年。

[2] 王岩：《国际海底区域资源开发制度研究》，中国海洋大学博士论文第 115 页，2007 年 6 月 9 日，指导教师徐祥民。

[3] 同上文，第 112 页。

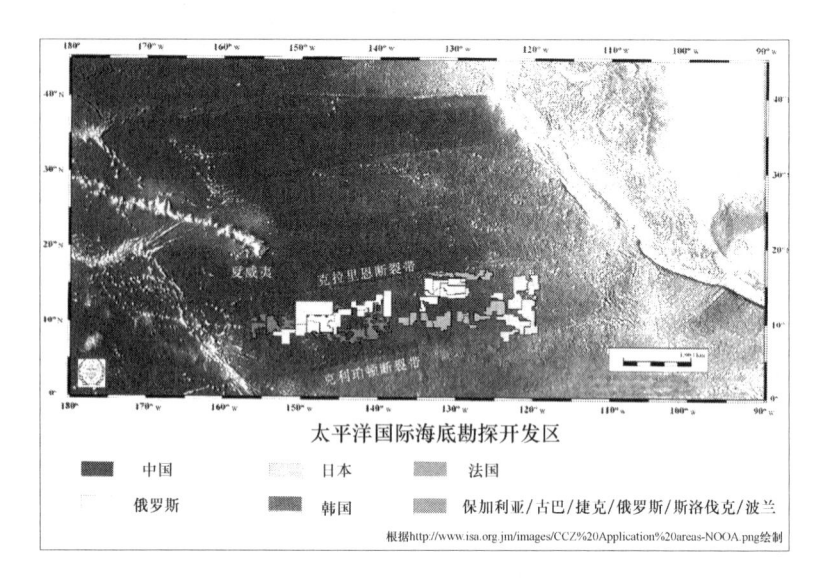

图 8—30　国际海底矿区图

来源：张海文、贾宇、吴继陆、李明杰、李军、丘君：《联合国海洋法公约图解》，法律出版社 2009 年版，第 48 页。

（一）东海大陆架划界争议

1. 中日东海大陆架划界争议

东海大陆架，面积约 51 万平方公里，占东海总面积的 67%，是世界上最宽广的大陆架之一。东海大陆架是中国大陆在海底的自然延伸。中国的钓鱼岛、黄尾岛、赤尾屿等岛屿即位于东海大陆架东南边缘上。在东海大陆架东侧水深 150—185 米附近，海底坡度明显增大，水深急剧加大，在冲绳群岛附近形成一个水深最大达 2000 多米的冲绳海槽。南北纵向长约 1200 公里，东西横向宽 100—150 公里。冲绳海槽与平坦的大陆架概念毫无共同之处。所以，东海大陆架无论从海底地貌、地质，还是法律意义上说，它的外部界限均应位于冲绳海槽。

在东海大陆架划界问题上，中日两国存在着严重分歧。中国认为中国东海大陆架自然延伸到冲绳海槽。冲绳海槽为中国大陆架与日本琉球群岛大陆架的自然分界线，因此中国东海大陆架可达到 250—370 海里。日本则宣称冲绳海槽与东海大陆架是一个整体，日本与中国在东海是共大陆架关系，日本可以拥有 200 海里大陆架。但是，"东海宽度总体不足 400 海里，中国的大陆架主张与日本的 200 海里大陆架主张存在重叠区"。① 中国主张以大陆架自然延伸为基础，以公平原则，协议划分；日本方面则主张应以等距离中间线为划界方法。

1974 年初，日本与韩国签订《日韩东海大陆架共同开发协定》，私自划定约 8 万余平方公里的东海大陆架为"日韩共同开发区"，1978 年 6 月 22 日日本与韩国互换协定批准书宣布协定"生效"。中国外交部均即时声明指出，这是侵犯中国主权的行为，是完全非法和无效的。

2. 中国向大陆架界限委员会提交东海部分海域外大陆架划界案

2009 年 5 月 11 日，中国常驻联合国代表团向联合国秘书处提交了中国关于确定 200 海里以外大陆架外部界限的初步信息。此次提交的文件涉及中国东海部分海域 200 海里以外大陆架外部界限。中方保留今后在其他海域提交 200 海里以外大陆架外部界限信息资料的权利。这是中国履行《联合国海洋法公约》关于最后期限和第 18 次缔约国会议要求的行动。

2012 年 12 月 14 日，中国政府向大陆架界限委员会正式"提交了《中国东海部分海域 200 海里以外大陆架划界案》。2013 年 9 月 15 日中国代表团就划界案向大陆架界限委员会进行了陈述"。② 该划界案指出，地貌与地质特征表明东海大陆架是中国陆地领土的自然延伸，冲绳海槽是具有显著隔断特点的重要地理单元，是中国东海大陆架延伸的终止。中国东海大陆架宽度从测算中国领海宽度的基线量起超过 200 海里。划界案同时明确，提交该划界案不影响中国政府以后在东海或其他海域提交其他外大陆架划界案。

中国政府一贯主张，东海大陆架自然延伸到冲绳海槽。此次中国东海大陆架划界案的提出使中国关于东海大陆架延伸到冲绳海槽的主张"具体化、科学化和法理化。中国东海大陆架划界案依据《联合国海洋法公约》的规定和东海的自然状况，通过划界地质模型的构建，在大量科学数据的基础上，形成了由具体坐标点构成的外部界限，这是一次科学和法律交汇下共同完成的成果"。③ "从法律和科学两方面进一步证明了中国根据自然延伸原则拥有 200 海里以外大陆架。进一步明确了中国在东海部分海域所主张的大陆架的具

---

① 李金蓉：《东海划界案有力加强了中国在东海的权利主张》，国家海洋局官网，2012 年 12 月 18 日，http://www.soa.gov.cn/。

② 段聪聪、文玉：《中国向联合国陈述东海大陆架划界》，《环球时报》，2013 年 8 月 17 日第三版。

③ 李家彪、方银霞、吴自银、唐勇：《200 海里以外大陆架划界技术及其应用》，《地球物理学进展》，2013 年第 2 期，第 536 页。

体范围。"①

(二) 南海大陆架与海洋划界问题

中国对南海诸岛拥有无可争辩的主权,在南海中国享有大陆架的当然权利。但是南海周边一些国家,不但非法占领中国部分岛礁,并且图谋攫取中国大陆架。

1. 南海大陆架争议

2009年4月8日,菲律宾向联合国大陆架界限委员会提交了该国的大陆架外部界限主张。2009年5月6日,越南与马来西亚联合向联合国提交了越南和马来西亚的南海大陆架划界案。2009年5月7日,越南驻联合国代表团单独提交了越南北部海区"外大陆架划界案"。

2009年5月7日,中国常驻联合国代表团向联合国秘书长提交照会,反对上述划界案。照会说,由于马、越的主张侵害了中国在南海的主权、主权权利和管辖权,中国政府按照《联合国海洋法公约》和《大陆架界限委员会议事规则》的相关规定,郑重要求委员会按相关规定不予审议。5月8日,中国外交部发言人重申中国上述立场,要求对越南的划界案不予审议。

2. 中越北部湾划界

2000年12月25日,中越两国通过谈判签订《中华人民共和国和越南社会主义共和国关于两国在北部湾领海、专属经济区和大陆架的划界协定》。这是中国与邻国签订的第一个海洋划界协定。"缔约双方根据1982年《联合国海洋法公约》,公认的国际法各项原则和国际实践,在充分考虑北部湾所有有关情况的基础上,按照公平原则,通过友好协商,确定了两国在北部湾的领海、专属经济区和大陆架的分界线。"②

3. 中国关于菲律宾强推南海争议国际仲裁的立场

2013年1月22日,菲律宾向中国提交了就南海问题提起国际仲裁的照会及通知。2月19日,中国驻菲律宾大使将菲方照会及所附通知退回,声明中方不接受菲方所提仲裁。中国外交部发言人表示,菲律宾和中国都是《南海各方行为宣言》的签署国,在全面认真落实《宣言》上是有承诺的。我们不赞成菲律宾提交国际仲裁的做法,并已明确表达了反对的立场。菲方无视中方严正立场,向国际仲裁庭提交中菲南海争议诉状,执意单方面推进国际仲

---

① 李金蓉:《东海划界案有力加强了中国在东海的权利主张》,国家海洋局官网,2012年12月18日,http://www.soa.gov.cn/。

② 中国外交部官网,http://www.fmprc.gov.cn/chn//gxh/zlb/tyfg/t556665.htm。

裁，中国政府既不接受也不参与仲裁。

"仲裁程序"是《联合国海洋法公约》（以下简称《公约》）规定有约束力的强制程序之一。仲裁法庭成立后，不管另一方是否参与，法庭都会做出对双方有约束力的仲裁结果。仲裁法庭以过半数票做出裁决结果；即使争端一方缺席也不会中止审理程序，裁决一经做出即为最终结果，对争端各方具有拘束力，而不论其是否出席。但是，根据《公约》第15部分《争端的解决》第三节"适用第二节的限制和例外"第298条"适用第二节的任择性例外"第1款的规定，缔约国有权在任何时间做出书面声明，不接受《公约》第十五部分"第二节规定的一种或一种以上的程序"。2006年8月25日，中国依据《公约》第298条规定，向联合国秘书长提交书面声明，对于《公约》第298条第1款（a）、（b）和（c）项所述的任何争端（即涉及海洋划界、领土争端、军事活动等争端），中国政府不接受《公约》第15部分第二节规定的任何国际司法或仲裁管辖。所以，中国政府既没有接受菲律宾仲裁邀请的义务，也不受涉及海洋划界、领土争端、军事活动等争端问题的国际司法或仲裁管辖。即便仲裁法院做出裁决，对于中国来说也是无效的。

"菲方强推国际仲裁，无助于中菲南海争议的解决，不会改变中国对南沙群岛及其附近海域拥有主权的事实，不会动摇中国政府维护国家领土主权和海洋权益的决心和意志，不会影响中方通过直接谈判解决南海争议及与本地区国家共同维护南海和平稳定的政策和做法。中方敦促菲方纠正错误，从中菲关系及南海和平稳定大局出发，全面、有效落实双方多次确认的共识和《南海各方行为宣言》，重新回到通过双边谈判解决争议的正确轨道上来。"[①]

[①] 《菲方强推国际仲裁 我外交部向菲驻华大使提出严正交涉》，北京市人民政府外事办官网，http：//www.bjfao.gov.cn/wsdt/wjdt/67319.htm。

第九章 国际空间法

第一节 空间与空间法

一、空间和空间法的基本概念

(一) 空间和空间法的定义

1. 空间与空间飞行的定义

空间通常分为空气空间和外层空间。前者指环绕地球的大气层空间，其随着地球而运动。后者指大气层以外的全部广阔空间，又称"宇宙空间"、"太空"。人类在空气空间的飞行活动称为航空，在空气空间的飞行器称为航空器，而人类在外层空间的飞行活动称为航天，在外层空间的飞行器称为航天器。

2. 空间法的定义

空间法是调整国家在探测和利用空间活动中所形成的国际法原则、规则和制度的总称。空间法的作用是通过制定国际社会共同遵守的原则和规则，规范各国的空间活动，调整各国探索和利用空间方面的权利义务关系，建立公正合理的空间法律秩序。空间法主要是在 20 世纪通过国际条约发展起来的，因为空间分为空气空间和外层空间，相应地，空间法也分为空气空间法和外层空间法。由于规范和调整的对象不同，空气空间和外层空间的法律地位和法律制度也各不相同。

(二) 空气空间和外层空间的划界

划分空气空间和外层空间，既是维护各国领空主权的需要，又是人类探索利用空间的需要，但是，目前关于空气空间和外层空间界限的划分，国际上尚无统一规定，主要有"空间论"和"功能论"两种意见。

1. "空间论"

"空间论"主张以空间的某种高度来划分空气空间和外层空间的界限，以确定两种不同法律制度的适用范围，但存在着距离差别极大的不同主张。

(1) 以航空器向上飞行的最高限度为界，离地面约 30—40 公里的地方。(2) 以大气层不同的空气构成作为依据来划分界限："对流层：海平面至约 10 公里的范围；平流层：约 10 公里至约 40 公里的范围；中间层：约 40 公里至约 80 公里的范围；热成层：约 80 公里至 370 公里的范围。"[①] (3) 以离心力开始取代空气成为飞行动力的地方，约 83 公里，该界限由德国物理学家卡曼发现并命名为卡曼管辖线。(4) 以地球吸引力的终结处为分界线。当人造卫星进入太阳引力的范围，便不会降落在地面。(5) 以人造卫星离地面的最低高度（100—110 公里）为界。这是拥护者最多的一种主张。国际法协会 1978 年马尼拉年会通过的决议指出："海拔 100 公里及以上的空间，已日益被各国和从事外空活动的专家们接受为外层空间。"

2. "功能论"

"功能论"认为整个空间是一个整体，没有划分空气空间和外层空间的必要。应该根据飞行器的功能来确定其所适用的法律，如果是航天器，则其活动为航天活动，应适用外空法；如果是航空器，则其活动为航空活动，应受航空法的管辖。

二、人类的空间活动

（一）航空活动的诞生

1783 年 6 月 4 日，法国的蒙特高尔费兄弟（Joseph Michel Montgolfier 和 Jacques Etienne Montgolfier）乘热气球升空，被认为是人类航空活动的开端。气球成为第一种空中运输工具，用于进行军事、气象和邮政等活动。1783 年 12 月 1 日，法国科学家夏尔（J. A. C. Charles）进行了距离为 27 英里的首次氢气球飞行。1852 年，以蒸汽机为动力的飞艇出现。1855 年，滑翔机研制成功，被认为是首架重于空气的航空器。1900 年，德国人齐柏林发明了巨型硬壳飞艇，1903 年 12 月 17 日，美国的莱特兄弟试飞成功有动力驱动的航空器——飞机，1919 年 6 月 14 日，飞机首次不降停飞越大西洋获得成功，标志人类航空时代的开始。

（二）航天活动的诞生和发展

1957 年 10 月 4 日，苏联发射成功世界第一颗人造卫星，标志着人类航天时代序幕的拉开。1958 年 1 月，美国的人造卫星也进入外空。1961 年 4

---

① 贺其治：《外层空间法》，法律出版社 1992 年版，第 39 页。

月12日，苏联发射世界第一艘"东方号"载人宇宙飞船，27岁的加加林少校成为世界上首位宇航员（航天员）。1959年，苏联发射"月球2号"探测器并在月球上着陆，这是人类航天器第一次到达地球以外的天体。1962年6月3日，美国宇航员爱德华·怀特首次进行太空行走。1969年7月20日，美国阿波罗宇宙飞船实现了人类登陆月球的壮举，宇航员阿姆斯特朗成为登月第一人。1970年4月24日，中国发射"东方红一号"人造卫星。1971年，苏联发射了太空站"礼炮1号"，这是世界上第一个可供多名宇航员巡航、长期工作和居住的载人航天器。1973年美国发射了"天空实验室"太空站。2003年10月15日，中国宇航员杨利伟乘坐"神舟五号"飞船顺利升空，标志着中国成为世界上第三个依靠自己的力量将宇航员送入太空的国家。2008年9月27日中国"神舟七号"指令长翟志刚首次完成中国宇航员的太空行走。

第二节　国际航空法

空气空间法又称航空法，是有关空气空间的法律制度的总称。1863年，朗岱尔发表了题为《航空或空中航行》的文章，被认为首次使用"航空"（Aviation）一词。

一、空气空间的法律地位

（一）领空与公空

1. 关于领土上空空气空间法律地位的不同观点

关于领土上空的法律地位，在一战以前，存在很大争议，主要有以下几种观点：

（1）"完全自由说"。认为无论国家间如何划分，空气都是开放的、完全自由的，是人类共同财富，所以主张空中自由。国家不享有对于其领土之上空气空间的主权。代表人物是比利时法学家尼斯。这种学说从根本上漠视地面国家的安全利益，很少有人赞同这一观点。

（2）"有限自由说"。这种理论以法国法学家福希叶为代表。他主张，要考虑空中自由航行，但各国为了国家重大利益，根据自保权，可以禁止在1500米以下的空间飞行，即在和平时期建立一个1500米高度的保护区，以防范间谍和走私活动。这种学说曾对1991年国际法学会通过的《航空器的法律制度》产生了影响。该制度第 3 条规定，国际飞行是自由的，但地面国家有权采取有关保护它自己安全以及它的人民生命财产安全的某些特定措施。

（3）"海洋比拟说"。这种理论主张空间与海洋相比，既然海洋可以分为公海和领海，空间也可分为公空和领空。国家主权可以及于一定高度的空气空间。领空以外的公空应该是开放和自由的。

（4）"国际共管说"。这种理论主张为了便利空中自由，空间应由国际共管。

（5）"有限主权说"。这种理论主张国家对其领土上空享有主权，但外国航空器享有无害飞越国家领土上空的权利。

（6）"国家主权说"。这种理论主张国家对其领土上空空域享有主权，从而使领土上空与国家领陆和领水一样，成为领土不可分割的组成部分。

传统国际法一直遵奉罗马法关于"土地所有人的权利上至天空中，下至地心"的说法，认为国家领陆和领水上空的主权及于上方高度。

2. 领空

领空指国家领陆和领水上方的空气空间。领空是以地球中心为顶点，由与国家在地球表面的领陆和领水的边界相垂直的直线所包围的圆锥形立体空间。[①] 领空概念是随着航空活动的出现逐步形成的。因为航空活动通常涉及一国航空器飞越另一国领土，所以领空法律地位以及法律界限是人们不得不思考的问题。国家对领空享有主权，侵犯领空主权应承担相应的国际责任。国家拥有领空主权的法律地位由 1919 年《巴黎公约》和 1944 年《芝加哥公约》所确定。《巴黎公约》第 1 条宣布："缔约各国承认，每个国家对其领土之上空气空间具有完全和排他的主权。"《芝加哥公约》第 1 条重申了"国家对其领土之上的空气空间具有完全的和排他的主权"的原则，第 2 条规定："公约所指一国的领土，应当认为是在该国主权、保护或委任统治下的陆地区域及其邻接的领水。"上述两项公约的规定表明，国家对其领土上空具有完全和排他主权已经成为国际法规则，也是国际航空法的基本原则，对所有国家都有拘束力。

1982 年的《联合国海洋法公约》规定了在"过境通行权"和"群岛海道通过权"条件下的非公空的飞越规则。

[①] 邵津：《国际法》，北京大学出版社、高等教育出版社 2000 年版。

3. 公空

公空是指国家领空以外的空气空间。1944年《芝加哥公约》仅规定了领陆及其邻接的领水之上的空气空间的法律地位。1982年《联合国海洋法公约》的有关规定补充了国家管辖以外的空气空间的法律地位问题。第87条规定："公海对所有国家开放，不论其为沿海国或内陆国，其中包括航空器在公海上空飞行自由"；第58条规定："在专属经济区内，所有国家，不论为沿海国或内陆国，在本公约有关规定的限制下，享有第87条所指的航行和飞越的自由……并应遵守沿海国按照本公约的规定和其他国际法规则所制定的与本部分不相抵触的法律和规章"。

（二）国际航空条约

早期的航空立法只提出了一些基本概念，没有形成系统的航空法体系。真正意义上的民用航空法是20世纪初的产物。

1. 国际航空运输和管理方面的主要法律规范

1919年巴黎和会通过了国际上第一部民用航空法典——《空中航行管理公约》（简称《巴黎公约》）。1929年在华沙制定了《统一国际航空运输某些规则的公约》（简称《华沙公约》）。该公约在航空史上发挥了重要作用。在航空立法中影响最为深远的是1944年在芝加哥召开的国际民用航空会议，会议通过了《国际民用航空公约》（简称《芝加哥公约》），以及《国际航空运输协定》和《国际航班过境协定》。1999年制定的新的《统一国际航空运输某些规则的公约》（简称《蒙特利尔公约》）则全面修改更新了1929年的《华沙公约》。

2. 国际航空安全方面的主要法律规范

在国际航空安全方面，形成了以1963年《关于航空器内犯罪和某些其他行为的公约》（简称《东京公约》）、1970年《关于制止非法劫持航空器的公约》（简称《海牙公约》）和1971年《关于制止危害民用航空安全的非法行为的公约》（简称《蒙特利尔公约》）为代表的航空安全法公约体系。

空气空间法的制定和完善有利于国家间的航空飞行，在规范航空行为的同时，惩治了航空犯罪行为，维护了国家安全，也利于建立公平、合理的航空秩序。

二、国际民用航空基本制度

（一）国际民用航空的基础法律与组织

1.《巴黎公约》

1919年的《空中航行管理公约》，即《巴黎公约》是世界第一个关于航空的国际公约，共43条。其主要内容是：（1）确定了各缔约国对其领土上空享有完全的和排他的主权。（2）建立了航空器国籍制度。公约规定，任何航空器必须有一个国籍，航空器应在其所有人的本国注册，并取得该国的国籍。（3）设立一个常设机构——"国际空中航行委员会"，它是今天国际民航组织的前身。[①]

2.《芝加哥公约》

随着航空活动的发展，为了适应国际航空领域的新要求。1944年12月7日，50多个国家在芝加哥签订了《国际民用航空公约》即《芝加哥公约》，1947年4月4日生效。它是航空法领域重要的公约，世界大部分国家均已加入。《芝加哥公约》除序言外共分四个部分，共22章96条。它的内容比1918年《巴黎公约》的规定更加完善。《芝加哥公约》首先确认了国家领空主权的原则，规定缔约各国承认每一国家对其领土之上的空气空间具有完全的排他主权。对从事国际航空运输的航空器国籍和应具备的条件，该公约第三章和第五章做了具体规定。《芝加哥公约》将国际航空运输分为定期航班飞行和不定期飞行，为国际航空运输的秩序化发展做出了积极贡献。此外，《芝加哥公约》的另一项重要内容是规定建立国际民用航空组织。《芝加哥公约》的签订是国际民用航空发展史上的一个重大事件。该公约确立了第二次世界大战后国际民用航空的新秩序。[②]

3. 国际民航组织

国际民用航空组织（International Civil Aviation Organization，ICAO）根据《芝加哥公约》规定于1947年4月4日建立，总部设在蒙特利尔。该组织宗旨在于普遍促进国际民用航空在各方面的发展。[③] 该组织由大会、理事会、秘书处和各专门委员会组成。

4. 国际航空运输协会

国际航空运输协会（International Air Transport Association，IATA）是世界性的国际空运组织，成立于1945年4月的哈瓦那会议，组织总部和执行机构分别设在蒙特利尔和日内瓦两地。凡属国际民航组织成员国的任何空运企业，经其政府许可都可以成为会员。"协会的基本业务包括：国际航空运输规则的统一，业务代理，空运企业间的财务结算，技术上合作，参与机场活动，协

---

① 王丽华：《国际法学》，中国政法大学出版社2012年版，第232页。
② 吴建端：《航空法学》，中国民航出版社2005年版，第30页。
③ 《芝加哥公约》第44条规定。

调国际航空客货运价，航空法律工作，帮助发展中国家航空公司培训高级和专门人员。"①

（二）航空器的分类、国籍、标志

1. 航空器的分类标准

航空器是指能依靠空气的相互作用，在空中飞行的机器。根据不同标准，学者们提出了不同分类方法。有的学者认为，应该"根据航空器的所有人的身份；根据航空器的机械构造；根据航空器的使用性质"三种方法分类航空器。② 有的学者认为航空器应可以从技术上"分为轻于空气的航空器和重于空气的航空器"。③ 有的学者认为，以航空器的用途为标准，可区分为国家航空器和民用航空器。

2. 国家航空器与民用航空器的区别

国家航空器是指"用于军事、海关和警察部门的航空器"，④ 民用航空器是指国家航空器以外的所有航空器，国家航空器从事非商业性的公共业务的航空，民用航空器从事的是商业性的航空运输。国家和民用两种航空器分别具有不同的法律地位。未经法律规定或其他方式的许可，一国的任何国家航空器不得飞越另一国的领空。一国的民用航空器则可根据国家之间民用航空协定规定的航线，飞越另一缔约国领空。

3. 航空器的国籍与标志

航空器的国籍是指航空器与某一特定国家的法律联系。《芝加哥公约》第17条规定："航空器具有其登记的国家的国籍"，⑤ 即航空器国籍的确定采取登记制，登记国对该航空器享有权利和承担义务，具有一国国籍的航空器有权受到登记国的保护，而该国对具有本国国籍的航空器则有保护和管辖的责任。国家要保证具有该国国籍的民用航空器不论飞到什么地方，都遵守当地关于民用航空器正常飞行和地面转移的有关规则和规章，承诺承担该民用航空器的有关责任。《芝加哥公约》第18条规定航空器不得具有双重国籍："航

---

① http://baike.baidu.com/view/94351.htm.
② 吴建端：《航空法学》，中国民航出版社，第57页。
③ 温树英：《国际法》，法律出版社2006年版，第14页。
④ 《国际民用航空条约》第3条"民用航空器和国家航空器"，中国民航局官网，http://www.caac.gov.cn/B1/GJXD/200710/t20071015_8422.html。
⑤ 《国际民用航空条约》第17条，中国民航局官网，http://www.caac.gov.cn/B1/GJXD/200710/t20071015_8422.html。

空器在一个以上国家登记不得认为有效,但其登记可以由一国转移至另一国。"①

《芝加哥公约》第 20 条"标志的展示"规定:"从事国际航行的每一航空器应载有适当的国籍标志和登记标志。"② 国籍标志(nationality mark)是用以识别航空器国籍的标志,登记标志(registration mark)是航空器登记国在航空器登记后给定的标志。民用航空器的标志在世界范围内无重号,没有此编号的民用航空器不允许作任何飞行。

(三) 国际民用航空的"航权"

"航权"(Traffic rights)又称为"空中自由"权(freedoms of the air)。

1. 国际航空运营权

国际航空运营权是指一个国家指定的航空公司,根据本国政府与外国政府签订的航空运输协定,在协议航线上经营航空运输业务,在外国取得的飞越、经停该国或在该国上、下旅客、运送行李、货物和邮件的权利。③

2. 民航国内载运权

民航国内载运权指一国境内两地间的国内航空运输业务,这是国家的专属权利,只能由该国经营,任何国家不得把这权利转让给他国,也不得对他国要求这种权利。

3. 两大空中自由协定

1944 年芝加哥会议上签订的《国际航班过境协定》规定每一缔约国给予其他缔约国以下定期国际航班的空中自由:(1)不降停而飞越其领土的权利;这种权利是指缔约各国同意其他缔约国的一切从事定期国际航班飞行的航空器,在遵守公约规定的条件下,不需要事先获准,有权飞入或飞经其领土而不降停。(2)非商业性降停的权利;这里的非商业性降停是指仅仅因为技术目的所做的一次或几次降停,如给航班加油等,但不得在航班过境的国家上下旅客或装卸货物或邮件,除非是由于加油时的安全等原因而暂时性地允许旅客上下航班。《国际航班过境协定》因此被称为"两大自由协定"。

---

① 《国际民用航空条约》,中国民航局官网,http://www.caac.gov.cn/B1/GJXD/200710/t20071015_ 8422.html。

② 同上。

③ 赵建文:《国际法新论》,法律出版社 2000 年版,第 348 页。

4. 五大自由协定

1944年芝加哥会议还签订了《国际航空运输协定》，该协定规定每一缔约国给予其他缔约国以下定期国际航班的空中自由：（1）不降停而飞越其领土的权利；这种权利是指缔约各国同意其他缔约国的一切从事定期国际航班飞行的航空器，在遵守公约规定的条件下，不需要事先获准，有权飞入或飞经其领土而不降停。（2）非商业性降停的权利；这里的非商业性降停是指仅仅因为技术目的所做的一次或几次降停，如给航班加油等，但不得在航班过境的国家上下旅客或装卸货物或邮件，除非是由于加油时的安全等原因而暂时性地允许旅客上下航班。（3）卸下来自航空器国籍国领土的旅客、货物、邮件的权利；《国际航空运输协定》因此被称为"五大自由协定"。（4）装载前往航空器国籍国领土的旅客、货物、邮件的权利；这一权利是指从一外国飞入国籍国的飞机，有权装载或卸下前往国籍国的旅客、货物或邮件，作商业性运载的权利。（5）装卸前往或来自任何其他缔约国领土的旅客、货物、邮件的权利。

但是由于五大自由协定没有得到普遍赞同，许多国家就通过双边协定来解决相互间的国际定期航班的运营权利问题。

5. 航班飞行

航班飞行，又称定期航班飞行，是指为了获得报酬，经过至少两个或两个以上国家领土上空的以航空器从事旅客、货物等的公共运输的任何定期航班。其具有下列特点：（1）定期航班飞行是飞越两个或两个以上国家领土上空；（2）航班飞行为了获取报酬而运送旅客、货物或邮件等；（3）航班飞行对公众开放使用，按照公布的时刻表定期飞行。《芝加哥公约》第6条规定，除非经一缔约国特许或其他许可并遵照此项特准或许可的条件，任何定期国际航班不得在该国领土上空飞行或进入该国领土。

6. 非航班飞行

非航班飞行，又称不定期飞行，是指除航班飞行以外的任何国际民用航空飞行。《芝加哥公约》第5条规定："对于不从事国际航班飞行的航空器，不需要事先获准，有权飞入或飞经领土而不降停，或做非运输业务性降停，但飞经国有权令其降落。为了飞行安全，当航空器所欲飞经的地区不得进入或缺乏适当航行设施时，缔约各国保留令其遵照规定航路或获得特准后方许飞行的权利。"[①] 缔约国保留批准飞行的特定情况包括：（1）为了国家公共利

---

① 中国民用航空局官网，http：//www.caac.gov.cn/L1/L5/L5_1/，访问时间2014年3月。

益的需要；(2) 为了飞行安全；(3) 本国限制或禁止飞入的地区。《芝加哥公约》还规定，非航班飞行的航空器在不影响他国国内运载权并遵守他国有关规章、制度的条件下，也享有为获取报酬或出租而载运乘客、货物、邮件的航空运输权，但此项权利的取得与行使，需要事先获得有关国家的批准。

(四) 航空器遇险和空难

对发生意外事故和遇险的飞行员、机组人员和乘客进行援助是公认的国际法规则，许多公约中都有规定。《芝加哥公约》规定，如果一缔约国的民用航空器在另一缔约国领土内遇险，则在可能的情况下，遇险民用航空器所在地国应采取援救措施，并应准许航空器所有人或其登记国的有关当局采取必要的援救措施。各缔约国应进行通力合作，对失踪的航空器进行搜寻。

1. 救援

根据《芝加哥公约》附件12的规定，救援是指找回遇险人员，为其提供初步的医疗或其他需要，并将其送往安全地点的工作。航空器的搜寻与救援主要包括四方面内容：(1) 缔约各国必须单独或同其他国家合作，在其领土范围内安排建立并立即提供昼夜24小时的搜寻与救援服务，以确保向遇险人员提供援助。(2) 在向遇险航空器及航空器事故的幸存者提供援助时，缔约国不应考虑此种人员的国籍或身份或此种人员被发现时所处的情况。(3) 已经接受提供搜寻与救援服务责任的缔约国，必须利用搜寻与救援单位及其他现有设施，帮助任何处于或表明处于紧急状态的航空器或其乘员。(4) 当不同的航空和海上救援协调中心在同一区域运行时，各国必须确保各中心之间最密切可行的协调。

2. 调查

调查包括收集和分析资料、做出结论，其中包括确定原因，以及在适宜时提出安全建议。[①]《芝加哥公约》第26条规定："一缔约国的航空器如在另一缔约国的领土内失事，致有死亡或严重伤害或表明航空器或航行设施有重大技术缺陷时，失事所在地国家应在该国法律许可的范围内，依照国际民用航空组织建议的程序，着手调查失事情形。航空器登记国应有机会能派观察员在调查时到场，而主持调查的国家，应将关于此事的报告及调查结果，通知航空器登记国。"[②]

[①] 贺富永：《航空法学——总论与体系研究》，科学出版社2013年版，第118页。
[②] 《国际民用航空条约》，中国民航局官网，http://www.caac.gov.cn/B1/GJXD/200710/t20071015_8422.html。

3. 寻找黑匣子

黑匣子（Black box）是航空飞行记录器（仪）的俗称，但其并非一定是黑色的。黑匣子通常有两个，分别是"驾驶舱语音记录器"和"飞行数据记录仪"。前者主要记录机组人员和地面人员的通话、机组人员之间的对话以及驾驶舱内出现的各种声音，包括飞机发动机的运转声音；后者主要记录飞机的各种飞行数据。黑匣子作为飞机专用的电子记录设备之一，飞机各机械部位和电子仪器仪表都装有传感器与其相连。黑匣子能把飞机停止工作或失事坠毁前半小时乃至两个小时内驾驶舱内的声音和飞机有关技术参数记录下来，重放出来可供飞行实验与事故分析之用。所以，飞机失事后，寻找并分析黑匣子是重要工作。黑匣子具有抗火、耐压、耐冲击、耐振动、耐海水和煤油浸泡、抗磁干扰等能力，即便飞机已完全损坏，黑匣子里的记录数据也能完好保存。世界上大部分的空难原因都是通过黑匣子找出来的。除了颜料和反射条带外，黑匣子还装备了水下信标（ULB），信标发送的脉冲信号，能从4267米的深水下传递声音。从信标开始工作起，信号发送一般可持续30天左右。

（五）对民用航空器的拦截迫降和使用武力问题

1. 拦截迫降权

拦截是指一国的军用航空器受命对入侵本国领空的外国航空器，或有其他违法行为的航空器采取强制手段，或将此种航空器驱逐出境；或迫令其在本国境内的指定机场降落，予以检查处置的行动。拦截是为保护国家领空安全，行使国家主权的必要行为，可以查清事实，避免他国的不正当行为。但是，如果拦截不当，会影响其他国家航空器飞行的权利，所以拦截措施不得滥用。《芝加哥公约》第3条第4款规定："缔约各国承允在发布其国家航空器的规章时，对民用航空器的航行安全予以应有的注意。"

2. 避免使用武器原则

对民用航空器使用武器是国际法所不容许的。20世纪下半叶，多次发生民用航空器进入外国领空被击落的事件，引起了国际社会的特别关注。1984年4月国际民用航空组织大会第25届特别会议通过决议，对1944年《芝加哥公约》进行修改，明确规定不得对飞行中的民用航空器使用武器。修改后的公约在第3条增加的规定是：（1）缔约各国承认，每个国家必须避免对飞行中的民用航空器使用武器，若拦截，必须不危及航空器内人员的生命和航空器的安全；（2）每个国家在行使主权时，对未经许可而在其领土上空飞行的民用航空器，或者有合理根据断定该航空器正被用于与本公约宗旨不相符的目的，有权要求该航空器在指定的机场降落，该国也可以给该航空器任何其他指令，以终止此类侵犯。但遗憾的是，此后击落民航客机的事件仍有发生，最新的事例是 2014 年马来西亚航空 MH17 客机在乌克兰东部战区上空被击落事件，机上 283 名乘客和 15 名机组人员无一生还。

表 9—1 历史上民航客机被击落事件①

1	1953 年 10 月	瑞典一架 DC-4 客机被以色列战斗机击落，造成客机上 35 人全部遇难
2	1955 年 7 月	以色列一架 L-149 客机被保加利亚战斗机击落，造成客机上 57 人全部遇难
3	1973 年 2 月	利比亚一架波音 727 客机被以色列 F-4 战斗机击落，客机上 108 人遇难
4	1978 年 4 月	韩国一架波音 707 客机被苏联苏-15 战斗机击中，飞机迫降，2 人遇难，108 人获救
5	1979 年 2 月	罗得西亚子爵号客机被游击队地空导弹击落，造成客机上 59 人全部遇难
6	1983 年 9 月	韩国一架波音 747 客机被苏联苏-15 战斗机击落，客机上 269 人全部遇难
7	1985 年 2 月	安哥拉一架波音 727 客机被反政府武装地空导弹击落，机上 26 人全部遇难
8	1985 年 9 月	伊拉克一架安-26 客机被反政府武装地空导弹击落，机上 52 人全部遇难
9	1986 年 8 月	苏丹一架 F-27 客机被反政府武装地空导弹击落，客机上 60 人全部遇难
10	1987 年 2 月	伊拉克一架安-26 客机被巴基斯坦地空导弹击落，客机上 43 人全部遇难
11	1988 年 7 月	伊朗一架 A300 客机被美国"文森斯"巡洋舰击落，客机上 290 人全部遇难
12	1988 年 12 月	阿富汗一架安-32 客机被巴基斯坦战斗机击落，客机上 25 人全部遇难
13	2001 年 10 月	俄罗斯西伯利亚航空公司图-154 客机被乌克兰导弹误击，客机上 78 人遇难

三、国际民用航空损害赔偿制度

(一) 赔偿责任制和责任原则

1. 主观责任制和过失责任原则

主观责任制，又称过失责任原则，是一种以承运人的过失为基础，规定

---

① 《盘点历史上民航客机被击落事件》，访问时间 2014 年 4 月 22 日，http://news.sina.com.cn/w/2014-07-19/042130544973.shtml。

限额的责任制度。判断承运人有无责任以承运人是否谨慎从事为标准，它采取过失推定方法，举证责任落在承运人身上。过失责任以责任人的主观过失为基础，因此又称主观责任制。

2. 客观责任制和无过失责任原则

客观责任制，是一种无过失责任，即在旅客死亡、身体受到损害或者货物灭失时，只要上述损害发生在运输过程中，无论承运人是否有过失，都要承担责任。

3. "华沙/海牙"制度

1929 年《华沙公约》即《统一国际航空运输某些规章的公约》，是第一个有关航空承运人的损害赔偿责任的国际公约。《华沙公约》经过四次修改，形成了包括《华沙公约》在内的八个文件，总称为"华沙公约体系"。《华沙公约》的赔偿责任制度是以航空承运人的过失为基础的主观责任制度。《华沙公约》规定了航空承运人对于造成旅客和货物的损害以及延误所引起的损害承担赔偿的具体制度。"这是一种以承运人过失为基础并规定限额的责任制度。"[①] 承运人对每位旅客的责任赔偿限额为 12.5 万法郎，对行李或货物的责任以每公斤 250 法郎为限，关于旅客自己保管的物件，承运人对每位旅客所负的责任以 5000 法郎为限。

根据该公约，承运人在三种情况下应当承担责任：（1）对于旅客伤亡或任何其他人身伤害所遭受的损害，如果造成这种损害的事故是发生在航空器上或在上、下航空器的过程中；（2）对于行李或货物毁损、灭失所遭受的损害，如果造成这种损害的事故是发生在航空运输期间；（3）承运人对旅客、行李或货物在航空运输中由于延误所造成的损害，应当承担责任。

同时公约规定在两种情况下，承运人可以免除或减轻责任：（1）承运人如果证明他和他的代理人为避免损失的发生，已采取了一切必要措施，或者他和他的代理人不可能采取这种措施时，就不负责任；（2）承运人如果证明损害是由受害人的过失所造成或促成的，可以免除或减轻承运人的责任。

1955 年《海牙议定书》是《关于修改 1929 年在华沙制定的关于统一国际航空运输某些规则的议定书》的简称。《海牙议定书》对《华沙公约》的修订主要体现在以下几方面：（1）将旅客的责任赔偿限额由 12.5 万法郎提高到 25 万法郎；（2）简化了《华沙公约》关于运输凭证的繁琐规定；（3）明确规定

---

① 白桂梅、朱利江：《国际法》，中国人民大学出版社 2004 年版，第 217 页。

了承运人的受雇人或代理人的责任,以及诉讼费和律师费的处理规则。《海牙议定书》并没有实质修改《华沙公约》的主观责任制度,因此这一责任制度也被称为"华沙/海牙"制度。

4. "危地马拉/蒙特利尔"制度

1971年《危地马拉议定书》是《修改经1955年9月28日在海牙签订的议定书修正的1929年10月12日在华沙签订的统一国际航空运输某些规则的议定书》的简称。该议定书规定:"在旅客死亡或遭受任何身体损害时,只要造成死亡或身体损害的事件发生在航空器上或是在上、下航空器的过程中,承运人即应对由此造成的损失承担责任。但是,如果死亡或身体损害纯系旅客健康状况所致,则承运人不负责任。在行李毁灭、遗失或损坏时,只要造成这一毁灭、遗失或损坏的事件发生在航空器上、装卸过程中或在承运人保管的期间,承运人即应对由此造成的损失承担责任。但是,如果损失纯系行李的属性或本身的缺陷所造成,则承运人不负责任。……对于交运的货物因毁灭、遗失或损坏而产生损失的事件是发生在航空运输期间,承运人应承担责任……"①

1975年《蒙特利尔第四号议定书》是《修改经1955年9月28日在海牙签订的议定书修正的1929年10月12日在华沙签订的统一国际航空运输某些规则的公约的第四号议定书》的简称。该议定书规定:(1)对于交运行李因毁灭、遗失或损坏而产生的损失,如果造成这种损失的事件是发生在航空运输期间,承运人应承担责任。(2)对于货物因毁灭、遗失或损坏造成的损失,只要造成这种损失的事件发生在航空运输期间,承运人即应承担责任。(3)但是,承运人如果证明货物的毁灭、遗失或损坏是由于下列一个或几个原因造成的,则不承担责任:货物的属性或本身缺陷;承运人或其受雇人以外的人包装不善;战争行为或武装冲突;公共当局采取的与货物入境、出境和过境有关的行为。

(二) 1999年《蒙特利尔公约》的赔偿制度

1. 公约优先于国际航空运输所适用的任何规则

随着世界航空业的发展,华沙海牙体制中的一些规定已不能适应现代国际航空运输的需要。1999年5月"航空法国际会议"在蒙特利尔通过了《统一国际航空运输某些规则的公约》,对华沙海牙体制下的各项公约和议定书规定的国际航空运输规则和承运人责任制度进行了重大修改。1999年《蒙特利

---

① 《1971年危地马拉议定书》,西南政法大学国际法研究所官网,http://www.swupl.edu.cn/gj-fyjs/content.asp?cid=868012295&id=879419659。

尔公约》第 55 条规定："公约应当优先于国际航空运输所适用的任何规则。"①这些规则包括：1929 年《华沙公约》、1955 年《海牙议定书》、1961 年《瓜达拉哈拉公约》、1971 年《危地马拉议定书》、各个《蒙特利尔议定书》中关于国际航空运输所适用的任何规则。

1999 年《蒙特利尔公约》第五章第 47 条规定："任何旨在免除本章规定的缔约承运人或者实际承运人责任或者降低适用于本章的责任限额的合同条款，均属无效。"第 49 条规定："运输合同的任何条款和在损失发生以前达成的所有特别协议，其当事人借以违反本公约规则的，无论是选择所适用的法律还是变更有关管辖权的规则，均属无效。"第 57 条规定"对本公约不得保留"。

2. 增设"第五管辖"法院

1999 年《蒙特利尔公约》"对华沙/海牙体制"规定的四种管辖法院进行了扩展，增设了"第五管辖"法院，除承运人住所地法院、主要营业地法院、订立合同的营业地法院、目的地法院四个可供选择的管辖法院外，第 33 条第二款增设了第五个可供选择的法院，即发生事故时旅客的惯常居所地法院，并要求该地同时又是目的地或始发地兼承运人营业地。"第五管辖"法院限于因旅客伤亡而产生的损失所提起的诉讼。②

3. 确立了"双梯度"责任制度

1999 年《蒙特利尔公约》确立了"双梯度"责任制度，以 10 万特别提款权为限（约合 13.5 万美元），③ 规定了不同的责任制度及与此相对应的两种不同的赔偿原则，即限额赔偿和无限额赔偿，加强了对旅客的保护。第一梯度：每位旅客提出的 10 万特别提款权以下的人身伤亡赔偿要求，实行"严格责任制"，不论承运人有无过错都应无条件支付，除非承运人证明伤亡是由旅客本人的原因造成的；第二梯度：10 万特别提款权以上的人身伤亡赔偿要求，适用"过错推定责任制"，如果承运人不能证明自己无过错或者伤亡系由第三人的过错造成，则推定其有过错，必须承担超过 10 万特别提款权以外的赔偿责任，赔偿数额不设上限。这种无限额赔偿责任制度是对"华沙体系"限额

---

① 1999 年《蒙特利尔公约》，中国民航大学法知网，http://cms.cauc.edu.cn/law/98.html。
② 洪莉萍：《试析〈统一国际航空运输某些规则的公约〉在我国的适用》，《政治与法律》，2006 年第 1 期，第 101 页。
③ 特别提款权（Special Drawing Right, SDR），又称"纸黄金"，是 1969 年国际货币基金组织创设的一种储备资产和记账单位。目前以美元、欧元、日元和英镑四种货币综合成为一个"一篮子"计价单位。因为它是国际货币基金组织原有的普通提款权以外的一种补充，所以被称为特别提款权。由于不是真正货币而只是一种记账单位，所以不能直接用于贸易或非贸易的支付，使用时必须先换成其他货币。

责任制度的一大突破。

4. 大幅提高了赔偿责任限额

1999 年《蒙特利尔公约》大幅提高了赔偿责任限额，不仅将旅客伤亡的赔偿限额大幅提升至 100000 特别提款权，而且，对其他损害赔偿责任限额也都做了大幅提高。根据公约第 22 条规定，旅客在航空运输中因延误造成损失的，承运人对每名旅客的赔偿限额以 4150 特别提款权为限；在行李运输中造成灭失、损坏或延误的，不再按重量计算损失，赔偿限额以每名旅客 1000 特别提款权为限；在货物运输中造成灭失、损坏或延误的，赔偿限额以每公斤 17 特别提款权为限。但是特别需要指出的是，公约中的责任限额都是指的赔偿额的上限，旅客得到的赔偿额则是其遭受的实际损失。[①] 旅客获赔的真正数额要根据其受到损害的实际程度来确定。如果旅客想要获得高于 10 万特别提款权限额的赔偿，必须通过法院诉讼提出。对于航班延误造成的损失，旅客必须承担举证责任，证明自己因延误确有实际损失。另外，《蒙特利尔公约》不支持精神损害赔偿。

5. 明确了不迟延地先行给付义务

1999 年《蒙特利尔公约》第 28 条"先行付款"中规定："因航空器事故造成旅客死亡或者伤害的，承运人应当在其国内法有如此要求的情况下，向有权索赔的自然人不迟延地先行付款，以应其迫切经济需要。此种先行付款不构成对责任的承认，并可从承运人随后作为损害赔偿金支付的任何数额中抵销。""公约将先行付款与责任认定相分离，避免了承运人以'事故原因不明，责任尚不清楚'为由拖延付款的情况。不迟延地先行付款，以应受害方急用之规定，显示了公约对人的生命权、健康权的尊重，体现了现代社会价值理念下对弱者的人文关怀。"[②]

（三）对第三者损害的赔偿责任

1. 第三人损害赔偿责任

第三人损害赔偿责任是指因飞行中的民用航空器或者从飞行中的民用航空器上落下的人或者物，造成地面（包括水面）上的第三人的人身伤亡或者财产损失而产生的赔偿责任。航空器对地（水）面的第三人损害赔偿责任从性质上讲是一种侵权损害赔偿责任。由于飞行中的民用航空器或从航空器上

---

① 洪莉萍：《试析〈统一国际航空运输某些规则的公约〉在我国的适用》，《政治与法律》，2006 年第 1 期，第 102 页。

② 同上。

落下的人或物造成了地（水）面第三人的人身伤亡或财产损失，从而使受害人合法的人身和财产权利受到了不应有的损害，由此在航空器的经营人和地（水）面受害人之间形成了债的关系，即侵权之债。

2.《罗马公约》及其第三者赔偿制度

1952 年的《罗马公约》是《关于外国航空器对地（水）面上第三者造成损害的公约》的简称，是第一个有关航空器对地面和水面第三者造成损害的赔偿责任公约。

《罗马公约》适用于在一缔约国领土内登记的航空器在另一缔约国内造成的损害，解决对所造成损害如何赔偿的问题。在公海上的船舶或航空器应被视为登记国的领土。《罗马公约》实行无过失责任即客观责任原则，飞行中的航空器或从飞行中的航空器上坠落的人或物对地面上的第三人造成损害时，不论航空承运人是否有过失，在地面上蒙受损失的任何人，只需证明该损害是由飞行中航空器或从航空器掉下来的人或物体造成的，就有权直接向承运人请求赔偿。赔付实行依航空器吨位确定责任限额的规则。关于诉讼时效和管辖法院，《罗马公约》规定，自事件发生之日起，两年内提出，但是造成损害事件之日起三年内，时效消灭；损害发生地国法院是起诉法院。

但航空器所有人对于下列情况下航空器对地面或水面第三者造成的损害，免除或减轻责任：（1）如果损害是武装冲突或民事骚乱的直接后果，或者承运人航空器被公共权力机关强制使用时，免除承运人的责任；（2）如果能证明损害全部或部分地是由于受害人的过失或其受雇人的过失所造成的，可以免除或减轻承运人的赔偿责任。[①]

不适用于《罗马公约》的损害情况：（1）对飞行中的航空器或者对该航空器上的人和物造成的损害；（2）受害人与航空器经营人之间已签订合同或者他们的之间的关系由劳动合同法律来调整的情况；（3）供军事、海关或警察使用的航空器造成的损害。

四、国际民用航空反劫机安全体制

20 世纪 30 年代，出现了第一起劫机事件。到了 60 年代末，劫持航空器的犯罪已构成对国际航空的严重威胁。据资料统计，1948 年至 1968 年间劫机事件总数是 75 起，但在 1968 年和 1969 年这两年发生的劫机事件分别为 32 起

---

① 邵沙平：《国际法》，高等教育出版社 2013 年版，第 314 页。

和86起。进入70年代，劫机事件造成的危害更为严重。随着国际社会共同关注国际航空犯罪，预防、惩治危害国际航空罪的国际法原则、规则和制度逐步形成、发展和完善，先后制定了反劫机和危害国际航空安全罪行的三大国际公约和1979年纽约《反对劫持人质国际公约》，通过了一系列反劫机的联合国决议。这些公约和决议建立和健全了控制危害国际航空罪行行为的国际法律制度。

（一）反空中劫持和危害国际航空安全罪行三大公约

1. 《东京公约》

1963年《关于航空器内犯罪和某些其他行为的公约》（简称《东京公约》），是国际上第一次试图对发生在飞行中的航空器内的各种犯罪问题全面予以解决的国际公约。在适用范围方面，公约规定，适用于在任何缔约国登记的航空器内的人实施的犯罪或行为，无论该航空器是在飞行中或在公海海面上，或在不属于任何国家领土的其他地区地面上。在罪犯的引渡和起诉方面，公约第16条规定，在缔约国登记的航空器内所犯的罪行，为引渡的目的，应被视为不仅发生在发生地，也发生在登记国领土上。

2. 《海牙公约》

1970年《制止非法劫持航空器的公约》（简称《海牙公约》），也称《反劫机公约》，是专门针对非法劫持航空器，制止航空犯罪的公约。《海牙公约》第1条明确规定了空中劫持罪行为："凡在飞行中航空器内的任何人，用暴力或以暴力相威胁，或用任何其他恐吓方式，非法劫持或控制该航空器，或企图从事任何这种行为，或是从事或企图从事这种行为的人的同犯，即是犯有罪行。"《海牙公约》第8条还对罪犯的引渡与起诉方面的依据和规则做了具体规定：（1）危害民用航空安全的犯罪是可引渡的罪行；（2）没有引渡条约时，被请求引渡的国家可自行决定以本公约作为请求引渡的法律依据；（3）引渡应遵照被请求国法律规定的条件进行。

3. 《蒙特利尔公约》和《蒙特利尔公约补充议定书》

1971年《关于制止危害民用航空安全的非法行为的公约》（简称《蒙特利尔公约》，意在惩治各种危害国际民用航空安全的行为。由于《海牙公约》只专门针对空中劫持的犯罪行为，而实际上还有一些危害国际民用航空的严重犯罪行为尚未规定进去，因此制订了《蒙特利尔公约》。《蒙特利尔公约》除了沿袭《海牙公约》的条款规定空中劫持行为，还规定了其他危害国际民用航空安全的犯罪行为。如在地面上破坏飞机，在飞机上放置装置或物质，传递假情报等等，都被认为是破坏航空安全的行为，要受到惩罚。[①] 凡实施此类危害国际民用航空安全的行为或其未遂行为及实施此类行为或其未遂行为人的共犯，均构成犯罪。

1988年《制止在为国际民用航空服务的机场上的非法暴力行为的议定书》（简称《蒙特利尔公约补充议定书》），将危害国际民航机场安全的暴力行为宣布为一种国际犯罪，以弥补1971年《蒙特利尔公约》的这一不足。

（二）三大公约关于劫机的定义、性质和犯罪特点的规定

1. 劫机的定义和性质

1963年《东京公约》规定，非法劫持航空器的行为就是在航空器内使用暴力或暴力威胁，非法地干扰、劫持或以其他不正当方式控制飞行中的航空器。凡从事或准备从事这种行为的人都是在此罪行惩处的范围内。此处的"飞行中"是指"航空器从其为了起飞开动马力起到着陆滑跑完毕止"。《东京公约》初步指出了空中劫持的法律概念，为惩治劫机犯罪奠定了基础。

1970年《海牙公约》第1条进一步规定，非法劫持航空器是指在飞行中的航空器内的人员，用暴力或暴力威胁，或用其他恐吓方式，非法劫持或控制该航空器的犯罪行为。《海牙公约》扩大了《东京公约》中的"飞行中"的概念。此处的"飞行中"是指航空器从装载完毕、机舱外部各门均已关闭时起，直到打开任一机舱门以便卸载时为止；航空器被迫降落时，在主管当局接管对该航空器及其所载人员和财产的责任前，应被认为仍在飞行中。

1971年《蒙特利尔公约》更进一步规定危害民用航空安全的非法行为除劫机罪行为外，下列五种行为均构成犯罪：对飞行中的航空器内的人使用暴力；破坏使用中的航空器使它不能飞行；在使用中的航空器内放置危及其飞行安全的装置或物质；破坏航行设备危及其飞行安全；传递假情报危及飞行中航空器的安全。此处的"使用中"是指从地面人员或机组人员为一确定的飞行而对航空器进行飞行前的准备时起，直到降落后24小时止。

2. 劫机犯罪的特点

非法劫持航空器是危害航空安全的严重行为。它是国际犯罪，各国均有管辖权。非法劫持航空器与其他危害国际民用航空安全的犯罪相比，其不同点主要在于：

（1）犯罪地点限定于"飞行中的航空器内"和"使用中的航空器"。（2）

[①] 梁西：《国际法》，武汉大学出版社2011年版，第191页。

犯罪主体是飞行中的航空器内的人。因此，凡不在飞行中的航空器中的人员，比如地面操纵者，其从事的与劫机有关的犯罪行为不构成非法劫持航空器罪。（3）犯罪目的是为了劫持该航空器。因此，在飞行中的航空器内的人员，如果其犯罪目的不是为了劫持或控制该航空器，则不构成非法劫持航空器罪。（4）犯罪过程中必须使用了暴力或以暴力相威胁。这是对犯罪分子构成劫机犯罪采用手段的要求。

（三）航空器犯罪管辖权

1. 《东京公约》首次立法规定对劫机犯罪管辖权

《东京公约》首次在国际立法层面上规定了航空器犯罪管辖权，解决了各国国内法差异导致的冲突问题，弥补了这方面的法律空白。《东京公约》规定了双重的管辖权体系。该公约第3条规定航空器登记国有管辖权。第4条规定非登记国的缔约国也有一定的管辖权，如果：（1）罪行在该国领土上具有后果；（2）犯罪人或受害人为该国国民或在该国有永久居所；（3）罪行危及该国的安全；（4）罪行违反该国现行关于航空器飞行或操作的任何规则或条例；（5）为确保该国遵守根据多边国际协定所承担的任何义务而有必要行使管辖权。在《东京公约》第3条第3款还明确规定，不排除依照本国法律行使的任何刑事管辖权。[1]

2. 《海牙公约》扩大了对劫机犯罪管辖权的国家范围

《海牙公约》则扩大了有权对空中劫持犯罪进行管辖权的国家的范围，从而具有了普遍性管辖的性质。其第4条规定，下列国家均有管辖权：（1）航空器登记国，即罪行是在该国登记的航空器内发生的；（2）降落地国，即在其内发生罪行的航空器在该国降落时被指称的罪犯仍在该航空器内；（3）承租人主要营业地或永久居所是在该国；（4）罪犯所在地国，即当被指称的罪犯在缔约国领土内而未将此人引渡给上述三类国家的；（5）各国可以根据本国法律行使任何刑事管辖权。

3. 《蒙特利尔公约》增加了罪行发生地国的管辖权

《蒙特利尔公约》与《海牙公约》的规定基本相同，但增加了罪行发生地国的管辖权，并规定了发现罪犯的国家或引渡或起诉的管辖原则，从而使罪行发生地国有要求引渡罪犯的优先权。针对日益增多的发生在地面的危害国际航空安全和机场安全的罪行，《蒙特利尔公约》规定的管辖权比较宽泛，尽

---

[1] 赵建文：《国际法新论》，法律出版社2000年版，第357页。

可能涵盖了犯罪行为可能涉及的国家,此种管辖权具有普遍管辖权的性质。

(四) 机长权力

机长是在飞行期间负责航空器飞行和安全的驾驶员,对保障飞行安全的责任重大。1963年《东京公约》规定,在航空器内如果发生违反刑法的犯罪或者发生危害航空器或其所载人员或财产的安全或者危害航空器内正常秩序和纪律的行为时,赋予机长下列权力。

1. 采取措施权

机长有正当理由认为某人在航空器内已经或即将实施违反刑法的犯罪,或者危害航空器或其所载人员或财产的安全,或者危害航空器内正常秩序和纪律的行为时,可以对此人采取必要的合理措施,包括看管措施。

2. 请求或授权看管权

机长可以要求或授权机组其他成员进行协助,并可以请求或授权旅客给予协助,来看管他有权看管的人。

3. 驱逐权

机长如果有正当理由认为,某人在航空器内已经或即将实施危害航空器或其所载人员或财产的安全,或者危害航空器内的正常秩序和纪律的行为时,可以使该人在航空器降落的任何国家的领土内下机。

4. 移交权

机长如果有正当理由认为,某人在航空器内实施的行为,在他看来,按照航空器登记国刑法已构成严重犯罪时,可以将此人移交给航空器降落地的任何缔约国的主管当局。①

(五) 劫机犯引渡问题

1. 劫机行为非政治化原则

引渡通常规定"政治犯不引渡",《海牙公约》把劫机犯排除在政治犯以外,不仅规定它们是可以引渡的罪行,而且还为缔约国引渡罪犯提供了法律依据,这是国际法上的一大突破。之所以这样规定,因为劫持航空器大多出于政治目的,如果仍按政治犯不引渡的原则,则将劫持航空器排除在引渡之外,这样就达不到惩治劫持航空器国际犯罪行为的目的。

《东京公约》第16条提及引渡问题,其中规定,在缔约国登记的航空器内所犯的罪行,为引渡的目的,应被视为不仅发生在出事地、也发生在登记

---

① 邵津:《国际法》,北京大学出版社、高等教育出版社2002年版,第170页注释。

国领土上。当降落地国拒绝受理时，该国可将他送回本国，但公约的任何规定不得解释为同意给予引渡的义务。

《海牙公约》和《蒙特利尔公约》扩大了引渡范围，两个公约都在第 8 条作了相同规定：（1）危害民用航空安全的犯罪是可引渡的罪行，在缔约国之间看作是包括在缔约各国现有引渡条约中的可以引渡的罪行，并且在今后缔结的引渡条约中应包括这类罪行；（2）没有引渡条约时，被请求引渡的国家可自行决定以本公约作为请求引渡的法律依据；（3）引渡应遵照被请求国法律规定的条件进行。

2. 或引渡或起诉原则

《海牙公约》和《蒙特利尔公约》都在第 7 条明确了"或引渡或起诉原则"：一国如果在其境内发现罪犯，如不将其引渡，则不论罪行是否在其境内发生，应将此案件提交其主管当局以便起诉，该当局应按照本国法律以对待普通罪行案件的同样方式做出决定。这里的普通罪行是相对政治罪而言，它意味着对劫机等犯罪不得以政治罪论处，应以严厉的刑罚予以惩治。这样有利于打击民航领域中的犯罪，因为空中犯罪严重危害国际民用航空秩序，威胁平民生命财产安全。

五、飞行情报区和航空管制区

（一）飞行情报区

1. 飞行情报区定义

飞行情报区（Flight Information Region，FIR）是指为提供飞航情报服务和告警服务而划定范围的空间，[①] 是各国或地区的航空管理和航空情报服务的责任区。目的是保障民航飞行的安全，飞行情报区得到国际公认，具有国际法效力。每架进入飞行情报区的民用飞机必须按照规定向飞行情报区所属国报告飞行计划，与飞行管制单位保持联络和通告。飞行情报区内一般包括一个或几个航空管制区（飞行管制区）。

2. 命名原则

飞行情报区不以国家名称命名，而是以该区的飞行情报区管制中心（区管中心）所在地命名。例如吉隆坡飞行情报区（FIR Kuala Lumpur），胡志明

[①] 据中国民用航空总局发布的《中国民用航空空中交通管理规则》（第三次修订），中国民用航空局官网，http：//www.caac.gov.cn/B1/B6/200612/t20061220_ 908.html。

市飞行情报区（FIR Ho-Chi-Minh），等等。

3. 区域划分

飞行情报区的范围是经过广泛国际协商而制定的，公海上空的飞行情报区，则是根据国际民用航空组织地区航行协议划分的。飞行情报区的范围除了本国的领空外，通常还包括临近的海域上空，飞行情报区有时因为管理需要会切入邻国领空。

4. 信息提供

飞行情报区内的飞行情报和告警服务由有关的空中交通管制单位负责提供。其所提供信息内容主要是：该区域内航空交通的现时状况、特别状况、天气尤其是恶劣极端天气状况。

（二）航空管制区

1. 航空管制定义和任务

航空管制（Air Traffic Control, ATC）是指由在地面的空中交通管制员协调和指导空域或机场内不同航空器的航行路线和飞航模式，以防止飞航器在地面或者空中发生意外和确保它们均可以运作畅顺，达至最大效率。除此之外，空中交通管制的系统还会提供例如天气、航空交通流量和机场特别安排等资料，以协助飞行员和航空公司等作出相应的安排。

2. 航空管制区的范围

航空管制区，也称空中交通管制空域，是领空所有者对在领空内的飞行器进行管理的区域。它由航空管制中心控制，负责整个区域内航路和航线网的交通管理。

3. 空管员及其职责

空中交通管制工作由空中交通管制员（简称"空管员"）担任。空管员分为程序管制员和雷达管制员。管制中心的空管员根据飞行计划，批准飞机进入它的管制区域，当飞机飞出它的管制区后，再把任务移交给相邻的管制区。空管们可以通过甚高频陆空通话与飞行员保持联络，通过二次雷达（Secondary Radar）得知飞机的高度、速度、航行等信息。

4. 航管雷达

航管使用的雷达分为两个系统：一类是用于探测空中物体的反射式主雷达，称为一次雷达；另一类称为二次雷达，二次雷达实际上不是单一的雷达，而是包括雷达信标及数据处理在内的一套系统，所以二次雷达也叫做空管雷达信标系统（Air Traffic Control Radar Beacon System, ATCRBS）。其工作原理是，由地面二次雷达发出询问电脉冲，飞机上的二次雷达应答机收到这个询问脉冲后，向地面二次雷达发回一组数据，其中包括飞机的飞行高度、飞行速度等信息。地面二次雷达收到这组数据时，可以计算出飞机距雷达的方位和距离，从而得知飞机的位置信息，使空中交通管制员实时地得知空中飞机的位置、高度、速度和方向等参数，并通过分配给飞机的 SSR 代码得知飞机的航班号、所属航空公司等。一般大型民航飞机上都装有二次雷达应答机。

六、禁飞区和防空识别区问题

（一）禁飞区

1. 禁飞区的概念

禁飞区（禁航区、禁区），是指某一地域上空禁止任何未经特别申请许可的飞行器飞入或飞越的空域。禁飞区是主权国家因需要在其领空的特定空域设定的限制飞行的管制措施。

《芝加哥公约》第 9 条 "禁区" 规定：（1）缔约各国由于军事需要或公共安全的理由，可以一律限制或禁止其他国家的航空器在其领土内的某些地区上空飞行，但对该领土所属国从事定期国际航班飞行的航空器和其他缔约国从事同样飞行的航空器，在这一点上不得有所区别。此种禁区的范围和位置应当合理，以免空中航行受到不必要的阻碍。一缔约国领土内此种禁区的说明及其随后的任何变更，应尽速通知其他各缔约国及国际民用航空组织。（2）在非常情况下，或在紧急时期内，或为了公共安全，缔约各国也保留暂时限制或禁止航空器在其全部或部分领土上空飞行的权利并立即生效，但此种限制或禁止应不分国籍适用于所有其他国家的航空器。（3）缔约各国可以依照其制定的规章，令进入上述第 1 款或第 2 款所指地区的任何航空器尽速在其领土内一指定的机场降落。①

2. 外部强制划定禁飞区的法律与实践问题

近年来，出现了一种由外部力量在一个主权国家的领空内强行划定的禁飞区。此种禁飞区是指在发生内部冲突的国家领空内，由外部国家或国际组织强行划定的禁止该国飞行器在该国某些空域内飞行活动的禁区。国际法对外部禁飞区原本没有规定。20 世纪 90 年代以后，联合国安理会在一些西方国

---

① 《国际民用航空条约》，中国民航局官网，http：//www.caac.gov.cn/B1/GJXD/200710/t20071015_8422.html。

家的推动下开始授权采取此类措施。外部禁飞区本质上属于一种武力措施[①]，因而只有得到联合国的授权才具有合法性。

1992年外部禁飞区出现后，先后在伊拉克、波黑、利比亚进行了几次实践。但是，出现了西方国家和北约组织将其作为实现自身战略目地的工具而滥用的现象，将外部强行规定禁飞区变成了国际干涉的一种新模式，成为武力干涉相关国家内政乃至强行推动政权更迭的战争手段之一。2011年叙利亚内战爆发后，西方国家多次要求联合国安理会在叙利亚建立禁飞区，但被俄罗斯和中国否决。

（二）防空识别区

1. 防空识别区的概念

防空识别区（Air Defense Identification Zone，ADIZ）是指沿海国家基于国防需要而在本国领海上空以外的毗连空域划设的空中预警区域。"沿海国为了本国的安全，而在领海上空毗邻的空域划定一定的空域，要求在此空域航行的外国飞行器事先提出飞行计划，报告其所在位置。"[②] 设置防空识别区，可以提升本国空中预警能力，加强国家安全。防空识别区不是领空，不能改变其国际空域的性质，外国飞机仍可在这里自由飞行。"唯一的区别是飞行者要向防空识别区所在国通报飞行计划并保持联络。"[③]

2. 防空识别区的范围

防空识别区的具体范围，是根据国家空防要求需要而确定的。防空识别区涉及的是毗邻领海上空向外延伸的一段空域。"从现有各国实践来看，防空识别区的范围大多从领海基线起算向外延伸70海里到200海里不等，而该空域恰好位于主权国专属经济区上空。"[④]

3. 防空识别区的法律地位

国际法中没有关于防空识别区的具体规定。有些观点认为合法，有些观点认为非法。国际实践表明，"只要不违反国际法关于在领海之外空中航行自由的原则，建立防空识别区应该被视为是与国际法相容的。"[⑤] 世界上首个防空识别区是北美防空识别区。现在已有美国、澳大利亚、加拿大、德国、韩

---

① 王勇：《论冷战后禁飞区的实施困境与出路》，《国际政治》，2013年第15卷第2期。
② 日本国际法学会编，外交学院国际法教研室中文版总校订：《国际法词典》，世界知识出版社1985年版，第340页。
③ 刘子玮：《防空识别区不是领空，各方都别混淆》，《环球时报》，第14版，2013年11月25日。
④ 何蓓：《我国设立防空识别区的法理依据与建议》，《法治研究》，2013年第11期，第31页。
⑤ 白桂梅、朱利江：《国际法》，中国人民大学出版社2004年版，第213页。

国、中国等 20 多个国家和地区设立了防空识别区。

第三节　外层空间法

外层空间法（简称外空法）是指适用于外层空间领域的国际法原则、规则和制度的总称，是规范外层空间法律地位和各国探测利用外层空间活动的法律。其调整的对象主要是国家、国际空间组织在探索和利用外层空间活动中所发生的关系。在其的各项渊源中，国际条约是最主要的渊源。外层空间法主要是通过国际条约等国际法律文件发展起来的。

一、外层空间活动的法律原则

（一）构成外层空间法法律渊源的主要条约

1. 外空条约

1966 年联合国大会通过了《关于各国探索和利用包括月球和其他天体在内外层空间活动的原则的条约》（简称《外空条约》），条约无限期有效。《外空条约》共有 17 条，规定了从事航天活动所应遵守的 10 项基本原则，《外空条约》是国际上第一个规定外空活动法律原则的条约，首次以多边公约的形式确认了从事外空活动应当遵循的各项法律原则和规则，因而成为整个外层空间法的基石，是指导各国航天活动的基本准则，被称为"外空宪章"，已有百余国批准加入。

2. 营救协定

1967 年联合国大会通过了《营救宇航员、送回宇航员和归还发射到外层空间的实体的协定》（简称《营救协定》）。该公约是关于宇航员发生意外事故，各国应给予一切可能援助，送回宇航员及外空物体的规定。外空探索活动具有高度的危险性，宇航员作为人类在外层空间的使者，在为全人类的利益做出着重大贡献。射入外空的空间物体和宇航员有时会发生意外事故，紧急降落地面或未能降落到预定地点，这就需要国际社会大力合作，进行营救和提供协助。

3. 责任公约

1971 年联合国大会通过了《空间物体所造成损害的国际责任公约》（简称《责任公约》）。《责任公约》主要从责任主体、赔偿的范围、归责原则等方面进行了规定。其中责任主体方面，规定无论是一国政府从事的，还是该国非政府从事的，该国都应当承担国际责任。关于赔偿的归责原则规定了发射国对其空间实体对地面的损害负绝对责任。

4. 登记公约

1974 年联合国大会通过了《关于登记射入外层空间物体的公约》（简称《登记公约》）。为了确定外空物体的所有权，便于发射国的管辖，外层空间法建立了外空物体登记制度。

5. 月球协定

1979 年联合国大会通过了《指导各国在月球和其他天体上活动的协定》（简称《月球协定》）。该协定是目前唯一专门适用于月球和其他天体的条约。该协定与 1967 年的《外层空间条约》相比，更具体详尽地阐述了缔约国为确保月球和太阳系其他天体专门用于和平目的所应承担的义务，为和平与合作开发利用月球等天体规定了行为准则。

6. 外空相关原则宣言

1963 年 12 月 13 日，联合国大会通过了《各国探索和利用外层空间活动的法律原则宣言》（简称《外空原则宣言》），奠定了外层空间法律原则体系的基础，对外空实践活动及其相关立法起了重要的指导作用。20 世纪 80—90 年代，联合国大会还通过了有关宣言：1982 年《关于卫星直接电视广播的原则宣言》、1986 年《关于卫星遥感地球的原则宣言》和 1992 年《关于在外层空间使用核动力源的原则宣言》、1996 年《探索和利用外层空间的国际合作，促进所有国家的福利和利益，并特别要考虑到发展中国家的需要的宣言》、1999 年《空间千年：关于空间和人的发展的维也纳宣言》。这些文件虽然在严格意义上不具有法律拘束力，但对外层空间法在相关领域的进一步发展具有指导作用，反映了国际社会对外空特定问题的关注。

（二）**外空活动的基本原则**

1963 年《外空宣言》包含了各国探索和利用外层空间活动应遵循的九条法律原则。1967 年《外空条约》补充和发展了这些原则，并以国际公约的形式加以确立，成为各国探索和利用外层空间的共同准则。

1. 人类共同利益原则

《外空条约》第 1 条第 1 款规定，外层空间应为全人类的开发范围。探索和利用外层空间，包括月球和其他天体，应为所有国家谋福利和利益，而不论其经济或科学发展程度如何。该原则要求掌握先进技术的国家不得仅仅为了自身利益利用外层空间，而是必须本着为全人类谋福利的宗旨探索和利用，这样可以防止一些国家利用空间技术优势垄断空间利益。

2. 自由探索和利用原则

《外空条约》第1条第2款规定，所有国家都可在平等的基础上，不受任何歧视地根据国际法和《联合国宪章》自由探索和利用外层空间，自由进入天体的一切领域，并享有科学考察自由。每个国家既享有探索外层空间的权利，也负有对其他国家的自由探索和利用活动不设置任何障碍或制造困难的义务。

3. 不得据为己有原则

《外空条约》第2条规定，各国不得通过主权要求、使用或占领等方法，以及其他任何措施，把外层空间据为己有。该原则是绝对的，即不允许国家或政府占有，也不允许私人或私人企业占有；不得据为己有的对象既包括外层空间的领域及天体，还包括外层空间的资源。外层空间是全人类的共同财产，任何国家企图通过领土取得方式占有外层空间是不被允许的。

4. 和平利用与非军事化原则

《外空条约》第4条规定："各国应保证：不在绕地球的轨道上放置任何带核武器或任何其他类型大规模毁灭性武器的实体；不在天体装置这种武器；不以任何其他方式在外层空间部署这种武器。各缔约国必须把月球和其他天体绝对用于和平目的，禁止在这些天体试验任何类型的武器以及进行军事演习。"但可以为和平目的进行科学研究或探索使用必需设备。

5. 发射国所有权和管辖权原则

该原则要求各国在进行外层空间活动时，要最大限度地互相提供便利，通力协作，以促进探索和利用活动。《外空条约》第9条规定，各国探索和利用外层空间，应以合作互助原则为准则；应妥善地照顾其他缔约国的同等利益；不能对其他缔约国的和平探索和利用活动造成潜在的有害干扰。第10条规定，为遵照本条约的宗旨，提倡探索和利用的国际合作，各国应在平等的基础上考虑其他缔约国的要求，给予观测其空间实体飞行的机会。第11条规定，为提倡国际合作，各缔约国同意将本国的外空活动情况通知联合国秘书长和公众。

6. 国际合作与互助原则

射入空间的物体及其组成部分，无论出现在何处，其所有权应始终归登记发射空间物体的国家，登记国始终有权对其进行管辖。在发射当局管辖区域以外发现的空间物体，都应在发射当局的要求下，归还给发射当局。如空间物体无人认领，发现国可以自行处理，并向联合国秘书处登记。

二、外层空间的法律制度

（一）登记制度

空间法上的许多规定是以空间物体的登记国作为适用法律的连接点的。空间物体登记制度是现行空间法的一个重要组成部分。[1] 外空物体登记制度是由《登记公约》根据《外空条约》所确立的制度，主要内容有：

1. 登记国与发射国

登记国是一个依据《登记公约》将外空物体载入其登记册的发射国。登记国对其发射到外层空间的外空物体及其所载人员拥有管辖控制权和所有权。发射国是一个在其领土内发射或促使发射外空物体的国家。如果一个外空物体有两个或两个以上的发射国，应由发射国共同决定由其中的一个国家登记该外空物体。

2. 外空物体登记

发射成功的外空物体必须在两个登记册上登记：一个是发射国的"国家登记册"，它是发射国设置和保存的发射外空物体情报的法律文件；另一个是"联合国登记册"，它由联合国秘书长保存，记录着发射成功的外空物体的情况，且公开透明，可以查阅。这样的双重透明登记法律制度，既加强发射国的管理，又便于联合国从整体上掌握情况。

（二）责任制度

1. 责任主体

根据《责任公约》的规定，发射国对其发射的空间物体造成的损害，负有赔偿责任。因此，外空物体造成损害的责任主体是国家，是发射外空物体的发射国，而不论该外空物体的实际所有人是该国政府部门、法人或公民。在政府间国际组织参与发射时，该国际组织应承担发射国的义务。当有数个发射国时，这些发射国对该空间物体造成的损害负连带责任。当一个空间物体对另一个空间物体造成损害，并由此对第三国造成损害时，这两个空间物体的发射国也应承担连带责任。[2]

---

[1] 邵津：《国际法》，北京大学出版社、高等教育出版社2000年版，第183页。

[2] 朱晓青：《国际法学》，中国社会科学出版社2012年版，第314页。

2. 绝对责任和过失责任

1972年《责任公约》规定了绝对责任和过失责任两种责任制度。《责任公约》第2条规定："发射国对其空间物体在地球表面，或给飞行中的飞机造成损害，应负赔偿的绝对责任。"《责任公约》第3条规定："发射国对空间物体在地球表面以外的地方对另一国或对第三国的空间物体，或其所载人员或财产的损害，只在过失的情况下承担赔偿责任。"绝对责任是指只要外空物体造成了损害，无论发射国有无过失，都应当承担赔偿责任。过失责任是指只有损害是由于发射国或其负责人的过失造成的，发射国才对损害承担责任。

3. 共同责任和单独责任

《责任公约》第4条规定，一国的空间物体在地球表面以外给另一国的空间物体造成损害并因此损害第三国的，应区别情况由它们共同或单独对第三国负责。《责任公约》第5条还规定，两个或两个以上的共同发射空间物体的国家在该物体造成损害时应共同或单独承担责任。任一发射国在赔偿损害后，有权向共同发射的其他国家要求补偿。

4. 责任免除

发射国若能证明损害是因为求偿国或其所代表的自然人或法人的重大过失或因为它们采取行动或不行动故意造成时，发射国对损害的绝对责任，应当相应地免除。如果发射国因为进行不符合国际法的活动，特别是违反《联合国宪章》和《外空条约》的活动所造成的损害，其责任不能予以免除。

5. 赔偿

外空物体造成的损害包括生命的丧失、身体受伤或者健康的其他损害，以及国家、政府间国际组织、法人、自然人的财产损失。损害赔偿的要求须在损害发生之日起，或者判明应负责任的发射国之日起一年内向发射国提出。赔偿数额应依照国际法及公平合理的原则来确定。损害赔偿的要求，应通过外交途径向发射国提出。如果求偿国与发射国无外交关系，可由别国代替，也可请联合国秘书长提出这种要求，但须双方都是联合国的会员国。

（三）援救制度

1. 宇航员（航天员）是人类的使者

通过发射物体送往外层空间（包括月球及其他天体）的人称为"宇宙航行员"（简称宇航员、航天员）。《外空条约》责成各国应把宇宙航行员视为人类派往外层空间的使节，从1961年苏联宇航员首次宇航迄今，半个多世纪里共有30多个国家的400多名宇航员到达过太空。宇航活动具有高度的危险性，在宇航员发生意外事故、遇难或在他国境内、公海紧急降落时，各国均负有援助、营救和送还遇险或遇难宇航员的义务。

2. 营救和送还宇航员（航天员）

当各国发现宇航员在其管辖区域、公海，或不属于任何国家管辖的任何地方，发生意外，处于灾难状态时，应当通知发射当局和联合国秘书长。在不能判明发射当局或不能立即将此情况通知发射当局时，要立即用其所有的一切通信手段，公开通报这个情况。当通知到联合国秘书长时，要立即动用其所拥有的一切通信手段，传播这个消息。

3. 归还空间物体

各国在发现外空物体或其组成部分返回地球，并落在其所管辖地区内、公海或不属于任何国家管辖的其他任何地方时，应通知发射当局和联合国秘书长。发现空间实体的国家应在发射当局的要求下，将空间实体归还给该发射当局的代表。履行保护和归还空间实体或其组成部分义务所花费用，应由发射当局支付。

（四）在月球和其他外空天体上活动的原则

1. 人类共同继承财产

《月球协定》第 11 条规定，月球不得由国家依据主权要求通过利用、占领或以其他方法据为己有。月球及其自然资源是人类共同财富。各国有权在平等、不受任何歧视的基础上，按照国际法律规定探索和利用月球。

2. 和平利用和非军事化

《外空条约》第 4 条规定，各国必须把月球和其他天体绝对用于和平目的。禁止在天体建立军事基地、设施以及进行军事演习。《月球协定》进一步规定和平利用制度，明确做出了四项禁止性规定：禁止在月球上使用武力或以武力相威胁，或从事任何其他敌对行为或以敌对行为相威胁；禁止利用月球对地球、月球、宇宙飞行器或人造外空物体的人员实施任何此类行为或从事任何此类威胁；禁止在环绕月球的轨道上或飞向或飞绕月球的轨道上，放置载有核武器或任何其他种类的大规模毁灭性武器的物体，或在月球上或月球内放置或使用此类武器；禁止在月球上建立军事基地、军事装置及防御工程，试验任何类型的武器及举行军事演习。但不禁止为科学研究或任何其他和平目的而使用军事人员，也不禁止使用为和平探索和利用月球所必要的任何装备或设施。

3. 开展科学探索和研究活动

各国在月球表面或表面下层的任何地点进行探索和利用活动时，可以在月球上降落，也可以从月球发射外空物体，还可以将其人员、装备、设施等放置在月球的表面或表面之下的任何地点。这些人员和装置等，可以在月球表面或表面下层自由移动或自由被移动。各国有权在月球上采集矿物和其他物质的标本。发动采集此类标本的国家，可以保留其处置权，并可以为科学研究的目的而使用这些标本。各国也可以将此类标本的一部分提供给其他国家供科学研究之用。各国在进行科学研究时，可以使用适当数量的月球矿物以完成他们的任务。如果各国同意在派遣前往月球或在月球之上建立装置时，在实际可能的范围内，尽量交换科学和其他人员。①

4. 环境保护

《月球协定》第7条规定，各国在探索和利用月球时，应当采取措施，防止月球环境的现有平衡遭到破坏。无论这种破坏是由于在月球环境中导致不利变化，还是由于引入环境外物质使其环境受到有害污染，或者是由于其他方式而产生，各国都应该采取措施防止其受到有害影响。

5. 国际合作与开发制度

由于外层空间的活动具有跨国界的性质，各国在外层空间的活动必须通过国际合作来促进本身及相互间的利益实现。各国在外层空间所进行的一切活动必须妥善照顾其他国家的同等利益；避免使外层空间遭受有害的污染；应将外空活动的性质、方法、地点及结果通知联合国秘书长、公众和科学界；将其在月球和天体上的驻地、设施、设备和宇宙飞行器对各国开放。② 当月球等自然资源的开发即将可行时，建立指导此种开发的国际制度。建立国际开发制度的主要宗旨是：有秩序地和安全地开发月球的自然资源，并对这些资源进行合理的管理，以扩大使用资源的机会。所有缔约国应公平分享这些资源所带来的利益，而且应当对发展中国家的需要，以及各个直接或间接对探索月球作出贡献的国家所作的努力，给予特别的照顾。

三、外空其他法律问题

（一）地球静止轨道的法律地位

1. 地球静止轨道

地球静止轨道是指位于地球赤道平面上空离地面约3.58万公里的环绕地

---

① 温树英：《国际法》，法律出版社2006年版，第150页。
② 徐乃斌：《国际法学》，中国政法大学出版社2013年版，第256页。

球的圆形轨道。放置在该轨道上的人造卫星绕地球一周约需 24 小时，恰等于地球自转一周的时间。由于卫星和地球自转方向相同，从地面观看，卫星犹如处于静止状态，固定在这条轨道的一定位置上，因此该轨道被称为地球静止轨道，放置在该轨道上的卫星被称为地球静止卫星。[①]

2. 地球静止轨道适用的原则

根据 1966 年《外层空间条约》，地球静止轨道应该适用如下原则：（1）在平等、不受任何歧视的基础上，所有国家可以自由探测和利用地球静止轨道。（2）各国不得通过主权要求、使用或占领等方法以及其他任何方法，将地球静止轨道据为己有。（3）探索和利用地球静止轨道应为所有国家谋福利。

3. 发达国家与发展中国家在地球静止轨道分配使用方面的分歧

发达国家与发展中国家在地球静止轨道的分配使用方面未达成一致意见。发达国家主张由国际电联审议地球静止轨道问题。多数发展中国家则坚持认为，审议与地球静止轨道有关的法律问题，是联合国大会授予外空委员会及其法律小组委员会的职权，尽管地球静止轨道是外空的组成部分，但由于它属于有限的自然资源，应制定特别法律制度以确保平等使用该轨道。

（二）卫星直接电视广播的法律问题

卫星直接电视广播，是指通过地球静止轨道上的卫星，播放电视节目。

1. 卫星国际直接电视广播所应遵守的原则

1982 年 11 月 22 日，第 37 届联合国大会通过了《各国利用人造地球卫星进行国际直接电视广播所应遵守的原则》，做出了关于卫星国际直接电视广播方面的原则性规定。该原则对于各国规范与卫星直接电视广播有关的问题上有重大的指导意义。

《各国利用人造地球卫星进行国际直接电视广播所应遵守的原则》规定：利用卫星进行国际直接电视广播活动，不得侵犯各国主权，包括不得违反不干涉原则，并且不得侵犯有关联合国文书所载明的每个人有寻求、接受和传递信息和思想的权利。这类活动应促进文化和科学领域情报和知识的自由传播和相互交流，特别有助于发展中国家的教育、社会和经济的发展，提高人民的生活水平。利用卫星进行国际直接电视广播活动应遵照国际法，其中包括《联合国宪章》、《外层空间条约》、《国际电信公约》及其无线电规则的有

[①] 贺其治：《地球静止轨道的法律地位》，《中国国际法年刊》，中国对外翻译出版公司 1987 年版，第 280 页。

关规定，以及关于各国间友好关系与合作和关于人权的国际文书的有关规定。在某一国际直接电视广播卫星服务范围内的任何广播国或收视国，如经同一服务范围内的其他任何广播国或收视国要求协商，应当迅速就其活动与要求国协商。凡利用或授权利用卫星进行国际直接电视广播活动的国家，应当尽量将这些活动的性质通知联合国秘书长。联合国秘书长再将通知立即有效地转告联合国各有关专门机构以及公众和国际科学界。

2. 发展中国家与西方国家在卫星国际直接电视广播方面的分歧

发展中国家与西方国家在这方面的主要分歧在于：前者认为，国家根据主权原则有权拒绝政治上不可接受和文化上不相容的电视广播，传播消息必须在尊重国家主权的基础上进行。后者则认为，必须无条件地坚持自由传播消息和交流思想的原则，否则就违反了世界人权文件中所确认的人人有权跨越国界寻求、接受和传递消息的权利。

（三）卫星遥感地球的法律问题

1. 卫星遥感地球

卫星遥感地球是指"从空间平台进行观察和探测，以协助判认地球自然资源、自然面貌和现象以及其环境的性质和状况的一种方法，这种方法目前主要是依靠电磁波的辐射和反射"。[①] 卫星遥感地球是一项综合性活动，目前广泛适用于环境监测、海洋勘察、地质测绘等诸多领域。

2. 从空间遥感地球的原则

联合国大会于1986年12月通过的《关于从空间遥感地球的原则》是国际社会关于卫星遥感地球方面重要的法律文件，对于解决卫星遥感所带来的法律问题有一定的指导意义。它主要规定了以下法律原则：（1）遥感活动应为所有国家谋福利，应特别考虑发展中国家的需要。（2）进行遥感活动应遵守国际法，应遵守所有国家和人民对其财产和自然资源享有完全和永久主权的原则。（3）遥感国按照彼此同意的条件向其他国家提供技术援助。被感国取得遥感国拥有的关于其管辖下的领土的分析资料。（4）遥感应促进保护地球自然环境及人类免受自然灾害的侵袭。

3. 在遥感资料散布问题上存在争议

卫星遥感地球，一方面，获得的有关数据、资料可用于各种领域，对工农业发展、保护地球环境有着重要的意义；另一方面，所获得有关一国军事

[①] 贺其治：《卫星遥感地球的法律问题》，《中国国际法年刊》，中国对外翻译出版公司1984年版，第49页。

和自然资源的重要情报，若被他国掌握和利用，就有可能影响受感国的经济发展和国家安全。① 在遥感国是否可以随意散布资料等问题上存在争议。发展中国家坚持遥感国应得到受感国的同意，方可将遥感得到的资料散布给其他国家。美国和日本等西方国家则主张自由散发。而苏联主张"分辨力高，涉及军事和重大经济利益的资料散布时，应加以限制"。②

（四）外空使用核能源的法律问题

1. 航天器使用核动力源问题

航天器在进入飞行轨道后，为了进行通讯指挥等，需要一定的电能。随着越来越多的大型航天器的建造和使用，通常依靠太阳能电池等的供电方式已不能满足较强大的动力需求，使用核动力源是解决这一问题的办法。苏联/俄罗斯和美国已发射了几十颗核动力卫星。但是，因核动力卫星失事而重返地球的事件屡见不鲜。1979年，苏联核动力宇宙卫星失控，在重返大气层时烧毁，几十公斤的放射性铀残片散落于加拿大西北部46万平方公里的领土上。之后还有其他国家核动力卫星因失事而重返地球的事件。这促使国际社会警觉，1992年联合国大会通过了《关于在外层空间使用核动力源的原则》，该原则对外空使用核动力源规定了安全标准，具有较强的指导意义。

2. 在外层空间使用核动力源的原则

（1）所有在外空使用核动力源的活动应按照国际法进行，尤其是联合国宪章和外空条约。（2）发射载有核动力源的空间物体的国家应力求保护个人、人口和生物圈免受辐射危害。发射国在发射前应确保进行彻底和全面的安全评价，并应通知联合国秘书长。（3）拥有空间监测和跟踪设施的国家，在接到关于载有核动力源的空间物体计划将重返大气层后，应本着国际合作的精神，尽早向联合国秘书长和相关国家提供他们可能拥有的关于载有核动力源的空间物体发生故障的有关情报。（4）各国应为本国或国际组织在外层空间涉及使用核动力源的活动承担国际责任。

第四节　中国航空航天法律法规

一、中国航空法规

1995年10月30日，第八届全国人大常委会第十六次会议通过《中华人

---

① 周忠海：《国际法》，中国政法大学出版社2007年版。
② 曹建明、周洪钧、王虎华：《国际公法学》，法律出版社1998年版，第370页。

民共和国民用航空法》（简称《民用航空法》），该法于1996年3月10日起实施。这是中国第一部全面规范民用航空活动的专门法律，是中国民航法制建设和民航事业发展过程中具有里程碑意义的法律文件，共计16章214条。

（一）中国航空法规的有关规定

1. 领空主权

《民用航空法》第2条规定，"中华人民共和国的领陆和领水之上的空域为中华人民共和国领空。中华人民共和国对领空享有完全的、排他的主权。"[①]外国民用航空器根据其国籍登记国政府与中华人民共和国政府签订的协定协议的规定，或者经中华人民共和国国务院民用航空主管部门批准或者接受，方可飞入飞出中华人民共和国领空和在中华人民共和国境内飞行降落；对不符合前款规定，擅自飞入飞出中华人民共和国领空的外国民用航空器，中华人民共和国有关机关有权采取必要措施，令其在指定的机场降落；对虽然符合前款规定，但是有合理的根据认为需要对其进行检查的，有关机关有权令其在指定的机场降落。

2. 航空器的国籍和标志

《民用航空法》第6—9条规定了涉及航空器国籍的一系列问题："经中华人民共和国国务院民用航空主管部门依法进行国籍登记的民用航空器，具有中华人民共和国国籍，由国务院民用航空主管部门发给国籍登记证书。""依法取得中华人民共和国国籍的民用航空器，应当标明规定的国籍标志和登记标志。""民用航空器不得具有双重国籍。未注销外国国籍的民用航空器不得在中华人民共和国申请国籍登记。""中华人民共和国民用航空器的国籍标志为罗马体大写字母B。中华人民共和国民用航空器的登记标志为阿拉伯数字、罗马体大写字母或者二者的组合。……中华人民共和国民用航空器的国籍标志置于登记标志之前，国籍标志和登记标志之间加一短横线。"[②]

3. 赔偿责任

《民用航空法》第157条规定："因飞行中的民用航空器或者从飞行中的民用航空器上落下的人或者物，造成地面（包括水面，下同）上的人身伤亡或者财产损害的，受害人有权获得赔偿；但是，所受损害并非造成损害的事

[①] 《中华人民共和国民用航空法》，中华人民共和国政府官网，http：//www.gov.cn/banshi/2005－08/23/content_25581_2.htm。

[②] 《中华人民共和国民用航空器国籍登记条例》，中国民用航空局官网，http：//www.caac.gov.cn/B1/B5/200612/t20061218_792.html http：//www.gov.cn/banshi/2005－08/23/content_25581_2.htm。

故的直接结果,或者所受损害仅是民用航空器依照国家有关的空中交通规则在空中通过造成的,受害人无权要求赔偿。"第 161 条规定:"依照本章规定应当承担责任的人证明损害是完全由于受害人或者其受雇人、代理人的过错造成的,免除其赔偿责任;应当承担责任的人证明损害是部分由于受害人或者其受雇人、代理人的过错造成的,相应减轻其赔偿责任。但是,损害是由于受害人的受雇人、代理人的过错造成时,受害人证明其受雇人、代理人的行为超出其所授权的范围的,不免除或者不减轻应当承担责任的人的赔偿责任。"

4. 安全管理和反劫机法律

《民用航空法》第五章规范了安全管理,完善了法律规定,对民用机场的使用和管理制度、民用航空人员执照制度等做了规定。对于危害民航安全和劫机行为,《民用航空法》规定:凡以暴力、胁迫或其他方式劫持航空器、或对飞行中的航空器上的人员使用暴力、或在航空器内放置危险品、或传递虚假情报干扰飞行秩序等行为,均构成危害航空安全的犯罪行为,应追究其刑事责任。[①] 第八章第 101 条规定:"禁止以非危险品品名托运危险品;禁止旅客随身携带危险品乘坐民用航空器;除因执行公务并按照国家规定经过批准外,禁止旅客携带枪支管制刀具乘坐民用航空器;禁止违反国务院民用航空主管部门的规定将危险品作为行李托运。"[②] 第 102 条规定:"公共航空运输企业不得运输拒绝接受安全检查的旅客,不得违反国家规定运输未经安全检查的行李。"[③]

中国《刑法》第 121 条规定:以暴力、胁迫或者其他方法劫持航空器的,处十年以上有期徒刑或者无期徒刑;致人重伤、死亡或者使航空器遭受严重破坏的,处死刑。123 条规定:对飞行中的航空器上的人员使用暴力,危及飞行安全,尚未造成严重后果的,处五年以下有期徒刑或者拘役;造成严重后果的,处五年以上有期徒刑。[④]

5. 国内载运权

《民用航空法》第 107 条规定,本法所称国内航空运输,是指根据当事人

[①] 《中华人民共和国民用航空法》,中华人民共和国政府官网,http://www.gov.cn/banshi/2005-08/23/content_25581_2.htm。

[②] 同上。

[③] 同上。

[④] 《中华人民共和国刑法》,中国网,http://www.china.com.cn/policy/txt/2012-01/14/content_24405327.htm。

订立的航空运输合同，运输的出发地点、约定的经停地点和目的地点均在中华人民共和国境内的运输。① 第 176 条规定：外国民用航空器的经营人经其本国政府指定，并取得中华人民共和国国务院民用航空主管部门颁发的经营许可证，方可经营中华人民共和国政府与该外国政府签订的协定协议规定的国际航班运输；外国民用航空器的经营人经其本国政府批准，并获得中华人民共和国国务院民用航空主管部门批准，方可经营中华人民共和国境内一地和境外一地之间的不定期航空运输。第 177 条规定：外国民用航空器的经营人，不得经营中华人民共和国境内两点之间的航空运输。

6. 外国民用航空器在中国必须遵守的规则

《民用航空法》第十三章第 173 条规定：外国人经营的外国民用航空器，在中华人民共和国境内从事民用航空活动，适用本章规定；本章没有规定的，适用本法其他有关规定。第 174 条规定：外国民用航空器根据其国籍登记国政府与中华人民共和国政府签订的协定协议的规定，或者经中华人民共和国国务院民用航空主管部门批准或者接受，方可飞入飞出中华人民共和国领空和在中华人民共和国境内飞行降落；对不符合前款规定，擅自飞入飞出中华人民共和国领空的外国民用航空器，中华人民共和国有关机关有权采取必要措施，令其在指定的机场降落；对虽然符合前款规定，但是有合理的根据认为需要对其进行检查的，有关机关有权令其在指定的机场降落。第 175 条规定：外国民用航空器飞入中华人民共和国领空，其经营人应当提供有关证明书，证明其已经投保地面第三人责任险或者已经取得相应的责任担保；其经营人未提供有关证明书的，中华人民共和国国务院民用航空主管部门有权拒绝其飞入中华人民共和国领空。第 178 条规定：外国民用航空器，应当按照中华人民共和国国务院民用航空主管部门批准的班期时刻或者飞行计划飞行；变更班期时刻或者飞行计划的，其经营人应当获得中华人民共和国国务院民用航空主管部门的批准；因故变更或者取消飞行的，其经营人应当及时报告中华人民共和国国务院民用航空主管部门。第 179 条规定：外国民用航空器应当在中华人民共和国国务院民用航空主管部门指定的设关机场起飞或者降落。第 180 条规定：中华人民共和国国务院民用航空主管部门和其他主管机关，有权在外国民用航空器降落或者飞出时查验本法第 90 条规定的文件。外国民用航空器及其所载人员行李货物，应当接受中华人民共和国有关主管机关依法实施的入境出境海关检疫

---

① 邵沙平：《国际法》，人民大学出版社 2007 年版，第 472 页。

等检查。第 181 规定：外国民用航空器国籍登记国发给或者核准的民用航空器适航证书机组人员合格证书和执照，中华人民共和国政府承认其有效；但是，发给或者核准此项证书或者执照的要求，应当等于或者高于国际民用航空组织制定的最低标准。第 182 条规定：外国民用航空器在中华人民共和国搜寻援救区内遇险，其所有人或者国籍登记国参加搜寻援救工作，应当经中华人民共和国国务院民用航空主管部门批准或者按照两国政府协议进行。第 183 条规定：外国民用航空器在中华人民共和国境内发生事故，其国籍登记国和其他有关国家可以指派观察员参加事故调查事故调查报告和调查结果，由中华人民共和国国务院民用航空主管部门告知该外国民用航空器的国籍登记国和其他有关国家。

7. 相关问题的法律适用

《民用航空法》第十四章第 184 条规定：中华人民共和国缔结或者参加的国际条约同本法有不同规定的，适用国际条约的规定；但是，中华人民共和国声明保留的条款除外。中华人民共和国法律和中华人民共和国缔结或者参加的国际条约没有规定的，可以适用国际惯例。第 185 条规定：民用航空器所有权的取得转让和消灭，适用民用航空器国籍登记国法律。第 186 条规定：民用航空器抵押权适用民用航空器国籍登记国法律。第 187 条规定：民用航空器优先权适用受理案件的法院所在地法律。第 188 条规定：民用航空运输合同当事人可以选择合同适用的法律，但是法律另有规定的除外；合同当事人没有选择的，适用与合同有最密切联系的国家的法律。第 189 条规定：民用航空器对地面第三人的损害赔偿，适用侵权行为地法律民用航空器在公海上空对水面第三人的损害赔偿，适用受理案件的法院所在地法律。第 190 条规定：依照本章规定适用外国法律或者国际惯例，不得违背中华人民共和国的社会公共利益。

（二）中国空中交通管理制度

1999 年 7 月 5 日中国民用航空总局局务会议通过《中国民用航空空中交通管理规则》，自 2000 年 1 月 5 日起施行。该规则适用于依法在中国领空以及根据中国缔约或者参加的国际条约的规定，由中国提供空中交通管制的公海上空的民航活动。该"规则是组织实施民用航空空中交通管理的依据。各级民用航空管理机构和从事民用航空活动的单位和个人，以及在我国飞行情报区内飞行的外国民用航空器飞行人员，均应当遵守本规则"。①

"中国民用航空总局（简称民航总局）空中交通管理局根据国家的规定负

---

① 《中国民用航空空中交通管理规则》第一章总则第 2 条，中国民用航空局官网，http：//www.caac.gov.cn/B1/B6/200612/t20061220_900.html。

责全国民用航空空中交通管理的组织实施,包括空中交通管制、通信导航监视、航行情报和气象服务等。"① 中国 "用于民用航空的空中交通管制空域,分为飞行情报区、管制区、限制区、危险区、禁区、航路和航线"。② "飞行情报区是指为提供飞行情报服务和告警服务而划定范围的空间。"③ "危险区、限制区、禁区是指根据需要,经批准划设的空域。"④

(三) 中国与国际航空条约和协定⑤

1.《国际民用航空公约》

1974 年 2 月 15 日,中华人民共和国政府函告国际民航组织,承认 1944 年 12 月 9 日当时的中国政府签署并于 1946 年 2 月 20 日交存批准书的该公约。该公约自 1997 年 7 月 1 日、1999 年 12 月 20 日起分别适用于香港、澳门特别行政区。

2.《国际航班过境协定》

中华人民共和国政府分别于 1997 年 6 月 3 日和 1999 年 10 月 6 日发布通知,适用于香港、澳门的该公约自中国政府对香港、澳门恢复行使主权后,该公约将适用于香港、澳门特别行政区。

3.《国际航空运输协定》

1944 年 12 月 7 日当时的中国政府签署了《国际航空运输协定》,并于 1945 年 6 月 6 日批准了该协定(同日起生效)。中国政府于 1946 年 12 月 11 日废止了该协定,废止自 1947 年 12 月 11 日起生效。

4.《国际承认航空器权利公约》

中华人民共和国政府于 1999 年 12 月 9 日发布通知,适用于澳门的该公约将自 1999 年 12 月 20 日起继续适用于澳门特别行政区。2000 年 4 月 28 日中国交存加入书时通知,中华人民共和国政府不承认 1949 年新中国成立前的中国政府对该公约的签署;在中华人民共和国政府另行通知前,《国际承认航空器权利公约》暂不适用于香港特别行政区。

---

① 《中国民用航空空中交通管理规则》第一章总则第 3 条,中国民用航空局官网,http://www.caac.gov.cn/B1/B6/200612/t20061220_900.html。
② 《中国民用航空空中交通管理规则》第四章空域第一节第 83 条,中国民用航空局官网,http://www.caac.gov.cn/B1/B6/200612/t20061220_900.html。
③ 《中国民用航空空中交通管理规则》第四章空域第一节第 85 条,中国民用航空局官网,http://www.caac.gov.cn/B1/B6/200612/t20061220_900.html。
④ 《中国民用航空空中交通管理规则》第四章空域第三节第 96 条,中国民用航空局官网,http://www.caac.gov.cn/B1/B6/200612/t20061220_900.html。
⑤ 详情见中国民航局官网,http://www.caac.gov.cn/B1/GJXD/,访问时间 2014 年 5 月。

5. 《统一国际航空运输某些规则的公约》

中国政府于 1958 年 7 月 20 日交存了加入书的该公约和中华人民共和国政府于 1975 年 8 月 20 日交存了加入书的《修订 1929 年 10 月 12 日订于华沙的统一国际航空运输某些规则的公约的议定书》，中华人民共和国政府 1997 年 6 月 16 日通知，将自 1997 年 7 月 1 日起适用于香港特别行政区。

6. 《统一非缔约承运人从事国际航空运输某些规则以补充华沙公约的公约》

中华人民共和国政府于 1977 年 6 月 12 日通知，目前适用于香港的该公约自 1997 年 7 月 1 日起将继续适用于香港特别行政区。

7. 《关于在航空器内的犯罪和其他某些行为的公约》（《东京公约》）

中华人民共和国政府于 1978 年 11 月 14 日交存《东京公约》加入书。中华人民共和国政府同时宣布：不受该公约第 24 条第一款的约束。第 24 条第一款规定如下，如缔约国之间对本公约的解释或引用发生争端而不能以谈判解决时，经其中一方的要求，应交付仲裁。如果在要求仲裁之日起六个月内，当事国对仲裁的组织不能达成协议时，任何一方可按照国际法院的法规提出申请书，将争端提交国际法院。中华人民共和国政府 1997 年 6 月 5 日通知，该公约将自 1997 年 7 月 1 日起适用于香港特别行政区。同时声明，中华人民共和国政府交存加入书时对该公约第 24 条第一款所做的保留也适用于香港特别行政区。中华人民共和国政府于 1999 年 12 月 6 日通知，该公约将自 1999 年 12 月 20 日起适用于澳门特别行政区。同时声明，中华人民共和国政府对该公约第 24 条第一款所做的保留也适用于澳门特别行政区。

8. 《制止非法劫持航空器的公约》（《海牙公约》）

中国政府在加入《海牙公约》的文书中声明："中国政府声明，台湾当局以中国名义对上述公约的签字和批准是非法无效的。"同时宣布："中华人民共和国政府不受海牙公约第 12 条第一款的约束。"第 12 条第一款如下："如两个或几个缔约国之间对本公约的解释或应用发生争端而不能以谈判解决时，经其中一方的要求，应交付仲裁。如果在要求仲裁之日起六个月内，当事国对仲裁的组成不能达成协议，任何一方可按照国际法院规约，要求将争端提交国际法院。"

9. 《制止危害民用航空安全的非法行为公约》（《蒙特利尔公约》）

中国于 1980 年 9 月 10 日加入《蒙特利尔公约》，同年 10 月 10 日对中国生效。在加入书中"中国政府声明，台湾当局以中国名义对上述公约的签字和批准是非法无效的"。并同时宣布：中华人民共和国政府不受《蒙特利尔公约》第 14 条第一款的约束。第 14 条第一款规定如下："如两个或几个缔约国之间对本公约的解释或应用发生争端而不能以谈判解决时，经其中一方的要求，应交付仲裁。如果在要求仲裁之日起六个月内，当事国对仲裁的组成不能达成协议，任何一方可按照国际法院规约，要求将争端提交国际法院。"

10.《制止在用于国际民用航空的机场发生非暴力行为以补充1971年9月23日订于蒙特利尔的制止危害民用航空安全的非法行为的公约的议定书》

中国政府在批准该议定书时做了如下保留："中华人民共和国在加入该公约时，对1971年9月23日订于蒙特利尔的《制止危害民用航空安全的非法行为的公约》第14条第一款所做的保留也适用于本议定书。"中国政府1997年6月12日通知，目前适用于香港的该议定书将自1997年7月1日起将继续适用于香港特别行政区。

11.《统一国际航空运输某些规则的公约》(《1999年蒙特利尔公约》)

2005年2月28日全国人大常委会通过，7月31日在中国生效。中国同时声明：在中华人民共和国政府另行通知前，《统一国际航空运输某些规则的公约》暂不适用于中华人民共和国香港特别行政区。

(三) 中国的防空识别区

2013年11月23日中国政府宣告设立东海防空识别区，这符合国际通行做法，是根据国家空防要求和维护空中飞行秩序需要而确定的。

《中华人民共和国政府关于划设东海防空识别区的声明》[①]

(2013年11月23日)

中华人民共和国政府根据1997年3月14日《中华人民共和国国防法》、1995年10月30日《中华人民共和国民用航空法》和2001年7月27日《中华人民共和国飞行基本规则》，宣布划设东海防空识别区。具体范围为以下六点连线与我领海线之间空域范围：北纬33度11分、东经121度47分，北纬33度11分、东经125度00分，北纬31度00分、东经128度20分，北纬25度38分、东经125度00分，北纬24度45分、东经123度00分，北纬26度44分、东经120度58分。

《中华人民共和国东海防空识别区航空器识别规则公告》[②]

(2013年11月23日)

中华人民共和国国防部根据中国政府关于划设东海防空识别区的声明，

---

① 新华网，http://news.xinhuanet.com/mil/2013-11/23/c_125750439_2.htm。
② 同上。

现将东海防空识别区航空器识别规则公告如下：

一、位于中华人民共和国东海防空识别区（以下简称东海防空识别区）飞行的航空器，必须遵守本规则。

二、位于东海防空识别区飞行的航空器，必须提供以下识别方式：

（一）飞行计划识别。位于东海防空识别区飞行的航空器，应当向中华人民共和国外交部或民用航空局通报飞行计划。

（二）无线电识别。位于东海防空识别区飞行的航空器，必须开启并保持双向无线电通信联系，及时准确回答东海防空识别区管理机构或其授权单位的识别询问。

（三）应答机识别。位于东海防空识别区飞行的航空器，配有二次雷达应答机的应当全程开启。

（四）标志识别。位于东海防空识别区飞行的航空器，必须按照有关国际公约规定，明晰标示国籍和登记识别标志。

三、位于东海防空识别区飞行的航空器，应当服从东海防空识别区管理机构或其授权单位的指令。对不配合识别或者拒不服从指令的航空器，中国武装力量将采取防御性紧急处置措施。

二、中国航天法规

（一）中国的外空活动

1. 中国宇航事业

中国的航天事业起步于20世纪50年代，人造卫星、宇宙飞船的发射成功和探月计划的实施，标志着中国在空间科学、空间技术和应用领域相继取得了突破式进展，"已成为仅次于美国和俄罗斯的重要航天大国"。[①]

人造卫星方面：中国首颗卫星于1970年发射成功。中国现在有几十颗卫星在太空中遨游。运载火箭方面：中国先后研制了12种不同类型的"长征"系列火箭，能发射近地轨道、地球静止轨道和太阳同步轨道的卫星。宇宙飞船方面：中国研制的"神舟"系列宇宙飞船，从1999年"神舟一号"到2013年"神舟十号"连续成功发射，实现了载人飞行，太空漫步。空间站工程方面：发射了"天宫"空间实验室，实现了"神州"飞船与"天宫"实验室的

---

① 高国柱：《中国航天活动的立法保障与未来展望》，《北京理工大学学报（社会科学版）》，2011年第4期，第86页。

交会对接，最终将建成载人空间站。探月计划方面：中国2004年启动探月计划"嫦娥工程"，2007年"嫦娥一号"、2010年"嫦娥二号"探月卫星分别发射成功。

2. 中国加入的外空条约和协定

(1)《关于各国探索和利用外层空间包括月球与其他天体活动所应遵循原则的条约》（简称《外空条约》），中国于1983年12月30日、1984年1月6日、12日向美、苏、英三国政府交存加入书，1983年12月30日对中国生效。(2)《营救宇航员、送回宇航员和归还射入外层空间的物体的协定》（简称《营救协定》），中国于1987年加入该协定。(3)《空间物体所造成损害的国际责任公约》（简称《责任公约》），中国于1989年加入该公约。(4)《关于登记射入外层空间物体的公约》（简称《登记公约》），中国于1988年加入该公约。

(二) 中国民用航天法规

中国目前的民用航天规章主要有两个：一是2001年《空间物体登记管理办法》；二是2002年《民用航天发射项目许可证管理暂行办法》。

1.《空间物体登记管理办法》

中国于1988年12月加入《关于登记射入外层空间物体的公约》（简称《登记公约》）。为加强国家对空间活动的管理，建立空间物体登记制度，维护中国作为空间物体发射国的合法权益，有效履行《登记公约》缔约国的义务，2001年2月8日，国防科工委和外交部联合发布了《空间物体登记管理办法》，这是中国第一部有关民用航天的国内法规。《空间物体登记管理办法》"明确了空间物体的内涵、登记空间物体的主管部门、登记程序和要求，要求建立空间物体的国家登记册，由此建立了中国空间物体的登记管理制度"。[①]

2.《民用航天发射项目许可证管理暂行办法》

2002年11月21日，国防科工委发布《民用航天发射项目许可证管理暂行办法》，自同年12月21日起施行。《民用航天发射项目许可证管理暂行办法》建立了对在中国境内非军事用途的航天器进入外层空间的行为的许可证管理体系。根据该制度，民用航天发射项目包括本土发射和海外发射两种情况。前者是指民用卫星在中国境内进入外层空间的行为；后者是指中国自然

---

① 高国柱：《中国航天活动的立法保障与未来展望》，《北京理工大学学报（社会科学版）》，2011年第4期，第86页。

人、法人或其他组织已拥有产权的或者通过在轨交付方式拥有产权的卫星等航天器在中国境外进入外层空间的行为。《民用航天发射项目许可证管理暂行办法》对许可证的申请与审批、监督与管理以及法律责任等都做了明确的规定，从而使民用航天发射步入了有法可依的阶段，也为中国的空间商业发射活动奠定了良好的法律基础。

第十章 外交关系和领事关系法

第一节 外交关系法概述

一、外交、外交关系与外交关系法的基本概念
（一）外交、外交关系与外交关系法
1. 外交的定义

从国际法的角度，外交可界定为国家为了实现其对外政策，通过互相在对方首都设立使馆，派遣或者接受特别使团，领导人访问，参加联合国等国际组织，参加政府性国际会议，用谈判、通讯和缔结条约等方法，处理其国际关系的活动。

英文外交一词源于希腊语，意为君主派出使节时用以证明身份的证书。中国外交古代称为"外事"，清末曾称"外务"，现代才开始使用"外交"一词。外交活动历史悠久。1648年《威斯特伐利亚和约》的签订，确立了主权国家作为国际关系和国际法主体的地位，也明确了外交在国际关系中的职能作用。

2. 外交关系

外交关系是国家之间在外交活动中形成的一种关系，属于国家对外关系的范畴。国际法意义上的外交关系有广义和狭义两种。广义上的外交关系主要是指国与国之间为了实现各自的对外政策，通过互设常驻外交代表机构和通过参加国际组织等各种形式的外交活动进行交往所形成的关系。狭义上的外交关系则是指国家互相在对方首都设立使馆并通过它们进行交往的关系。这种关系是通过法律的形式为国家对外政策服务的。此外，正在争取独立的民族和政府间国际组织在一定条件下依上述方式在外交活动中形成的关系也属外交关系的范畴。[1]

---

[1] 王虎华：《国际公法学》，北京大学出版社、上海人民出版社2005年版，第326页。

3. 外交关系法

外交关系法是指适用于外交关系领域的国际法原则、规则和制度的总称。其主要国际条约包括：1961年《维也纳外交关系公约》、1969年《特别使团公约》、1973年《关于防止和惩处侵害应受国际保护人员包括外交代表的罪行的公约》、1975年《维也纳关于国家在其对国际组织关系上的代表权公约》。

其中，订于1961年的《维也纳外交关系公约》是外交关系法中最主要的一个国际公约，共53条，比较全面地规定了适用于国家之间外交关系的原则、规则和制度。公约的主要内容包括：建立外交关系、使馆制度、外交特权与豁免及国际组织与东道国的关系等。

(二) 外交关系的基本概念

1. 外交与外交关系的历史形成

外交的发展历程是一个不断加强和丰富的过程。外交作为国与国之间交往以及执行国家外交政策的工具，古已有之。外交史上的"原始外交"时期，古代希腊人已建立了一定的外交制度。中世纪，外交行为进入了混乱时期，但外交技巧曾经发展到十分熟练的程度。中世纪末期，伴随着文艺复兴运动方兴未艾，意大利人成为西方外交的鼻祖。1455年，米兰大公弗朗西斯可·斯福沙第一个在热那亚设立常驻使团，不久其他城邦国家和西欧国家纷纷仿效。常驻使团的出现，极大推动了西方外交关系的发展。

近代以来，随着交通和通信的发展，国际交往的便利，形成了普遍联系的世界性外交。现代以来，随着国际关系的全面发展，作为一种推行国家政策、维护国家利益、增进国际友谊的工具，外交已成为世界各国进行国际沟通与交往须臾不可或缺的重要平台和渠道。与古代和近代外交相比，现代外交制度化、体系化、规范化，内容丰富，手段灵活，方法多样。

2. 外交关系的建立、中止与断绝

在通常情况下，外交关系的建立必须经双方同意，即意味着双方有权派出各自的外交代表到对方的首都常驻和建立使馆，并按国际法享有外交特权和便利，以代表本国和维护本国的利益。根据《维也纳条约法公约》的规定，建立外交关系和建立常驻使馆要"以协议为之"，即应按主权平等的原则经建交国双方同意。同意的方式可采取发表联合公报或互换照会的形式，也可通过条约加以规定。

外交关系可以中止甚至断绝。外交关系的断绝一般在两国关系严重恶化或爆发战争时发生。其措施是双方各自召回或要求对方召回其派驻的外交代表和全体使馆人员，关闭使馆。

3. 外交关系的形式

国家之间通过谈判、会议、订约、互设常驻代表机构等方式所建立的关系，可分为以下三种：（1）正式的外交关系，也称为正常的外交关系，以双方互派常驻使节为特征。（2）半外交关系，也称为不完全外交关系，指双方长期保持互派代办的关系。如1954—1972年，中、英两国的代办级外交关系。（3）非正式的外交关系，指双方通过正式外交代表机构以外的渠道保持外交接触。如中美正式建交之前的大使级会谈和互设联络处。

二、外交机关与制度

外交机关是指国家为了实现其对外政策而进行外交活动的国家机关的总称。外交机关大致可分为国内外交机关和国外外交机关两大类。

（一）国内外交机关

所谓国内外交机关是指位于国内的外交机关，国内外交机关可分为两类：其一，专门处理和执行外交事务的机关，如外交部；其二，具有外交职能的国家管理机关，包括国家元首和中央政府。一般来说，国家元首和政府根据本国宪法与法律规定的权限行使管理国家的职权，这类机关并非专门的外交机关，而是在其职权中包括着重要的外交决策、管理和行为权力，因而将其归入国内外交机关的范畴。

1. 国家元首

国家元首是国家在实际上或形式上对内对外的最高代表。国家元首可以是个人，也可以是集体。例如，在中国为国家主席，在俄罗斯为总统，在英国为国王，在瑞士是联邦委员会。国家元首在对外关系上的职权由本国宪法规定。一般来说，国家元首有权进行国事访问、出席国际会议、代表本国同外国谈判、缔结国际条约和签署重要协定，任命驻外大使等。国家元首在国外期间，享受礼仪上的特殊尊荣和完全的外交特权与豁免。

2. 政府及其首脑

一国的中央政府是该国的最高行政机关，通常包括对外事务的领导和管理，在此意义上，中央政府也是国内外交机关。政府首脑是政府的最高行政首长，在中国为国务院总理，在英国为内阁首相，而在美国，总统既是国家元首又是政府首脑，不设总理职务。政府首脑有权代表政府同外国政府谈判、出席国际会议、缔结条约以及签署重要协定等。政府首脑在进行外交活动时，无需全权证书并享有完全的外交特权与豁免。

3. 外交部和外交部长

外交部是执行政府对外政策，处理日常外交事务的专门机关。外交部的职权，主要是领导和监督驻外使领馆、驻国际组织和出席国际会议代表团的工作和活动；与外国使馆和使团等保持联系和进行谈判；保护本国及本国公民在国外的合法权益等。外交部长是外交部的首长，负责领导外交部的工作。外交部长在外交活动中无须出示或提交全权证书，在外国期间享有全部的外交特权与豁免。

（二）国外外交机关

国外外交机关也称外交代表机关，可以分为两大类：常驻代表机关和临时代表机关。

1. 常驻代表机关

常驻代表机关是指派驻某一国或国际组织的行使日常外交职务并保持外交关系的机构。常驻机构又可分为派驻他国的代表机关和常驻国际组织的代表机关。前者通常称为"使馆"，后者通常称为"使团"。二者之间的相同之处在于，都属于"外交代表机关"，都是由派遣国派出的在国外代表派遣国执行外交任务的机构。不同之处在于，前者反映了派遣国与接受国两个主权国家之间的双边关系，派出使节具有双向性；后者反映的是成员国同某个国际组织之间的关系，本质上属多边国家关系，代表是由成员国单方面向国际组织派出的。

2. 临时代表机关

临时代表机关又称特别使团，主要是指一国派遣到他国或国际组织执行特定的临时外交任务的使团。根据现代国际法实践，可分为两类：政治性使团和礼节性使团。前者是为某一特定事项进行交涉、签约或出席国际会议而派遣的使团；后者主要是针对国庆典礼、元首就职等重大庆典活动或国葬等重大国事活动而派出的使团。

（三）使馆

1. 使馆制度

使馆是国家常驻外国的外交代表机关。使馆制度的形成与发展始于近代欧洲，在此之前，国家之间交涉或办理某些特定的外交事宜，均为临时性使节。直至 15 世纪才出现常驻使节①，西班牙、德国、法国和英国等国之间互派常驻使节，各国纷纷仿效。之后，各国之间常缔结特别条约，规定互派常驻使节。17 世纪后半期，派设使馆已成为欧洲普遍的制度，并逐渐扩大到了世界各大洲。长期的国际实践形成了使馆制度的习惯规则，及至 20 世纪 60 年代，已经形成了较为完整的法律规则，1961 年联合国大会通过了《维也纳外交关系公约》，该公约对使馆制度做出了全面详尽的规定，对于调整和促进外交关系的发展起着重要作用。

中国接受欧美的常驻外交代表是在 19 世纪中叶。清朝政府起初不愿接受外国常驻使节，后来被迫接受，由条约加以规定。1877 年，中国第一个驻外使节派往伦敦，翌年中国在欧美其他一些国家设立使馆。②

2. 使馆的建立

《维也纳外交关系公约》第 2 条规定："国与国之间外交关系及常设使馆之建立，以协议为之。"这是一项国际公认的原则。一国同哪些国家、按照什么条件建立外交关系和互设使馆，属于一国主权范围内自由决定的事项。国家间的建交协议有多种形式，可以采用照会、联合声明或联合公报的形式，也可以通过缔结条约加以规定。

3. 使馆的机构

使馆内部机构的设置并无定例，因各国国情与体制不同，其驻外使馆的内部机构设置也有所不同。同一国家派往不同国家的使馆规模和机构亦有区别。但鉴于使馆担负有基本相同的职责，因而其部门设置也具备一些共同的职能。使馆一般设有政治处、新闻处、教育处、文化处、商务处、武馆处、领事部等机构。政治处主要负责贯彻执行对驻在国的外交政策，促进两国官方合作；领事部主要负责领事工作，承担领事保护和协助工作；新闻处主要负责使馆对外新闻、与媒体关系和公共外交工作；武官处作为国家武装力量的驻外代表机构，主要参与双边和多边军事外交活动；商务处主要负责执行对驻在国的经济贸易政策和发展战略，推动两国经贸合作关系的发展；教育处旨在促进双边教育交流合作关系与留学生事务；文化处负责推动两国文化交流与合作，促进两国人民相互了解和友谊。总而言之，大使馆的设置多是由其职责所决定的。

---

① 梁淑英：《国际公法》，中国政法大学出版社 1994 年版，第 269 页。
② 王铁崖：《国际法》，法律出版社 1997 年版，第 365 页。

4. 使馆的职务

使馆作为常驻外交代表机关，具有广泛的职务。按照《维也纳外交关系公约》的规定，使馆主要有以下五项职务：

（1）代表，即在接受国中作为派遣国政府的代表。这是使馆最基本的职务；（2）保护，即在国际法许可的限度内在接受国中保护派遣国及其国民的利益；（3）谈判，即代表政府与接受国政府进行谈判；（4）调查和报告，即用一切合法手段了解接受国的政治、文化、社会和经济等方面的状况和发展情况，并向派遣国报告，以便派遣国就两国关系的发展及有关国际问题做出正确决策；（5）促进，即促进派遣国与接受国间友好关系和发展两国间经济、文化和科学关系。

但使馆的职务并不以此为限。使馆还可以担负国际法所许可的其他职务。例如，在接受国法律或惯例许可的情况下执行领事职务，经接受国同意保护第三国的利益等。

（四）外交官职衔

外交官职衔是指外交官所担任的职务等级。外交官职衔按照级别从高到低排序一般为：大使（Ambassador）、公使（Minister）、参赞（Counselor）、一等秘书（First Secretary）、二等秘书（Second Secretary）、三等秘书（Third Secretary）、随员（Attendant）。

1. 大使

大使是最高一级的外交使节，全称为"特命全权大使"。由一国元首向另一国元首派遣，大使具有代表本国进行外交活动的权利。

2. 公使

公使全称为"特命全权公使"或"全权公使"。公使由国家元首派遣，其所受礼遇仅次于大使，但实质地位、职务以及所享受的外交特权与豁免同大使相同。其任命需事先得到接受国的同意。二战后各国之间的外交代表级别普遍提升为大使级，公使馆也相应升级为大使馆。有些国家在大使馆中设有公使，此类公使与特命全权公使不同，不是使馆馆长，不由派遣国元首向接受国元首派遣，而是使馆中仅次于大使一级的外交官，其任命不需事先取得接受国同意。

3. 参赞

参赞是使馆中职位低于大使和公使的外交官。参赞可分为政务参赞、商务参赞、经济参赞、文化参赞、教育参赞等等，有些国家派有"公使衔参赞"。各国在其使馆中设置哪些类别的参赞，根据其情况与需要而定。参赞的主要任务是协助使馆馆长进行工作。

4. 秘书和随员

一等秘书、二等秘书、三等秘书都是负责使馆业务工作的人员。随员是在外交职衔等级中的最低一级。但有些国家的使馆中还有低于随员的外交官。

（五）使馆人员

1. 使馆馆长

使馆馆长是指派遣国委派负责领导使馆工作的人，即使馆的首长。使馆馆长对一切涉及使馆的事务负责，并有权授权使馆的其他工作人员处理使馆的不同事务。

《维也纳外交关系公约》第14条第1款规定，使馆馆长分为三级：

（1）向国家元首派遣大使或教廷大使，及其他同等级位的使馆馆长；（2）向国家元首派遣之使节、公使及教廷公使；（3）向外交部长派遣之代办。

《维也纳外交关系公约》第14条第21款规定，除关于优先地位及礼仪之事项外，各级使馆馆长不应因其所属等级而有任何差别。

2. 代办与临时代办的区别

需要注意的是，代办与临时代办不同。代办是第三等级的馆长，而临时代办不是外交代表职衔和馆长的一个等级。临时代办是在馆长职位空缺或不能执行职务时，被委派暂代行使馆长职务的使馆外交职员，一般由馆内主管政务的外交职员中级别最高者担任。

3. 使馆职员

使馆职员包括使馆外交职员、行政及技术职员以及事务职员。

外交职员，也称为外交代表，是指使馆馆长之外具有外交职衔的人员，包括各类参赞，一、二、三等秘书，陆、海、空军武官，以及随员。

行政和技术职员是指承办使馆行政及技术事务的职员，如使馆主事、翻译、会计、打字员、无线电技术员等。

事务职员是指作为使馆仆役的职员，包括汽车司机、传达员、维修工、清洁工等。

此外，《维也纳公约》中还列有一种"私人仆役"（private servant），指使馆职员私人雇佣的人员如保姆等，不属于派遣国的工作人员，不在使馆人员编制之内。

(六) 使馆人员的派遣和接受

1. 使馆馆长的选派

两国达成互设使馆的协议后，即可依协议互换使节，至于馆长的等级由两国商定。根据《维也纳外交关系公约》，派遣国正式任命馆长之前，须以书面或口头方式，就准备派出馆长的人选征求对方的同意，如果接受国同意接受，派遣国才可正式任命。接受国可以不解释理由拒绝馆长人选。接受国得随时不具解释通知派遣国，宣告使馆馆长为不受欢迎的人员。

2. 使馆职员的选派

使馆职员由派遣国直接委派，一般无需事先征求接受国同意。但如果委派接受国国籍的人或第三国国籍的人为使馆外交职员，仍须经接受国的同意方得派遣。接受国可以拒绝接受其所不同意的任何派遣国使馆职员，无需向派遣国说明理由。对于外交职员，接受国可以随时不加解释地宣布其为"不受欢迎的人"，对于使馆的其他职员，接受国可以宣布其"不能接受"。

3. 武官的选派

武官是国家武装力量的外交代表，主要从事军事外交工作，与驻在国军方保持外交联系，办理两国军队之间的交往和交涉事宜；并以合法手段调查与军事有关的情况。鉴于武官所承担的职责，其选派需由派遣国征得接受国同意后才能派出。根据《维也纳外交关系公约》第7条的规定，对于陆、海、空军武官的派遣，接受国有权要求派遣国先行提名，以决定是否同意接受。

4. 使馆馆长的赴任

使馆馆长的人选在征得接受国同意后，派遣国即可按国内法程序予以任命、公布，并为赴任做准备。使馆馆长携带国书前往接受国赴任。到达接受国后，首先拜会接受国的外交部长，大使和公使将国书副本交给接受国外交部并约定正式递交国书的日期，然后按约定日期把国书正本递交接受国的国家元首。代办则将其介绍书递交给接受国的外交部长。

5. 国书和介绍书

国书是派遣国国家元首致接受国国家元首的用以证明大使或公使身份的正式文书，由大使或公使亲自向接受国元首递交。递交国书仪式隆重庄严。国书内容主要涉及该外交代表的任命及其等级、该使节代表本国元首和政府的言行，该使节的品德才能，职业操守，请驻在国国家元首予以信赖，同时表示派遣国的国家元首对发展两国关系的良好愿望。大使级和公使级馆长是由国家元首向接受国元首派遣的，因此大使级和公使级外交代表的国书一般由派遣国元首签发，外交部长副署；代办级馆长是由派遣国外交部向接受国外交部派遣的，所以其介绍书由外交部长签署，向接受国外交部长发出。

6. 外交代表的兼任

《维也纳外交关系公约》允许常驻一国的外交代表，同时可兼驻两个国家或几个国家。但外交代表兼任驻他国大使须事先征得有关各方同意，并正式向接受国国家元首递交国书，定期或不定期前往接受国履行大使职责。同时，外交代表也可兼任派遣国在任何国际组织中的代表。

（七）外交代表职务的开始和中止

1. 使馆馆长和使馆职员职务的开始

按照惯例，使馆馆长到达接受国后，在呈递国书后或向接受国外交部或另经商定之其他部门通知到达并将所奉国书正式副本送交后，即视为已在接受国内开始执行职务。

2. 导致外交代表职务中止的情形

外交代表的职务可通过派遣国或接受国的决定而终止。终止的原因包括：（1）任期届满。（2）派遣国召回。虽然使馆人员的任期未满，但派遣国根据该人员的特殊情况或工作需要等原因将其召回。（3）派遣国与接受国之间外交关系断绝。两国由于关系恶化，发生武装冲突或战争等原因致使两国外交关系断绝。两国一旦断交，各自即撤回使馆人员，职务即告终止。（4）派遣国或接受国发生革命或剧烈冲突而成立新的政府。（5）接受国拒绝承认为使馆人员。接受国通知派遣国，某使馆人员由于被宣告为不受欢迎的人或不能接受，而派遣国拒绝或未在相当期间内按照情况予以召回或终止其在使馆的职务，接受国可拒绝承认该员为使馆人员。

3. "不受欢迎的人"

1961年《维也纳外交关系公约》规定，接受国可以随时不加解释，通知派遣国，宣告使馆馆长或使馆任何外交人员为不受欢迎的人，或宣告使馆任何其他人员为不能接受。遇这种情形，派遣国应斟酌情况召回该人员或者终止其在使馆中的职务。如果派遣国拒绝或者不在合理期间内履行上述义务，接受国可以拒绝承认该人员为使馆人员。接受国采取这种程序可以不加解释理由。接受国宣告使馆人员为不受欢迎的人或不可接受，有各种原因，最常见的是指责该人员干涉内政或者从事间谍活动，有时则属于外交报复行动。

(八) 特别使团和特使

1. 特别使团的概念

特别使团是指国家或其他国际法主体,派往他国或国际组织执行特定任务的临时性使团。特别使团应由派遣国的一名或几名代表组成,其中一名为团长。特别使团亦包括外交职员、行政与技术职员和事务职员。特别使团制度长期以来为习惯规则,1969年联合国大会通过的《联合国特别使团公约》将这一制度法典化。

2. 特别使团的派遣和职务

特别使团的派遣应通过外交或其他途径,事先取得接受国的同意,存在外交或领事关系并非派遣或接受特别使团的必要条件。特别使团的职务由派遣国与接受国协议约定。通常是进行谈判或完成某项特定的任务,如参加接受国的重要庆典,促成两国友好关系的发展。特别使团一经同接受国的外交部或经商定的其他机构正式接触,即开始执行职务。当协议终止,任务完成时,特别使团的职务即停止。

3. 特别使团和成员的特权与豁免

特别使团及其人员享有的特权与豁免和使馆及其人员享有的特权与豁免大体相同,但在某些问题上,《联合国特别使团公约》做了不同的规定。例如,其第25条规定,特别使团的房舍不可侵犯,但在发生火灾或其他严重灾难而无法获得使团团长同意的情况下,接受国可推定获得同意,而进入房舍,而根据《维也纳外交关系公约》,非经使馆馆长同意,任何情况下均不得进入。

4. 特使

特使是指因负有特别使命而向外国派遣的外交代表。特使一般由国家元首或政府首脑派遣。根据派遣的主体不同,特使可分为三类:(1)政府特使;(2)元首和首脑特使;(3)国际组织特使。根据特使所担负的职责不同,特使一般具有两种功能:其一政治性,如交涉突发事件或地区、全球性热点问题;其二礼仪性,如参加庆典、吊唁等。特使身份一般由特使证书、特使照会或官方文电确认。特使履行使命时,需持有元首或首脑签署的授权证书或亲笔信。特使完成特定使命后,其身份自行终止。

(九) 外交团

1. 外交团的定义

外交团有狭义和广义之分。其狭义上是由驻在一国的所有使馆馆长组成,广义则包括这些使馆的其他外交人员及其家属。在这里必须注意以下几点:(1)外交团由外交人员（广义上包括家属）组成，而不是由外交代表机关组成；(2) 外交团只包括有外交官衔的人员，不包括使馆的一般工作人员；(3) 外交团不包括驻在国本国的外交官；(4) 外交团不包括派遣国在接受国其他城市的领事官。

2. 外交团的团长

外交团需要有一个为首的外交官，这就是外交团团长。外交团团长是从各国派驻接受国使馆馆长中按国际惯例产生的。这种惯例没有统一的规定，在基督教国家，外交团团长一般由教廷大使担任；中国在加入 1961 年《维也纳外交关系公约》时，对关于教廷使节的条款予以保留。在不接受这一惯例的国家中，由级别最高就任最早的使馆馆长担任外交团团长。中国采用按就任先后次序的惯例产生外交团团长的做法。外交团团长在礼仪上享有优先地位。除此之外，外交团团长并不享有额外的特权，其地位并不高于其他大使，也不具备任何法律性质的地位和职能。

3. 外交团的作用

国际法对外交团没有明文规定，它只是在外交实践中逐步形成的一种传统做法，外交团并非一个固定组织，也不具有任何法律性质的职能。这一制度的形成，主要是为了调整各国派驻同一国家的外交人员作为一个整体同驻在国政府之间的日常关系。这种关系应是非政治的，尤其不得利用外交团从事任何政治性的活动或干涉接受国内政。外交团的作用主要在礼仪方面，如参加驻在国举行的庆典或国宴，由团长代表各国使节致词；参加驻在国的迎送宾朋或吊唁活动等。

第二节　外交特权与豁免

一、外交特权与豁免的法理根据

（一）外交特权与豁免的概念与法律渊源

1. 外交特权与豁免的概念

外交特权与豁免是指外交代表机关及其人员在接受国所享有的特殊权利和优惠待遇的总称。外交特权与豁免，主要给予外交代表机关和外交人员。

从原理上说，外交特权与豁免并不完全是一个内容，而在实践中，这两个概念的界限又难以严格区分。外交特权是由于其所处的与外交相关的特殊地位而享有一般人所不能享有的特殊权利，外交豁免是因其特殊地位而对其不行使国家管辖权并免除其一定义务的履行。但从某种意义上讲，豁免也属于一种特权。因此，人们一般都统称为外交特权与豁免。[①]

2. 外交特权与豁免的国际法渊源

《维也纳外交关系公约》在序言中指出："各国人民自古即已确认外交代表之地位。"古希腊就有给与交战国的使者以保护的规则，使他的人身不受侵犯，也就是"确认外交代表之地位"。这些使者起初是交战国的使者，后来则是担负和平的使节。中国古时也实施"两国交兵，不斩来使"的原则。[②] 可见，外交使节享有优遇自古有之。关于外交特权与豁免的理论原则，主要来源于国际习惯法。现代关于外交特权与豁免的规则主要确立于1961年《维也纳外交关系公约》，以及1946年《联合国特权及豁免公约》、1947年《联合国专门机构特权及豁免公约》、1969年《联合国特别使团公约》、1975年《维也纳关于国家在其对国际组织关系上的代表权公约》等一系列条约。

（二）关于外交特权与豁免的法理根据的不同学说

1. 治外法权说

这种理论以使馆和外交代表处于接受国领域之外这种拟制说来说明外交特权和豁免的法理，并认为使馆馆舍为本国领土的延伸，外交代表所到之处被认为是本国领土的延伸，因此，外交代表不受接受国的管辖，而应享有特权与豁免。治外法权说因不符合事实，现已被摒弃。

2. 代表性说

该学说把外交特权和豁免法理建立在使馆和使节的代表性上，认为他们是君主或国家的代表，根据平等者之间无管辖权的原则，其应享有外交特权和豁免。这种学说有一定根据和道理，但不能充分和确切地解释外交特权和豁免的全部问题。

3. 职务需要说

这种学说以使馆和外交人员执行职务的需要来说明特权与豁免的法理。这种学说认为，外交特权和豁免使得使馆和外交官可以在不受驻在国的干扰和压力的条件下，自由地代表本国进行谈判，自由地同本国政府联系，简言之，可以顺利地执行其职务，因而是国家之间保持正常关系所必不可少的。这种学说比较能说明给予特权与豁免的理由，是较为普遍接受的一种学说。

《维也纳外交关系公约》在采职务需要说的同时，兼顾了使馆的代表性，

[①] 慕亚平、周建海、吴慧：《当代国际法论》，法律出版社1998年版，第450页。
[②] 鲁毅、黄金祺、王德仁、周启朋、杨闯、谢鹏：《外交学概论》，世界知识出版社2005年版，第132页。

其序言中明确指出"确认此等特权与豁免之目的……在于确保代表国家之使馆能有效执行职务"。所以，给予外交代表和使馆特权与豁免，主要是为了保护其特殊地位，为其创造一个安全的环境，以便其能够有效地执行职务。

二、使馆的特权与豁免

根据《维也纳外交关系公约》的规定，使馆的特权与豁免主要有如下内容。

（一）使馆馆舍不得侵犯

使馆馆舍是指供使馆使用和供使馆馆长寓邸之用的建筑物或建筑物各部分，以及其所附属的土地，至于所有权属谁，则不予过问。

使馆馆舍不可侵犯的含义体现在三个方面：

1. 使馆馆舍不得侵犯

接受国官吏非经使馆馆长许可，不得进入馆舍。[①] 官吏包括公务人员、司法人员和军警人员。对使馆馆舍不可侵犯的规定，没有任何例外。例如，它没有规定在发生火灾、流行病或其他特别紧急情况时，接受国官员可以不待使馆馆长许可就进入使馆馆舍或"推定许可"。因此，使馆馆舍的不可侵犯是绝对的。

2. 接受国有责任对使馆馆舍加以特别保护

接受国负有特殊责任，采取一切适当步骤保护使馆馆舍免受侵入或损害，并防止一切扰乱使馆安宁或有损使馆尊严之事情。所谓"负有特殊责任"就是说负有高于一般的维护秩序的责任。什么是"适当步骤"则要根据具体情况决定。

3. 使馆馆舍、设备、财产和交通工具免受搜查、征用、扣押或强制执行

《维也纳外交关系公约》规定，使馆馆舍及设备，以及馆舍内其他财产与使馆交通工具免受搜查、征用、扣押或强制执行。[②]

（二）使馆档案文件不得侵犯

1. 使馆档案文件无论何时与何处均不得侵犯

《维也纳外交关系公约》规定，"使馆档案及文件，无论何时，亦不论位

[①] 《维也纳外交关系公约》第 23 条第 1 款，联合国官网，http：//www.un.org/chinese/law/ilc/foreign‑relations.htm。

[②] 《维也纳外交关系公约》第 23 条第 3 款，联合国官网，http：//www.un.org/chinese/law/ilc/foreign_ relations.htm。

于何处，均属不得侵犯。"① 所谓"无论何时"意指在时间上没有限制，包括外交关系断绝或发生武装冲突时。如遇使馆馆长长期或暂时撤退，接受国亦应负有此种义务。所谓"不论位于何处"，是指不论是在使馆馆舍内还是在使馆馆舍外，或者是装在外交邮袋内。

2. 使馆档案定义

1961 年《维也纳外交关系公约》没有给"档案"下定义，1963 年《维也纳领事关系公约》为领馆档案所下定义包括"一切文书、文件、函电、簿籍、胶片、胶带及登记册，以及明密电码、记录卡及供保护或保管此等文卷之用之任何器具"，② 这可以作为使馆档案定义的参考。

（三）使馆通讯自由

接受国应允许使馆为一切公务目的自由通讯，并给予保护。使馆的通讯自由包括：

1. 使馆可采用一切适当的通讯办法

使馆为了通讯的需要可采用一切适当办法，包括外交信使及明密码电信在内。但使馆非经接受国同意，不得装置并使用无线电发报机。

2. 使馆来往公文不受侵犯

使馆来往公文不得侵犯，来往公文指有关使馆及其职务之一切来往文件。

3. 外交邮袋不得开拆或扣留

《维也纳外交关系公约》第 27 条第 4 款的规定，外交邮袋（diplomatic pouch）"须附有可资识别之外部标记，以装载外交文件或公务用品为限"。③

4. 外交信使不受侵犯

外交信使（外交信差）（Diplomatic Courier）"是指经派遣国政府正式授权，长期担任（或在特殊情况下临时担任）外交信使、领馆信使、特别使团信使以及常驻代表团、临时代表团、临时观察员代表团的信使，享有特殊保护和人身不得侵犯权，其职责是受托保管、运送和递交外交邮袋"④。根据《维也纳外交关系公约》第 27 条第 5 款的规定，"外交信使应持有官方文件，

---

① 《维也纳外交关系公约》第 24 条，联合国官网，http：//www. un. org/chinese/law/ilc/foreign_relations. htm。

② 《维也纳领事关系公约》第 1 条第 1 款第 11 项，联合国官网，http：//www. un. org/chinese/law/ilc/foreign_ relations. htm。

③ 《维也纳外交关系公约》第 24 条，联合国官网，http：//www. un. org/chinese/law/ilc/foreign_relations. htm。

④ 1986 年联合国国际法委员会第 38 届会议一致通过的《关于外交信使和没有外交信使携带的外交邮袋的地位条款草案》中关于外交信使的定义。

载明其身份及构成邮袋之包裹件数;其于执行职务时,应受接受国保护。外交信使享有人身不得侵犯权,不受任何方式之逮捕或拘禁。"

戈尔—布思编写的《萨道义外交实践指南》一书中指出:"对通信的特殊保护实际上也许是所有外交特权和豁免中最重要的。如果没有用电码送发信息的权利,不能依靠外交邮袋的不可侵犯性,那么使馆就不能很好地履行它的观察和报告的职责;如果使馆不能收到秘密的指示,那将严重地妨碍它就任何重要问题进行谈判。"[①]

(四)使馆免纳捐税和关税

使馆馆舍免纳全国性或地方性各种捐税,但为其提供特定服务所应付的费用,不在免除之列;使馆办理公务所收之规费和手续费免征一切捐税。在关税方面,使馆公务用品(例如办公室家具、打字机、车辆)准许入境并免除一切关税和除了贮存、运送及类似的服务费用以外的一切其他课征。

(五)使馆人员行动和旅行自由

使馆人员在接受国享有行动和旅行的自由权,接受国不得予以妨碍和干涉。《维也纳外交关系公约》第 26 条规定:"除接受国为国家安全设定禁止或限制进入区域另定法律规章外,接受国家应确保所有使馆人员在其境内行动及旅行之自由。"使馆人员的行动和旅行自由被认为是使馆执行其保护和了解等职务所需要的一种便利,但这种自由不是绝对的,要受到国际法原则和接受驻在国法律规定的限制。

(六)使用国旗和国徽的权利

使馆及其馆长有权在使馆馆舍、使馆馆长寓邸和交通工具上使用派遣国的国旗或国徽。但需要指出的是,只有馆长才享有使用国旗、国徽的特权,其他外交代表无此特权。

三、外交人员的特权与豁免

外交人员的特权与豁免包括人身不可侵犯,寓所和财产不可侵犯,刑事、民事和行政管辖的豁免,以及免纳捐税和免征关税等。使馆馆长和其他外交人员都享有全部外交特权与豁免。

(一)人身不受侵犯

外交人员人身不可侵犯是外交关系法中最早得到公认的一项重要规则。

[①] [英]戈尔—布思主编,杨立义等译:《萨道义外交实践指南》,上海译文出版社 1984 年版,第 171 页。

《维也纳外交关系公约》第29条规定："外交代表人身不得侵犯。"这一条款是外交代表的特权与豁免的基石之一，是其他权利、特权与豁免的源泉，是防止接受国可能的施加对外交人员职务有碍的限制的保证。[1]

外交人员人身不可侵犯包含两层含义。其一，外交代表不受任何方式之逮捕拘禁。接受国的有关机关对外交人员不得加以逮捕或拘留，不得对他们施加直接的强迫措施。但是外交人员人身不可侵犯，并不排除对这种人员的行凶进行防卫，或者在他破坏法律规章或者进行犯罪的场合，于情况需要时，采取必要的措施加以制止。[2] 其二，接受国对外交代表应尊重和保护。接受国对外交代表应特示尊重，并应采取一切适当步骤以防止其人身、自由或尊严受到任何侵犯。也就是说，接受国有义务对外交人员给以特别的保护，防止其受到任何攻击或侵犯。

（二）寓所、文书、信件、财产不受侵犯

外交代表之私人寓所同使馆馆舍享有同样之不可侵犯权及保护。外交代表之寓所不仅包括其住所，还包括临时寓所，如旅馆房间、别墅等。

外交代表之文书及信件不得侵犯。外交人员的财产，除按外交公约规定不在免除强制执行之列的三种情况外，也是不可侵犯的。这里，财产主要是指在外交代表私人寓所中的财产，也包括汽车以及供外交代表个人使用的物品。

（三）管辖豁免

原则上，各国政府对外交代表不采取任何刑事、民事与行政管理的强制执行措施。

1. 刑事管辖的豁免

《维也纳外交关系公约》第31条第1款规定："外交代表对接受国之刑事管辖享有豁免。"外交代表触犯了驻在国的法律，该国的司法机关不得对其进行审判和处罚。但这并不是说外交代表不必尊重驻在国的法律规章，可以违法犯罪而不负责任，给予外交代表管辖豁免权旨在给予其程序性的保护，以便其具有履行职务的便利。如遇外交代表违反其应遵守的法律情形，驻在国对其虽然不能行使管辖权，但是可以根据具体情况采取一定的措施，如果外交代表在驻在国违法犯罪，驻在国可将情况通知派遣国政府，宣布其为"不受欢迎的人"。如罪行严重，驻在国可要求其派遣国召回外交代表，并根据其派遣国

---

[1] 黄德明：《现代外交特权与豁免问题研究》，武汉大学出版社2005年版，第116页。
[2] 邵津：《国际法》，北京大学出版社、高等教育出版社2007年版，第293页。

法律予以惩罚，必要时，可要求派遣国放弃豁免权，以便驻在国加以审判。

2. 民事和行政管辖的豁免

需要明确的是，外交代表的民事和行政管辖豁免不是绝对的。《维也纳外交关系公约》第 31 条第 1 款规定了外交代表民事和行政管辖的豁免及其三种例外情形：第一，外交代表在接受国境内私有不动产之物权诉讼，但其代表派遣国为使馆用途置有之不动产不在此列；第二，外交代表以私人身份并不代表派遣国而为遗嘱执行人、遗产管理人、继承人或受遗赠人之继承事件之诉讼；第三，外交代表于接受国内在公务范围以外所从事的专业或商业活动的诉讼。

此外，外交代表不得对其主动起诉引起的反诉主张豁免权。享有管辖豁免的外交人员主动向当地法院提起诉讼，这表明他使自己负有服从法院管辖的义务。因此，当被诉者提出同主诉直接相关的反诉时，该外交人员就不能要求管辖豁免。

3. 作证义务的免除

外交代表没有以证人身份作证的义务，因此，不能强迫外交代表作证。外交代表不仅不得被迫在法庭程序中作为证人出庭作证，而且没有提供证词的义务。但在一定条件下，如某一外交人员为某一案件的目击者，此时又不涉及使馆，经派遣国同意，外交官也可出庭作证。

（四）免纳捐税和关税

《维也纳外交关系公约》第 34 条规定了外交代表免纳一切捐税的一般规则，这里主要是免纳个人所得税和其他直接税。该公约同时规定以下例外：通常计入商品或劳务价格内的间接税；对于接受国境内私有不动产课征的捐税（除非是代表派遣国为使馆用途而置有的）；遗产税；继承税；对于在接受国内所获得的私人所得或商业投资所课征的税；为供给特定服务所付的费用、不动产登记费税。

（五）其他特权与豁免

按照《维也纳外交关系公约》的规定，外交代表还享有下列特权和豁免：免于适用驻在国施行的社会保险办法；免除一切个人劳务和各种公共服务，如服兵役、担任陪审员等，并免除关于征用、军事募捐等军事义务。

（六）管辖豁免的放弃

在一定情况下，外交人员可以放弃管辖豁免，服从驻在国的管辖。管辖豁免的放弃，必须由派遣国做出并明确表示后，方可确认。在民事或行政诉讼程序上对管辖豁免的放弃，不得视为对判决执行豁免的默示放弃，后项放弃需要另行明示做出。

（七）外交特权与豁免的适用人员与时间范围

1. 适用的人员范围

国家元首、政府首脑以及外交部长，当然地享有外交特权与豁免。凡外交代表，包括使馆馆长以及所有外交职员都享有外交特权或豁免。所有与以上人员构成同一户口的家属，即配偶及未成年子女也享有基本相同的特权。

行政及技术职员享有的外交特权与豁免仅及于其执行职务享有特权与豁免；职务范围以外的行为，则不享有特权与豁免。对于关税，也只限于其赴任时所运入的物品。行政及技术职员的家属，可分别享有与其相同的特权与豁免，但前提是他们不是接受国的国民。如果是接受国国民，或在接受国永久居留者，特权与豁免的范围将受到较多限制。

事务职员除执行公务的行为享有豁免管辖外，其受雇所得报酬免纳捐税并免除适用接受国社会保险办法。

使馆人员的私人仆役，其受雇所得报酬免纳捐税，其他方面，仅得在接受国批准的范围内享有特权与豁免。

除常驻使馆人员外，由派遣国和接受国双方同意临时派遣的，代表一国就特定任务进行交涉的特别使团人员、派往国际组织的各国代表团成员、国际组织的高级职员和国际法院的法官等，也依据有关的条约享有类似的外交特权与豁免。

2. 适用的时间范围

享有外交特权与豁免的人员，从赴任而进入接受国起，至其职务终止而离境时止，整个期间都享有特权与豁免。已在该国境内的，自其委派通知接受国外交部门时开始。

享有特权与豁免人员的职务如果终止了，这种特权和豁免通常于该员离境之时或听任其离境的合理期间终了时停止；而且，即使发生武装冲突，也应继续有效至该时为止。对于以使馆人员资格执行职务的行为，特权与豁免应始终有效。在使馆人员死亡时，其家属应继续享有其所应享的特权与豁免，至听任其离境之合理期间终了之时为止。但是如果使馆人员由于被宣告为不受欢迎的人或不能接受的人，而派遣国拒绝或未在相当期间内按照情况予以召回或终止其在使馆的职务，接受国可拒绝承认该员为使馆人员，该人员即不再有资格享有特权与豁免。

3. 使馆人员及其家属在第三国的地位

对于外交代表赴任离任时在第三国过境通行,《维也纳外交关系公约》规定:如果第三国曾发给外交代表所需的签证,则该国应给予不可侵犯权和确保其过境或返回所必需的其他豁免。享有外交特权与豁免的家属如果与外交代表同行,或单独旅行前往会聚或返回本国时,上述规定对他们同样适用。该公约还规定,对于使馆行政和技术人员或服务人员及其家属,在类似情况下,第三国不得阻碍其通过该国国境。

(八) 使馆和外交人员对接受国的义务

使馆、外交代表和其他享有特权与豁免的人员,在其行为和活动中必须遵守公认的国际法原则和规则,对接受国负有一系列的义务。

1. 尊重接受国法律规章,不得干涉接受国内政

《维也纳外交关系公约》第41条第1款明确规定:"在不妨碍外交特权与豁免之情形下,凡享有此项特权与豁免之人员,均负有尊重接受国法律规章之义务。此等人员并负有不干涉该国内政之义务。"

不干涉内政原则,是公认的国际法基本原则之一。《奥本海国际法》指出:"使节(或其他外交代表)不应干涉接受国的内部政治生活,这是普遍承认的。密切注视接受国的政治情势,并将观察所得报告本国,这当然是他们的职务。但是,他们没有任何权利参加接受国的政治生活,支持某一政党,或者威胁另一个政党。"[①] 在国际现实中,外交人员因被指控干涉接受国内政而被要求召回的案例并非罕见。

2. 馆舍不得用于与使馆职务不相符的用途

《维也纳外交关系公约》第41条第3款规定:"使馆馆舍不得充作与本公约或一般国际法之其他规则、或派遣国与接受国间有效之特别协定所规定之使馆职务不相符合之用途。"但在实践当中,馆舍有时被用于不合法的用途。"维基解密"网站2010年11月的揭秘"披露了美国如何让使馆成为其全球情报网络的一部分",[②] 该爆料表明,美国政府一直利用驻外使馆进行大量的非法情报搜集和窃取活动。"美国驻外使馆大多是小型间谍站,安装有可在别国首都监听短程通信的天线系统,它们日夜监听一系列通信内容,包括通过国

[①] [英] 詹宁斯、瓦茨修订,王铁崖等译,《奥本海国际法》,中国大百科出版社1995年版,第488页。

[②] 华亭:《你不知道的美国大使馆》,《世界博览》,2012年第10期,第28页。

际长途电话线传送或高频外交电波传送的信息。"①

使馆馆舍不能被利用来行使外交庇护（域外庇护）。世界大多数国家不承认外交庇护权，认为外交庇护包含着对驻在国主权的损害，是对国家内部事务的一种干涉。但一些拉丁美洲国家根据其长期形成的惯例和1928年签订的《美洲国家关于政治庇护的公约》第2条之规定，允许"政治犯可以在使馆内、军舰上、军营或军用飞机内收到庇护，但这种庇护权仅在庇护国的习惯、公约或法律允许以庇护作为一种权利或在人道宽容的限度内予以尊重"。相互承认使馆可以接纳接受国的政治犯避难，只是拉美国家间的一种地域性的例外，并不影响一般国际法的有关规则。1961年《维也纳外交公约》第41条第3款明确规定："使馆馆舍不得充作与本公约或一般国际法之其他规则、或派遣国与接受国间有效之特别协定所规定之使馆职务不相符合之用途。"

在使馆馆舍内拘留人同样与使馆职务不符。即便是派遣国侨民，使馆也无权拘留。总之，利用使馆从事庇护、拘押和间谍等活动都是违反和破坏国际法的行动。

3. 不得在接受国为私人利益从事任何专业或商业活动

外交代表不应在接受国内为私人利益从事任何专业或商业活动。

第三节　领事关系法概述

一、领事、领事关系与领事关系法的基本概念

（一）领事、领事关系与领事关系法的定义

1. 领事

领事是一国政府根据与另一国政府达成的协议，派驻对方国家的特定城市，在一定区域内保护本国国家和本国公民的权利和利益的政府代表。

2. 领事关系

领事关系是指一国根据与他国达成的协议，相互在对方一定地区设立领事馆和执行领事职务所形成的国家间的关系。

3. 领事关系法

领事关系法主要是调整国家间领事关系的原则、规则和制度的总称。领

---

① 余成：《美国驻外使馆的正式与非正式任务》，《决策与信息》，2014年第6期，第67页。

事关系法曾长期是国际习惯规则，1928年签订了第一个区域性的《哈瓦那关于领事官公约》。1963年联合国国际法委员会制定了《维也纳领事关系公约》，1967年3月19日生效。《维也纳领事关系公约》构建了比较全面的领事关系制度。现代国家间多以双边条约确立领事关系。

（二）领事关系的基本概念

1. 领事制度的形成与历史上的领事裁判权

领事制度历史悠久。早在古希腊奴隶制城邦国家，就有领事制度的萌芽，当时就有所谓"外国代表人制度"，代表人为外国侨民或从当地居民中选出。中世纪后期，意大利、西班牙和法国商业城市中的外国商人，常从同国人中推选仲裁人，称为"领事法官"。公元16世纪，西欧各国日趋中央集权，领事不再从当地侨商中挑选，而由国家委派。18世纪中叶以后，西方列强国家利用领事作为争夺市场和向外扩张的一种工具，领事制度得到更多重视和进一步扩充。19世纪下半期，帝国主义国家利用不平等条约攫取所谓"领事裁判权"，即一国通过驻外领事，对驻在国领土内的本国国民根据其本国法律行使司法管辖权的制度。这是一种治外法权，形成对驻在国主权的侵犯。二战后，"领事裁判权"作为强权政治的产物已被国际社会摒弃。

2. 领事关系的建立与中止

《维也纳领事关系公约》第2条规定："国与国之间领事关系的建立，以协议为之。除另有声明外，两国同意建立外交关系亦即谓同意建立领事关系。断绝外交关系并不当然断绝领事关系。"

协议建立领事关系可通过不同的方式：（1）双方单独就建立领事关系达成协议；（2）两国同意建立外交关系就意味着同意建立领事关系，不另做出特别声明或另订协议；（3）在同意建立外交关系的同时另订协议建立两国领事关系。

当两国外交关系恶化时，往往导致两国领事关系的恶化。关闭领馆是两国领事关系恶化的重要标志，在这种情况下，往往导致两国中止或部分中止领事关系，但终止领事关系后仍可继续保持外交关系。当两国中断外交关系时，往往也撤领闭馆乃至中断领事关系。但是需要特别指出的是，两国断绝外交关系并不当然断绝领事关系。在断交的情况下，保持领事关系有利于保持双方接触以便处理两国间的问题；但是否保留领事关系，由当事国决定。

在领事关系实践中，一些国家因财政困难或业务减少等原因决定暂时闭馆或撤馆，同因两国关系恶化而闭馆或撤馆在性质上是根本不同的。

二、领事机关与制度

(一) 领事馆及其人员

1. 领事馆的设立、等级和辖区

《维也纳领事关系公约》规定:"领馆须经接受国同意始得在该国境内设立。"领馆的设立地点、领馆类别及其辖区由派遣国决定,但须经接受国同意。

按照各国习惯和《维也纳领事关系公约》的规定,领事馆分为总领事馆、领事馆、副领事馆和领事代理处四个等级。设不设领事馆、设哪个级别的领事馆,主要看领事业务的多少并依照对等原则进行。

2. 使馆领事部

使馆可以行使领馆的某些职责。根据《维也纳外交关系公约》第 3 条关于使馆之职务的规定,"公约任何规定不得解释为禁止使馆执行领事职务。"这可以被认为是在使馆内设立领事部的法律依据。使馆的领事部主要负责领事工作。

3. 领馆人员

按照《维也纳领事关系公约》,领馆人员分为领事官员、领馆雇员和服务人员。

领事官员是执行领事职务的人员,包括领馆馆长。领事官员可分为职业领事和荣誉领事两类。职业领事是由国家任命的专职领事官员,一般为派遣国国民,享有全部领事特权与豁免,而名誉领事大多从接受国国民中挑选,不属于国家工作人员编制,仅就其公务行为享有领事特权与豁免。领馆雇员包括行政人员和技术人员。服务人员包括汽车司机、传达员等。此外,《维也纳领事关系公约》还提到"私人服务人员"(member of the private staff),指领馆人员的私人服务员,不属于领馆人员之列。

(二) 领馆馆长的分级

根据《维也纳领事关系公约》第 9 条的规定,领馆馆长按其职位可分为四级:总领事、领事、副领事和领事代理人,分别对应于总领事馆、领事馆、副领事馆和领事代理处四级领馆机构。领馆馆长的优先位次,以颁给领事证书的日期确定。

1. 总领事

总领事是第一等级、也是最高等级的领事官员。总领事担任总领事馆馆长，负责一个较大而重要的领区；有时还领导领区内本国的领事馆、副领事馆、领事代理处或领事办事处的工作。

2. 领事

领事是位于总领事之后的领事官员。在总领事馆内，领事作为总领事或副总领事的助手，分管某一方面的工作，承担分派的领事职务，例如商务领事、科技领事、文化领事、教育领事等。

在《维也纳领事关系公约》规定的四级领馆馆长中，领事是第二级领馆馆长的衔名。

3. 副领事

副领事是在领事官员制度中位于领事之后的领事官员。副领事可以担任副领事馆馆长；或者担任总领事馆或领事馆中总领事或领事的助手，承办具体领事职务，例如担任翻译、签证官或护照官等。

在实践中，包括中国在内世界上大多数国家都接受或派遣副领事。只有少数国家将副领事的名称专用为名誉领事的衔名。

4. 领事代理人

领事代理人是指在领事官员制度中位于副领事之后的领事官员。按照《维也纳领事关系公约》规定，领事代理人可为第四等级的领馆馆长，也可为非领馆馆长的领事官员；各国可自由决定是否设定或承认领事代理人主持的领事代理处。对此种领事代理处执行职务的条件，以及主持代理处的领事代理人可享有的特权与豁免，由派遣国与接受国协议决定。

（三）领馆人员的选派与职务

1. 领馆人员的接受与派遣

领馆馆长由派遣国委派，并由接受国承认准予执行职务。委派及承认领馆馆长的手续依派遣国及接受国的法律规章与惯例办理。依《维也纳领事关系公约》规定，领馆馆长奉派任职，应由派遣国发给委任文凭或类似文书（中国政府发给的此种文书称为"领事任命书"），载明馆长的全名、职类、等级以及领馆辖区和领馆设置地点，经由外交途径送交接受国政府。领事馆馆长须经接受国以发给"领事证书"的形式给予准许，才能执行职务。发给领事证书，实际上也是接受国承认或接受的一种方式。但领馆馆长在领事证书送达之前可以暂时准予执行职务。

对领馆馆长之外领事官员的委派，派遣国应将领事委任书通过外交途径或其他适当途径送至接受国政府。接受国发给领事证书即是接受国准许的表示。

领馆人员的委派可由派遣国自由决定，但若委派具有接受国国籍的人或第三国国民充任领馆人员须经接受国明示同意。此外，不得委派被接受国宣布为不受欢迎的人或不能接受的人充任领馆人员。

2. 领馆人员职务的中止

领馆人员职务的终止的通常是出于下列原因：（1）被召回或调职；（2）领事证书撤回；（3）接受国通知派遣国，接受国不复承认该人员为领馆馆员；（4）领馆关闭或领事关系断绝；（5）派遣国与接受国之间发生战争。

断绝外交关系并不当然断绝领事关系。派遣国与接受国之间断绝外交关系时，领事关系是否断绝，视两国意图而定。

3. 领事职务

领事职务主要包括：（1）领事保护：在国际法许可的限度内在接受国保护派遣国及其公民与法人的利益。领事官员与派遣国国民均有权相互自由通讯及会见。当本国公民正当权益受到侵犯或歧视时，领事官员应采取一切必要措施加以保护，必要时进行交涉，包括要求惩凶、道歉、赔偿损失、防止事件再次发生和取消无理措施等。本国公民受到逮捕、监禁、羁押、拘禁时，有权要求会见本国领事官员或与之通讯，领事官员有权探视处于上述境况的本国公民，与之交谈或通讯，并代其聘法律代表。但如该人明示反对为其采取行动时，领事官员应避免采取此种行动。（2）促进：增进派遣国与接受国间商业、经济、文化及科学关系的发展，并在其他方面促进两国的友好关系。（3）了解和报告：以一切合法手段了解接受国内的商业、经济、文化和科学活动的状况及发展情形，并向派遣国政府报告。（4）领事服务：向派遣国国民颁发、换发、补发护照及旅行证件，并向希望到派遣国旅行的人士发给签证或其他适当文件。（5）帮助：帮助与协助派遣国国民。（6）领事认证、民事登记和行政事务：公证认证本国和驻在国有关当局所颁发文书上的签字和印章属实来证明文书的可靠性，为本国公民出具在本国境内外使用的文书，为外国人出具在本国境内使用的文书，接受有关国籍问题的申请、登记本国公民的结婚、出生、死亡，办理若干行政性质的事务，但以接受国法律、规章无禁止的规定为限。（7）监督和协助：监督和协助派遣国的船舶、航空器及其航行人员，特别是驻在国当局对其采取强制措施时，应通知领事官员。（8）执行派遣国责成领馆办理而不为接受国法律规章所禁止、或不为接受国所反对、或派遣国与接受国间现行国际协定所订明之其他职务。

第四节　领事特权与豁免

一、领事特权与豁免的法理根据和内容

（一）领事特权与豁免的概念与法律渊源

1. 领事特权与豁免的定义

领事特权与豁免是指领事代表机关及其人员在接受国所享有的特殊权利和优惠待遇的总称。

2. 领事特权与豁免的目的

《维也纳领事关系公约》序言中指出，领事特权与豁免之目的"在于确保领馆能代表本国有效执行职务"。这说明领事特权与豁免亦采职务需要说与代表性说。

（二）领馆的便利、特权和豁免

1. 领馆工作的便利

《维也纳领事关系公约》第 20 条规定"接受国应给予领馆执行职务的充分便利"。该公约还规定，接受国应便利派遣国置备馆舍或协助领馆以其他方法获得房舍，在必要时并应协助领馆为其人员获得适当房舍。

2. 使用国旗、国徽

领馆所在的建筑物及其正门上，以及领馆馆长寓邸和在执行公务时所使用的交通工具上，可以悬挂派遣国国旗和展示国徽。

3. 领馆馆舍不可侵犯

领馆馆舍是指专供领馆使用的建筑物或建筑物的各部分及其所附属的土地。《维也纳领事关系公约》规定领馆馆舍不可侵犯，但是这种不可侵犯是有限度的。

（1）接受国官吏非经领馆馆长或其指定人员或派遣国使馆馆长同意，不得进入领馆馆舍中专供领馆工作之用的部分。如遇火灾或其他灾害须迅速采取保护行动时，可以推定领馆馆长已表示同意。与外交特权与豁免相比，关于推定同意的规定以及将保护范围限于领馆的办公处所，使得领馆馆舍的不可侵犯有一定限度。（2）接受国负有特殊责任，采取一切适当步骤保护领馆馆舍免受侵入或损害，并防止任何扰乱领馆安宁或有损领馆尊严的情事。（3）领馆馆舍、馆舍设备以及领馆的财产与交通工具，应免受国防或公用目的征用。如确有征用必要，应采取一切可能步骤，以免妨碍领馆职务的执行，并

应向派遣国进行迅速、充分及有效的赔偿。与使馆不可侵犯的绝对性相比，在给予领馆所规定的赔偿条件下，可以对其进行征用。

4. 领馆档案及文件不可侵犯

领馆档案是指领馆的一切文书、文件、函电、簿籍、胶片、胶带及登记册，以及明密码电信、记录卡片及供保护或保管这些文卷之用的任何器具。领馆档案及文件无论何时，也不论位于何处，都不得侵犯。

5. 通讯自由

接受国应允许并保护领馆为一切公务目的自由通讯。根据《维也纳领事关系公约》的规定：领馆有权与派遣国政府及无论在何处的该国使馆及其他领馆自由通讯，包括外交或领馆信差、外交或领馆邮袋及明密码电信在内。但领馆装置和使用无线电发报机必须经接受国许可；领馆的来往公文不得侵犯，领馆邮袋不得予以开拆或扣留，但如有重大理由可在派遣国授权代表在场的情况下开拆邮袋，如果派遣国当局拒绝这项请求，邮袋应予退回至原发送地点。由此可见，领馆不仅可使用外交信使，而且可派领事信使传送外交邮袋或领馆邮袋。由于需要密切领馆和其主管大使馆以及它们同其外交部之间的通信，将领馆信使和邮袋与外交信使和邮袋进行融合处理是可以理解的。①

除此之外，领馆还有与派遣国国民通讯及联络等权利。

6. 行动及旅行自由

除接受国为国家安全设定禁止或限制进入区域所定法律规章另有规定外，接受国应确保所有领馆人员在其境内行动及旅行之自由。

7. 免纳捐税、关税

领馆馆舍和领馆馆长免纳国家、区域或地方性的一切捐税，但对提供的特定服务的收费不在此列。领馆执行职务所收取的规费与手续费，免纳接受国的一切捐税。领馆公务用品应准予入境，并免除一切关税和一切其他课征。

（三）领事官员及其他领馆人员的特权和豁免

1. 人身自由在一定限度内不受侵犯

《维也纳领事关系公约》第 40 条规定："接受国对于领事官员应表示适当尊重并应采取一切适当步骤以防其人身自由或尊严受任何侵犯。"对于领事官

---

① ［美］李宗周著，梁宝山、黄屏、潘维煌、夏莉萍译：《领事法和领事实践》，世界知识出版社 2012 年版，第 449 页。

员，只有在其犯了严重罪行，并依据主管司法机关的裁判执行，才能予以逮捕候审或羁押候审；除了上述情形之外，并为执行有确定效力的司法判决外，不得对领事官员施以监禁或对其人身自由加以任何其他方式的拘束。如果对领事官员提起刑事诉讼，该官员须到管辖机关出庭，在进行诉讼程序时，应对其予以适当照顾。

2. 管辖豁免

领事官员及领事雇员对其执行职务而实施的行为不受接受国司法或行政机关的管辖。但有两种例外：（1）因领事官员或领事雇员并未明示或默示以派遣国代表身份而订立契约所引起的诉讼；（2）第三者因车辆、船舶或航空器在接受国内所造成的意外事故而要求损害赔偿的诉讼。

3. 作证义务

领馆人员可被召在司法或行政程序中到场作证。但领馆人员就其执行职务所涉及的事项，没有担任作证或提供有关来往公文及文件的义务。领馆人员并有权拒绝以鉴定人身份就派遣国的法律提出证言。但除上述情况外，领馆行政和技术人员及领馆服务人员不得拒绝作证。

对于领事官员，要求其作证的机关应避免对其职务有所妨碍，在可能情形下，可以在其寓所或领馆录取证词，或接受其书面陈述。如领事官员拒绝作证则不得对其施行强制措施或处罚。

4. 特权与豁免的放弃

派遣国可以就某一领馆人员的人身不可侵犯、管辖豁免和作证义务方面放弃豁免，但此种放弃须明示，并应以书面通知接受国；领事官员或领事雇员依规定本可豁免的事项，如其主动提起诉讼，则不得对与本诉直接相关的反诉主张管辖豁免；民事或行政诉讼程序上管辖豁免的放弃，不得视为对司法判决执行处分的豁免也默示放弃，对这种处分的豁免的放弃，须分别表示。

5. 免纳捐税、关税和免受查验

领事官员的私人用品免纳关税。这方面与外交代表的区别在于，领事官员私人用品免纳关税的，只限于本人直接需要量，而外交代表则无数量限制。

6. 其他特权和豁免

《维也纳领事关系公约》所规定的其他特权与豁免有：领馆人员免除接受国法律、规章对外侨登记和居留证所规定的一切义务；免除接受国关于雇用外国劳工的法律、规章所规定的任何有关工作证的义务；免予适用接受国的社会保险办法；免除个人劳务和公共服务，及有关征用、军事捐献及屯宿等军事义务。

7. 不享受特权与豁免的人员

《维也纳领事关系公约》规定下列人员不应享有公约有关条款所规定的特权和豁免：在接受国内从事私人有偿职业的领馆行政和技术人员或服务人员；这些人员的家属或私人服务人员；领馆人员家属本人在接受国内从事私人有偿职业的。

（四）特权与豁免的开始和终止

《维也纳领事关系公约》第53条规定，领馆人员自进入接受国国境前往就任之时起享有上述特权和豁免，其已在该国境内的，自其就任领馆职务之时起开始享有。领馆人员的同户家属和私人服务人员，自其进入接受国国境之时起，或自其成为领馆人员的家属或私人服务人员之日起，享有公约所规定的特权与豁免。

领馆人员的职务如果终止，其本人的特权与豁免以及其同户家属或私人服务人员的特权与豁免，通常应于各该人员离开接受国国境时或者离境的合理期间终了时停止，以在先的时间为准。纵有武装冲突情事，也应继续有效至该时为止。领馆人员的家属和私人服务人员的特权与豁免在其不为领馆人员家属或不为领馆人员雇用时终止。但如果这些人员愿在稍后的合理期间内离开接受国国境，其特权与豁免应继续有效，至其离境之时为止。领事官员或领馆行政和技术人员为执行职务所做的行为，其管辖豁免应继续有效，无时间的限制。如果领馆人员死亡，与其构成同一户口的家属应继续享有应享的特权与豁免，至其离开接受国国境，其离境之合理时间终了时为止。

（五）领馆及领事人员对接受国的义务

《维也纳领事关系公约》第55条明确规定领馆和领事人员尊重接受国法律规章的义务：

第一，在不妨碍领事特权与豁免之情形下，凡享有此项特权与豁免之人员均负有尊重接受国法律规章之义务。此等人员并负有不干涉该国内政之义务。

第二，领馆馆舍不得充作任何与执行领事职务不相符合之用途。

二、领事关系与外交关系的联系与区别

（一）外交关系与领事关系的联系

1. 代表的利益相同

外交代表和领事官员都是由国家正式派遣，执行本国对外政策和保护本

国利益的人员，体现的是国家关系。

2. 特权与豁免的根据相同

使馆、领馆及他们的人员享有特权与豁免的法律根据均不在于给予个人以利益，而在于确保他们能代表本国有效地执行职务，即职务需要说和代表性说的结合。

3. 特权与豁免的内容相似

首先，在馆舍方面。馆舍及馆长的寓邸，免缴捐税；馆舍公务免除关税、查验；馆舍及财产免予征用；馆舍档案不得侵犯；馆舍有悬挂国旗和展示国徽的自由等。

其次，在人员方面。外交代表和领事官员免缴捐税；除接受国为国家安全设定禁止或限制进入的区域外，在接受国境内均享有行动自由、通讯自由、人身自由及一定的优先权利。

4. 承担的义务相同

根据《维也纳外交关系公约》和《维也纳领事关系公约》的规定，使馆、领馆及其人员在接受国内负有同样的义务，即尊重接受国法律和法规，不得干涉接受国的内政；不得把馆舍充作与国际法不相符合的用途。

5. 外交代表和领事官员可互为执行职务

1961年《维也纳外交关系公约》第3条规定，"本公约任何规定不得解释为禁止使馆执行领事职务。" 1963年《维也纳领事关系公约》第17条规定，"在派遣国未设使馆亦未由第三国使馆代表之国家内，领事官员经接受国之同意，得准于承办外交事务，但不影响其领事身份。" 由此可见，外交代表可以承办领事职务，而领事官员在一定条件下，亦可办理外交事务。

6. 行政隶属相同

在行政系统上，领事官一般与外交官同属于外交人员组织系统，由外交部门领导。

（二）外交关系与领事关系的区别

1. 代表程度不同

使馆的设立，体现的是全面的国家关系，外交代表在接受国全面代表派遣国，与接受国外交部进行联系，处理与接受国间的全部外交事务；领馆一般只能与领区内的地方主管当局联系或办理交涉，不能直接同接受国中央政府进行外交交涉。

2. 活动范围不同

外交代表工作和活动范围及于接受国全境；领事的活动范围一般限于有关的领事辖区。

3. 保护利益不同

使馆所保护的派遣国及其国民的利益是全局性的重大利益；而领馆所保护的只涉及有关商务和侨民的利益。

4. 职务不同

使馆和领馆均担当促进两国友好关系的职务，但两者在性质上和层次上有较为明显的区别。

5. 享受特权与豁免的程度不同

使馆及其人员享有的特权与豁免同领馆及其人员享有的特权与豁免的程度不同，主要表现在以下四个方面：

（1）馆舍不可侵犯。使馆馆舍不可侵犯是绝对的，即未经使馆馆长许可，接受国不得进入使馆；领馆馆舍不可侵犯则有一定限度，未经领馆馆长的许可，接受国只是不得进入领馆馆舍中专供领馆工作之用的部分。如遇火灾或其他灾害需迅速采取保护行动时，则可以推定领馆馆长已表示同意而进入领馆。

（2）人员不可侵犯。外交代表人身不可侵犯是绝对的，不受任何方式的逮捕或拘禁，接受国对外交代表应给于特别保护，以示尊重。领事官员人身不可侵犯则有一定限度，对于领事官员不得予以逮捕候审或羁押候审，但对犯有严重罪行的领事官员可以施以监禁或对其人身自由加以拘束。

（3）管辖豁免。首先，外交代表享有刑事管辖豁免权，而领事官员仅就其执行职务的行为享有刑事管辖豁免权。其次，外交代表和领事官员都享有民事及行政管辖豁免，但外交代表享有的豁免范围要大于领事官员。外交代表在涉及私人事务方面的事项，如私有不动产、私人商务活动、私人继承权问题等引起的诉讼，不享有管辖豁免，但享有执行豁免，也就是说，不论诉讼结果如何，原则上不得对外交代表加以强制执行；领事官员除了涉及上述外交代表的诉讼事项外，还对涉及未明示或默示以派遣国代表身份而签订契约所引起的诉讼，以及因车辆、船舶或航空器在接受国内所造成的意外事故而要求损害赔偿的诉讼，均不得享受民事管辖豁免权。

（4）作证义务。外交代表没有以证人身份出庭作证或提供证词的义务；而领馆人员作证义务的免除则有一定限度，领馆人员仅就其执行职务所涉事项，无担任作证或提供有关来往公文及文件的义务，否则，不得拒绝作证。

总之，外交特权与豁免高于领事特权与豁免，这与其各自的职责密切相关。

第五节 中国与外交和领事关系法

一、中国外交法律规范

中国在独立自主和完全平等的基础上发展同外国的友好关系。中国一方面参加相关的国际公约，另一方面，逐步完善国内的有关法律法规，建立了中国的外交法律规范体系。

(一) 中国加入的有关外交与领事关系的国际条约和协定

自20世纪70年代以来，中国加入了一系列的外交与领事条约与协定。前者如在1975年和1979年，中国分别加入《维也纳外交关系公约》和《维也纳领事关系公约》，之后又陆续加入了《联合国特权与豁免公约》、《关于防止和惩处侵害受国际保护人员包括外交代表的罪行的公约》、《专门机构特权与豁免公约》和《国际海事卫星组织特权与豁免议定书》等，后者如《中华人民共和国政府和俄罗斯联邦政府关于互免持外交、公务护照者签证的协定》等。除此之外，在中国加入的一系列国际公约中，中国也表明了不同立场，如1961年《维也纳外交关系公约》第14条和第16条涉及到教廷使节的规定，中国1975年加入该公约时对这两项条款做出了保留。另外，中国对公约的第37条的2、3、4款也持有保留，但在1980年9月15日通知撤回对第37条2、3、4款的保留。

(二) 中国制定的外交与领事问题的国内法律法规

1. 中国外交法律规范

中国外交的法律规范不断完善。根据不同的层级和部门，对于外交事务的不同层面和不同方面做出了较为系统的规定。大致可以分为以下几个层面：

第一，宪法中有关外交的法律规定。如宪法中对于国家元首，政府及其首脑关于外交职权与职责的规定，确立了管理外交关系的机构与职能，划分了各个国家机关在对外事务中的职责范围。

第二，法律中有关外交的法律规范。如全国人大常委会制定的《中华人民共和国外交特权与豁免条例》、《中华人民共和国领事特权与豁免条例》、2009年《中华人民共和国驻外外交人员法》，这些法律规范为外交与领事事务的管理与执行提供了具体的规则。中国通过将国际条约规定转化为国内法律规范，履行公约义务，如《中华人民共和国外交特权与豁免条例》的内容与《维也纳外交关系公约》的内容大致相同，在某些方面对特权与豁免的规定，甚至宽于公约的相关规定。

第三，行政法规中有关规范。如国务院发布的《中华人民共和国关于各国驻华外交代表机关、外交官进出口物品的规定》。

第四，行政规章中的有关外交规范。如《国家税务总局关于进一步做好外国驻华使（领）馆及其外交代表（领事官员）购买中国产物品退税工作的通知》。

2. 中国不承认域外庇护

中国宪法规定，中华人民共和国对于因为政治原因要求避难的外国人，可以给予受庇护的权利。[①] 中国坚持庇护是国家的一项权利，而非义务，是否给予某个人以庇护，是由国家综合考虑各种因素后自由做出的裁断，任何国家和个人都无权干涉。中国不承认域外庇护（外交庇护）的合法性，在实践中，中国从不认可外国在中国领土上实行所谓域外庇护（外交庇护），中国也从未在外国领土上实行过域外庇护（外交庇护）。

3. 中国反对滥用外交特权

《中华人民共和国外交特权与豁免条例》第25条的规定享有外交特权与豁免的人员：（1）应当尊重中国的法律、法规；（2）不得干涉中国的内政；（3）不得在中国境内为私人利益从事任何职业或者商业活动；（4）不得将使馆馆舍和使馆工作人员寓所充作与使馆职务不相符合的用途。在中国享有外交特权与豁免的人，其基于行使职务的需要，受到了国际法和中国国内法所赋予的优遇，对此种权利的行使，应当负有尊重中国法律法规的义务，例如治安、交通和卫生等方面的法律法规；根据一般国际法规则，不干涉属于内政的事项。与此同时，中国在对外关系中也禁止滥用外交特权与豁免，《中华人民共和国驻外外交人员法》第10条明确规定"驻外外交人员不得滥用特权和豁免"。

---

① 1982年《中华人民共和国宪法》第32条。

二、中国外交制度

(一) 制度机关

1. 国家主席的外交职能

《中华人民共和国宪法》规定，国家主席代表中华人民共和国，进行国事活动，接受外国使节；根据全国人民代表大会常务委员会的决定，派遣和召回驻外全权代表，批准和废除同外国缔结的条约和重要协定。①

2. 国务院和国务院总理的外交职能

中华人民共和国国务院，即中央人民政府，是最高国家权力机关的执行机关，是最高国家行政机关。② 在对外关系中管理对外事务，同外国缔结条约和协定等。国务院总理作为政府的最高行政首脑，全面负责政府工作，包括外交工作。

3. 全国人民代表大会及其常委会的外事职能

全国人民代表大会是中华人民共和国最高国家权力机关。它的常设机关是全国人民代表大会常务委员会。③ 根据宪法的规定，全国人民代表大会有权决定战争与和平的问题。④ 全国人民代表大会有权决定驻外全权代表的任免；决定同外国缔结的条约和重要协定的批准和废除；规定军人和外交人员的衔级制度和其他专门衔级制度。⑤

4. 外交部和外交部长的职能

中国外交部是负责外交事务的主管部门。外交部统一领导驻外外交机构的工作，会同其他派出部门对驻外外交人员实施管理。⑥ 其主要职责包括：贯彻执行国家外交方针政策和有关法律法规，代表国家维护国家主权、安全和利益，代表国家和政府办理外交事务，承办党和国家领导人与外国领导人的外交往来事务；负责处理联合国等多边领域中有关全球和地区安全以及政治、经济、人权、社会、难民等外交事务；研究有关国际安全问题，组织军控方面有关条约、协定的谈判；负责办理国家对外缔结双边、多边条约事务，组

---

① 1982年《中华人民共和国宪法》第81条。
② 1982年《中华人民共和国宪法》第85条。
③ 1982年《中华人民共和国宪法》第57条。
④ 1982年《中华人民共和国宪法》第62条。
⑤ 1982年《中华人民共和国宪法》第67条。
⑥ 《中华人民共和国驻外外交人员法》第4条，http://www.gov.cn/flfg/2009-10/31/content_1454301.htm。

织协调有关中国履行国际公约、协定工作；负责国家对外礼仪和典礼事务，国家重要外事活动礼宾事宜，以及驻华外交机构在华礼遇、外交特权和豁免事宜；管理外国驻华外交、领事机构；负责海外侨务工作；办理和参与境内涉外案件的对外交涉工作；负责领事保护和协助工作，协调有关部门、地方政府并指导驻外外交机构处理领事保护和协助案件，发布领事保护和协助的预警信息等。①

（二）中国驻外外交人员的职务和衔级②

1. 驻外外交人员的职务分为外交职务和领事职务

外交职务分为：特命全权大使、代表、副代表、公使、公使衔参赞、参赞、一等秘书、二等秘书、三等秘书、随员。

领事职务分为：总领事、副总领事、领事、副领事、领事随员。

2. 驻外外交人员实行外交衔级制度

中国驻外外交人员的外交衔级，根据其在驻外外交机构中担任的职务、公务员职务级别和外交工作需要确定。

外交衔级设七级：大使衔、公使衔、参赞衔、一等秘书衔、二等秘书衔、三等秘书衔、随员衔。

3. 外交职务与外交衔级的基本对应关系

（1）特命全权大使：大使衔；（2）代表、副代表：大使衔、公使衔、参赞衔；（3）公使、公使衔参赞：公使衔；（4）参赞：参赞衔；（5）一等秘书：一等秘书衔；（6）二等秘书：二等秘书衔；（7）三等秘书：三等秘书衔；（8）随员：随员衔。

4. 领事职务与外交衔级的基本对应关系

（1）总领事：大使衔、公使衔、参赞衔；（2）副总领事：参赞衔；（3）领事：参赞衔、一等秘书衔、二等秘书衔；（4）副领事：三等秘书衔、随员衔；（5）领事随员：随员衔。

三 外国人在中国的法律地位与中国公民的外交保护和领事保护

（一）外国人在中国的法律地位

中华人民共和国成立后，废除了外国人在华享有的特权，在平等的基础

---

① 中华人民共和国外交部网站，http://www.fmprc.gov.cn。
② 《中华人民共和国驻外外交人员法》，中国中央政府门户网站，http://www.gov.cn/flfg/2009-10/31/content_1454301.htm。

上保护外国人的合法权益。《中华人民共和国宪法》规定，"中华人民共和国保护在中国境内的外国人的合法权利和利益，在中国境内的外国人必须遵守中华人民共和国的法律。""外国人在中国居留，必须持有中国政府主管机关签发的身份证件或者居留证件。中国政府根据外国人的身份和护照种类，分别发给其外交签证、礼遇签证、公务签证、普通签证。"[1] 其中，普通签证分为 12 种，包括定居签证、职业签证、学习签证、访问签证、旅游签证、过境签证、乘务签证、记者签证、商贸签证、探亲签证、人才签证、私人事务签证。外国人应当在规定的时间内到当地公安机关缴验证件。

（二）中国的领事保护与外交保护

保护海外公民安全和利益，是一国政府属人管辖权应该承担的职责。海外中国国民权益保护方式包括受害人当地救济、领事保护、外交保护、国际人权保护。2004 年 7 月 1 日，中国外交部正式设立涉外安全事务司，负责执行非传统安全领域的方针政策，主管有关调研工作，协调处理相关涉外事务。同时，在外交部内成立了专门负责处理重大突发领事保护案件的应急小组。驻外领馆也成立了以使馆或领馆牵头的协调机制，为当地中国人提供安全保护和救助。2006 年 5 月 29 日，中国外交部领事保护处正式成立。该处的职责是加强对在海外的中国侨民的保护工作，保护处主要是负责与国外使、领事馆进行沟通，通过外交途径保护海外侨民的安全。

随着中国国力提升，出国旅游、从事经济活动的中国人越来越多。据统计，1949—1979 年，大陆居民走出去的只有 28 万人次，但 2014 年，大陆居民出境已经达到 1 亿人次，走出去的中国企业在册登记的也已经有 2 万多家，遍布世界近 200 个国家和地区。为了更好的保护海外中国人和中国企业的合法权益，领事保护就成为中国外交的一项非常重要的工作。2011 年埃及、利比亚相继撤侨和日本大地震接连引发的中国领事保护的巨大急迫需求非常引人注目。2014 年 3 月的马来西亚航空公司 M370 航班失联事件，2014 年 5 月越南排华事件，都检验了中国海外领事保护能力。现在，中国驻外使领馆每年处理的领事保护案件约 4 万起，海外领事保护工作面临前所未有的新形势、新要求。截至 2014 年 7 月，中国已经与 46 个国家签署了领事条约协定，与 86 个互免签证协议，与 53 个简化签证手续的协议，还与 63 个国家建立了领事磋商机制。

---

[1] 中国人大网，http://www.npc.gov.cn/wxzl/wxzl/2000-12/06/content_4421.htm。

第十一章 战争法和国际人道法

战争与武装冲突是互相使用武力的暴力冲突，这种冲突往往会造成极其残酷的灾难，极大地损害人权和人道，为约束和规范战争行为，降低战争的残酷性和减轻战争灾难，战争与武装冲突法和国际人道主义法由此诞生。1625年格劳修斯发表的《战争与和平法》是世界第一部关于战争问题的国际法著作。

第一节 战争法与国际人道法的基本概念

一、战争法与国际人道法的定义和体系

（一）战争法与国际人道法

1. 国际法上的战争与武装冲突

国际法上的战争（war）是指两个或两个以上的国家，以武力推行国家政策引起的武装冲突和由此而产生的法律状态。[①] 在传统国际法中，战争与武装冲突（armed conflict）的内涵有着严格的区分，"战争"的概念有着严格的构成要件，"战争"应当具有相当规模和范围，并持续一定时期。但现代国际法的许多国际文件中，有用"武装冲突"概念包括"战争"概念的趋向。这是因为，现代的许多武装争斗包括国家间的武装争斗，虽具有相当规模和范围，也持续了一定时期，但不具有传统国际法意义上战争要件的典型特征。因此，现代国际法上更广泛地使用武装冲突法（Law of War and Conflict）的概念来涵盖战争法（Law of War）。当然，这并不意味着原来的战争法的概念和制度已不存在了，现代武装冲突法有将传统的战争法的观念扩展至一切国际性武装冲突中去的趋势。

[①] 朱荔荪：《国际公法》，中央电视大学出版社1985年版，转引自邢广梅：《国际武装冲突法及其相关概念辨析》，《西安政治学院学报》，2008年第21卷第2期，第79页。

2. 战争与武装冲突法

战争与武装冲突法是指用条约和惯例来调整交战或武装冲突各方之间交战行为、交战国与中立国之间权利义务关系的原则、规则和制度的总称。

3. 国际人道法

国际人道法（International Humanitarian Law）是专门为解决武装冲突所直接引起的人道问题以及为保护已经或可能受武装冲突影响的人员及其财产而对有关冲突方的作战手段和方法进行一定限制的原则、规则和制度的总称。

在传统国际法中，关于对战俘、被占领土上的平民、伤者病者的待遇，受禁止的作战手段，以及冲突状态中对人权的保护等内容，都属于战争法的内容。但是，随着国际法的发展，这些虽然与战争有关系，但主要是涉及人道主义的内容已经被单独列出，构成国际人道法体系。

（二）战争法与国际人道法的体系

传统战争法分为海牙条约体系和日内瓦条约体系两大体系。现在，前者被称为战争法，后者被称为国际人道法。

1. 海牙条约体系

海牙条约体系（Hague Treaty System），又称海牙规则体系，是指1899年和1907年两次海牙和平会议通过的一系列公约、宣言等文件的总称。

海牙条约体系主要是规定战争如何开始、进行和结束的规则和制度。主要内容分为三类：第一类是和平解决国际争端类，包括1899年海牙第一公约、1907年海牙第一和第二公约；第二类是战争开始和中立国权利与义务类，包括1907年海牙第三、第五、第六和第十三公约；第三类是战争法规类，第一类和第二类以外的条约都属于第三类，这些条约是海牙公约的主体部分，从陆战、海战、空战等不同方面限制了作战手段和方法，并进一步明确和完善了战斗员、战俘和伤病员的待遇。

表 11—1 海牙条约体系

会议	序号	全称	简称	签署时间
第一次海牙和平会议	1	《和平解决国际争端公约》	1899年海牙第一公约	1899年7月29日
	2	《陆战法规和惯例公约》及附件《陆战法规和惯例章程》	1899年海牙第二公约	1899年7月29日
	3	《关于1864年8月22日日内瓦公约的原则适用于海战的公约》	1899年海牙第三公约	1899年7月29日
	4	《禁止从气球上或用其他新的类似方法投掷投射物和爆炸物宣言》	1899年海牙第一宣言	1899年7月29日
	5	《禁止使用专用于散布窒息性或有毒气体的投射物的宣言》	1899年海牙第二宣言	1899年7月29日
	6	《禁止使用在人体内易于膨胀或变形的投射物,如外壳坚硬而未全部包住弹心或外壳上刻有裂纹的子弹的宣言》	1899年海牙第三宣言	1899年7月29日
第二次海牙和平会议	1	《和平解决国际争端公约》	1907年海牙第一公约	1907年10月18日
	2	《限制用兵力索债公约》	1907年海牙第二公约	1907年10月18日
	3	《关于战争开始的公约》	1907年海牙第三公约	1907年10月18日
	4	《陆战法规与惯例公约》及其附件《陆战法规和惯例章程》	1907年海牙第四公约	1907年10月18日
	5	《陆战时中立国及其人民的权利义务公约》	1907年海牙第五公约	1907年10月18日
	6	《关于战争开始时敌国商船地位的公约》	1907年海牙第六公约	1907年10月18日
	7	《关于商船改充战舰的公约》	1907年海牙第七公约	1907年10月18日
	8	《敷设自动水雷公约》	1907年海牙第八公约	1907年10月18日
	9	《战时海军轰击公约》	1907年海牙第九公约	1907年10月18日
	10	《日内瓦公约诸原则适用于海战的公约》	1907年海牙第十公约	1907年10月18日
	11	《海战时限制行使捕获权的公约》	1907年海牙第十一公约	1907年10月18日
	12	《关于设立国际捕获物法庭的公约》	1907年海牙第十二公约,未生效	1907年10月18日
	13	《海战时中立国权利义务公约》	1907年海牙第十三公约	1907年10月18日
	14	《禁止从气球上投掷投射物和爆炸物宣言》	1907年海牙第十四公约	1907年10月18日

续表

会议	序号	全称	简称	签署时间
第二次海牙和平会议	15	《禁止从气球或用其他类似的新方法投掷炸弹和爆炸物的声明》		1907年10月18日
	16	《禁用毒气弹的声明》		1907年10月18日
	17	《禁用人身变形枪弹的声明》		1907年10月18日

2. 日内瓦条约体系

日内瓦条约体系（Geneva Treaty System），又称日内瓦规则体系，是指在日内瓦缔结的关于战时保护平民和战争受难者的一系列国际公约的总称。早在1864年，12个国家的外交代表在日内瓦国际会议上签订了规定《改善战地伤员境遇的公约》，1906年在日内瓦又订立了一个《改善战地伤者、病者境遇的公约》，1929年又订立了《关于战俘待遇的公约》，"它标志着'日内瓦体系'的诞生，也显示了战争法中人道主义原则和保护原则的确立。"[①]

1949年8月12日，通过修正、补充历史上原有的几个日内瓦公约，又新增了关于保护平民的公约，61个国家在日内瓦缔结了四部新的关于战争中的国际人道法的公约，统一简称为1949年《日内瓦四公约》，四公约于1950年10月21日生效。1977年6月10日在日内瓦又签订了关于1949年《日内瓦四公约》的两项附加议定书，1978年12月7日生效。2005年12月8日订立第三附加议定书。所以，现行日内瓦条约体系包括四个公约和三个附加议定书。

日内瓦条约体系构成"国际人道主义法"的主要内容。1949年《日内瓦四公约》主要是关于保护战时平民、战争受难者、战俘、不直接参加战争或已退出战斗的那部分人的人道主义法律规则。1949年《日内瓦四公约》的两项附加议定书，"是对1949年《日内瓦公约》做出补充的国际条约。它们极大地改善了对平民和伤者的保护，而且首次制定了适用于内战的详细人道规则。……《第一议定书》适用于国际性武装冲突，而《第二议定书》则适用于包括内战在内的非国际性武装冲突。区分这两种局势是很有必要的，因为各缔约国不会在两种情况下给予同等程度的法律保护。2005年，《日内瓦公约》第三附加议定书获得通过，确立了一个与红十字和红新月标志具有同等

---

① 方宁：《战争法的发展历史与地位作用》，《国防》，2000年第1期，第21页。

地位的新标志红水晶"。①

表 11—2　日内瓦条约体系

序号	简称	全称	主要内容	签署和生效时间
1	1949年日内瓦第一公约	《改善战地武装部队伤者病者境遇之日内瓦公约》	共有64条正文及两个附件，主要内容是：确认敌对双方伤病员在任何情况下应该无区别地予以人道待遇的原则与规则	四个公约都是1949年8月12日由中国、苏联、美国、英国、法国等61个国家在日内瓦签订，并于1950年10月21日生效。
2	1949年日内瓦第二公约	《改善海上武装部队伤者病者及遇船难者境遇之日内瓦公约》	共有63条正文及1个附件，是对1907年海牙第十公约的修订和补充。该公约仅适用于舰上部队，登陆部队仍适用日内瓦第一公约所规定的原则和规则	
3	1949年日内瓦第三公约	《关于战俘待遇之日内瓦公约》	共有143条正文和5个附件，是对1929年同名公约的修订和补充，它扩大了公约的适用范围和保护对象	
4	1949年日内瓦第四公约	《关于战时保护平民之日内瓦公约》	共有159条正文和3个附件。其主要内容是：处于冲突一方权力下的敌方平民应受到保护和人道待遇	
5	第一附加议定书	《1949年8月12日日内瓦四公约关于保护国际性武装冲突受难者的附加议定书》	是对1949年《日内瓦公约》补充的国际条约；适用于国际性武装冲突，极大改善对平民和伤者保护	1977年6月8日订立，1978年12月7日生效。
6	第二附加议定书	《1949年8月12日日内瓦四公约关于保护非国际性武装冲突受难者的附加议定书》	是对1949年《日内瓦公约》补充的国际条约；适用于包括内战在内的非国际性武装冲突，极大改善对平民和伤者保护	
7	第三附加议定书	《1949年8月12日日内瓦公约关于采纳一个新增特殊标志的附加议定书》	确立了一个与红十字和红新月标志具有同等地位的新标志红水晶	2005年12月8日订立

---

① 参见国际红十字官网，http://www.icrc.org/chi/resources/documents/misc/additional-protocols-1977.htm。

二、战争与侵略

（一）诉诸战争权和废弃战争

1. 诉诸战争权

诉诸战争权（Jus ad Bellum）是指传统国际法允许国家在争端无法调和时以武力解决争端，即所谓"诉诸战争权"。

2. 废弃战争

世界历史上层出不穷的战争，给人类带来了生灵涂炭。人们对战争深恶痛绝。现代国际法宣布禁止使用战争作为推行国家对外政策的工具。一战前后，相关国际条约陆续出现。1928 年 8 月 27 日由法国外长 A. 白里安和美国国务卿 F. B. 凯洛格在巴黎签署《关于废弃战争作为国家政策工具的一般条约》（简称《巴黎非战公约》，又称《白里安—凯洛格公约》），1929 年 7 月 25 日生效。《巴黎非战公约》是历史上第一个宣布废弃战争的国际条约。其第一条规定，"缔约各国用各该国人民之名义郑重宣告，彼等谴责恃战争以解决国际纠纷，并废弃以战争为在国家相互关系中施行国家政策的工具。"[①]

一战后的《国际联盟盟约》序言宣布"为增进国际间合作，并保持其和平与安全起见，特允承受不从事战争之义务"。该盟约第 12—15 条规定了和平解决争端的义务，第 16 条规定成员国有义务对任何违反盟约进行战争的成员国采取行动，直至使用军事力量，并赋予行政院以开除这种成员国的权力，使会员国从法律角度承担不从事战争之义务。

二战后的《联合国宪章》序言郑重申明："欲免后世再遭今代人类两度身历惨不堪言之战祸……以保证非为公共利益，不得使用武力。"[②]《联合国宪章》宗旨及原则第二条重申："各会员国在其国际关系上不得使用威胁或武力，或以与联合国宗旨不符之任何其他方法，侵害任何会员国或国家之领土完整或政治独立。"[③]

（二）武力自卫权

《联合国宪章》虽然确立了"不得使用武力的原则"，但是，并没有禁止武力自卫（the right of self-defense force）。《联合国宪章》规定了可以行使武

---

① ［英］劳特派特修订，王铁崖、陈体强译：《奥本海国际法》（下卷，争端法、战争法、中立法），商务印书馆1974年版，第132页。

② 《联合国宪章》，联合国官网，http://www.un.org/zh/documents/charter/preamble.shtml。

③ 同上。

力的三种情形。

1. 国家在受到武力攻击时单独或集体行使自卫权

《联合国宪章》第51条规定："联合国任何会员国受到武力攻击时，在安理会采取必要办法，以维持国际和平及安全之前，本宪章不得认为禁止行使单独或集体自卫之自然权利。"① 这就是说，国家拥有自卫权，武力自卫符合国际法。

2. 联合国安理会根据宪章规定或自身决议直接或授权采取军事行动维护和平

《联合国宪章》第42条规定：安全理事会如认为在采用武力以外之办法不能够消除和平威胁、制止侵略行为时，"得采取必要之空海陆军行动，以维持或恢复国际和平及安全。此项行动得包括联合国会员国之空海陆军示威、封锁及其他军事举动"。② 但是，必须指出，历史上和现实中，某些大国操控和挟持联合国采取武力行动来为一己私利服务，是对该规定的歪曲和亵渎。

3. 反对殖民统治的民族解放战争

殖民地人民的民族自决权是《联合国宪章》规定的国际法原则，1970年《关于各国依联合国宪章建立友好关系及合作之国际法原则之宣言》规定：被外国殖民统治下的"此等民族在采取行动反对此种强制性行动以求行使其自决权时，有权依照宪章宗旨及原则请求并接受援助"。此条款中的"采取行动"包括武装斗争。

（三）侵略的定义

1974年12月4日，第29届联合国大会通过《关于侵略定义的决议》。"该定义采用确定概念和具体列举的混合方式规定，依据《联合国宪章》的精神，侵略（aggression）是指一个国家使用武力侵犯另一个国家主权、领土完整或政治独立，或以本定义所宣示的与《联合国宪章》不符的任何其他方式使用武力（第1条），并作了具体列举（第3条）。"③ 该定义对侵略的界定主要包含以下几点："（1）一个国家的武装部队侵入或攻击另一国家的领土；（2）一国家对另一国家的领土使用任何武器；（3）一个国家的武装部队封锁

---

① 《联合国宪章》，联合国官网，http://www.un.org/zh/documents/charter/chapter7.shtml。
② 同上。
③ 日本国际法学会编，外交学院国际法教研室中文版总校订：《国际法辞典》，世界知识出版社1985年版，第679页。

另一国家的港口或海岸；（4）一个国家的武装部队攻击另一国家的陆、海、空军，或商船和民航机；（5）一个国家违反协定，使用在接受国领土内驻扎的武装部队，或在协定终止后，延长该项武装部队在该国领土内的驻扎期间；（6）一个国家以其领土供另一国家使用让该国用来对第三国进行侵略行为；（7）一个国家或以其名义派遣武装小队、武装团体、非正规军或雇佣兵对另一国家进行武力行为。"①

第二节 战争与武装冲突的法律规范

"交战国之间的和平关系由于战争爆发而终止，然而它们之间仍然有些相互的法律责任和义务。"②

一、战争与武装冲突的开始和法律后果

（一）开战

1. 宣战

宣战（declaration of war）是标志战争开始的一个重要方式。宣战作为一个古老的惯例，在古希腊和古罗马时代就很常见。

传统国际法认为战争应以宣战的形式开始。宣战是一项重要的法律程序，使敌对的两个国家进入了战争状态。最后通牒是宣战方式的一种，向对方提出最后的绝对要求，限期答复，如对方不能如期接受要求，即采取战争手段。但是，有时一些国家之间虽然宣布进入战争状态，并不一定有实际的军事行为，比如二战时的拉美国家与轴心国之间。

2. 不宣而战

国际实践中，经常会出现国家之间虽然发生了武装冲突和开战行为，但却不一定事先宣战的现象，此即不宣而战（undeclared war）。日本1937年的侵华战争和1941年偷袭美国珍珠港的行动，均未经过宣战。据统计，二战以后的大部分战争是不宣而战。尽管如此，战争和武装冲突的规则和原则仍对此类情况适用。

---

① 联合国《3314（XXIX）·侵略定义》文件，http：//www.un.org/chinese/aboutun/prinorgs/ga/29/29all2.htm。

② ［英］劳特派特修订，王铁崖、陈体强译：《奥本海国际法》（下卷，争端法、战争法、中立法），商务印书馆1974年版，第146页。

尽管国际法不否认未经宣战而开始的战争的战争性质，但是国际法不承认不宣而战的行为合法。《关于战争开始的公约》（1907年10月18日订于海牙），（简称海牙第三公约）规定："缔约各国承认，除非有预先的和明确无误的警告，彼此间不应开始敌对行为。"[1] 公约规定警告的形式应是说明理由的宣战声明或是有条件宣战的最后通牒。

（二）法律后果

战争导致交战国之间的法律关系不正常化，主要表现为：

1. 断交

在保有外交和领事关系的情况下，战争的爆发导致外交和领事关系的断绝。外交代表和领事官员以及领事馆的有关人员有返回派遣国的权利，在离境所需的合理时间之内，这些外交人员依然享受相应的不受侵犯的权利。

2. 断绝经贸关系

大多数英美国际法学者认为，交战国之间不论是政府还是民间的经济贸易行为都应因战争而中断。但是，德、法、意等国的学者们并不认为存在这样的规则，他们更认为这是国内法问题，即交战国政府有权要求本国人民停止或拒绝与交战国人民的经贸往来。[2] 在实际的战争实践中，战争开始后，交战国通常会采取措施断绝官方和民间的经贸关系。但对已履行的契约或已结算的债务则并不废除。

3. 条约关系的变化

两国间的双边政治性条约立即废止，经贸条约失效或停止施行。但领土和边界条约仍然有效，双方共同参加的多边条约在交战双方之间停止施行。不过，与它们相关的战争和中立条约自动生效。

4. 国民和财产影响

在交战国境内的敌国财产，如果是公产和不动产（除使领馆外）可以没收和使用，但不能变卖，动产可以加以没收，军事性质的敌产可以破坏，敌国人民的财产，原则上不加侵犯，但可以施加限制。交战国应该允许敌国国民在适当时期离境。

---

[1] ［英］劳特派特修订，王铁崖、陈体强译：《奥本海国际法》（下卷，争端法、战争法、中立法），商务印书馆1974年版，第215页。

[2] 同上书，第233—234页。

二、战争与武装冲突的结束和法律后果

(一) 战争与武装冲突的结束

战争与武装冲突的结束一般分为两步，即停止敌对行动和结束战争状态。

1. 停止敌对行动

敌对行动的停止有两种情况。

(1) 停战（suspension of arms）。停战是指交战双方通过协议停止军事行动。停战时间可长可短，范围可大可小。全面停战是交战国间军事行动的全面停止，局部停战是交战国的部分军队之间在一定范围内军事行动的停止。停火是交战过程中的一种暂时或局部的敌对行动中止，类似于局部停战，但时间更为短暂，范围也更为有限。停火不如停战具有终局性。

(2) 投降（surrender）。投降是指交战一方承认战败而要求停止战斗的行为。投降意味着战争一方的服输。投降分为有条件和无条件两种：有条件投降是指战败方要求战胜方允许其提出某些条件才肯实行的投降；无条件投降是指战败方完全接受战胜方提出的条件且不能讨价还价，更不能附加自己条件的投降。如果战败方只能按照战胜方规定的条件而自己不得附加任何其他条件投降，就是无条件投降。二战时的德国和日本都属于无条件投降。

2. 结束战争状态

战争状态的结束是指终止战争行动并对一切政治、经济、领土和其他问题的全面地、最终地解决，以结束战争状态和恢复和平状态。结束战争状态的方式通常有三种：

(1) 缔结和约。缔结和约是结束战争状态的最通常和最正式的一种形式。和约一般由交战各国（含战胜国和战败国），在和平会议或外交会议上签订，是结束战争的重要国际文件。

(2) 单方面宣布结束战争。即由战胜国单方面宣布结束战争状态。

(3) 联合声明。由交战双方发表联合声明，宣布结束战争状态。

(二) 战争与武装冲突结束的法律后果

战争结束后的法律后果包括外交关系恢复、条约关系恢复和国际交往全面恢复。其中，条约关系恢复包括政治条约因重订而恢复、经济条约恢复、双方所参加的多边条约恢复。

三、战时中立

(一) 战时中立和中立法

1. 战时中立的概念

战时中立(war time neutrality)是指某个国家在交战国进行的战争中奉行一种不偏不倚的态度和政策。中立国不仅不参加交战国间的敌对武装行动,而且也不支持或援助交战国的任何一方。

2. 中立法

中立法(War Neutrality Law)是指规定交战国与战时中立国之间权利和义务关系的原则、规则和制度的总称。中立国在法律上具有一定的权利和义务,而交战国对于中立国也有一定的权利和义务。中立国与交战国之间的权利与义务关系是相互的:中立国的义务就是交战国的权利,而交战国的义务就是中立国的权利。

(二) 中立国与交战国各自的义务

1. 中立国的义务

(1) 自我约束的义务。中立国对交战国双方都不应给予援助。

(2) 防止的义务。中立国应采取措施,防止交战国为了进行战争而利用其领土或其管辖区域进行战争行为的义务。

(3) 容忍的义务。中立国对于交战国因进行战争而依据战争法所采取的行动使本国国民蒙受不利时,应在一定范围内予以容忍。

2. 交战国的义务

(1) 自我约束的义务。交战国必须尊重战时中立国的主权,不得侵犯战时中立国领土,破坏中立。

(2) 防止的义务。交战国有义务采取一切措施,防止虐待其占领地内的战时中立国使节和人民;防止其军队和人民从事任何侵犯战时中立国及其人民的合法权益的行为。

(3) 容忍的义务。交战国应容忍战时中立国与其敌国保持正常的外交和商务关系,以及其他不违背战时中立法的行为。

(三) 战时封锁和战时禁制品

战时封锁是指交战国为了切断敌国在海上的对外联系,削弱敌国经济,用军舰阻挡一切国家的船舶和飞机进入敌国的港口和海岸。"一切国家"也包括战时中立国。

战时禁制品是指交战国禁止运送给敌国的货物。禁制品的清单，可事先由国家以条约形式确定，或由交战国在战争开始时用法令或宣言公布。

第三节　对战争武器和手段方法的限制

国际法中对战争工具和手段的限制试图尽可能减少对战斗人员的伤害和避免对非战斗人员的伤害。这些限制尽可能实现对战斗员和非战斗员的人道保护，从而减少战争的破坏和伤害。关于作战手段和方法，在国际法上有一些基本原则，包括：对作战手段和方法加以限制的限制原则，作战方法与手段的使用应与预期的、具体的和直接的军事利益成比例原则，对和平居民、战斗员和非战斗员等进行区分的区分原则，对伤病员、战俘和平民的中立原则，军事必要不能解除交战国义务的原则等。

一、限制和禁止使用的武器和手段

（一）禁止使用的武器

1. 禁止使用极度残酷的武器

武器的作用是使对方丧失战斗力，如果超越这个程度而使受伤者受到极度痛苦甚至不可避免的死亡的武器，属于国际法上的"极度残酷的武器"。它的使用是违反人道主义原则的。这类武器如轻于400克的爆炸性弹丸（炸子），易于膨胀或变形的投射物，射出大量碎片、小针之类的集束炸弹等等。1868年《圣彼得堡宣言》宣布："缔约国在发生战争时放弃使用任何轻于400克的爆炸性弹丸或是装有易爆易燃物质的弹丸，因为这种弹丸会给战斗员造成极度的痛苦。"[①] 1980年联合国《禁止或限制使用某些可被认为具有过分伤害力或滥杀滥伤作用的常规武器公约》，进一步明确了此类规则。

2. 禁止生物和化学武器

早在1899年《海牙陆战法规和惯例章程》就特别禁止使用毒物或有毒武器。1907年海牙第四公约附件也做了此规定。此后，到1925年，国际法又禁止使用细菌武器。1972年《禁止细菌（生物）及毒素武器的发展、生产及储存以及销毁这类武器的公约》进一步规定永远禁止在任何情况下发展、生产、储存、取得和保留这类武器。

[①] 程晓霞、余民才：《国际法》，中国人民大学出版社2011年版，第243页。

1993 年 1 月 13 日，国际社会签订了《关于禁止发展、生产、储存和使用化学武器及销毁此种武器的公约》（简称《化学武器公约》），于 1997 年 4 月 29 日生效。签约国禁止使用、生产、购买、储存和转移各类化学武器；将所有化学武器生产设施拆除或转作他用；提供关于各自化学武器库、武器装备及销毁计划的详细信息；保证不把除莠剂、防暴剂等化学物质用于战争目的等。

3. 禁用杀伤人员地雷

区分原则是战争法的基本要求。杀伤人员地雷无法区分平民和士兵，在冲突结束后很长时间后仍会继续爆炸，造成平民死亡和残疾。杀伤人员地雷所造成的创伤是最难医治的。地雷爆炸中幸存下来的人一般都需要截肢，从而导致终生残疾。1980 年通过的《特定常规武器公约》附加的第二号议定书，即《禁止或限制使用地雷、诱杀装置和其他装置的议定书》（简称《地雷议定书》）。该议定书对地雷及与地雷用途相近的武器的使用进行了一定的限制。1996 年 5 月 3 日，《特定常规武器公约》审议大会通过了《修订的地雷议定书》。该议定书对杀伤人员地雷的设计和制造规定了可探测性标准和自毁、自失能标准，并禁止使用不符合探测标准规定的地雷和禁止转让《修订的地雷议定书》禁用的地雷。1997 年 9 月在挪威奥斯陆举行的国际地雷大会通过了《关于禁止使用、储存、生产和转让杀伤人员地雷及销毁此种武器的公约》。同年 12 月 121 个国家的代表在加拿大的渥太华签署了这一公约，因此该公约又称《渥太华禁雷公约》，其宗旨是立即、全面禁止杀伤人员的地雷。该公约规定，缔约国不得使用、发展、生产、获取、保留或转让杀伤人员地雷。现存的所有杀伤人员地雷将在公约生效后的四年内予以销毁，现有雷区在十年内清扫干净。迄今，世界上大部分国家签署并批准了该公约。

（二）禁止使用的作战手段

1. 禁止不分青红皂白的作战手段

战争法强调应对普通居民和战斗人员之间，民用物体和军事目标之间进行区分，禁止使用不分皂白的作战手段和方法。1977 年《日内瓦四公约第一附加议定书》第 51 条规定，"不分皂白的攻击"是指：（1）不以特定军事目标为对象的攻击；（2）使用不能以特定军事目标为对象的作战方法或手段；（3）使用其效果不能按照本议定书的要求加以限制的作战方法或手段；（4）以平民和民用物体集中的城镇、乡村作为军事目标进行攻击，附带使平民生命受损害的攻击,作为报复对平民进行攻击,均属于不分皂白的攻击。①

2. 禁止背信弃义的作战手段和方法

1977年《日内瓦四公约第一附加议定书》规定:"禁止诉诸背信弃义行为,以杀死、伤害或俘获敌人。以背弃敌人的信任为目的而诱取敌人的信任,使敌人相信其有权享受或有义务给予适用于武装冲突的国际法法则所规定的保护行为,应构成背信弃义。"② 议定书列举的情况有:"(1)假装有在休战旗帜下谈判或投降的意图;(2)假装因伤病或因病而无能力;(3)假装具有平民、非战斗员的身份;(4)使用联合国或中立国或其他非冲突各方的国家的记号、标识或制服,而假装享有被保护的地位。"③

但是,国际法承认战争诈术的合法性,1977年《日内瓦四公约第一附加议定书》明确指出,战争诈术是不禁止的。战争诈术和背信弃义是有区别的。背信弃义主要是以背弃信任为目的诱取信任,例如滥用白旗、使用中立国或联合国制服、标志、徽章、旗帜等。而战争诈术"是指旨在迷惑敌人或诱使敌人做出轻率行为,但不违反任何适用于武装冲突的国际法规则,而且由于并不诱取敌人在该法所规定的保护方面的信任而不构成背信弃义行为的行为"。④ 这里所指的诈术,如使用伪装、假目标、假行动和假情报。

3. 禁止使用改变环境的作战手段和方法

1977年《禁止为军事或任何其他敌对目的使用改变环境的技术的公约》规定:"公约各缔约国承诺不为军事或任何其他敌对目的使用具有广泛、持久或严重后果的改变环境的技术作为摧毁、破坏或伤害任何其他缔约国的手段。"⑤

4. 禁用娃娃兵(童兵)

禁止娃娃兵或童兵(child soldiers)的努力始于1989年的《儿童权益公约》。该公约呼吁世界各国严禁将18岁以下的儿童征入军队,更不能把他们派往战场作战。2000年4月,联合国第56届人权委员会通过了《关于儿童卷入武装冲突问题的联合国儿童权利公约任择议定书》(简称《禁止使用童兵议

---

① 《1949年8月12日日内瓦四公约关于保护国际性武装冲突受难者的附加议定书(第一议定书)》,联合国官方网站,http://www.un.org/chinese/documents/decl-con/geneva_protocol_1.htm.
② 同上。
③ 同上。
④ 同上。
⑤ 《禁止为军事或任何其他敌对目的使用改变环境的技术的公约》,红十字国际委员会官方网站,http://www.icrc.org/chi/resources/documents/misc/convention-environmental-modification-10121976.htm.

定书》)。该议定书明确规定：为防止武装冲突对儿童造成伤害，各国应确保未满18岁的人不被强制征募加入武装部队，并保证其不直接参加敌对行动。

2007年2月，一份承诺全力阻止征募和使用童兵的声明文件《巴黎承诺》(Paris Commitments)，由58个国家的代表在法国首都巴黎签署。[1] 虽然这是一份并不具备法律效力的声明，但首次由多国政府出面签署这一行为本身表达了国际社会为挽救战乱地区儿童和消除童兵现象的重视。

中国国内很多媒体报道在描述娃娃兵时，曾使用"童子军"的说法，但这是不准确的。在英语中，娃娃兵（童兵）和童子军分别对应不同的词汇。童子军（Boy Scout）是一种国际性的青少年社会运动组织，主要采取户外活动的教育训练方式，包括露营、森林伐木、水上活动、徒步旅行、野外旅行和运动等内容，以培养青少年的体质和力量，帮助青少年将来能够立足和贡献社会。

5. 禁止使用的标志

对标志的使用，国际法有明确的规定。在公认标志方面，1977年《日内瓦四公约第一附加议定书》规定："不正当使用红十字、红新月或红狮与太阳的特殊标志或各公约或本议定书所规定的其他标志、记号或信号，是禁止的。在武装冲突中故意滥用国际公认的保护标志、记号或信号，包括休战旗，以及文化财产的保护标志，也是禁止的。"此外，"除经联合国核准外，使用联合国的特殊标志，是禁止的"。[2]

在国籍标志方面，1977年《日内瓦四公约第一附加议定书》禁止使用中立国家或其他非冲突各方的国家的旗帜、军用标志、徽章或制服；禁止在从事攻击时，或为了掩护、便利、保护或阻碍军事行动，而使用敌方的旗帜或军用标志、徽章或制服。

6. 不得利用平民掩护军事目标和军事行动

1977年《日内瓦四公约第一附加议定书》禁止利用平民掩护军事目标和军事行动，规定："平民居民或平民个人的存在或移动不应用于使某些地点或地区免于军事行动，特别是不应用以企图掩护军事目标不受攻击，或掩护、便利或阻碍军事行动。冲突各方不应指使平民居民或平民个人移动，以便企

---

[1] 《58国签署承诺应对童兵现象》，新华网，http://news.xinhuanet.com/world/2007-02/08/content_5711003.htm。

[2] 《1949年8月12日日内瓦四公约关于保护国际性武装冲突受难者的附加议定书（第一议定书）》，联合国官网，http://www.un.org/chinese/documents/decl-con/geneva_protocol_1.htm。

图掩护军事目标不受攻击，或掩护军事行动。"①

二、海战与空战的限制规定

（一）海战的限制规定

海战并不仅仅指发生在海面上的战争，发生在海底和军舰对港口的作战也是海战。有关海战的国际条约相对空战要丰富得多。

1. 海战战斗员的范围

海军战斗人员和非战斗人员都是海战战斗员，享有国际法赋予的相应权利和承担义务。海岸要塞的战斗人员也是海战战斗员。

2. 海战船只的限定

海战中，海军部队只能使用属于自己编制的船舰攻击敌舰，禁止使用其他船只。私掠船（privateer）是被禁止的，商船改装成战舰，具有军舰的地位。

3. 海军轰击的限制

1907 年海牙第九公约《关于战时海军轰击公约》对此进行了限定，禁止海军"轰击未设防的城市、海港、村庄、房舍及建筑"。② 海军轰击的合法性的关键是，该城市内或附近是否有军事目标的存在。另外，第九公约还规定，在合法的海军轰击的所有情况下，都要采取一些措施以限制引起损害的后果。例如，需要事先警告，以及尊重医院、宗教、慈善、科学、历史建筑物等等。

4. 潜艇攻击的限制

潜艇不得对遇到的商船立即攻击，在确有必要破坏商船的情况下，须先将商船人员置于安全地方。

5. 水雷和鱼雷使用的限制

从保护国际航运和中立国的合法权利出发，1987 年海牙第八公约《关于敷设自动触发水雷公约》对水雷和鱼雷使用进行规范。其主要限制性规定包括：（1）禁止使用漂浮水雷，除非这种水雷的构造在敷设水雷的交战国对之失去控制后至多一小时后，就成为无害；（2）禁止敷设虽有系缆，但离开系缆仍能为害的水雷；（3）禁止敷设射击不中以后仍有危险性的鱼雷；（4）禁

---

① 《1949 年 8 月 12 日日内瓦四公约关于保护国际性武装冲突受难者的附加议定书（第一议定书）》，联合国官网，http：//www.un.org/chinese/documents/decl-con/geneva_ protocol_ 1. htm。

② 《关于战时海军轰击公约》，红十字国际委员会官网，https：//www.icrc.org/chi/resources/documents/misc/hagueconventiong‐19101907. htm。

止以断绝贸易通航为目的在敌国沿岸或港口敷设自动触发水雷；（5）使用系缆自动触发水雷时，应尽力避免威胁海上和平航行的安全；（6）中立国在其海岸敷设自动触发水雷时，也应遵守上述规定。一俟战争告终，各缔约国保证尽其力之所及，各自扫除其所敷设的水雷。① 此外。历次停战协定，也总是会强迫战败国扫除其水雷区的水雷。

(二) 空战的限制规定

空战是指在空中进行的战争，空战包括由飞行器所进行的，并用来反对敌人的所有军事行动，包括观察行为和摧毁行为。对空战来说，它的战区没有被限制某一区域，而是包括整个天空。

1. 空战飞行器的限定

空战飞行器包括气球、飞艇、飞机、水上飞机、直升机等。

2. 飞机轰炸目标的限制

1907年海牙第十公约规定：轰炸只能针对军事部队、军事工程、军事建筑物或仓库、军工厂和用于军事目的的运输线；要尽量避免轰炸宗教、艺术、科学和慈善事业的建筑物、历史纪念碑、医院船、医院及收容伤病员的其他场所。1977年《日内瓦四公约第一附加议定书》第49条第3款规定，对平民、民用物体、文物和礼拜场所、自然环境、不设防地的保护，以及对含有危险力量的工程和装置的保护的规定均适用于空战。

尽管如此，20世纪以来的重大战争，几乎都有对国际空战法律的破坏，各国尤其是大国的战争实践极少遵守空战的限定。②

第四节 国际人道法

关于战俘、平民等的人权保护，曾被作为"战争法"的一个内容，但是随着国际法的发展，这部分内容作为"国际人道主义法"（简称国际人道法，International Humanitarian Law）被单独提出来，反映了国际社会对战争中人权保护的愈加重视。

---

① 上述内容摘自《关于敷设自动触发水雷公约》的相关规定。参见《关于敷设自动触发水雷公约》，红十字国际委员会官网，https://www.icrc.org/chi/resources/documents/misc/hagueconvention9-18101907.htm。

② ［法］夏尔·卢梭著，张凝等译：《武装冲突法》，中国对外翻译出版公司1987年版，第278—282页。

一、国际人道法的概念和体系

(一) 国际人道法的定义与法律基础

1. 国际人道法的定义

国际人道法是从人道主义的原则出发，给予战争受难者以必要保护的国际法律与规则体系。

国际人道法主要是通过日内瓦条约体系予以体现的。与海牙条约体系主要规范交战国家之间陆战、海战、空战作战手段和方法的法规不同，日内瓦条约体系主要关注对战争受难者的保护，即关注对那些"不参加"战斗或先是参加但后又退出武装冲突人员的保护。

2. 国际人道法的法律基础

国际人道法起源于19世纪中期，1864年日内瓦《改善战地伤员境遇的公约》、1906年日内瓦《改善战地伤者、病者境遇的公约》、1929年《关于战俘待遇的公约》，确立了战争法中的人道主义保护原则。1899年和1907年的海牙会议通过的一系列有关陆战和海战的公约，也包含了国际人道法的一些内容。

1949年8月12日，在日内瓦签订了四个保护战争受难者的国际公约，对上述法律和规则予以归纳总结补充。1977年6月8日，在日内瓦通过了两个附加议定书，即《1949年8月12日日内瓦四公约关于保护国际性武装冲突受难者的附加议定书》和《1949年8月12日日内瓦四公约关于保护非国际性武装冲突受难者的附加议定书》。2005年又通过了第三附加议定书即《1949年8月12日日内瓦公约关于采纳一个新增特殊标志的附加议定书》，丰富了日内瓦条约体系。1977年《日内瓦四公约第一附加议定书》第1条第2款规定："在本议定书或其他国际协定所未包括的情形下，平民和战斗人员仍受来源于既定习惯、人道原则和公众良心要求的国际法原则的保护和支配。"[1] 这一规定将国际人道法的范围进一步拓展。

3. 国际人道法的特点

无论是1949年8月12日的《日内瓦公约》，还是几个附加议定书，它们共同的特点是尽可能的扩大其适用范围。1949年8月12日《关于战时保护平

---

[1] 《1949年8月12日日内瓦四公约关于保护国际性武装冲突受难者的附加议定书（第一议定书）》，联合国官网，http://www.un.org/chinese/documents/decl-con/geneva_protocol_1.htm。

民之日内瓦公约》即第四公约规定该公约的适用范围："于平时应予实施之各项规定之外，本公约适用于两个或两个以上缔约国间所发生之一切经过宣战的战争或任何其他武装冲突，即使其中一国不承认有战争状态。凡在一缔约国的领土一部或全部被占领之场合，即使此项占领未遇武装抵抗，亦适用本公约。"①

（二）国际人道法的原则与适用

国际人道法有以下几项广泛适用的原则：

1. 限制原则

限制原则是指在战争与武装冲突中应对一些作战手段和方法加以限制。原则上，各交战国和冲突各方对作战方法和手段的选择都应受到法律的限制，禁止使用不分青红皂白的作战手段和方法，禁止使用大规模屠杀和毁灭人类的作战方法和手段；禁止使用滥杀滥伤，造成极度痛苦的作战方法和手段。

2. 比例原则/人道原则

比例原则是指战争方法和手段的使用应与预期的、具体的和直接军事利益成比例。禁止损害过分的攻击，以及使用引起过分伤害和不必要痛苦的作战方法和手段，即使是对敌方战斗员，也不应该施加与作战目的不成比例的伤害或死亡。尽量减低战争的残酷性，保护战争受难者。这是国际人道法的核心，非战斗员必须得到尊重、保护和人道待遇，也就是人道原则。

3. 区分对象原则

区分对象原则是指在战时必须区分不同性质的目标和人员，分别给予不同的对待。区分的对象包括：平民与军人，武装部队中的战斗员与非战斗员，有战斗能力的战斗员与丧失战斗能力的战争受难者，军用物体与民用物体，军事目标与民用目标，等等。在战斗中，消灭敌人，摧毁对方军事目标，都是合法的；但如果被攻击的是非军事目标，则是不法行为。在作战中，不能对不参加战斗或已退出战斗的人员施加攻击。

---

① 《1949年8月12日关于战时保护平民之日内瓦公约》（第四公约），联合国官网，http://www.un.org/chinese/documents/decl-con/geneva_civilians_part1.htm。其他公约参见：《1949年8月12日改善战地武装部队伤者病者境遇之日内瓦公约》（第一公约），联合国官网，http://www.un.org/chinese/documents/decl-con/geneva_wounded.htm。《1949年8月12日改善海上武装部队伤者病者及遇船难者境遇之日内瓦公约》（第二公约），联合国官网，http://www.un.org/chinese/documents/decl-con/geneva_sea_wounded.htm。《1949年8月12日关于战俘待遇之日内瓦公约》（第三公约），联合国官网，http://www.un.org/chinese/documents/decl-con/geneva_prisoners.htm。

4. 军事必要不解除交战方国际法义务原则

军事必要不解除交战方国际法义务原则是指交战各方不得以"军事必要"来对抗和破坏战争法规定的义务。在作战中，为使敌人屈服而采取暴力攻击的行动属于"军事必要"，但"军事必要"并不解除交战方遵守国际法的义务。因为战争法规的制定本身是以考虑了军事必要为前提的，因此在执行中，不得再以"军事必要"为由，对抗当事国根据战争法所承担的义务。"军事必要"不仅限定在"必要"范围内而且限定在"有限"手段内，交战各方的作战方法和手段的选择要受到限制。那些在军事上显然不必要的行动是禁止的。交战方不得以"军事必要"为借口违反所承担的战争法和人道法义务。对在一些规则中提到的"军事情况许可时"的条件，应从严解释，并将其限定在具有明文规定情况和范围内。

5. 禁止报复原则

禁止报复原则，是指严禁对国际人道法保护的对象采取报复行为。这一原则是绝对的。即使在对方已经采取了违反国际人道法的行为的情况下，也不能采取任何报复行为。

6. "马尔顿条款"——"条约无规定"不解除交战方遵守国际法义务的原则（尊重习惯国际法义务的原则）

"条约无规定"不解除交战方遵守国际法义务的原则，是指由于军事科技和战争手段发展迅速，国际社会做不到事事"超前立法"，所以"条约无规定"也不能解除交战方遵守国际法的义务。此原则源于"马尔顿条款"，它由俄国著名国际法专家马尔顿在 1989 年的海牙会议上提出，并被写入海牙公约的前言。其主要内容是，在国际法的条文未能涵盖的情况下，平民和战斗人员仍受来源于既定习惯、人道原则和公众良心要求的国际法原则的保护和支配。这样，"马尔顿条款"使国际人道法各项原则的适用范围大大超越了成文公约规范的范围。

二、国际人道法的保护内容

（一）战时对平民的保护

1. 战时平民

战时平民在传统战争法中指位于交战国领土，但不属于交战人员的和平居民，包括占领区内的平民和在开战时在本国领土上的敌国平民。广义上的战时平民泛指除战争与武装冲突各方交战人员之外的所有和平居民。

2. 战时平民保护

较为系统和详细地规定战时平民保护的公约是1949年8月12日签订的《关于战时保护平民之日内瓦公约》即第四公约，共有159条正文和3个附件。此公约是对1899年海牙第二公约和1907年海牙第四公约附件中一些零散的保护平民条文的补充和发展。根据已有公约规定，战时平民保护包括对本国领土内敌国平民保护、对敌国平民的保护以及对占领区内平民的保护。其主要内容包括：不得剥夺占领区平民的生存权，对平民人格、尊严、宗教信仰应予尊重，不得对平民施以暴行，不得武力驱逐平民，不得以获取情报对其采取强制手段，不得强迫平民为其武装部队提供服务或加入，不得侵犯平民的粮食和医药供应，不得废除被占领国的现行法律。

在战争或武装冲突发生时，一般应允许敌国平民安全离境。对未离境者，保障其基本权利，不得将他们作为军事攻击的对象，禁止对他们实施报复，保障他们的合法权益，不得强迫其提供情报，禁止对平民施以体刑和酷刑，不得实行集体刑法，不得扣为人质，须给予平民维持生活的机会。

（二）战时对妇女和儿童的保护

1. 战时妇女保护

1977年签署的《1949年8月12日日内瓦四公约关于保护国际性武装冲突受难者的附加议定书》即1977年《日内瓦四公约第一附加议定书》有对妇女保护的专门条款。1977年《日内瓦四公约第一附加议定书》规定："妇女应是特别尊重的对象，并应受保护，特别是防止强奸、强迫卖淫和任何其他形式的非礼侵犯。基于有关武装冲突的原因而被逮捕、拘留或拘禁的孕妇或抚育儿童的母亲的案情应得到最优先的考虑。冲突各方应在最大可能范围内努力避免对孕妇或抚育儿童的母亲因有关武装冲突的罪行而宣判死刑。对这类妇女，不应执行因该罪行而宣判的死刑。"[①]

尽管如此，国际人道法中对战时妇女和儿童的保护还有很大改善的空间。比如，国际人道法中保护妇女的原则不够明确、保护妇女的范围略显狭窄、惩治针对妇女的战争犯罪力度不够等等，需要在今后的立法实践中进一步完善。

2. 战时儿童保护

1977年《日内瓦四公约第一附加议定书》指明儿童应是特别尊重的对象，并应受保护，以防止任何形式的非礼侵犯。冲突各方应向儿童提供其年龄或

---

① 《1949年8月12日日内瓦四公约关于保护国际性武装冲突受难者的附加议定书（第一议定书）》，联合国官方网站，http://www.un.org/chinese/documents/decl-con/geneva_protocol_1.htm。

任何其他原因所需的照顾和援助。

1977 年《日内瓦四公约第一附加议定书》规定："冲突各方应采取一切可能措施，使 15 岁以下的儿童不直接参加敌对行动，特别是不应征募其参加武装部队。对于犯罪时不满 18 岁的人，不应执行因有关武装冲突的罪行而宣判的死刑。除基于儿童健康或医疗的急迫原因而需要临时撤退或被占领领土以外的儿童的安全需要临时撤退外，冲突任何一方不应安排将其本国国民以外的儿童撤往外国。"该议定书还详细规定了为了便利撤退的儿童返回其家庭和国家的目的，接受国的当局，应为每个儿童立一卡片，并记载该儿童的详细情报。

（三）战时对新闻记者的保护

1. 武装冲突地区担任职业任务的新闻记者应视为平民

1977 年《日内瓦四公约第一附加议定书》认定在武装冲突地区担任危险的职业任务的新闻记者，应视为平民。这类新闻记者应依此享受各公约和议定书所规定的保护，但以其不采取任何对其作为平民身份有不利影响的行动为限。该议定书特别指明，此类规定不妨碍获准随军采访的战地新闻记者享有战俘身份的权利。

2. 在武装冲突地区担任危险的职业任务的新闻记者得领取规定的身份证

在武装冲突地区担任危险的职业任务的新闻记者得领取第一议定书所规定的类似的身份证。该证件应由该新闻记者作为国民所属国家或该新闻记者居留地国家或雇用该新闻记者的新闻宣传工具所在地国家的政府发给，证明其新闻记者的身份。

（四）伤病员待遇和对医疗机构与人员的保护

1. 相关法律规范

关于伤病员的待遇主要体现在《改善战地武装部队伤者病者境遇之日内瓦公约》即 1949 年日内瓦第一公约里。该公约要求对武装部队人员以及有组织的民兵人员，包括那些已经获得适当授权伴随他们的人员。

2. 伤病员待遇的具体规定

（1）伤病员在"一切情况下，应受到尊重与保护"；（2）禁止对其采取歧视措施，"对其生命之任何危害或对其人身之暴行均应严格禁止"；（3）禁止酷刑或生物实验，也不得不给予医疗救助及照顾；（4）落入敌人手中的交战国伤者、病者、应为战俘，适用相关战俘之规定；（5）每次战斗后，冲突各方应立即采取一切可能的措施搜寻伤者、病者，予以适当的照顾和保护；（6）冲突各方应尽速登记落于其中之每一敌方伤者、病者或死者之任何可以证明其身份之事项,并应尽速转送给上述人员的所属国;(7)对固定医疗机构和医务所,在任何情况下均不得加以攻击,除非该医疗队或医务所被利用进行军事行动;(8)即使在入侵或占领地区,也应准许居民或救济团队自动收集和照顾任何国籍之伤者、病者;任何人不得因看护伤者、病者而被侵扰或定罪;(9)第二个日内瓦公约涉及对海上武装部队伤者及遇难者的待遇,与1949年日内瓦第一公约类似,包括应给予其人道待遇,不得对其实施人身暴行和酷刑;(10)医院船在任何情况下均不得加以攻击或拿捕。

(五) 战俘与战俘待遇

1. 战俘的定义和身份起止

战俘(prisoners of war)是指在战斗或武装冲突中落在敌方权力之下的合法交战人员。关于战俘待遇的公约有1929年和1949年订立的《关于战俘待遇的日内瓦公约》。依照1949年《关于战俘待遇之日内瓦公约》,战俘身份的起止时间是自其落于敌方权力下之时起至最后被释放及遣返时为止。

2. 战俘的权利与待遇

根据1949年《关于战俘待遇的日内瓦公约》和1977年《日内瓦四公约第一附加议定书》战俘自其被俘至其丧失战俘身份前,应享受以下各方面的待遇:

(1)战俘的人格与尊严。禁止对战俘施以暴行或恫吓及公众好奇的烦扰;不得对战俘实行报复,不得侮辱战俘的人格和尊严。(2)战俘的民事权利。战俘的个人财物除武器、马匹、军事装备和军事文件以外的自用物品一律归其个人所有,战俘的金钱和贵重物品可由拘留国保存,但不得没收。(3)战俘的法律权利。战俘享有司法保障,受审时享有辩护权,还享有上诉权。(4)战俘的平等权利。战俘除因其军职等级、性别、健康、年龄及职业资格外,一律享有平等待遇。(5)战俘的生活与健康。战俘的衣、食、住要能维持其基本健康水平,不得以生活上的苛求作为处罚措施;保障战俘的医疗和医药卫生。(6)战俘的遣返。战事停止后,战俘应立即予以释放并遣返,不得迟延。

3. 外国雇佣兵不享有战斗员或战俘待遇

根据1977年《日内瓦四公约第一附加议定书》第47条,外国雇佣兵不应享有作为战斗员或成为战俘的权利。外国雇佣兵是具有下列情况的任何人:(1)在当地或外国特别征募以便在武装冲突中作战;(2)事实上直接参加敌对行动;(3)主要以获得私利的愿望为参加敌对行动的动机,并在事实上冲突一方允诺给予远超过对该方武装部队内具有类似等级和职责的战斗员所允诺或付给的物质报偿；（4）既不是冲突一方的国民，又不是冲突一方所控制的领土的居民；（5）不是冲突一方武装部队的人员；（6）不是非冲突一方的国家所派遣作为其武装部队人员执行官方职务的人。

（六）交战者的保护

1. 交战者的定义和范围

交战者（belligerent）是指直接或间接参加战斗的人员，包括战斗员和非战斗员。战斗员包括交战双方的武装部队、非正规军、居民军和游击队的成员以及军使和侦察兵等人员。非战斗人员主要指医务人员、随军牧师、记者、通讯人员、售货人员、妇女辅助队等人员。此外，参加执行措施的联合国部队人员也具有合法交战人员的地位。根据各有关公约规定，上述人员也称合法交战者，这些人员在作战中应遵守战争法，同时，受战争法的保护，如果被俘，有享受战俘待遇的权利。还有一类交战人员，如间谍和雇佣兵则不具有合法交战人员的地位，如果被俘，不享受战俘的待遇，但如果对他们处以刑罚，也要经过军事法庭的审判。

2. 武装部队

武装部队即交战双方的正规军。1977年《日内瓦四公约第一附加议定书》对"武装部队"做了详细阐释：（1）冲突一方的武装部队是由一个为其部下的行为向该方负责的司令部统率下的有组织的武装部队、团体和单位组成，该武装部队应受内部纪律制度的约束，该制度应强制遵守适用于武装冲突的国际法规则。（2）冲突一方的武装部队人员（除1949年《关于战俘待遇的日内瓦公约》，第33条的规定所包括的医务人员和随军牧师外）是战斗员，这类人员有权直接参加敌对行动。（3）无论何时冲突一方如果将准军事机构或武装执法机构并入其武装部队内，应通知冲突其他各方。（4）任何战斗员，如果落入敌方权力之下，均应成为战俘。

3. 非正规军

非正规军是指由人民自发、临时组织的武装部队，包括民兵、志愿军、居民军和游击队等战斗力量。

根据1907年的《海牙陆战法规和惯例章程》的规定，民兵和志愿军应具有下列特征：（1）有对部下负责的指挥官领导；（2）使用可以在一定距离内识别的和固定的标志；（3）公开携带武器；（4）遵守战争法规和惯例。具备上述特点的非正规武装部队，在交战中便与正规武装部队一样享受战争法的保护和人道主义待遇。

居民军是指敌军迫近时，在交战国政府号召下或自动拿起武器抗击敌人的未被占领区的居民所组成的军队。按照1907年海牙《陆战法规和惯例章程》的规定，居民军只须公开携带武器及遵守战争法规和惯例，即取得合法战斗员的地位。

游击队主要是指在敌占区内进行有组织抵抗并在其本国领土内外活动的人员。1949年《改善战地武装部队伤者病者境遇的日内瓦公约》把游击队包括在合法交战人员范围内。1977年《日内瓦四公约第一附加议定书》进一步放宽了游击队作为合法战斗员的条件。它规定的条件只有遵守战争法规和公开携带武器两个条件。而且根据游击战的特点，"公开携带武器"的时间，只限于"在每次军事交火期间，和在其所参加的发动攻击前的布置时为敌人看得见的期间"。游击战是合法的作战手段，游击队员是合法交战人员，国际法对此做出的明确界定，这是战争法的一项重要发展。

4. 军使

军使是奉交战一方的命令，前往敌方进行谈判的代表。1907年《海牙陆战法规和惯例章程》规定，军使以白旗为标志。军使及其随员（翻译、号手、鼓手等）享有不可侵犯权。但如果军使滥用其职权，便丧失其不可侵犯权，敌方的司令官就有权加以暂时扣留。为防备军使利用其使命刺探军情，敌方有权采取必要的保护措施。派军使进行谈判，是交战一方的权利，但对方没有接待军使的义务。

5. 侦查兵

侦察兵是指交战国派到敌方或敌占区侦察军情的人员。侦察兵必须穿军服，这是侦察兵的基本特点，也是侦察兵和间谍的基本区别。侦察兵是合法的战斗人员，如果被俘，享受战俘待遇。

6. 间谍

1907年《海牙陆战法规和惯例章程》规定：在他方作战地带内，隐蔽行动或虚构口实，以收集各种情报，有意识地通知交战一方的人是间谍。间谍不是合法战斗员，如果被俘不享受战俘待遇。身穿军服，进入敌军作战地带收集情报者，不得视为间谍，执行寄送本国军队或者敌军书信的军人或者文职人员，也不得视为间谍。即使是间谍，不经过审判，也不得处罚。

三、战争犯罪和违反国际人道法行为的责任追究

(一) 追究战争罪犯法律责任的原则

传统国际法承认国家的"诉诸战争权",所以发动战争并不构成罪行。因发动战争而追究个人刑事责任,始于一战,并在二战后有了很大发展。

1. 战犯的定义

战犯(war criminal)是指参与策划、准备、发动和进行侵略战争,或犯有违反战争法规和惯例、违反人道原则等严重罪行,负有战争犯罪责任的人。

过去,国际法实践将战争犯罪局限于违反战争法规和惯例的罪行。一战期间,第一次提出审判和惩处发动战争的罪魁祸首问题。二战期间的1943年苏、美、英三国召开莫斯科外长会议,做了关于追究和惩治法西斯战犯的决议。1945年8月8日,苏、美、英、法在伦敦签订了《关于控诉和惩处欧洲轴心国家主要战犯的协定》及附件《欧洲国际军事法庭宪章》。1946年1月19日,远东盟军最高统帅部公布了《远东国际军事法庭宪章》。对于战争犯罪的审判和惩罚的实现,开始于二战结束后的纽伦堡审判和东京审判。不过,由于美国的包庇纵容,日本和德国的许多二战战犯,并未受到应有的惩处。

2. 纽伦堡原则

1946年12月联合国大会通过第95(I)号决议,确认了《欧洲国际军事法庭宪章》所包括的国际法原则。1950年,联合国国际法委员会根据联合国大会的决议,把纽伦堡国际军事法庭宪章和判决书表述的原则编纂为七个原则,即为"纽伦堡原则"。1967年联合国大会通过的《领域庇护宣言》宣布:犯有危害和平罪、战争罪或违反人道罪者,不得援用请求及享受庇护的权利。1968年,联合国大会通过的《战争罪及违反人道罪不适用法定时效公约》,规定对战犯的追诉,不受时效的限制,大会要求引渡那些犯了罪而没有受到审判的战犯。上述两项公约补充的两项原则,与纽伦堡审判所适用的七项原则合起来,构成了现代国际法惩办战争罪犯所适用的国际法原则:(1)从事构成违反国际法的犯罪行为的人承担个人责任,并因此受惩罚;(2)不违反所在国的国内法不能作为免除国际法责任的理由;(3)被告的地位不能作为免除国际法责任的理由;(4)政府或上级命令不能作为免除国际法责任的理由;(5)被控有违反国际法罪行的人有权得到公平审判;(6)违反国际法罪行的行为是:破坏和平罪、战争罪、反人道罪;(7)共谋上述罪行是违反国际法的罪行;(8)战争罪犯无权要求庇护;(9)战争罪

犯不适用法定时效原则。

（二）战争罪行和违反国际人道法罪行

依照《远东国际军事法庭宪章》第 5 条和《欧洲国际军事法庭宪章》第 6 条的规定，战争罪行包括：破坏和平罪、战争罪、反人道罪。根据《国际刑事法院规约》和《前南斯拉夫国际法庭规约》规约，违反国际人道法罪行包括：种族灭绝罪、危害人类罪、战争罪、侵略罪。

1. 破坏和平罪

就是计划、准备、发动侵略战争或从事违反条约或保证的战争，或参加这些罪行的共同计划或阴谋。

2. 战争罪

战争罪是指违反战争法规和惯例的罪行，包括《日内瓦公约》规定的相关罪行，如虐待或放逐占领地的平民、杀害或虐待战俘，杀害人质，掠夺公私财产以及毁灭城镇或乡村的罪行。

3. 反人道罪（危害人类罪）

反人道罪又译为反人类罪，现在改译为危害人类罪（crimes against humanity），是指在国际或国内战争与武装冲突之前和之中犯有对平民实施屠杀、灭绝、奴役、放逐监禁、酷刑、强奸，以及基于政治、种族、宗教原因而进行迫害或其他非人道的行为。

4. 侵略罪

武力侵犯别国的主权、领土完整或政治独立，违反《联合国宪章》的规定而首先动用武力，或以不符《联合国宪章》的任何其他方式使用武力，均属于侵略行为。

5. 种族灭绝罪

种族灭绝罪是指蓄意全部或局部消灭一族群、民族、种族或宗教团体的罪行，包括意图、煽动、预谋或共谋灭绝上述人群的人和行为。

（三）对战争罪行和违反国际人道法罪行的审判机构

1. 纽伦堡国际军事法庭和远东国际军事法庭

纽伦堡国际军事法庭（欧洲国际军事法庭）和远东国际军事法庭，是二战后建立的审判与惩处德国、日本等国战犯的国际司法机构。

在欧洲，从 1945 年 11 月到 1946 年 10 月，纽伦堡法庭审判了二战中的 24 名德国主要战犯，其中 12 人被判处绞刑。纽伦堡审判还将德国纳粹党、党卫军、盖世太保秘密警察等组织机构宣布为犯罪组织。之后，美国军事法庭也在纽伦堡对177名曾任纳粹德国政治、经济和军事机构与组织要职的被告进行了12项后续审判。

在亚洲，1946年1月至1948年11月，远东国际军事法庭在日本东京对二战中的日本首要战犯进行了国际审判。审判共开庭818次，有419名证人出庭作证，受理证据4336份，英文审判记录48412页。东京审判判决书确认，大量证据表明"日本在侵略战争中，日本陆海军曾任意实行拷问、杀害、强奸及其他最无人道的野蛮性的残酷行为"。[1] 法庭最后判处7人绞刑，16人终身监禁等。

2. 卢旺达国际刑事法庭

卢旺达国际刑事法庭（International Criminal Tribunal for Rwanda, ICTR），简称卢旺达国际刑庭。联合国安理会1994年11月8日第955号决议宣布，设立"起诉应对1994年1月1日至12月31日期间在卢旺达境内的种族灭绝和其他严重违反国际人道主义法行为负责者和应对这一期间邻国境内种族灭绝和其他这类违法行为负责的卢旺达公民的国际刑事法庭"。1995年卢旺达国际刑事法庭正式设在坦桑尼亚的阿鲁沙。卢旺达刑庭的职能是起诉和审判两类犯罪嫌疑人，一类是在1994年一年间在卢旺达境内实施了灭绝种族及其他严重违反国际人道主义法行为的人（包括非卢旺达国民），另一类是在同一时期在卢旺达的邻国境内实施了此类罪行的卢旺达人。[2]

3. 南斯拉夫国际刑事法庭

南斯拉夫国际刑事法庭（The International Criminal Tribunal for the Former Yugoslavia）（简称前南国际刑庭），根据联合国安理会1993年808号和827号决议成立，职能是起诉和审判1991年以来发生在南斯拉夫境内的严重违反国际人道法的责任人。其于1994年成立，设在荷兰海牙。"1995年4月第一名被告被移交法庭。"[3] 南斯拉夫联盟总统米洛舍维奇曾被法庭指控犯有包括战争罪、反人类罪和种族屠杀罪在内的60多项罪行，但他拒绝认罪，于2006年3月11日在狱中去世。

4. 国际刑事法院

1998年7月17日，联合国罗马外交全权代表会议通过《国际刑事法院规

---

[1] 顾德欣：《战争法概论》，国防大学出版社1991年版，第214页。
[2] 洪永红：《论卢旺达国际刑事法庭的管辖权》，《河北法学》，2008年8月，第26卷第8期，第173页。
[3] 甄延：《话说前南斯拉夫国际刑事法庭》，《世界知识》，2001年第15期，第14页。

约》（简称《罗马规约》），决定成立国际刑事法院（International Criminal Court，ICC）。《罗马规约》2002年7月1日起正式生效，国际刑事法院于同日成立。国际刑事法院是一个永久性的国际司法机构，由18名庭审法官组成，法官以个人身份独立履行法官职务。其总部设在荷兰海牙。

根据《罗马规约》，国际刑事法院的主要职责是对《罗马规约》生效以后犯有种族灭绝罪、危害人类罪、战争罪、侵略罪的个人进行起诉和审判。最高刑罚为无期徒刑。

国际刑事法院审理国家、检举人和联合国安理会委托其审理的案件，检察官将根据国际刑事法院预审法庭的同意，应某个国家或联合国安理会的请求对罪犯进行起诉。[①] 国际刑事法院是在各个国家所属的法院不能自主审理的情况下才可介入。按照《罗马规约》，国际刑事法院在罪行发生地或犯罪被告人国籍国的缔约国境内行使其职务，无须征求当事国的同意。联合国安理会向法院提交的案件具有强制性质，即使犯罪发生地国或被告人国籍国都不是《罗马规约》的缔约国，国际刑事法院也可以行使管辖权。

第五节 大规模杀伤性武器的法律问题

随着科技的发展，日益先进的战争武器对人类文明的毁灭性威胁也越来越大。大规模杀伤性武器（Weapon of Mass Destruction，WMD），是指可以造成大规模屠杀的武器，一旦使用就会产生灾难性后果。1991年的联合国安理会第687号决议将核武器（nuclear weapons）、生物武器（biological weapons）和化学武器（chemical weapons）并称为大规模杀伤性武器，总称为ABC。通过法律途径对这些大规模杀伤性武器施加限制成为国际法的一个重要任务。

一、核武器与核扩散问题

（一）核武器问题

1. 核试验问题

核试验是指以军事、科学研究目的，在预定条件下对核装置爆炸或核武

[①] 国际刑事法院官网，参阅日期2014年4月10日，http：//www.icc-cpi.int/EN_Menus/icc/Pages/default.aspx。

器进行爆炸的试验。从1945年7月16日美国进行世界上首次核试验到1989年底，各国共进行了1800多次核试验。1963年8月，美国、英国和苏联缔结了《禁止在大气层、外层空间和水下进行核武器试验条约》（简称《部分禁止核试验条约》），该条约禁止在大气层、大气外层空间及水下，包括领水和公海水下爆炸核武器，无论这种爆炸是实验性或非实验性的。但该条约允许地下核试验，除非实验产生的放射性尘埃散落到其他国家。1974年7月，美、苏两国又签订了《限制地下核试验当量条件》，规定从1976年3月31日起，不再进行爆炸当量在15万吨以上的地下核试验。1996年9月10日，联合国大会通过了《全面禁止核试验条约》。截至2013年1月1日，有176个国家签署，其中156个正式批准。但由于《全面禁止核试验条约》附件二中所列44个拥有核能力的国家中，美国、中国、埃及、伊朗、以色列签署尚未批准该条约，印度、巴基斯坦、朝鲜还未签署该条约，没有满足该条约生效条件，《全面禁止核试验条约》至今尚未生效。

2. 核裁军问题

核裁军就是有核国家限制和裁减核力量。美俄两国拥有世界约90%的核武器，对核裁军负有特殊、优先责任。当年，美苏两国已签订了一些条约，如：《美苏关于限制反弹道导弹系统条约》（1972年）、《美苏限制进攻性战略武器条约》（1979年）、《美苏中导条约》（1987年）、《美苏削减战略武器条约》（1991年）、《美俄关于进一步削减和限制进攻性战略武器条约》（1993年）等。2002年5月24日俄美签署《关于削减进攻性战略力量条约》。该条约规定在2012年年底前，两国将各自的核弹头数量削减到1700枚至2200枚。2010年4月，美俄签订《削减和限制进攻性战略武器条约》新约。俄美两国应在七年内将各自部署的核弹头数量上限由现阶段2200枚降至1550枚，削减幅度近30%。条约同时限定战略导弹和战略轰炸机部署数量；建立武器核查机制等。尽管如此，核裁军问题仍然不容乐观。

3. 禁止使用核武器和彻底销毁核武器问题

1961年联合国大会通过了《关于禁止使用核武器和热核武器的宣言》，宣布使用核武器违反《联合国宪章》的宗旨和原则。但是，美国和北约国家反对这项决议。此后，联合国大会还通过了一些宣言和决议，但是这些文件由于不是安理会通过的，没有法律约束力。1994年国际法院应联合国秘书长的请求，发表对核武器使用的意见，认为必须考虑到核武器的特殊性，尤其是破坏性，因为它的杀伤力巨大并且可以造成危害几代人的严重后果……无论习惯国际法还是条约国际法都没有特别允许威胁或使用核武器。利用核武器进行威胁或使用武力是违反《联合国宪章》第 2 条第 4 款的，是不符合第 51 条的要求的，因而是非法的。各国有义务秉持善意，缔结协议，促使核裁军，使核武器在各个方面处于国际控制下。不过，国际法院的意见也仅仅属于咨询性质，没有法律约束力。

(二) 防止核扩散机制

为减少和防止核武器的危害，国际社会达成了一系列公约，建立了制约机制。

1. 防止核扩散条约

防止核扩散机制中，最重要的条约是《不扩散核武器条约》（Treaty on the Non-Proliferation of Nuclear Weapons），又称《防止核扩散条约》或《核不扩散条约》，于 1968 年 7 月 1 日分别在华盛顿、莫斯科、伦敦开放签字，1970 年 3 月 5 日正式生效。世界绝大多数国家参加了该条约。只有印度、巴基斯坦和以色列拒绝参加，朝鲜曾经参加，后来宣布退出。

《核不扩散条约》有 11 条规定，主要内容是：(1) 有核国家保证不直接或间接地把核武器转让给非核国家，不援助非核国家制造核武器；(2) 非核国家保证不制造核武器，不直接或间接地接受其他国家的核武器转让，不寻求或接受制造核武器的援助，也不向别国提供这种援助；(3) 停止核军备竞赛，推动核裁军；(4) 把和平核设施置于国际原子能机构的国际保障之下，并在和平使用核能方面提供技术合作。

2. 无核区和禁止部署核武器地区

无核区是指某一地区的国家在取得共识的基础上，通过签署集体条约，承诺禁止使用、研发和部署核武器的特定区域，某些情况下该区域还会禁止安置或处理核废料、禁止使用或研发核动力装置。目前已经建立的无核区主要有：拉丁美洲无核区、南太平洋无核区、非洲无核区、中亚无核区、东南亚无核区等。国际社会还通过《南极条约》、《外层空间条约》、《禁止在海床洋底及其底土安置核武器条约》等公约，禁止在南极洲、外层空间、海床洋底及其底土部署核武器。

3. 核出口控制与核查机构

为使核不扩散机制有效实施，国际社会建立了对核出口和核活动进行严格核查和管控的国际机构。

国际原子能机构（International Atomic Energy Agency, IAEA），是原子能

领域的政府间科学技术合作组织，也是国际核不扩散体制运作的制度保障。国际原子能机构通过与缔约国签订核保障协定及议定书，定期视察核设施，证实有关核材料所在地的情况，核查国际原子能机构安装的仪器和监控设备，证实核材料的库存量。这些活动与其他所有的保障措施一起提供了独立的证据，以证实各国政府遵守核能和平利用的承诺。《不扩散核武器条约》和有关的无核区条约中都有要求缔约国接受国际原子能机构核保障的条款。

核出口委员会又称"桑戈委员会"（Zangger Committee，ZAC），成立于1971年，其宗旨是根据《不扩散核武器条约》第3条第2款，制定向未参加该条约的无核国家出口核材料、设备和技术的控制条件和程序。该委员会制定了核出口控制"触发清单"，规定出口清单项目须接受国际原子能机构保障监督。该委员会的决定包括"触发清单"对成员国没有法律约束力，只是对各国制订核出口政策起指导作用。

核供应国集团（Nuclear Suppliers Group，NSG），成立于1975年，是一个由拥有核供应能力的国家组成的多国出口控制机制。集团通过《核转让准则》进行控制。准则规定转让准则触发清单中的物项须提请国际原子能机构实施保障监督；严格控制敏感物项（如后处理、铀浓缩和重水生产）的出口。其宗旨是确保主要核供应国协调和加强核出口控制，防止核领域敏感物项的扩散。

二、化武和生武问题

（一）化武问题

化学武器指的是利用具有毒性的化学物质以造成敌人大量死亡或受伤为目的而使用的武器。1922年2月6日，关于战时使用窒息气体的《华盛顿条约》第5条规定，禁止"在战时使用窒息性、毒性或其他同类气体，以及一些类似的液体、物质或方法"。1925年6月17日的日内瓦议定书重用《华盛顿条约》的提法。但是，这些条约后来多次被违反。二战期间，由于同盟国对轴心国提出警告，德国担心同盟国的报复行为，在战时并未使用其储存的杀伤性极强的毒气。[①] 但日本和意大利均使用了化学武器。

20世纪90年代，禁止化武行动取得重大进展，《关于禁止发展、生产、储存和使用化学武器及销毁此种武器的公约》（简称《化武公约》），1993年1

[①] ［法］夏尔·卢梭著，张凝等译：《武装冲突法》，中国对外翻译出版公司1987年版，第88页。

月签署，1997年4月生效，宣布禁止了一整类大规模杀伤性武器。为监督《化武公约》的实施，在荷兰海牙建立了禁止化学武器组织（Organisation for the Prohibition of Chemical Weapons，OPCW）。

(二) 生武问题

生物武器是以生物战剂杀伤有生力量和破坏植物生长的各种武器、器材的总称。

1925年，在国际联盟主持的日内瓦裁军大会上，有关国家签署了《禁止在战争中使用窒息性、毒性或其他气体的细菌作战方法的议定书》。1972年4月10日签订的《禁止细菌（生物）和毒素武器的发展、生产及储存以及销毁这类武器的公约》，1975年3月26日生效。该公约规定，对于生物武器，"本公约各缔约国承诺在任何情况下决不发展、生产、储存或以其他方法取得或保有"。该公约声明，"本公约中的任何规定均不得解释为在任何意义上限制或减损任何国家根据1925年6月17日在日内瓦签订的禁止在战争中使用窒息性、毒性或其他气体和细菌作战方法的议定书所承担的义务。"因此，该公约也同时禁止了对生物武器的使用。

第六节　中国与战争法和国际人道法

一、中国参加的相关国际条约和无核区条约

(一) 中国参加的战争法与国际人道法公约和法规

中国已参加了大多数的战争法与人道法国际公约和法规。中国清政府和北洋政府批准或加入了除未生效的1907年海牙第十二公约外的所有公约。1993年11月22日，中国政府承认1907年的《和平解决国际争端公约》（1907年海牙第一公约）和1899年的《和平解决国际争端公约》（1899年海牙第二公约），这两个公约同日对中国生效。

1. 中国全面加入日内瓦四公约及其议定书

1956年12月，中国加入1949年《日内瓦公约》，1957年5月28日1949年《日内瓦公约》对中国生效。在加入的同时中国政府宣布对《改善战地武装部队伤者病者境遇的公约》第4条做出保留；对《改善海上武装部队伤者病者及遇船难者境遇公约》第10条做出保留；对《关于战俘待遇之日内瓦公约》第10、12、85条做出保留；对《关于战时保护平民公约》第11、45条

做出保留。①

1983年9月，中国加入1949年《日内瓦公约》的两个附加议定书，即《1949年8月12日日内瓦四公约关于保护国际性武装冲突受难者的附加议定书》（《第一议定书》）和《1949年8月12日日内瓦四公约关于保护非国际性武装冲突受难者的附加议定书》（《第二议定书》），中国在加入同时声明对第一议定书第88条第二款予以保留。

2. 中国加入《特定常规武器公约》

联合国《禁止或限制使用某些可被认为具有过分伤害力或滥杀滥伤作用的常规武器公约》（简称《特定常规武器公约》），1981年4月10日开放签署，1983年12月2日生效。中国参加了该公约的拟定、审议、专家组和缔约国的各项会议，参与了修订公约、制定和修订公约议定书的谈判。1981年9月4日中国签署公约，1982年4月7日中国批准公约和公约第一、二、三议定书。1998年11月4日批准了经修订的《第二议定书》和《第四议定书》，2003年8月11日批准了公约第一条的修正案。2010年4月，中国批准《第五议定书》即《战争遗留爆炸物议定书》。中国成为该公约及其全部五个附加议定书的缔约方。

（二）中国未加入的战争法与国际人道法公约和法规

1. 中国在禁雷问题上的立场

中国虽还未加入《禁雷公约》，但认同其宗旨和目标，赞赏其体现的人道主义精神。中国主张平衡处理各国正当的国防需要和地雷引发的人道主义关切，支持在《特定常规武器公约》框架内妥善处理地雷问题。中国始终忠实履行《特定常规武器公约》所附经修订的《地雷议定书》各项义务。中国多次以观察员身份参加公约缔约国年会，近年来一直在联大一委会对"《渥太华禁雷公约》的执行"的决议投赞成票。

中国积极开展国际人道主义扫雷援助。"1998年以来，中国政府通过援助扫雷装备、举办扫雷技术培训班等方式，已向近40个亚洲、非洲、拉丁美洲国家提供了价值超过7000万人民币的人道主义援助，共培训专业扫雷技术人员400余名。"② 2013年，中国为苏丹、南苏丹、老挝举办扫雷培训班，并继续派专家赴柬埔寨开展实地扫雷培训，中国还向斯里兰卡、约旦提供了地雷

---

① 中国对公约的四项保留：保护国的代替必须经被保护者本国的同意；战俘或平民被移交他国后，原拘留国仍不应解除责任；占领区以外的平民也应适用公约的保护；战争罪犯不得享有战俘地位。
② 2013年12月2日，中国观察员代表团在《全面禁止杀伤人员地雷公约》第十三次缔约国会议上的发言，中华人民共和国常驻联合国日内瓦办事处和瑞士其他国际组织代表团官方网站，http://www.fmprc.gov.cn/ce/cegv/chn/cjjk/hdft/t1105086.htm。

受害者援助。中国高度重视集束弹药问题引发的人道主义关切，支持公约政府专家组集束弹药问题谈判。

2. 中国未加入《罗马规约》的原因

中国积极参与了建立国际刑事法院预备委员会的工作，对《罗马规约》草案的许多条款提出的建设性意见和建议为预备委员会所采纳。但中国没有加入规约，主要原因在于《罗马规约》的一些规定有损害国家主权之嫌。中国"必须考虑到因本国具体问题而受到他国反华势力利用规约以达到其目的的可能"。①

一是《罗马规约》几乎确立了国际刑事法院的普遍管辖权，而"这种管辖权并非以各国的自愿为基础，违背了国家主权原则"；② 二是《罗马规约》"将国内武装冲突中的战争罪纳入法院的普遍管辖"，③ 中国"认为国内武装冲突基本上属于国内司法管辖的范畴"，④ 国家应该可自行选择是否将其提交国际刑事法院审理；三是"《罗马规约》削弱和限制了联合国安理会的权力"，⑤ 特别是安理会"根据《联合国宪章》第七章采取行动的权利"；⑥ 四是《罗马规约》赋予检察官过大的权力，"使之能够直接影响或干扰国家的司法主权"；⑦ 五是《罗马规约》在反人类罪定义中，"删去了战时这一重要标准。此外，在反人类罪具体犯罪行为的举例上，远远超过了习惯国际法和现有的成文法。许多列举的行为实际是人权法的内容"。⑧

二、中国对禁止大规模杀伤性武器法规的参加和遵守

（一）核武器领域

1. 中国对核武器的基本立场

中国坚定走和平发展道路，奉行自卫防御的核战略。中国在任何时候、任何情况下都不首先使用核武器。中国无条件地承诺不对无核武器国家和无核武器区使用或威胁使用核武器。中国从未在境外部署过核武器，也从未对

---

① 张泽、武东侠：《浅析国际刑事法院与中国》，《世纪桥》，2008年第9期（总第160期），第57页。

② 同上。
③ 同上。
④ 同上。
⑤ 同上。
⑥ 同上。
⑦ 同上。
⑧ 同上。

别国使用或威胁使用核武器。"中国从不回避自己在核裁军方面应尽的责任和义务,一贯主张全面禁止和彻底销毁核武器",① 反对任何形式的核武器扩散。"1996年7月29日,中国政府郑重声明,从1996年7月30日起中国开始暂停核试验。中国做出这一重要决定,既是为了响应广大无核国家的要求,也是为了推动核裁军而采取的一项实际行动。"②

2. 中国加入的禁止大规模杀伤性武器条约和机构

中国于1984年加入国际原子能机构,自愿将自己的民用核设施置于该机构的保障监督之下。1992年,中国加入《不扩散核武器条约》。1996年中国首批签署《全面禁止核试验条约》。1997年,中国加入桑戈委员会。1998年,中国签署关于加强国际原子能机构保障监督的附加议定书,2002年初正式完成该附加议定书生效的国内法律程序,成为第一个完成上述程序的核武器国家。中国积极参加了国际原子能机构和全面禁止核试验条约组织筹备委员会等国际组织的工作,支持国际原子能机构为防范潜在的核恐怖活动做出努力,积极参加《核材料实物保护公约》的修约工作,并发挥了建设性作用。2004年5月,中国加入了核供应国集团(NSG)。③ 中国积极参与国际防止核扩散与防范核恐怖主义的合作。

3. 中国签署的无核区条约

中国积极支持有关国家建立无核武器区的努力。1973年8月21日,中国签署并批准了《拉丁美洲及加勒比禁止核武器条约》(又称《特拉特洛尔科条约》)。1987年2月10日,中国签署了《南太平洋无核区条约》(又称《拉罗通加条约》)。1996年4月11日,中国签署了《非洲无核武器区条约》(又称《佩林达巴条约》)的相关议定书。中国已明确承诺将签署《东南亚无核区条约》(又称《曼谷条约》)相关议定书,2014年8月10日,外交部长王毅出席在缅甸内比都举行的东亚峰会外长会上表示,中国与东盟就签署东南亚无核区条约已经达成一致。此外,中国支持建立中亚无核区。中国主张朝鲜半岛无核化,担任了朝鲜核问题六方会谈主席国,中国也是伊朗核问题谈判的

---

① 参见2014年5月21日,中国裁军大使吴海涛在裁谈会非正式全会上关于核裁军问题的发言。中华人民共和国常驻联合国日内瓦办事处和瑞士其他国际组织代表团官方网站,http://www.fmprc.gov.cn/ce/cegv/chn/cjjk/hdft/t1164265.htm。

② 《中华人民共和国政府关于停止核试验的声明(1996年7月29日)》,新华网,http://news.xinhuanet.com/ziliao/2004-07/20/contnet_1618383.htm。

③ 《中国的防扩散政策及措施》,中国常驻联合国日内瓦办事处和瑞士其他国际组织代表团官方网站,http://www.fmprc.gov.cn/ce/cegv/chn/cjjk/relatedissues2/t625336.htm。

六大国之一。

(二) 生化武器领域

中国于1984年加入《禁止发展、生产、储存细菌（生物）、毒素武器与销毁此种武器的公约》。自1988年以来，中国一直按照公约审议会议的决定，逐年向联合国提交《公约》建立信任措施宣布资料。2002年12月，中国颁布实施了《生物两用品及相关设备和技术出口管制条例》及其管制清单，并于2006年7月修订了管制清单。中国还积极参与生物领域的国际交流与合作，与"澳大利亚集团"等多国出口控制机制保持对话与交流。

1993年1月13日，中国成为《关于禁止发展、生产、储存和使用化学武器及销毁此种武器的公约》（简称《禁止化学武器公约》）的签约国。1996年12月30日，全国人大常委会正式批准《禁止化学武器公约》。1997年4月25日，中国交存了批准书，成为《禁止化学武器公约》的原始缔约国。中国积极支持"禁止化学武器组织"的工作，认真履行该公约义务，建立了从中央到地方的各级履约管理部门，形成了覆盖全国、管理有效的履约体系。中国高度重视防扩散问题，制定了与国际通行做法基本一致的出口管制法规体系。中国政府和工业界认真履行《禁止化学武器公约》各项义务，扎实做好国家宣布、接受核查、监控化学品管理和防扩散等工作。截至2012年12月，中国已顺利接待禁化武组织300余次视察。"我国2013年接受的26次现场核查全部顺利通过；并协助完成对日遗化武现场核查4次。我履约诚意、透明度和全面合作获得国际核查员和禁化武组织高度评价。"①

---

① 中华人民共和国工业和信息化部"2013年履行《禁止化学武器公约》工作情况"的说明，中华人民共和国工业和信息化部网站，http://www.miit.gov.cn/n11293472/n11293832/n112。

第十二章 国际争端解决法

第一节 国际争端概论

一、国际争端的定义和特点

(一) 国际争端的定义

国际争端 (international disputes),主要是指国家之间由于权利和利益的矛盾,而产生的政治上、法律上和事实上的争执和冲突。国际争端是国际关系中的普遍现象,往往威胁国际和平与安全,甚至引发武装冲突和战争。

(二) 国际争端的特点

1. 主体是主权国家

国际争端的主体是传统意义上的国际法主体——国家,但伴随着国际关系的不断发展,政府间国际组织和争取独立的民族也被纳入国际法的主体范围,因而国际争端的当事者的类型也随着扩大。

2. 起因非常复杂

国际争端的起因既可以包含政治因素,也可以包含法律因素和事实因素,乃至是各种因素综合引发的国际争端。

3. 解决方式由当事国自愿选择适用

由于世界上并不存在一个凌驾于主权国家之上的权力机关强制审理国际争端和强制执行判决,所以不能强迫当事国采用何种方式解决争端。在自愿的基础上选择适用的解决方法属于当事国主权范围内的事情。国际争端的解决主要依靠当事者的诚意、平等协商或第三方的介入。这也使国际争端的解决比较复杂,因而在国际实践中,国际争端的解决往往需要较长的时间,有时甚至需要数十年乃至上百年的时间。

4. 涉及国家的重大利益和重要权利

国际争端往往涉及国家的整体利益,乃至是整个地区的利益,因而它的解决对相关国家的利益和人民生活的影响,对世界和平和稳定有着重大意义。一旦解决不当,就有可能会引发武装冲突和战争。

二、国际争端的类别

国际争端的内容多种多样，按其性质可归纳为下列几类：法律性争端、政治性争端、混合型争端和事实型争端。

（一）法律性争端

"法律性争端"，在传统国际法上又称为"可裁判的争端"。它是指争端当事国各方以国际法为根据，就法律上的权利义务发生分歧而引发的，并可以通过法律方法解决的争端。

（二）政治性争端

"政治性争端"，相对于"法律性争端"，在传统国际法上称为"不可裁判的争端"。它是指起源于国家间政治利益纠纷，不能通过法律方法或有关国家不愿意通过法律方法来解决的国际争端。这类争端一般对国家的独立和主权等有重大影响，因此难用纯法律手段解决。

（三）混合型争端

国际实践表明，由于国际争端产生原因的复杂性，单纯意义上的法律争端和政治争端并不常见，更多的争端既涉及国家法律权利，也涉及国家政治利益，即"混合型争端"。因而，这一争端的解决既可以采用法律的方法，也可以采用政治的方法，还可以采用法律和政治并用的解决方式。

（四）事实型争端

"事实型争端"是指相关国家对于某项事实、某种情况、某项事项真相争执不下的国际争端。争端往往源于事实不清，当事各方对事实真相各执一词，发生争端。调查与和解方式常运用于此类争端的解决。

第二节 国际争端的解决方法

国际争端的解决方法可以分为两大类：一是强制性方法，二是非强制方法，即和平方法，其中又可区分为政治方法和法律方法。

一、和平解决国际争端法律原则的确立

国际争端往往牵涉国家的主权、民族尊严、宗教信仰等重大利益，因此是否能够和平解决国际争端对于一个国家、所在地区甚至整个国际社会的安全与稳定都有重大影响。

(一) 国联盟约和非战公约

在传统国际法中，曾经承认战争作为实现国家政策工具的合法性。1899年和1907年先后召开的两次海牙会议，签订了《和平解决国际争端公约》，提出并确立了和平解决国际争端的国际法原则；第一次世界大战后签订的《国际联盟盟约》第12条规定会员国以和平方法解决它们之间争端的义务；1928年8月在巴黎签订了《关于废弃战争作为国家政策工具的一般条约》（简称《巴黎非战公约》，又称《白里安—凯洛格公约》），该条约第2条规定："缔约各方同意，它们之间发生的一切争端或冲突，不论其性质或起因如何，只能用和平方法加以处理或解决。"尽管这些有关和平解决国际争端的国际条约，由于其当时现实条件的局限性而未能完全得以实行，但它们对于和平解决国际争端这一国际法原则的确立起到了重要的前期铺垫作用。

(二) 联合国宪章和相关决议

二战后，《联合国宪章》把和平解决国际争端原则列为七项基本原则之一。其第2条明确规定："各会员国应以和平方法解决其国际争端，避免危及国际和平、安全及正义。"联合国通过的一些重要决议和宣言中也都确认和重申和平解决国际争端的原则，譬如1970年《加强国际安全宣言》、1970《国际法原则宣言》、1982年《关于和平解决国际争端的马尼拉宣言》、1987年《加强在国际关系上不使用武力或进行武力威胁原则的效力宣言》、1988年12月5日《关于预防和消除可能威胁国际和平与安全的争端和局势以及关于联合国在该领域的作用的宣言》、1991年《关于联合国在维持国际和平与安全领域中的实况调查宣言》。很多重要的区域性国际组织章程和区域性条约也都明确规定了成员国以和平方法解决彼此之间争端的义务，例如1948年《美洲和平解决争端条约》、1957年《欧洲和平解决争端条约》、1963年《非洲统一组织宪章》，等等。经过国际社会的不断努力，和平解决国际争端原则终于成为国际法的一项基本原则。和平解决国际争端原则的确立，对国际法的基本原则有着重大意义。它赋予国家以法律的权利和义务，使它们不仅有权要求与其存在分歧和争端的国家以和平的方法解决它们之间的争端，同样它们也有义务选择和平解决国际争端的方法，从而为国家之间的友好往来和合作、避免国际争端升格为武装冲突和战争提供了法律保障。

二、解决国际争端的强制性方法

强制解决方法，是指争端一方为了使另一方按其意愿解决争端而采取的单方强制性手段，诸如反报、报复、平时封锁、干涉乃至使用武力。

（一）主要手段

1. 反报

反报（retortion），又称回报、还报，是指一国针对另一国的不礼貌、不友好、不公平的行为还以同样或类似的行为，它主要适用于国家之间贸易、关税、移民和外侨政策等方面。反报行为本身不能超出法律限度，其目的一旦达到，争端另一方改变行为，一切反报行为就应停止。

2. 报复

报复（reprisal）又称平时报复，是指一国为制止由另一国的国际不法行为引发的争端而采取的强制措施，以迫使对方停止其不法行为或对其不法行为的后果承担责任。它以另一国的国际不法行为的实际存在为基础，所采取的手段应是国际法所许可的，同时报复措施必须与本身所受的损害程度大体相当。一旦对方停止了不法行为，报复就应停止。

3. 平时封锁

平时封锁（pacific blockade）是指在和平时期，一国或数国以军事力量封锁他国的港口或海岸，迫使被封锁国满足封锁国有关争端解决的要求。由于平时封锁是对一国领土完整和政治独立的严重侵犯，因而现代国际法禁止这一国际争端强制解决方法的使用。

4. 干涉

干涉（intervention）是一国对另一国事务专断干预以强迫该国采取符合自己意愿或政策的行为，是一种非和平的强制解决方法。

（二）强制性方法的性质

1. 反报与报复方法的联系与区别

反报和报复均为一国针对另一国损害行为而采取的反击。不同之处在于，反报是以同样或类似性质的合法行为反击另一国的不礼貌、不友好或不公正的行为；而报复则是以同样的不法行为反击另一国的不法行为。

2. 封锁、干涉方法的本质

封锁、干涉解决国际争端的传统方法的本质是靠武力威胁或使用武力来实现的，不符合现代国际法关于和平解决国际争端的原则。武力方法只有在符合《联合国宪章》的条件下才能采取。

三、和平解决国际争端的政治方法

和平解决国际争端的政治方法，又称为外交方法，它是指法律方法以外的由争端双方解决或由第三方介入的解决方法。它主要包括：谈判、协商、斡旋、调停、调查、和解。和平解决国际争端的政治方法具有以下两方面的特征：第一，尊重争端当事国主权。国家在享有充分的自由情况下提出和采用的政治解决办法，并可同时或今后采取其他的争端解决办法；第二，政治解决办法适用于各种不同类型国际争端的解决。因而，政治解决办法在国际争端产生时得到广泛使用。

（一）谈判与协商

1. 谈判

谈判（negotiation），"也称直接谈判、外交谈判，指两个或两个以上的争端当事方就争执问题进行交涉并获协议以求得争端解决的办法"。[①] 谈判是古已有之的国际争端的解决办法，它适用于各种类型国际争端的解决，是国际实践中最基本、最常用的和平解决国际争端的方法。

2. 协商

协商（consultation）是指争端当事国家通过交换意见，达成解决谅解的争端解决方法。过去，它被认为是谈判的一种形式或一个步骤，通过近半个世纪的实践，协商方法日益受到国际社会的重视，现在已经成为解决国际争端的一种独立形式。

3. 谈判与协商的联系与区别

实践中，往往很难严格区别谈判与协商，两者往往是密切相连的，如在协商基础上开始或继续谈判，在谈判中不断进行协商，以协商一致的方式产生谈判结果等。不过，谈判与协商仍存在细微差别：（1）协商可以在预知争端可能发生之前进行，也可以在争端产生后进行，而谈判一般是在争端产生后才由当事国发起；（2）协商允许一些中立国参与，而谈判往往排除第三方的参加；（3）协商的议事规则、表决程序以及决议形式按照协商一致的原则进行，体现双方的和解精神；而谈判的双方地位虽然在法律上是平等的，但双方实力因素的差异往往影响谈判的结果。

4. 谈判与协商的的运作程序和方法

谈判和协商可能达成协议，也可能破裂。除非特别约定，一般来说，谈判或协商的当事国没有必须达成有拘束力协议的义务。参加谈判和协商人员的级别由争端当事国协商决定，一般情况下，各国人员的级别应基本相同。

[①] 慕亚平：《国际法原理》，人民法院出版社2005年版，第194页。

谈判和协商的形式，可以是双边形式或国际会议的多边形式。达成的协议，可以是口头形式或书面形式，也可以二者并用。持续时间视情况而长短不定，可以在几天之内结束，也可以长达几年乃至几十年。有些条约具体规定了谈判和协商的实现，超过时限后争端当事国可以采取其他的争端解决方法。谈判或协商如果取得成功，当事国通常以发表书面文件的形式反映双方达成的协议，例如协定、联合声明、公报、备忘录等。如果未取得成功，当事国可以无限期地停止进程，也可以公开宣布谈判或协商失败。谈判或协商的公开程度主要取决于当事国的共同决定，可以是秘而不宣的，也可以是公开宣布的。①

(二) 斡旋与调停

1. 斡旋

斡旋（good offices）是指第三方善意地主动或在当事国邀请下进行的促成争端当事国开始谈判或继续已经中断的谈判，从而实现和平解决国际争端的行为。

2. 调停

调停（mediation）是指第三方促成并直接参加争端当事国之间的谈判，并提出争端解决方案，帮助争端当事方达成协议，解决争端。

3. 斡旋与调停的联系与区别

不论是在有关国际条约中，还是在国际争端的实践中，斡旋与调停一般都没有被明确地加以区别。例如，1899年和1907年的《海牙和平解决国际争端公约》在提及斡旋和调停的时候，笼统地将它们并作一项方法。② 但是，通过比较斡旋与调停，仍可以归纳出这两种第三方解决国际争端的方法既有共性又有区别。斡旋与调停的共性表现在：（1）它们是与争端没有利益牵连的第三方所进行的善意行为；（2）它们需得到争端各方的一致同意才可进行，并且争端当事国对争端的解决保有完全的自由，不受第三方的意见和建议的约束；（3）不论斡旋或调停是否成功，斡旋者与调停者不承担任何法律责任。斡旋与调停的区别主要体现在工作运作方法上：斡旋是第三方主动或应邀促成争端当事国进行直接谈判，而斡旋者本身并不参加谈判，也不提出争议解决的建议。调停是由第三方促成并直接参加争端当事国之间的谈判，并且调

---

① 王铁崖：《国际法》，法律出版社1995年版，第575页。
② 叶兴平：《国际争端解决中的斡旋与调停剖析》，《武汉大学学报（哲学社会科学版）》，1997年第2期（总第229期），第19页。

停者提出的解决争端建议是当事国重新谈判的基础。

(三) 调查与和解

1. 调查

调查（inquiry），又称为国际调查、查明事实。它是指在争端各方对争端所涉事实存在分歧的情况下，有关争端当事国同意与争端无利益牵连的第三方通过一定方式就争端所涉事实进行公正的查证分析，提出确认事实报告书供争端当事方参考，以有助于争端的最终合理解决。调查是最早确定的和平解决国际争端的方法之一。早在1899年，第一次海牙和平会议上就创立了国际调查委员会解决国际争端的方法。调查的主要特点为：相较之斡旋和调停这两种第三方解决国际争端的办法，调查是第三方更加深入地参与争端解决过程的争端解决方法。第三方既可以提出争端公正的调查报告，又可以提出解决争端的具体建议。

2. 和解

和解（conciliation）也称调解，是将争端交由和解委员会查明事实做成报告并建议解决方法，制定和解方案，甚至居间主持，以促进争端解决的方法。① 和解也是一种传统的解决国际争端的方法，它是在1907年《海牙和平解决国际争端公约》的调查制度和1914年《布莱恩条约》②的常设调查委员会制度的基础上发展而来。和解主要包括以下几个方面的特点：（1）和解的执行者是争端当事国通过条约或其他协议同意组成的国际和解委员会。（2）和解委员会不仅调查争端和事实，而且还提出解决争端的建议。（3）一般而言，和解建议并不对争端当事国具有法律上的约束力，但有道义上的拘束力。另外，近几十年来出现了一种新情况某些条约使和解结果具有一定的约束力和强制性。

3. 调查与和解的联系与区别

二者共同点在于都有一定的组织机构，都要查明争端的事实情况，提出不具备法律约束力的报告。二者主要区别在于：调查的目的仅在于查明事实真相，不涉及解决争端的建议；而和解不仅要查明事实，而且要在事实基础上提出解决争端的方案，使争端各方就解决争端达成协议。

---

① 慕亚平：《国际法原理》，人民法院出版社2005年版，第197页。
② 《布莱恩条约》也称《冷却条约》，是1914年美国和30余国缔结的关于和平解决争端的条约，规定一切外交方法所不能解决的争端，应提交一个常设的国际常设的调查委员会，进行调查并提出报告。在调查委员会没有提出报告之前的一年之内，双方不能采取武力。

4. 调查与和解的运作程序和方法

调查的运作程序和方法：（1）调查一般由若干人组成调查委员会或调查小组，其机构的组成、工作方式和职能由和约具体规定。（2）调查目的在于查明争议的事实情况，并且所提交的调查报告对争端当事国无任何约束力，因此它往往只是和平解决国际争端的第一步。

和解的运作程序和方法：（1）和解这一和平解决国际争端的方法，其关键因素是和解委员会。和解委员会的成员人数应是奇数，其相关的程序规则、报告及和解建议均由其成员多数同意确立，其工作程序大致经历三个步骤：调查、听证、编写报告。（2）和解委员会不仅需要调查争端的事实情况，还需提出解决这一争端的具体建议，因此其中包含了调查和调停这种争端解决方法。

四、和平解决国际争端的法律方法

和平解决国际争端的法律方法，是相对于政治方法而言，它包含国际仲裁和国际司法解决两种方式。

与解决争端的政治方法比较而言，和平解决争端的法律方法主要包含以下几点特征：第一，它适用于解决法律争端和混合型争端，而政治方法适用于各种类型争端的解决；第二，相较之政治方法，它拥有更加完善的组织结构和比较固定的程序规则；第三，政治解决办法未能成功的情况下，争端当事国可以继续利用法律方法解决其争端。法律方法是和平解决国际争端的最后办法，争端当事国一般不得再诉诸其他争端解决方法。

（一）国际仲裁

1. 国际仲裁的定义

国际仲裁（international arbitration）是指争端当事国通过协议自愿将争端交由他们选任的仲裁人或仲裁法庭进行审理，并承诺服从其裁决的和平解决争端的方法。

2. 国际仲裁的特点

仲裁的特点在于：（1）它是当事国自愿接受管辖的争端解决办法，表现为以下方面：a. 当事国以制定仲裁协定、仲裁条款、仲裁条约的形式表示同意使用仲裁方式解决争端；b. 当事国自行选择仲裁人或仲裁机构；c. 当事国协议选择仲裁适用的法律。（2）仲裁结果具有法律约束力，裁决一旦做出，当事国不能拒绝执行。

3. 仲裁的规则和程序

争端当事国一般通过订立仲裁条约或协定来表示同意使用仲裁方法。仲裁条约或协定的基本内容包括：提交仲裁的争端范围，仲裁庭的组成、程序规则和工作方法，适用的法律，裁决的效力，当事国的权利和义务等。仲裁庭由当事国自己选任仲裁员组成。仲裁庭组成人数一般为三名或五名。其中每个当事国各自指定三名中的一名或五名中的二名，最后一名由双方共同指定，并由其担任仲裁庭庭长。适用于使用仲裁方法解决的国际争端包括：法律性质的国际争端，其中包括关于条约和国际公约的解释和适用的争端以及当事国认为可以提交仲裁解决的其他争端。在国际实践中，与第三国利益有关的争端被认为不宜提交仲裁解决。当事国可以事先就仲裁适用的法律和程序达成协议。如果争端当事国事先没有对仲裁程序达成协议或者在争端当事国协议的程序不充分的情况下，仲裁庭可以自订全部或部分规则。仲裁庭也可以在仲裁过程中决定其程序。仲裁裁决是书面的，是在仲裁庭秘密讨论后由仲裁员多数做出的，需要仲裁庭庭长签字，并注明做出裁决的具体时间。一般情况下，仲裁条约中会规定仲裁地点，如无相关规定，则由仲裁庭庭长决定仲裁的地点。一类费用，如律师费、专家费、取证费、翻译费等，由当事国分别承担；另一类费用则为仲裁庭的公共开支，包括仲裁员的工资、书记官等人员的工资及其他设备等，由当事国分摊。

4. 临时仲裁

临时仲裁是相对机构仲裁而言的仲裁形式。"机构仲裁亦称常设仲裁，指由双方当事人合意选择常设仲裁机构的仲裁员，依据既定的仲裁规则解决其争议，是当今世界最主要的仲裁方式。临时仲裁是指不由任何仲裁机构进行程序管理，而是由当事人根据仲裁协议，将争议交给他们临时组成的仲裁庭进行审理并做出裁决的仲裁形式。"① 临时仲裁方式具有灵活性、自主性、高效性等特征，因而受到国际条约以及很多国家国内法律的承认。②

5. 仲裁效力

仲裁裁决一经正式宣布并通知当事国或代理人后，即开始生效，对当事各方具有拘束力。裁决为终局裁决，不得上诉。当事国对仲裁裁决的解释或执行发生任何争端，除有相反约定外，应提交做出裁决的仲裁庭处理。

---

① 叶竹梅：《我国建立临时仲裁制度的必要性及可行性分析》，《甘肃政法成人教育学院学报》，2006年9月第3期（总第62期），第89页。

② 黄思怡：《论在中国建立临时仲裁制度的重要性》，《兰州学刊》，2012年第1期，第201页。

(二) 国际司法

1. 国际司法的定义

国际法上的司法解决（judicial settlement），是指由争端当事方将争端交给由独立法官组成的国际司法机关进行审理，并由其根据国际法做出有拘束力的裁判，这是和平解决国际争端的方法之一。

2. 国际司法解决的特点

国际司法解决具有下列特点：（1）国际法院和法庭是事先组成的固定机构，而不是临时组成的；（2）国际法院和法庭的法官不是由当事国指派的，而是根据法院规约事先选举产生的，在一段时期保持不变；（3）国际法院和法庭审理与判决的适用法律不是由当事国自行选择的；（4）国际法院和法庭的判决是终局判决，不得上诉。但如不服可以要求解释和复核。

第三节　主要国际司法与仲裁机构

一战后，国际联盟根据国际联盟盟约第 14 条，建立了"国际常设法院"，它是人类历史上第一个严格意义上的国际性司法机构，为后来其他国际司法机构的创立和发展打下了良好的基础。该法院起初由 11 名法官和 4 名候补法官组成，1929 年取消候补法官并将法官增至 15 名，并要求其为不同国籍。由于二战的爆发，法院实际上于 1940 年就停止了全部司法审判活动，但形式上仍以全体法官于 1946 年辞职而正式宣告解散。法院存在期间共处理诉讼案件 65 件，其中做出判决的为 32 件，受理并提出咨询意见 28 项。二战后，联合国于 1946 年 4 月建立了国际法院。作为联合国的主要司法机构，"国际法院于 1946 年开始工作，取代 1920 年在国际联盟主持下设立的常设国际法院"。[①]

一、国际法院

国际法院（International Court of Justice）是联合国六大机构之一。根据《联合国宪章》于 1946 年设立，因为位于荷兰海牙，因此常称为海牙国际法院。国际法院的任务在于实现联合国的一项主要宗旨——"以和平方法且依正义及国际法之原则，调整或解决足以破坏和平之国际争端或情势"。国际法院的管辖权包括诉讼管辖权和咨询管辖权。国际法院奉行不告不理原则，无

[①] 国际法院官网，参阅日期 2014 年 4 月 20 日，http://www.un.org/chinese/law/icj/ch1.htm。

权主动受理案件。国际法院的运作依照《国际法院规约》和《国际法院规则》进行。国际法院在当代世界和平解决国际争端中发挥着重要作用。

(一) 组织形式

1. 《国际法院规约》

《国际法院规约》是《联合国宪章》的一部分，《联合国宪章》第十四章为国际法院专章。联合国会员国是《国际法院规约》的当然当事国。《国际法院规约》共70条，对国际法院的组织和职责做了详细的规定，是国际法院运作的指导原则。

2. 职责

国际法院其主要职责是对各国提交的法律争端根据《联合国宪章》规定以及有关条约及公约做出判决，在和平解决国际争端方面地位十分重要。国际法院只受理主权国家之间的争端，它没有刑事管辖权，不能审判个人。而国际刑事法院为专门的常设刑事法院，可以以战争罪、反人类罪等罪名对违犯者追究个人的刑事责任。除审理国家间法律争端之外，国际法院还可以对联合国其他机构提出的法律问题提供咨询意见。

3. 法官

国际法院由15名不同国籍的法官组成，包括正副法院院长各一名。按照惯例，安理会五个常任理事国均应有人被选为国际法院法官。法官不代表任何国家，由联合国大会和联合国安理会以绝对多数票选出，任期九年，每三年改选法官人数的1/3，法官与院长均可连选连任。法官为专职，不得担任任何政治或行政职务，或执行任何其他职业性质之任务。除其他法官一致认为其不再符合法官的必要条件外，法官不得被免职。法官于执行法院职务时，应享受外交特权和豁免。《国际法院规约》规定，国际法院法官应从品格高尚，在本国具有最高司法职位的任命资格，或公认为国际法的法学家中选出。法官全体必须代表世界各大地区和各主要法系。根据此项原则，法院成员名额按世界主要区域分配如下：非洲三名，拉丁美洲二名，亚洲三名，西欧和其他国家（包括加拿大、美国、澳大利亚和新西兰）五名，东欧（包括俄国）二名。

4. 院长

正副法院院长由全体法官以绝对多数票选出，任期三年，可连选连任。院长主持法院工作和一切会议，并监督法院行政事务。院长职位空缺或不能执行职务时，由副院长代行其职责。

(二) 诉讼管辖权

国际法院的诉讼管辖权是指国际法院审理争端当事国提交的诉讼案件的权利。它包括对国家管辖权和对事管辖权。

1. 国际法院的诉讼当事者只限于国家，诉讼当事国包括三类国家

《国际法院规约》第34条规定，国际法院的诉讼当事者只限于国家。向国际法院提交的案件中的原告和被告都必须是国家，国际组织和非主权政治实体，团体和个人（包括自然人和法人），都不能成为国际法院的诉讼当事方。国际法院的诉讼当事国包括以下三类国家：（1）联合国会员国。联合国的会员国同时也是《国际法院规约》的当事国。（2）非联合国会员国的《国际法院规约》的当事国。（3）其他国家，预先向国际法院交存声明，表明承认国际法院管辖权，保证执行国际法院的判决的国家。

2. 国际法院的对事管辖权分为三类

《国际法院规约》第36条第1款规定："法院之管辖包括各当事国提交之一切案件，及《联合国宪章》或现行条约及协约中所特定之一切事件。"[1] 第36条第2款规定："本规约各当事国得随时声明关于具有下列性质之一切法律争端，对于接受同样义务之任何其他国家，承认法院之管辖为当然而具有强制性，不须另订特别协定：（子）条约之解释。（丑）国际法之任何问题。（寅）任何事实之存在，如经确定即属违反国际义务者。（卯）因违反国际义务而应予赔偿之性质及其范围。"[2]

根据上述《国际法院规约》第36条规定，国际法院的对事管辖权可分为三类：（1）自愿管辖权，即争端当事国提交的一切案件，且不限于法律性质的争端。（2）协定管辖权，即《联合国宪章》和现行条约中特别规定的事件或争端。（3）任择性强制管辖权（optional compulsory jurisdiction），即指对于国家事先声明接受国际法院管辖之一切法律争端具有强制性管辖权。

3. 国际法院的诉讼管辖权建立在国家同意的基础之上

国际法院并不是凌驾于主权国家之上的超国家司法机构。因此国际法院的诉讼管辖权是建立在国家同意的基础之上的。按照国际法院规定，只有当事国一致同意提交国际法院的法律争端，国际法院才能审理和判决。国家可以采取三种形式表示同意接受国际法院的诉讼管辖权：（1）特别协议。争端

---

[1] 《国际法院规约》，新华网，来源联合国网站，http://news.xinhuanet.com/ziliao/2003-06/26/content_939426.htm，2014年11月9日。

[2] 同上。

当事国为了把它们之间的某项具体争端提交国际法院，共同订立的就该案接受国际法院管辖的特别协议。（2）条约规定的争端解决条款。现行有效的双边条约或多边条约的缔约国，根据条约或公约中的明文规定，同意把今后它们之间因条约或公约所载事项所发生的争端，提交国际法院解决。（3）强制管辖权。当事国可根据规约的规定，随时做出单独声明，就与接受同样义务的任何其他国家发生的某些性质的法律争端，承认国际法院的强制管辖权，而不须另行订立特别协议。

（三）咨询管辖权

咨询管辖权（advisory jurisdiction），是指国际法院作为联合国的司法机关，应有关国际组织或机构的请求，对相关法律问题提供权威性的意见。它是国际法院管辖权的另一个重要方面。根据《联合国宪章》的规定，联合国大会、安全理事会、经济及社会理事会、托管理事会以及联合国的专门机构，以及请求复核行政法庭判决的申请书委员会，均可就其工作中遇到的法律问题请求国际法院发表咨询意见。法院的意见是咨询性的，原则上没有法律拘束力。但法院对重大问题发表的咨询意见，往往被作为权威性的解释而受到重视。此外，有些国际条约规定法院的咨询意见具有法律拘束力而应予执行。

（四）诉讼程序

根据《国际法院规约》和《国际法院规则》，国际法院的诉讼程序应按以下步骤进行：

1. 起诉

争端当事国可以以提交请求书起诉，也可以以提交特别协定起诉。以请求书起诉，就是在双方当事国均已声明接受国际法强制管辖的情况下，任何一方当事国可向法院书记官长递交请求书。以特别协定起诉，则是指争端当事国应将其所订立的特别协议通知法院书记官长。

2. 书面程序和口头程序

国际法院收到当事国的起诉文件后，即以命令安排日期让当事国递交诉状和辩诉状，必要时还要递交答辩状和复辩状，此即为书面程序。然后，法院以命令安排日期进行口头辩论，法院对双方当事国的证人、鉴定人、代理人、律师及辅助人进行讯问，此为口头程序，口头讯问应由院长或副院长主持公开进行，但法院另有决定或者当事国要求公众不得旁听的情况除外。

3. 判决

法庭辩论终结后，法官即退席讨论判决，讨论应秘密进行。审理中的一切问题及判决须由出席开庭的法官表决并以过半数票决定,如票数相等,院长或代理院长可投决定票。任何法官对判决的全部或部分有不同意见时,有权发表不同意见或个别意见,附于判决之后。判决应开庭宣读,并事先通知各争端当事国的代理人参加。判决自宣读之日起生效,不得上诉。

4. 特殊程序

除上述基本程序之外,国际法院审理过程中还常常采取特殊程序。(1)临时保全措施。在诉讼进行中一方当事国为防止他方当事国采取单方面行动使法院的判决失去意义,该当事国得请求国际法院以命令指示临时保全措施。(2)初步反对主张。在以请求书起诉的情况下,被告当事国可在法院指定期限内对法院的管辖权和该请求书的接受提出书面反对意见,这意见称为"初步反对主张"。法院接到此意见后,应即对此进行裁判,确定法院是否有管辖权和请求书是否应该接受。(3)参加。诉讼当事国以外的第三国当认为该案件的判决可能影响其具有法律性质的利益时,可向法院请求参加诉讼,但能否参加由法院裁定。凡是获得同意参加或被通知参加的国家,有权参加诉讼程序。如果有关国家行使这项权利,法院判决中对该条约的解释就对参加国具有同样的拘束力。

(五)适用法律、判决效力与执行判决

1. 适用法律

国际法院本"公允及善良"原则裁判案件。《国际法院规约》第38条规定:法院对于陈诉各项争端,应依国际法裁判之,裁判时应适用:(1)国际条约;(2)国际习惯;(3)一般法律原则;(4)司法判例及各国权威最高之公法学家学说。

2. 判决效力和执行

《国际法院规约》第60条规定:"国际法院之判决系属确定,不得上诉。判词之意义或范围发生争端时,经任何当事国之请求后,法院应予解释。"即国际法院的判决是终审判决,不得上诉,同时对各争端当事国有着确定的法律约束力。根据《联合国宪章》第94条规定,对于国际法院的判决,作为案件当事国的联合国会员国必须承诺履行。遇有一方不履行法院判决义务的,他方得向安理会申诉。安理会认为有必要时,可以提出建议或决定采取办法以执行国际法院的判决。

在国际实践中,迄今未发生过任何一个争端当事国拒绝遵守和执行国际法院判决的情况发生。争端当事国可以在两种情况下请求法院做出解释或申请复核：一是由于对判决的意义或范围发生争端，可以请求国际法院作出解释；二是如果发现在判决时所不知道且具有决定性意义的新事实时，可以请求国际法院对案件进行复核。

二、国际常设仲裁法院

1899 年海牙《和平解决国际争端公约》的第 20—29 条和 1907 年第二次海牙会议补充和修改的海牙《和平解决国际争端公约》的第 40—50 条，对国际仲裁制度做了详细规定。《和平解决国际争端公约》规定设立常设仲裁法院，亦称常设公断法院，并规定了它的组织章程。1900 年常设仲裁法院（Permanent Court of Arbitration，PCA），在荷兰海牙建立。"常设仲裁法院作为和平解决国际争端方面的一个常设机构，正式登上了历史舞台。"[1]

（一）组织形式

1. 国际事务局

由秘书长和其他官员组成，负责该院的联系事项，保管档案并处理一切行政事务。

2. 常设行政理事会

由各缔约国驻海牙的外交代表和荷兰的外交部长组成，由荷兰外交部长担任主席。理事会负责指导和监督国际事务局的工作，制定理事会议事规则及其他必要的规章，决定仲裁法院可能产生的一切行政问题，管理事务局官员及雇员的任免或解职事宜，规定薪金和监督开支，就该院日常工作、行政工作、经费情况等向各缔约国提出年度报告。

3. 仲裁法院

事实上仅是一份仲裁员名单，由每一缔约国至多选定四名公认精通国际法问题，享有最高道德声誉，且愿担任仲裁职务的人，作为该院仲裁员，列入该院一项名单中。这项名单由事务局通告各缔约国。仲裁员任期六年，可连选连任。遇有缔约国发生争端并希望托请常设仲裁法院解决时，由各当事国在该院仲裁员名单中各选定两名仲裁员，再由他们共同选定第五名仲裁员，组成仲裁法庭，以处理争端案件。法庭仲裁员在行使职务并在本国以外时，享有外交特权和豁免。

（二）独特作用

从 1902 年至 1922 年这 20 年的时期内，海牙常设仲裁法院审理了 18 件仲

---

[1] 王姿蓉：《浅析常设仲裁法院的新发展》，《法制与社会》，2011 年第 5 期（下），第 112 页。

裁案。① "它在和平解决争端的历史中做了有开创意义的实践，并对国际法产生影响，为其后国际通过国际组织和法律手段解决国际争端提供了经验和借鉴。"② 1922年，常设国际法院宣告成立，与常设仲裁法院并行。常设仲裁法院一度陷入低迷。"1923年到1940年，常设仲裁法院审理了5个案件"。③ 二战后，1946年常设国际法院正式解散，4月成立了国际法院。常设仲裁法院自1940年"此后直至1980年，只审理了2个案件，其中一个还是30年代提交的旧案"。④ 不过，进入20世纪90年代，常设仲裁法院重新受到国际社会的重视。1993年常设仲裁法院在海牙和平宫召开了法院历史上第一次全体仲裁员大会；1994年第49届联合国大会一致同意接纳常设仲裁法院为联合国大会观察员。现在，常设仲裁法院作为联合国观察员，也将其工作纳入到了联合国的大系统中去，并与联合国国际法院形成一种并列的、互相补充的关系。它们各自在由第三方解决争端机制中可以发挥其独特的作用。

第四节　国际组织在解决国际争端中的作用

一、联合国在解决国际争端中的地位和作用

《联合国宪章》规定宗旨和原则的第一章中的第1条第1款指出："以和平方法且依正义及国际法之原则，调整或解决足以破坏和平之国际争端及情势"；第2条第3款规定："各会员国应以和平方法解决其国际争端，避免危及国际和平、安全及正义"。维护世界和平与安全是联合国最重要的任务之一。《联合国宪章》关于联合国大会、安全理事会、秘书处的条款中也都明确具体地规定了这些机构在解决国际争端方面的职能和作用。

（一）联合国大会在解决国际争端中的权责

联合国大会由联合国全体会员国组成，是联合国的主要机关。大会具有广泛的职权，大会在和平解决国际争端方面的职权是进行讨论、调查和提出建议。

---

① 见常设仲裁法院官方网站，http：//www.pca-cpa.org。
② 柳华文：《常设仲裁法院：历史与当代》，专家博客，http：//blog.china.com.cn/art/show.do?dn = liuhuawen&id = 112019&agMode = 1&com.trs.idm.gSessionId = 31DEE2578EF6B52693163D3D8434E82A。
③ 同上。
④ 见常设仲裁法院官方网站，http：//www.pca-cpa.org。

1. 讨论

根据《联合国宪章》第10条和第14条，大会可以讨论宪章范围内的任何问题或事项，包括有关国际争端的解决，并且可以向联合国会员国、安理会或兼向二者提出建议，包括解决有关争端的建议或和平调整的办法。但是，大会的上述活动受《联合国宪章》第2条第7款和第12条的限制，即不得干涉本质上属于一国内部的事务；对安理会正在按照宪章所赋予的职权进行处理的争端或情势，除经安理会请求或同意外，不得提出任何建议。

2. 调查

根据《联合国宪章》第35条，大会对于会员国或非会员国向大会提出的争端或可能导致国际摩擦或引起争端的情势，与安理会有同样的管辖权，包括进行调查和为此目的设立常设的或临时的委员会或机构。

3. 建议和决议

大会通过对于国际争端或情势的讨论和审议，最终以大会决议的形式提出关于争端或情势的解决方法或条件的建议，但是，这种建议对争端当事国没有法律拘束力。①

（二）联合国安理会在解决国际争端中的权责

根据《联合国宪章》第24条的规定，安理会是联合国解决国际争端的主要机构，"对维护国际和平与安全有主要责任"，安理会在这方面职权的法律根据是《联合国宪章》第六章、第七章和第八章，其中最主要的是第六章的规定。其具体职责是：

1. 调查

根据《联合国宪章》第34条，安理会对任何争端或可能引起国际摩擦或惹起争端的任何情势可以进行调查，以断定该争端或情势的继续存在是否足以危及国际和平与安全的维持。为了行使调查的权力和职责，安理会可以设立常设或临时的调查委员会，而争端当事国根据宪章的有关规定，有义务对安理会所设立的调查机构给予一切必要的支持和协助。

2. 建议

建议适当的争端解决程序或调整方法。根据《联合国宪章》第36条，安理会对足以危及国际和平与安全的争端或情势，可以在任何阶段，提出适当的争端解决程序或调整方法的建议。安理会的建议可以是一般性的，也可以

---

① 邵津：《面向21世纪课程教材——国际法（第四版）》，北京大学出版社2011年版，第486页。

是解决争端的具体条件。安理会的这种建议具有政治上和道义上的拘束力，但没有法律上的拘束力。

3. 调解

进行调停、斡旋或和解。宪章并没有具体规定安理会进行调停、斡旋或和解的职能，但安理会由于对维持国际和平与安全负有主要责任，可以在提出适当争端解决程序或调整方法的同时，进行调停、斡旋或和解甚至仲裁的具体活动。

4. 决议

安理会在断定存在对于和平之威胁、和平之破坏及侵略行为后，可做出决议。决议是安理会所做出的正式决定，安理会在这种情况下的决议，是具有拘束力的并应强制执行。

5. 采取行动或授权行动

根据《联合国宪章》第41和42条，为最终达到维持国际和平与安全的目的，安理会决议可决定采取非武力办法实施其决定，也可以决定采取军事行动实施其决定；并且可以自己直接采取和授权采取行动。

（三）联合国秘书长在解决国际争端中的权责

除了联合国大会与安理会以外，联合国秘书长在解决国际争端方面也起着重要作用。根据《联合国宪章》第15章，秘书长是联合国组织的行政首长，秘书长可以将其认为可能威胁国际和平与安全的任何事件提请安理会注意，同时秘书长在解决国际争端方面具有非常广泛的权力，其主要职责如下：

1. 提请注意事态

由于秘书长的工作和地位，他可以密切注意到世界各地的潜在冲突或争端，因而可提请联合国各机关和有关国家注意。

2. 直接或委派代表介入

秘书长可以根据争端或冲突的具体情况，向争端当事国发出进行谈判或协商的呼吁，直接与争端当事国进行讨论和磋商，开展实况调查活动，参与谈判、斡旋、调停、和解或仲裁等工作。

3. 领导维和行动

在必要时秘书长可以建议建立联合国维和部队、或在安理会或大会的授权下统率联合国维和部队。秘书长本人可以直接履行解决国际争端的职权，也可以通过其指派的特别代表等进行。

4. 监督执行

在争端得以和平解决后，特别在争端各方就争端达成协议后，通过密切注意有关协议的实施情况来监督争端当事国执行解决争端的方法和结果。

（四）联合国维和行动

1. 性质和目的

联合国维和行动是根据安理会或联大通过的决议，向冲突地区派遣维持和平部队或军事观察团，以恢复或维护和平的一种行动。维和行动的目的是防止局部地区冲突的扩大和再起，从而为实现政治解决创造条件。联合国采取维和行动最基本的要求是不能干涉一国内政，维和行动具有"中立性"和"非强制性"。

2. 特征和对象

联合国维和行动有三大特征：（1）国际性：由联合国组织，成员来自各会员国，由联合国秘书长指挥，只对联合国负责；（2）非强制性：维和部队必须征得当事国同意又有会员国自愿参加才能建立，它在维和时无权采取强制措施，只有在自卫的情况下才能使用武力；（3）中立性：维和行动必须做到公正、不偏不倚、不干涉内部事务。①

从实际运作来看，联合国的维和行动所涉及的冲突大体可分为三类：（1）一些国家内部有关政治权力合法性的争端与冲突，如萨尔瓦多、纳米比亚、尼加拉瓜等国发生的冲突；（2）一些国家内部的种族、宗教、民族冲突，如波黑、塞浦路斯、卢旺达等国的冲突；（3）发生在国家之间的地区性冲突，如阿以冲突、两伊战争等。

3. 任务和期限

维和行动的任务包括监督停火、停战、撤军；使冲突双方脱离接触；观察、报告局势；帮助执行和平协议；防止非法越界或渗透以及维持冲突地区的治安等。随着国际形势的变化，联合国维和行动的任务范围也有所扩大，涉及监督选举、全民公决、保护和分发人道主义援助，以及帮助扫雷和难民重返家园等许多非传统性的工作。参与维和的人员除了军事人员以外，还有警察和文职人员。

联合国维和行动属于临时性措施，一般均有一定的期限，可由安理会视具体情况，根据联合国秘书长的建议决定延期。

---

① 联合国官网，2014 年 5 月 13 日，http://www.un.org/en/。

4. 形式和方法

维和行动的建立一般由安理会决定，在历史上联合国大会偶尔也做出过决定。它的具体实施是由联合国秘书长商安理会决定。维和行动主要有两种形式：军事观察团和维持和平部队。前者一般由非武装的军人组成，后者由武装的军事分遣队组成。前者采取的方法是由非武装的军事观察员组成的观察团监督停火、撤军或有关协定的执行；后者采取的方法是派出装备有用于自卫的轻型武器的维和部队，以确保停火，缓和局势，为解决争端创造条件。因为维和行动属非强制性行动，所以军事观察员不得携带武器；维和部队虽配有武器，但不得擅自使用武力，除非迫不得已进行自卫。①

二、其他国际组织与解决国际争端

（一）利用区域办法和区域机关和平解决国际争端

除联合国外，愈来愈多的区域性国际组织制订了解决国际争端的政治程序和法律程序。"区域机关或区域办法在未来的争端解决方面正越来越显示其潜力，并能为维持地区和国际和平与安全做出重要贡献。"②

1. 区域办法和区域机关

利用区域办法（regional arrangement）和区域机关（regional agency）是和平解决国际争端的一种方法。区域机关是指在特定区域内的国家为了共同利益和共同政策而结成的国际组织。其特点是以地理接近为基础，以条约为法律根据，以合作和互助为目的设立的地区性组织。

1919年《国际联盟约》提到"区域协商"③，1945年《联合国宪章》第八章第52条确认联合国并不排除"区域办法或区域机关、用以应付关于维持国际和平及安全而宜于区域行动之事件者；但以此项办法和机关及其工作与联合国与之宗旨及原则符合者为限"④。《联合国宪章》第八章明确规定了区域办法和区域机关解决国际争端的具体规则。1994年11月，第49届联大通过了《关于增进联合国与区域办法和机关之间在维持国际和平与安全领域的合作的宣言》。

---

① 联合国官网，2014年5月26日，http：//www.un.org/en/。
② 周鸿钧：《国际法》，中国政法大学出版社1999年版，第358页。
③ 联合国官网，2014年6月13日，http：//www.un.org/en/。
④ 《联合国宪章》第八章"区域办法"第52条，联合国官网，http：//www.un.org/zh/documents/charter/。

2. 区域办法和区域机关解决国际争端的特点

（1）解决争端的区域机关或区域办法，必须符合《联合国宪章》的宗旨和原则。（2）只能解决地方性国际争端，不能解决世界性国际争端。（3）将地方争端提交安全理事会之前，应依该项区域办法，或由该项区域机关，争取和平解决。[①] 在争端不能解决的情况下，才可以把争端提交安全理事会。（4）已经由区域机关或采取区域办法开始解决的争端，不影响安全理事会得调查任何争端或情势，以断定其是否危及国际和平与安全的职权行使，也不影响联合国会员国或秘书长就该争端向大会、安全理事会提请注意的权利。（5）没有安全理事会的授权，区域机关或区域办法不能采取执行行动，但根据宪章第 107 条的规定对二战敌国采取的步骤，则"不在此限"[②]。（6）区域办法或区域机关对其已采取或正在考虑采取的行动，有义务随时"向安全理事会充分报告之"[③]。

（二）相关区域机关和区域办法

众多区域性国际组织，都在其组织条约和规章中载有关于成员国之间和平解决国际争端的条款。例如美洲国家组织、非洲联盟、阿拉伯国家联盟、东南亚国家联盟、欧洲安全与合作组织，等等。

1. 美洲国家组织解决成员国争端的规则

美洲国家组织（Organization of American States，OAS），是由美洲国家组成的区域性国际组织。1948 年在波哥大召开的第九届美洲国家会议通过的《美洲国家组织宪章》（《波哥大宪章》）第 5 条 G 款规定："凡美洲两国或两国以上之间所发生的带有国际性的争端应用和平程序解决"；第 20 条规定："美洲国家之间可能发生的一切国际争端，在提交联合国安全理事会之前，必须交由本章程所规定的和平方法来处理"。第 21 条规定了解决国际争端的"和平程序：直接谈判、斡旋、调停、调查与和解、司法解决、仲裁以及争端当事国在任何时期中所特别同意的其他程序"。[④]

[①]《联合国宪章》第八章"区域办法"第 52 条第 2 款，联合国官网，http://www.un.org/zh/documents/charter/。

[②]《联合国宪章》第八章"区域办法"第 53 条第 1 款，联合国官网，http://www.un.org/zh/documents/charter/。

[③]《联合国宪章》第八章"区域办法"第 54 条，联合国官网，http://www.un.org/zh/documents/charter/。

[④]《美洲国家组织宪章（波哥大公约)》（节录），人大与议会网（2012 – 11 – 29），http://www.e-cpcs.org/newsinfo.asp? Newsid = 9894，2014 年 11 月 8 日。

2. 非洲联盟解决成员国争端的规则

非洲联盟（African Union, AU），简称"非盟"，是非洲国家的区域性国际组织，前身是"非洲统一组织"，简称"非统"。《非洲统一组织宪章》第19条规定了和平解决争端的原则："成员国保证以和平手段解决它们之间的一切争端，并为此决定建立调解、和解与仲裁委员会。"① 根据《非统组织关于调解、和解、与仲裁委员会的议定书》规定，"争端可以由争端有关的各方联合提交，或由一方提交，由部长理事会或国家和政府首脑大会提交给委员会"，"如争端已按照第一款规定提交给委员会，而争端一方或几方拒绝服从该委员会的裁判，办事组应将此事提交部长理事会考虑"。"成员国之间发生争端时，有关各方可以协议采取下列任何一种解决方式：和解、调解和仲裁。"②

3. 阿拉伯国家联盟解决成员国争端的规则

阿拉伯国家联盟（League of Arab States, LAS），简称"阿盟"，是阿拉伯国家的区域性国际合作组织。阿盟的组织章程《阿拉伯国家联盟条约》规定：如果两个阿盟成员国之间的争端不涉及一国的独立、主权和领土完整问题，并且该成员国向阿盟理事会提出解决它们之间争端的申请，阿盟理事会可以进行仲裁。理事会做出的仲裁决定有拘束力，争端当事国必须执行。阿盟理事会由所有成员国的代表组成，但争端当事国不得参与理事会对审议的争端和做出决定。《阿拉伯国家联盟条约》还规定，对两个成员国之间发生的可能导致战争的争端，阿盟理事会应进行调停，以便它们和平解决争端。实践中，阿盟理事会对所有争端都采用斡旋、调停与和解的方法。阿盟秘书长也经常被邀请参加理事会为解决争端而设立的专门机构，使其在和平解决争端过程中发挥主动作用。③

4. 东南亚国家联盟解决成员国争端的规则

东南亚国家联盟（Association of Southeast Asian Nations, ASEAN），简称"东盟"。东盟是东南亚国家的地区性合作组织。1976东盟国家签署的《东南亚友好合作条约》第四章规定："缔约各方决心真诚地防止争端发生。一旦出现直接卷入的争端，他们将避免使用武力或以武力相威胁，任何时候都将通过他们之间友好谈判解决此类争端。……为通过地区性程序来解决争端，缔

---

① 《非洲统一组织宪章》，阮克洪英文校订，《简明非洲百科全书》，中国社会科学出版社2000年版，第761页。
② 《非统组织关于调解、和解、与仲裁委员会的议定书》，阮克洪英文校订，《简明非洲百科全书》，中国社会科学出版社2000年版，第764页。
③ 王铁崖：《国际法》，法律出版社1995年版，第603页。

约各方将成立一个由部长级代表组成的作为常设机构的高级理事会关注和处理有可能破坏地区和平与和睦的争端或局势。……在通过直接谈判无法达成解决的情况下，高级理事会将负责处理争端或局势。它将建议有关争端各方通过斡旋、调停、调查或调解等适当的方式解决争端。高级理事会将参与斡旋，或根据有关争端各方达成的协议，参加调解、调查或调停理事会工作。在必要的时候，高级理事会将提出防止争端或局势恶化的适当措施。……本条约并不排除求助于《联合国宪章》第33条第1款中所载的和平解决方式。鼓励与争端有关的缔约各方在采取《联合国宪章》中规定的其他方式之前应首先主动通过和平谈判方式解决争端。"①

5. 欧洲安全和合作组织解决成员国争端的规则

欧洲安全与合作组织（Organization for Security and Co-operation in Europe, OSCE）简称"欧安组织"，前身是1975年成立的欧洲安全与合作会议，简称"欧安会"。原是北约国家和华约国家进行安全对话的国际论坛，1995年欧安会改建为欧安组织，成为跨欧洲、亚洲和北美的国际组织。1975年欧安会《赫尔辛基最后文件》确立的十项基本原则中包括"和平解决争端"的原则；1990年《建立新欧洲巴黎宪章》申明："我们重申，保证用和平手段解决纠纷。我们决意建立预防和解决成员国之间的冲突的机制。"② 根据欧安会和欧安组织的规章和文件，欧安成员国承诺将根据国际法，利用谈判、调查、调停、和解、仲裁、司法解决，或它们自己选择的其他和平方法，包括它们在发生争端之前商定的任何解决争端方法，和平、迅速和平等地解决它们之间的争端。如果在一段合理的时间内，争端各方不能通过直接谈判或协商解决争端或商定适当的争端解决程序，争端任何一方可以要求设立欧安会争端解决机构。该机构可对解决争端的程序问题和实质问题提出一般性或具体评论或意见。此外，欧安会还规定了在某些特定情况下由高级官员委员会参与解决争端的制度。③

---

① 《东南亚友好合作条约》第四章"和平解决争端"第13、14、15和17条，《简明东亚百科全书》（下卷），中国社会科学出版社2000年版，第1501—1502页。

② 欧安会巴黎首脑会议通过的《新欧洲巴黎宪章》（摘录）（1990年11月21日），原载《北约评论》1990年12月；陈启懋、俞冠敏、马耀徽、周季衍主编：《1991国际形势年鉴》，中国大百科全书出版1991年版，第372页。

③ 王铁崖：《国际法》，法律出版社1995年版，第604页。

第五节　中国与国际争端解决法

《联合国宪章》第六章以专章形式规定了"争端之和平解决",其中第33条规定了争端解决的具体方法,包括"谈判、调查、调停、和解、公断、司法解决及区域机关或区域办法"。中国"一直坚持和平的对外政策"[1],认为"应该以和平协商方法解决各国之间的争端"[2],在互相尊重各国独立和主权的基础上,"国际间的争端没有理由不能够协商解决"[3]。中国为国际争端的和平解决做出了不懈努力。

一、谈判协商解决国际争端

(一) 朝鲜战争谈判

1950年6月25日,朝鲜爆发北方武力统一南方的战争。6月27日美国总统杜鲁门命令美国第七舰队巡防台湾海峡,阻止中国大陆统一台湾。9月15日,以美军为主的16个国家军队组成的"联合国军"登陆朝鲜仁川,战争演变为国际性的朝鲜战争。"联合国军"越过"三八线",占领平壤,逼近中朝边界,朝鲜战局逆转。应朝鲜请求和苏联要求,中国出兵抗美援朝,10月25日发动了第一次战役,经过五次战役,将"联合国军"赶回"三八线",交战双方转入战略对峙。

1951年6月23日,苏联驻联合国代表马立克建议朝鲜交战双方谈判停火与休战,6月25日,中国《人民日报》发表社论表示"中国人民完全赞同这个建议",美国总统杜鲁门也发表演说表示美国"愿意参加朝鲜半岛和平解决的谈判"。30日"联合国军"总司令李奇微表示愿意接受马立克的建议,准备举行停战谈判。7月10日,朝中方面代表与美国代表开始停战谈判。由于美国及其盟友的顽固态度,谈判多次破裂,谈谈打打,打打谈谈。1953年7月27日,敌对双方终于签署了《朝鲜停战协定》并交换了战俘。周恩来指出:"朝鲜停战的实现,已为缓和国际紧张局势创造了有利的条件,并已证明一切国际争端是可以用和平协商方法求得解决的。"[4]

---

[1] 《周恩来外交文选》,中央文献出版社1990年版,第48页。
[2] 同上书,第70页。
[3] 同上书,第610页。
[4] 王铁崖:《国际法》,法律出版社1995年版,第609页。

（二）日内瓦会议

1954年日内瓦会议是解决朝鲜问题和印度支那问题的外交会议。由苏联、美国、英国、法国、中国参加。周恩来总理兼外长率代表团出席。1953年10月8日，周恩来代表中国政府发表声明，赞同苏联关于召开五国外长会议的建议。1954年1月29日，周恩来再次声明，中国本着以和平协商方式解决朝鲜问题的一贯立场，"坚决主张立即恢复关于朝鲜政治会议问题的双边会谈，以迅速安排朝鲜政治会议的召开"。1954年4月26日至7月21日，日内瓦会议召开。除上述五国参加会议的全过程外，同两个问题有关的国家派代表分别参加讨论。

会议首先讨论朝鲜问题，共举行15次全体会议。因为美国不打算解决问题，会议一开始就陷入僵局。[①] 由于与会各方意见分歧，至6月15日仍难达成协议，鉴于此，周恩来做了最后一次努力，提出了留有回旋余地的决议建议："日内瓦与会国家达成协议，它们将继续努力，以期在建立统一、独立和民主的朝鲜国家的基础上达成和平解决朝鲜问题的协议。关于恢复适当的谈判时间和地点问题，将由有关国家另行商定。"该建议受到与会者多数的赞同，但遭到美国代表拒绝，日内瓦会议最终未能就从朝鲜撤出一切外国军队及和平解决朝鲜问题达成协议。1958年10月26日，中国志愿军全部撤离朝鲜，但美军至今也未从韩国撤离。

日内瓦会议关于印度支那问题的谈判，参加者有中国、苏联、英国、法国、美国、越南民主共和国、南越、老挝和柬埔寨。会议主要讨论了在印度支那停止战争，法国殖民军队撤出印度支那，保证印度支那三国政治独立等问题。

在会议讨论印度支那问题的过程中，中国帮助越南在战场上取得了奠边府大捷，歼灭了法军有生力量。在谈判桌上，中国联合盟友苏联和越南，以打促谈，以谈促和，采取拉住法国、争取英国，着重反对美国破坏的策略，最终促成了印度支那和平协议的达成。

1954年7月21日，与会各国签署了《越南停止敌对行动的协定》、《老挝停止敌对行动的协定》、《柬埔寨停止敌对行动的协定》，会议发表的《日内瓦会议最后宣言》[②]，确认了印度支那三国的独立主权和法国殖民军撤出印度支那。这是印度支那三国民族独立进程中的重要里程碑。日内瓦会议是冷战时期国际社会通过政治谈判解决国际争端的一次重要成就，也是新中国外交对和平解决国际争端一次重要实践和特殊贡献，是新中国作为世界大国登上国

---

① 1953年10月1日，美国与韩国签订《美韩共同防御条约》，继续在韩国保留美国驻军。
② 美国代表没有在最后宣言上签字，为其后来发动侵越战争埋下伏笔。

际舞台的第一次突破。

(三) 中美华沙大使级谈判

1955—1970 年,在美国拒不承认新中国,两国没有外交关系的情况下,中美之间进行了长达 15 年共 136 次大使级会谈,这成为国际关系史中敌对关系下保持沟通渠道的独特范例,也为中美关系最终正常化提供了平台。

朝鲜战争后,中美激烈对立,两国几乎没有人员来往。但美国政府在舆论压力下急于要解决在华被关押人员问题,日内瓦会议进行期间,不愿意和新中国直接接触的美国,通过参加会议的英国驻北京代办杜维廉同中国接触,试图解决美国在华被关押人员问题。当时,中国也有留学生和科学家被美国扣留的问题。中国政府表示,有关中美双方的问题应由两国代表团直接接触。中国日内瓦会议代表团发言人表示中国愿意就被押人员问题同美国直接谈判。美国政府随即表示同意。此后,中美双方在日内瓦会议期间举行了 4 次会谈,虽然未有实质性进展,但却开启了中美直接接触的大门,并揭开了日后中美大使级正式会谈的序幕。1955 年间"第一次台海危机"爆发,4 月,周恩来总理在万隆会议上发表了具有历史意义的声明:"中国人民同美国人民是友好的。中国人民不要同美国打仗。中国政府愿意同美国政府坐下来谈判,讨论和缓远东紧张局势的问题,特别是和缓台湾地区的紧张局势问题。"[1] 1955 年 8 月 1 日,长达 15 年的中美大使级会谈在日内瓦开始。

会谈的第一项议程是双方平民回国问题。9 月 10 日双方达成一项协议,也是会谈 15 年中唯一达成的协议。根据这项协议,130 多位中国科学家返回祖国,其中包括著名科学家钱学森。中国则在会谈开始的前一天,宣布释放 11 名美国被扣人员,为会谈创造了良好的气氛。

中美大使第二阶段的会谈,主要涉及台湾问题。会谈到 1957 年 12 月 12 日,第 73 次后中断。1958 年 8 月,"第二次台海危机"爆发。9 月 4 日中国政府发表《关于领海的声明》,宣布 12 海里领海宽度,阐明中国捍卫领土主权的法理依据,同时警告美国,收复台湾"这是中国的内政,不容外国干涉"。在此背景下,9 月 15 日,中美大使级会谈在华沙复会。

中美大使会谈的最后两次会谈,为中美关系重大转折拉开了序幕。1970 年 1 月 20 日中美华沙第 135 次大使级会谈中,美方代表斯托塞尔向中方代表雷阳传达了美国政府改善中美关系重要口信:你方愿意的话,我国政府准备

---

[1] 《周恩来外交文选》,中央文献出版社 1990 年版,第 134 页。

考虑派一名代表前往北京，同你方官员进行讨论，或在华盛顿接待你方政府的一名代表，就我今天的发言中提到的任何题目或我们可能同意的其他问题，进行更为彻底的探索。2月10日，在美国驻华沙大使馆保密室举行中美第136次大使级会谈。中方作出重要表态：如果美国政府愿意派部长级的代表或美国总统特使到北京进一步探索中美关系中的根本原则问题，中国政府愿意接待。之后，又通过其他渠道的接触，中美达成协议，1971年美国总统国家安全事务助理基辛格秘密访华，1972年美国总统尼克松公开访华，在相互隔绝了22年后，中美关系大门再次打开。

三、谈判解决历史遗留问题

以和平方式解决历史遗留问题是中国政府的一贯主张。

（一）与印度谈判取消印度在西藏的特权

19世纪末20世纪初，英国武力入侵西藏后，攫取了许多特权。1947年印度独立后，印度政府继承了英国在西藏的各种特权。1952年6月14日，周恩来总理向印度驻华大使潘尼迦指出："中国同印度和中国西藏地方的关系的现存情况，是英国过去侵略中国过程中遗留下来的痕迹，对于这一切，新的印度政府是没有责任的。英国政府与旧中国政府基于不平等条约而产生的特权，现在已不复存在了。因此，新中国与新的印度政府在中国西藏地方的关系，要通过协商重新建立起来。"经协商，中印两国在中国西藏地方的关系问题的谈判，于1953年12月31日至1954年4月29日在北京举行。中国坚持凡属特权必须取消，但可以保留某些不损害主权的传统习惯。经过4个多月的激烈争论、磋商和12次谈判，1954年4月29日中印双方在北京签订了《中华人民共和国、印度共和国关于中国西藏地方和印度之间的通商和交通协定》，同时互换照会。协定主要规定印度与中国西藏地方的交通来往办法，而互换照会主要是取消印度在西藏的特权。[①] 中印协定经两国政府批准，于1954年6月3

---

① 根据《关于中国西藏地方和印度之间的通商和交通协定》的规定，中国政府在印度新德里、加尔各答、噶伦堡设立商务代理处，印度政府在西藏亚东、江孜、噶大克设立商务代理处。中国政府同意指定亚东、江孜、帕里为贸易市场；印度政府同意按照传统习惯在印度的噶伦堡、西里古里、加尔各答等地进行贸易。此外，双方还商谈了在阿里地区开设贸易市场和两国香客朝圣等有关事宜。从互换照会之日起，六个月内，印方全部撤退其在中国西藏地方亚东和江孜的武装卫队，将所经营的邮政、电报、电话等企业及其设备以及亚东至江孜间的12个驿站折价移交给中国政府，并将其在亚东的商务代理处墙以外占用的地皮交还中国。1955年4月1日在拉萨举行了移交仪式。至此，中国政府接收了邮电、驿站等设备，收回了亚东下司马的租借地。

日生效。

此次中印会谈，顺利地解决了历史遗留的印度在西藏的特权问题，使印度政府正式承认西藏是中国领土的一部分，中国在西藏拥有完全的主权。这是新中国成立后第一次同非社会主义国家以和平谈判的方式解决历史遗留问题，充分展现了新中国和平共处的外交政策。

（二）以和平谈判方式解决香港和澳门回归问题

香港、澳门自古以来就是中国的领土。

香港地区在1840年鸦片战争之后被英国逐步占领。英国通过1842年中英《南京条约》割占香港岛；1860年中英《北京条约》割占九龙半岛界限街以南的领土，完全控制了维多利亚湾；1898年中英《展拓香港界址专条》强租深圳河以南、界限街以北的九龙半岛地区及附近200多个岛屿，面积达975.1平方公里的所谓"新界"地区，租期99年，到1997年6月30日期满。

葡萄牙人于16世纪中叶租居澳门，1840年鸦片战争后，在英国的支持下，葡萄牙与清政府签订了一系列不平等条约，并于1887年正式占领澳门。

1949年之前，中国历届政府都没能收回香港、澳门主权。中华人民共和国中央人民政府成立后，严正申明香港、澳门自古以来就是中国的领土，中国不承认帝国主义强加给中国的任何不平等条约。但是考虑到当时新中国面临的被包围封锁的严峻国际环境，做出"不急于收回"，暂时维持港澳现状，以便"长期打算、充分利用"这两个窗口，留待时机成熟解决的策略。

在港澳回归的历史过程中，在适当时机通过谈判解决港澳回归问题是中国政府的一贯立场。周恩来在会见外宾时指出："香港前途必须确定，租约届满时中英双方必须进行谈判。"毛泽东会见英国首相希思，在论及香港问题时，双方都同意"香港在1997年应有一个平稳的交接"。邓小平从港澳的实际出发，提出了用"一国两制"的方针解决港澳问题的方针，并亲自领导了中英关于香港问题的谈判，指导了澳门回归的谈判。1984年2月22日，邓小平会见美国战略和国际问题研究中心代表团时指出："世界上有许多争端，总要找个解决问题的出路。我多年来一直在想，找什么办法，不用战争手段而用和平方式，来解决这种问题。我们提出的大陆与台湾统一的方式是合情合理的。统一后，台湾仍搞它的资本主义，大陆搞社会主义，但是是一个统一的中国。一个中国，两种制度。香港问题也是这样，一个中国，两种制度。"邓小平指出，澳门问题的解决也将按照"一国两制，澳人治澳"的原则。他还说："澳门问题将来会像香港一样，同一个时间、同一个方式解决"；

"澳门问题的解决都是离不开'一国两制'"。

1982年9月，英国首相撒切尔夫人应邀访问中国，拉开了中英关于香港问题谈判的序幕。经过两年多的谈判，1984年12月19日《中华人民共和国政府和大不列颠及北爱尔兰联合王国政府关于香港问题的联合声明》的正式签字仪式在北京人民大会堂隆重举行。从1997年7月1日起，中华人民共和国恢复对香港行使主权。香港回归后成立特别行政区，实行"一国两制"制度。

1986年6月到1987年3月，中葡两国就澳门回归问题举行四轮谈判。1987年4月13日，中葡两国总理在北京签署了《中葡关于澳门问题的联合声明》及两个附件，宣布中华人民共和国将于1999年12月20日对澳门恢复行使主权。中国政府宣布澳门回归后成立特别行政区，实行"一国两制"制度。

和平谈判解决港澳问题，为当代世界提供了一个用和平方式谈判解决国与国历史遗留争端的成功范例。

（三）与大部分邻国谈判解决了陆地边界争端

中国通过平等谈判和协商同12个陆地邻国解决了边界问题；与越南解决了北部湾划界问题，正在与还未解决领土与海洋划界争端的国家进行谈判求得问题的解决。

四、斡旋与调停国际争端

对国际争端，中国一贯主张劝和促谈，积极调停斡旋，反对武力干涉。

（一）关于巴以问题的调停

在巴以冲突中中国积极劝和，发挥了重要调解作用。中国主张巴以双方通过和谈达到和解以实现最终和平。中国既承认巴勒斯坦的建国权，也尊重以色列的生存权，主张在联合国相关决议和"土地换和平"的原则基础上推进中东和平进程。中国的公正的立场赢得了巴以双方的欢迎和信任。中国先后任命多位中东问题调停特使，如王世杰、孙必干和吴思科，都是谙熟中东地区事务的前任中东诸国大使，在中东地区拥有广泛的、良好的社会关系，便于调停工作的有效开展，中国设立中东问题常设特使，是中国应用特使调停外交这一新的外交手段的开端。

（二）关于南北苏丹问题的调停

苏丹是中国在非洲的长期朋友，中国是南北苏丹石油的主要客户和投资者，在南北苏丹都有着至关重要的影响。在苏丹达尔富尔问题、南北苏丹争端和南苏丹内部冲突问题上，中国都进行了斡旋调停。

达尔富尔位于苏丹西部，2003年以来，此地的阿拉伯族游牧民与黑人定居农民为争夺水源和牧场发生了大规模的冲突，美国等西方国家指责苏丹政府纵容、支持该地阿拉伯民兵组织滥杀平民，推动联合国安理会先后通过多项决议对苏丹实行制裁。由于中国是苏丹石油的重要投资者和主要买家，西方媒体和政客及非政府组织还曾号召用抵制2008年北京奥运会来要挟中国向苏丹政府施压。对此，中国宣布中国政府处理达尔富尔问题的基本出发点是通过政治谈判早日实现达尔富尔的和平、稳定与经济重建。中国在坚决反对干涉苏丹内政，主张有关各方与苏丹进行平等对话的同时，鼓励和推动苏丹政府保持与国际社会的对话与合作，通过灵活方式来保障自身权益。中国支持非盟在解决达尔富尔危机中的主导作用，先后向非盟在苏丹达尔富尔的维和行动捐款180万美元。2007年中国政府推动联合国安理会一致通过了向达尔富尔地区派遣联合国与非盟混合维和部队的决议，并率先向该地区派出此次维和行动的首支部队。中国"参与和支持在达尔富尔的维和行动，不仅可以维护苏丹的国内稳定，也有助于巩固与苏丹的友好合作关系，充分展示中国承担大国责任的决心和能力"。[①] 中国政府还任命刘贵今为特使参与达尔富尔危机的调停。

在南苏丹独立后，南北苏丹曾爆发石油争端和边界领土武装冲突。中国积极进行了调解和斡旋，在多方努力下，使战火得以较快平息。

2013年底南苏丹发生内战后，中国积极进行了斡旋调停。中国政府非洲事务特别代表钟建华先后走访了南苏丹、肯尼亚、乌干达、埃塞俄比亚和苏丹，就解决南苏丹冲突与这些国家领导人进行了沟通和磋商。2014年1月访问埃塞俄比亚的中国外长王毅分别会见了南苏丹冲突双方谈判代表，听取了双方的情况介绍，对冲突双方分别做了劝和工作。王毅表示，作为南苏丹的朋友，中国愿为南苏丹冲突双方实现和谈发挥建设性作用，希望双方能从南苏丹人民的整体和长远利益出发，立即停火止暴，停止对抗，维护法治和秩序，尽快启动和谈，寻找合情合理的解决办法。王毅称，中国对这场危机高度关注，南苏丹当务之急是维护社会稳定、振兴发展经济。对中国调停努力的反应，中国外交部发言人华春莹表示，南苏丹冲突双方均对中方立场表示赞赏，都表示愿通过和平手段解决争端，希望尽早举行正式和谈。中国是有

[①] 姜恒昆、罗建波：《达尔富尔问题的政治解决进程及对中国外交的启示》，《西亚非洲》，2008年第3期，第8页。

重要影响的大国,和南苏丹的真正朋友。①

(三) 朝核问题调停

朝核问题不仅关系到朝鲜半岛和东北亚地区的和平与稳定,也直接关系到中国的国家安全与地缘政治利益。中国作为朝鲜的邻国,积极参与了朝核问题调停。美朝因核问题发生矛盾后,中国一方面表明主张朝鲜半岛无核化、维护朝鲜半岛和平稳定的坚定立场,一方面表明主张通过对话谈判和平解决问题的明确态度。2003年4月,中国先是邀请朝鲜和美国在北京进行了"三方会谈";随后中国扩大了邀请范围,加入韩、日、俄有关各方,形成朝、美、中、俄、日、韩"六方会谈"的机制。"2003年8月在北京进行第一轮六方会谈,此后六方会谈一直成为解决危机的主导形式。"② 2007年4月,中国政府正式任命陈乃清为朝鲜半岛事务特使,专门负责朝核问题。从"三方会谈"到"六方会谈"机制的建立再到设立特使,中国积极斡旋朝鲜核危机,推动和平谈判。中国在朝核危机调停中发挥的重要作用,获得有关各方的肯定。尽管由于种种原因,朝核问题仍未解决,但通过谈判解决朝核问题的原则得以确立。

五、中国与国际司法和国际仲裁

(一) 中国对国际司法与国际仲裁的基本立场

国际法确立了和平解决国际争端的方法,既有政治方法,也有法律方法。联合国大会《国际法原则宣言》明确指出,各国"应在国家主权平等的基础上,依照自由选择方法的原则解决国际争端"。因此,国际争端解决方法的选择和适用应严格按照国家主权平等原则,充分尊重当事国的意愿,不得强加于任何国家。中国主张"是否采用仲裁或司法机构解决国际争端,应以国际法治原则为依归,以国家平等自愿为前提。任何违背国家意愿或国际条约规定,强行将争端提交仲裁或司法机构解决的行为,都是违背国际法治原则的,是中国政府不能接受的"。③ 2006年,中国就根据《联合国海洋法公约》的规定发表声明,排除了将领土主权,包括岛礁争端、军事活动以及其他活动的

---

① 《外媒:中国调停南苏丹冲突考验不干涉内政原则》,《环球时报》,2014年1月8日。
② 江天尧:《中国调停外交的实践与分析——基于朝核问题的视角》,《长春理工大学学报(社会科学版)》,2011年6月第24卷第6期。
③ 2013年10月10日,中国常驻联合国副代表王民在联大第六委员会就"国内与国际法治"议题召开的会议上发言,中国新闻网,http://www.chinanews.com/gn/2013/10-11/5362878.shtml。

争端诉诸国际仲裁和国际司法。针对有的国家企图把与中国的海洋岛屿和海洋划界争端提交国际仲裁或国际司法的主张和做法，中国的立场是一贯的和明确的，即在解决海洋岛屿与海域划界争端问题上，中国主张在尊重历史事实和国际法的基础上，与直接当事方通过协商谈判解决。中国坚定地拒绝了菲律宾将与中国的南海争端交付国际仲裁的做法。

（二）中国与国际法院和国际常设仲裁法院

在1971年恢复中国在联合国的合法席位以前，中华人民共和国与国际法院不存在联系。恢复合法席位后，中国政府于1972年9月5日宣布"不承认过去中国政府1946年10月26日关于接受国际法院强制管辖权"的声明。此后，在签署、批准或加入的国际公约时，对其中凡是带有提交国际法院解决争端的条款，中国均提出保留。中国也没有同别国订立过将争端提交国际法院的特别协议。

冷战后，鉴于国际法院在解决国际争端方面作用的改善，中国对国际法院的态度发生了变化。除涉及重大国家利益的国际争端仍坚持通过谈判协商解决外，对专业性和技术性公约中关于通过国际法院解决国际争端的规定一般不作保留。同时，中国开始向国际法院推荐法官人选。1984年中国的倪征㠥当选国际法院法官，为新中国第一位国际法院法官，任职时间为1985—1994年。1994年中国的史久镛出任国际法院法官，2000年2月至2003年2月任国际法院副院长，2003年2月6日当选国际法院院长，为首位担任此职的中国人。2010年6月通过补缺选举，薛捍勤成为国际法院首位中国籍女法官。

1993年中国政府向国际常设仲裁法院指定四名中国著名国际法专家为该法院仲裁员。20世纪80年代后，中国在与外国签订的专业和技术性等非政治性的条约和协定中，同意载入仲裁条款，不再保留。在实践中，也开始有一些经济、贸易、海运等方面的争端通过提交国际仲裁得到解决。①

六、中国参加国际维和行动

联合国维持和平行动是联合国实现其"维护世界和平与安全"宗旨的重要手段，联合国维持和平行动大体可分为维和部队、军事观察团和民事机构三类。维和官兵统一头戴天蓝色钢盔或蓝色贝雷帽，因此，这支部队亦被称为"蓝盔"部队。

---

① 王铁崖：《国际法》，法律出版社1995年版，第612页。

（一）中国参与国际维和行动的历史过程

中国参与国际维和行动，经历了从抵制到参与的曲折发展过程。由于国内外主客观多种因素的影响，中国在被剥夺在联合国的合法席位时，对维和行动持批判、抵制态度。中国恢复在联合国合法的席位后，逐渐缓和了对国际维和行动的态度，改为不支持、不参与的立场。从20世纪80年代起，随着内外政策的变化，中国日益重视国际合作，对国际维和行动做出了重大政策调整，采取了审慎对待、有限参与的政策。1981年11月27日，中国常驻联合国代表凌青在36届联大第五委员会会议上发言时明确表示："中国将从1982年1月1日起开始交纳中东联合国部队的摊款，并对今后凡是严格按照联合国宪章的宗旨和原则建立的、有利于维护国际和平与安全、有利于维护有关国家主权和独立的联合国维护和平行动，中国都将本着积极支持的立场，予以认真研究和对待。"[①] 当年12月14日，中国第一次投票赞成增派联合国驻塞浦路斯维和部队。1984年10月15日，中国常驻联合国副代表梁于藩在联大特别政治委员会上发言表示，中国政府支持联合国维持和平行动。1986年5月，中国派出三名军事观察员对中东地区联合国停战监督组织进行实地考察。1988年9月22日，中国常驻联合国代表李鹿野致函联合国秘书长，提出加入联合国维持和平行动特别委员会的请求。1989年1月，李鹿野奉命致函联合国秘书长，表示中国政府正式决定，要求向联合国停战监督组织派遣五名军事观察员。同年11月，联合国秘书长正式表示接受中国的建议。1990年，中国向中东联合国停战监督组织派遣了五名军事观察员，这是中国首次正式参加国际维和行动。

（二）中国参与国际维和行动常态化

冷战后，联合国在国际安全领域内的作用日益增强，维和行动的次数迅速增加。进入21世纪，中国参加国际维和行动呈常态化。自1990年中国首次参加联合国维和行动至今，已先后参加了24项联合国维和行动，累计派出维和军事人员2.5万余人次，是联合国安理会常任理事国中派遣维和军事人员最多的国家，也是联合国115个维和出兵国中派出工兵、运输和医疗等保障分队最多的国家，还是缴纳维和摊款最多的发展中国家。联合国赞扬了中国维和人员在行动中表现出的英勇气概和奉献精神。中国维和行动为维护世界和平发展发挥了重要作用，彰显了中国做国际社会负责任大国的态度。

---

① 汤家玉、洪民富：《中国人民解放军参与国际维和行动的回顾与展望》，《党史纵览》，2010年第4期，第6页。

中国先后向伊拉克、科威特、柬埔寨、黎巴嫩、海地、东帝汶、西撒哈拉、莫桑比克、利比里亚、塞拉利昂、塞拉利昂、刚果（金）、苏丹达尔富尔、南苏丹等多项联合国维和行动派出军事观察员、军事联络官、军事顾问、成建制维和部队、民事警察、警察队等维和人员。

参考文献

周鲠生：《国际法》（上册）（下册），武汉大学出版社2007年版。
王铁崖：《国际法》，法律出版社1986年、1995年、2000年、2002年版。
周洪钧：《国际法》，中国政法大学出版社1999年、2007年版。
梁淑英：《国际法》，中国政法大学出版社2000年版。
王献枢：《国际法》（第四版），中国政法大学出版社2007年版。
马呈元：《国际法》，中国人民大学出版社2003年版。
邵沙平：《国际法》，中国人民大学出版社2007年版。
邵津：《国际法》，北京大学出版社2000年版。
邵津：《国际法》，高等教育出版社2011年版。
邵津：《国际法》，北京大学出版社、高等教育出版社2014年版。
饶戈平：《国际法》，北京大学出版社1999年版。
董秀丽：《国际法教程》，北京大学出版社2006年版。
白桂梅、朱利江：《国际法》，中国人民大学出版社2003年、2007年版。
白桂梅：《国际法》，北京大学出版社2006年版。
端木正：《国际法》，北京大学出版社1986年、1989年、1997年版。
梁西：《国际法》，武汉大学出版社2000年版。
曾令良：《国际法》，武汉大学出版社2011年版。
曾令良：《国际法》（第三版），法律出版社2005年版。
曾令良：《国际法》，中国方正出版社2003年版。
曾令良、饶戈平：《国际法》，法律出版社2005年版。
江国青：《国际法》，高等教育出版社2005年版。
朱晓青：《国际法》，社会科学文献出版社2005年版。
周忠海：《国际法》，中国政法大学出版社2007年版。
吉敏丽：《国际法》，北京大学出版社2010年版。
朱荔荪：《国际公法》，中央电视大学出版社1985年版。
何群：《国际法学》，厦门大学出版社2012年版。

王丽华：《国际法学》，中国政法大学出版社2012年版。
占祖雪：《国际法学》，厦门大学出版社2007年版。
陈卫东：《国际法学》，对外经济贸易大学出版社2007年版。
刘淑君：《国际法学》，兰州大学出版社2006年版。
徐乃斌：《国际法学》，中国政法大学出版社2013年版。
王虎华：《国际公法学》，北京大学出版社2005年版。
曹建明、周洪钧、王虎华：《国际公法学》，法律出版社1998年版。
黄秋丰：《新编国际法学》，对外经贸大学出版社2012年版。
慕亚平：《国际法原理》，人民法院出版社2005年版。
杨泽伟：《国际法析论》，中国人民大学出版社2003年版。
赵建文：《国际法新论》，法律出版社2000年版。
温树英：《国际法》，法律出版社2006年版。
温树斌：《国际法刍论》，知识产权出版社2007年版。
李浩培：《李浩培文选》，法律出版社2000年版。
程晓霞：《国际法的理论问题》，天津教育出版社1989年版。
程晓霞、余民才：《国际法》，中国人民大学出版社2011年版。
万鄂湘：《国际法与国内法关系研究》，北京大学出版社2011年版。
孙世彦：《国际法学的新发展》，中国社会科学出版社2010年版。
苏义雄：《平时国际法》，台湾三民书局1996年版。
梁西：《国际组织法》，武汉大学出版社1993年版。
饶戈平：《国际组织法》，北京大学出版社2003年版。
李浩培：《条约法概论》，法律出版社1987年版。
刘健、洪小红：《国际法》，湖南人民出版社2007年版。
慕亚平、周建海、吴慧：《当代国际法论》，法律出版社1998年。
陆俊元：《北极地缘政治与中国应对》，时事出版社2010年版。
张海文、李海清编：《〈联合国海洋法公约〉释义集》，海洋出版社2006年版。
傅崐成：《海洋法相关公约及中英文索引》，厦门大学出版社2005年版。
张海文、贾宇、吴继陆、李明杰、李军、丘君：《联合国海洋法公约图解》，法律出版社2009年版。
薛桂芳：《联合国海洋法公约与国家实践》，海洋出版社2011年版。
赵维田：《国际航空法》，社会科学文献出版社2000年版。
贺其治：《外层空间法》，法律出版社1992年版。

吴建端：《航空法学》，中国民航出版社 2005 年版。

徐振翼：《航空法知识》，法律出版社 1985 年版。

董念清：《航空法判例与学理研究》，群众出版社 2001 版。

贺富永：《航空法学——总论与体系研究》，科学出版社 2013 年版。

尹玉海：《国际空间立法概览》，中国民主法制出版社 2005 年版。

王小卫、吴万敏：《民用航空法概论》，航空工业出版社 2007 年版。

顾德欣：《战争法概论》，国防大学出版社 1991 年版。

张文显：《法理学》，高等教育出版社 2003 年版。

孙关宏、胡雨春：《政治学》，复旦大学出版社 2010 年版。

梁淑英：《国际法教学案例》，中国政法大学出版社 1999 年版。

梁淑英：《国际法案例教程》，知识产权出版社 2005 年版。

朱文奇：《国际法学原理与案例教程》；中国人民大学出版社 2006 年版。

白桂梅、李红云：《国际法参考资料》，北京大学出版社 2002 年版。

王绳祖、何春超等：《国际关系史资料选编（17 世纪中叶—1945）》，法律出版社 1988 年版。

牛军：《中华人民共和国对外关系史概论（1949—2000）》，北京大学出版社 2010 年版。

贺其治：《地球静止轨道的法律地位》，《中国国际法年刊》，中国对外翻译出版公司 1987 年版。

刘海年、王家福：《中国人权百科全书》，中国大百科全书出版社 1998 年版。

王铁崖、田如萱：《国际法资料选编》，法律出版社 1982 年版。

王铁崖、田如萱：《国际法资料选编（续编）》，法律出版社 1993 年版。

鲁毅、黄金祺、王德仁、周启朋、杨闯、谢鹏：《外交学概论》，世界知识出版社 2005 年版。

《新中国领事实践》编写组：《新中国领事实践》，世界知识出版社 1991 年版。

日本国际法学会编，外交学院国际法教研室中文版总校订：《国际法辞典》，世界知识出版社 1985 年版。

[英]劳特派特修订：《奥本海国际法》（上卷第 1 分册）中译本，商务印书馆 1981 年版。

[英]劳特派特修订，王铁崖、陈体强译：《奥本海国际法》（下卷，争

端法、战争法、中立法），商务印书馆 1974 年版。

［英］劳特派特修订：《奥本海国际法》（第 1 卷第 1 分册），商务印书馆 1989 年版。

［英］詹宁斯、瓦茨修订，王铁崖等译：《奥本海国际法》（第九版），中国大百科全书出版社 1998 年版。

［英］詹宁斯、瓦茨修订，王铁崖等译：《奥本海国际法》（第 1 卷第 1 分册），中国大百科出版社 1995 年版。

［英］詹宁斯、瓦茨修订，王铁崖等译：《奥本海国际法》（第 1 卷第 2 分册），中国大百科全书出版社 1998 年版。

［英］J. G. 斯塔克：《国际法导论》（中译本），法律出版社 1984 年版。

［英］阿库斯特：《现代国际法概论》（中译本），中国社会科学院出版社 1987 年版。

［英］伊恩·布朗利著，曾令良、余敏友等译：《国际公法原理》，法律出版社 2003 年版。

［英］戈尔—布思著，杨立义等译：《萨道义外交实践指南》，上海译文出版社 1984 年版。

［美］托马斯·伯根索尔、肖恩·D. 墨尔著，黎作恒译：《国际公法》，法律出版社 2005 年版。

［美］阿瑟·努斯鲍姆著，张小平译：《简明国际法史》，法律出版社 2011 年版。

［美］李宗周著，梁宝山、黄屏、潘维煌、夏莉萍译：《领事法和领事实践》，世界知识出版社 2012 年版。

［德］W. G. 魏智通著，吴越、毛晓飞译：《国际法》（第 5 版），法律出版社 2012 年版。

［奥］阿尔弗雷德·菲德罗斯：《国际法》，商务印书馆 1981 年版。

［法］夏尔·卢梭著，张凝等译：《武装冲突法》，中国对外翻译出版公司 1987 年第 1 版。

［苏］童金著，邵天任等译：《国际法》，法律出版社 1988 年版。

［荷］盖伊斯贝尔塔·雷伊南著，谭世球译，周子亚校：《外层空间的利用与国际法》，上海翻译出版社 1985 年版。

J. G., Starke, Starke's International Law. Butterworth, London and Boston, 1994.

lan Browlie. Principles of Public International Law. 6th edition, London: Oxford University, 2003.

Brownlie lan. Principles of Public International Law (5th Edition). Clarendon Press, Oxford, 1998.

Malanczuk, Akehurst's Modern Introduction to International Law, 7th ed., London, George Allenand Unwin, 1997.

D. W. Bowett. The Law of International Institutes (4th Edition). Sweet &Maxwell, London, 1982.

J. G. Starke, Introduction to International Law, 10th ed., London, Butterworths, 1989.

Carl Q. Christol. The Modern International Law of OuterSpace. Pergamon Press, 1982.

R. R. Churchill and A. V. Lowe. The Law of the Sea. Manchester: Manchester University, 1983.

后　记

　　国际法是调节国际关系的法律，它根植于国际关系，又规范着国际关系。随着中国走向世界，国际法对中国权益的维护越来越重要；随着世界走进中国，国际法对中国利益的影响越来越大。在当代世界，加强对国际法的学习与研究，提高对国际法的理解和掌握，对于明辨国际争端的是非曲直，捍卫国家主权与领土的完整；维护民族与人民的根本利益；坚持国际关系基本准则；保卫世界和平与安全，都具有特别重要的法理意义和实践作用。

　　本书力求完整准确阐述国际法的基本原理和法律规范，反映国际法发展变化的新内容。本书针对当前国际关系中的一些突出问题，对相关的国际法规范进行了较为详细的阐述，特别是关于边界领土争端、海洋权益与划界争端、海洋争端解决机制、空难、防空识别区、国际司法以及战犯等问题。本书对国际法规则在中国的适用在每一章都设立了专门一节进行阐述，包括中国法律对相关问题的规定和加入相关条约时的保留。本书即适合国际法专业阅读，也可作为国际法教材使用。

　　本书在写作过程中，参考了多种国际法著述和文献，借鉴了近年来国际法研究的新成果，汲取了许多有益的养分，已经在注释和参考书目中列出。在此谨向各位专家学者表示诚挚的谢意。

　　由于时间紧张和水平所限，对本书存在的疏漏与不当之处，敬请各位专家和读者不吝赐教，给予批评和指正。

　　本书在写作过程中得到了中国传媒大学政法学院领导王四新教授和国际关系研究所领导肖欢容教授的大力支持和赞助，法律系国际法专业的戚春华老师对本书的立项和写作做出了特别努力，在此一并致以衷心的谢意！时事出版社雷明薇主任和高阳责任编辑对本书的出版给予了热情的关心和帮助，付出了特别的心血，对他们在本书编辑出版过程中表现出的优秀专业素质，深表敬佩和感谢！

本书作者分工如下：

主　编　　杨　勉

副主编　　彭　珂

第一章　　国际法绪论　　　　　　　张　乐、鲍迎会

第二章　　国际法上的国家　　　　　王安娜、郁　瓛

第三章　　国际法上的居民　　　　　刘　朋

第四章　　国际组织法　　　　　　　王玉霞、邓　磊

第五章　　国际条约法　　　　　　　王玉霞、邓　磊

第六章　　国际人权法　　　　　　　和若愚、袁　泉

第七章　　边界领土法　　　　　　　杨　勉

第八章　　海洋法　　　　　　　　　杨　勉

第九章　　国际空间法　　　　　　　王　晋

第十章　　外交关系和领事关系法　　彭　珂

第十一章　战争法和国际人道法　　　吕艳君

第十二章　国际争端解决法　　　　　杨蕴清、张桂珍

全书由主编、副主编负责大纲拟定和统稿，同时主编还修改补充撰写了第一章至第六章、第九章至第十二章的部分内容。

作者

2014 年 12 月 28 日　北京